प्रायोगिक

संस्कृत व्याकरण

द्वितीय खण्ड

[दशमी कक्षा के विद्यार्थियों के लिए]

[सी०बी०एस०ई० के नवीनतम पाठ्यक्रम पर आधारित]

अपठित-अवबोधनम्, रचनात्मकं कार्यम् अनुप्रयुक्त-व्याकरणम् च

संशोधित व परिवर्द्धित संस्करण

लेखक :

डॉ० परमानन्द गुप्त

सेवानिवृत्त प्रोफेसर, संस्कृत विभाग

कुरुक्षेत्र विश्वविद्यालय

कुरुक्षेत्र

प्रकाशक

लक्ष्मी पब्लिकेशंज़ (प्रा०) लिमिटेड

(An ISO 9001:2015 Company)

कोच्चि • कोलकाता • गुवाहाटी • चेन्नई

बेंगलुरु • राँची • लखनऊ • हैदराबाद

नई दिल्ली

प्रायोगिक संस्कृत व्याकरण–X

भारत में मुद्रित और जिल्दबंद
टाइपसैट : जे.आर. इंटरप्राइजिज, दिल्ली
नवीनतम संस्करण
ISBN : 978-81-318-0822-1

शाखाएँ

कोच्चि	0484-405 13 03
कोलकाता	033-40 04 77 79
गुवाहाटी	0361-254 36 69
चेन्नई	044-24 34 47 26
बेंगलुरु	080-26 75 69 30
राँची	0651-224 24 64
लखनऊ	0522-430 36 13
हैदराबाद	040-27 55 53 83

भारत में प्रकाशित, द्वारा–

लक्ष्मी पब्लिकेशंज़ (प्रा०) लिमिटेड

(An ISO 9001:2015 Company)
113, गोल्डन हाउस, गुरुद्वारा रोड, दरियागंज,
नई दिल्ली-110002, इंडिया
फोन : 91-11-4353 2500, 4353 2501
www.laxmipublications.com
info@laxmipublications.com

C—R/025/05
Printer—First Impression, Noida

5. # प्राक्कथनम्

प्रायोगिक संस्कृत व्याकरण, द्वितीय खण्ड का यह संस्करण नूतन, परिवर्द्धित व संशोधित रूप में दशमी कक्षा के छात्रों व उनके शिक्षकों के समक्ष प्रस्तुत करते हुए मुझे अत्यन्त प्रसन्नता हो रही है।

6. **विद्यार्थी को उत्तरपुस्तिका अब अलग से मिलेगी। उसमें प्रत्येक खण्ड के उत्तर एक ही स्थान में लिखने हैं। प्रश्नपत्र में उत्तर नहीं लिखने हैं। छात्रों को प्रश्नसंख्या प्रश्नपत्र के अनुसार अवश्य लिखनी चाहिए तथा खण्डसंख्या (क, ख, ग, घ आदि) भी लिखनी चाहिए। छात्रों को उत्तरपुस्तिका में पूरा उत्तर लिखना है। रिक्तस्थानों को भरकर पूरे अनुबन्ध या वाक्य को पुनः लिखना है।**

यह व्याकरण शेमुषी द्वितीयो भागः, अभ्यासवान् भव एवं नवीनतम पाठ्यक्रम पर आधारित है। नवीनतम पाठ्यक्रम में (क) अपठित-अवबोधनम् 10 अङ्काः, (ख) रचनात्मकं कार्यम् 15 अङ्काः व (ग) अनुप्रयुक्त-व्याकरणम् 25 अङ्काः को
7. सम्मिलित किया गया है।

(1) 'क' खण्ड में एक अपठित गद्यांश 80-100 शब्दपरिमितः गद्यांशः पूछा जाएगा जिसके आधार पर कुछ प्रश्नों के उत्तर अपेक्षित हैं। इसके अंतर्गत अपठित गद्यांश पर आधारित शीर्षक का चुनाव, एक पद में उत्तर, पूर्णवाक्य में उत्तर तथा भाषिककार्य (क्रियापदचयन, विशेषण-विशेष्य, कर्त्ता-क्रिया अन्विति, पर्यायवाची तथा विलोम शब्द एवं सर्वनाम के लिए संज्ञापद) आदि से संबंधित प्रश्न होते हैं। भाषिक कार्य बहुविकल्पात्मक होते हैं।

(2) 'ख' खण्ड में सङ्केत आधारित लेखनकार्य में पत्रों (औपचारिक/अनौपचारिक) को प्रश्नपत्र में लिख दिया जाता है पर उनमें रिक्त स्थान होते हैं, जिनमें मञ्जूषा में से चुनकर समुचित पदों को भरकर पूरा पत्र पुनः लिखना होता है। चित्रों तथा कुछ पदों की सहायता से चार या पाँच संस्कृत के वाक्यों का एक अनुबन्ध का निर्माण करना होता है। इसके महत्त्व को समझते हुए प्रस्तुत पुस्तक में इस विषय में 'चित्राधारित वर्णन' इस शीर्षक से अलग से एक पाठ सम्मिलित किया गया है।

(3) 'ग' खण्ड में अनुप्रयुक्त व्याकरण से तात्पर्य है कि व्याकरण को सीधे-सीधे न पूछकर प्रायोगिक रूप में पूछा जाए। सन्धि, समास, प्रत्यय, अव्यय, वाच्य-परिवर्तन, समयबोध, अशुद्धिसंशोधन आदि का सब कार्य वाक्य या अनुबन्ध के अन्दर सम्पन्न किया जाना है। छात्रों को उन्हीं वाक्यों को व्याकरण का कार्य पूर्ण करते हुए पुनः लिखना है। उन्हें सब कुछ संस्कृत में ही लिखना है। इसके लिए प्रश्न भी संस्कृत में ही होता है तथा उसका उत्तर भी संस्कृत में दिया जाना अपेक्षित है। इसमें 'शेमुषी द्वितीयो भागः' को आधार बनाया गया है।

इस तरह प्रस्तुत व्याकरण 80 अङ्कों के पाठ्यक्रम के चार खण्डों में से एक खण्ड अर्थात् पाठ्यपुस्तक को छोड़कर शेष तीन खण्डों के सम्पूर्ण 50 अंक के पाठ्यक्रम को ध्यान में रखकर लिखी गई है। ऐसी सामग्री अन्यत्र मिलनी दुर्लभ है। जिस क्रम से परीक्षा में प्रश्न पूछे जाते हैं तथा जिस क्रम से पाठ्यक्रम के विषय हैं, उसी क्रम से प्रस्तुत व्याकरण में विषयों को अपनाया गया है।

प्रस्तुत व्याकरण को संस्कृत के साथ-साथ हिन्दी में इसलिए लिखा गया है कि अभ्यास-पुस्तक पूर्ण रूप से संस्कृत में होने के कारण छात्रों को शुरू-शुरू में समझने में कुछ कठिनाई हो सकती है।

इस व्याकरण के अतिरिक्त एक नई पुस्तक **Exam-Kit in संस्कृत** छपकर आ गई है। इसमें पाठ्यपुस्तक शेमुषी द्वितीयो भागः से सम्बन्धित प्रश्नों को भी सम्मिलित किया गया है।

आशा है ये दोनों पुस्तकें छात्रों की सभी आवश्यकताओं को पूरा कर सकेंगी।

–लेखक

'ग' खण्डः अनुप्रयुक्त–व्याकरणम्			
5.	सन्धिः	लघूत्तरात्मकाः	1 × 4 = 4
6.	समासः	बहुविकल्पात्मकाः	1 × 4 = 4
7.	प्रत्ययाः	बहुविकल्पात्मकाः	1 × 4 = 4
8.	वाच्यप्रकरणम्	बहुविकल्पात्मकाः	1 × 3 = 3
9.	समयः	लघूत्तरात्मकाः	1 × 4 = 4
10.	अव्ययपदानि	लघूत्तरात्मकाः	1 × 3 = 3
11.	संशोधनकार्यम्	बहुविकल्पात्मकाः	1 × 3 = 3
		सम्पूर्णभारः	**25 अङ्काः**

सम्पूर्णभारः – 80 अङ्काः

☞ नोट : *खण्डः 'घ' पठित-अवबोधनम्– 30 अङ्काः।*

खण्डः 'क'

अपठित-अवबोधनम्

(Unseen Passages)

1

दीर्घ-अनुच्छेद-आधारित-कार्यम्

(80-100 शब्दपरिमितः गद्यांशः)

प्रश्नः—अधोलिखितम् अनुच्छेदं पठित्वा प्रदत्तप्रश्नान् उत्तरत—

[निम्नलिखित अनुच्छेद को पढ़कर दिए गए प्रश्नों के उत्तर लिखिए।]

(Read the following passage and answer the questions.)

1 मानवः अस्य संसारस्य प्राणिषु सर्वोत्तमः प्राणी अस्ति। अस्य जीवनस्य प्रतिपलं महत्त्वपूर्णम् अस्ति। यदि मानवसमयस्य एकस्यापि पलस्य अपव्ययः भवति, तदा तस्य मानवस्य तु हानिः भवति एव, सम्पूर्ण-मानवतायाः अपि ह्रासो भवति। विश्वे प्रकृत्यां सम्पूर्णम् कार्यजातम् नियमितसमये भवति। यदि कस्मादपि कारणात् समये वृष्टिः न भवेत् तदा सर्वं क्षेत्रं शुष्येत्, अन्नं विना जनः मृतप्रायो भवेत्। तथैव बाल्यकाले यदि छात्रः न पठेत् तदा असौ समस्तजीवने पश्चात्तापं करोति। समयस्य निजं महत्त्वम् अस्ति। समयः तस्य जनस्य एव कार्येषु सहभागितां करोति यः समयस्य सदुपयोगं करोति। उक्तं हि—''निर्वाणदीपे किमु तैलदानम्'' अथवा ''गते काले शोको निरर्थकः।'''' अग्निप्रज्वलनकाले कूपखननं निरर्थकम्।'' जीवनस्य साफल्यं समये एव कार्यकरणे वर्तते। जीवनस्य क्षणानि निश्चितानि परिमितानि सन्ति। निश्चितसंख्यातः एकमपि क्षणम् अधिकं भवितुं न शक्नोति। अतः जीवितकाले एव कार्याणि सम्पादनीयानि। समयः कदापि प्रतीक्षां न करोति। अतः सदा समयस्य सदुपयोगः करणीयः।

I. एकपदेन उत्तरत–

(*i*) *समयः कदापि कां न करोति?*

(*ii*) *यदि छात्रः न पठति, तदा जीवने किं करोति?*

II. पूर्णवाक्येन उत्तरत–

(*i*) *केन विना जनः मृतप्रायः भवति?*

(*ii*) *जीवनस्य क्षणानि कीदृशानि सन्ति?*

III. यथानिर्देशम् उत्तरत–

(*i*) *'हानिः' इति पदस्य विलोमपदं लिखत।*

(*ii*) *'अर्थहीनः' इत्यस्य पर्यायशब्दं लिखत।*

(*iii*) *'सम्पूर्णं कार्यजातम्'-अनयोः विशेष्यपदं लिखत।*

IV. *अनुच्छेदस्य उपयुक्तं शीर्षकं लिखत।*

उत्तरम्–

I. (*i*) प्रतीक्षाम् (*ii*) पश्चात्तापम्

II. (*i*) अन्नेन विना जनः मृतप्रायो भवति।

(*ii*) जीवनस्य क्षणानि निश्चितानि सन्ति।

III. (*i*) लाभः (*ii*) निरर्थकः

(*iii*) कार्यजातम्

IV. समयस्य सदुपयोगः।

2 **सेवाधर्मः किंस्वरूपः अस्ति। महाभारते सेवाधर्मस्य परिभाषा वर्तते।**

यथा— *'विप्रियं नाचरेत् तस्य एषा सेवा समासतः।'*

जनः अन्येषां प्रियं कुर्यात्। सः कथमपि तेषां विप्रियम् नाचरेत्। ईदृशी सेवा एव प्रमुखः धर्मः येषाम्, ते विरलाः जनाः सन्ति। धनप्राप्त्यर्थं सेवकाः स्वामिनः सेवां कुर्वन्ति। भर्तृहरिः सेवकस्य धर्मम् अतीव गहनं मन्यते। भृत्याः सेवाभावेन स्वामिनं सम्पत्तौ, विपत्तौ अपि च, सेवन्ते। कुक्कराः अपि स्वामिनं सेवन्ते। सेवकाः अहर्निशं सर्वदा स्वामिनः सेवां कुर्वन्ति, परं सेवां कृत्वा न जल्पन्ति। ते स्वामिपादमूले एव स्वसुखं मन्यन्ते। महापुरुषाः देशसेवाम् एव परमं धर्मं मन्यन्ते। समाजसेवी दीनजनान् सेवते। स सदा विनम्रः भवति। सः महाव्रतः बहुजनहिताय बहुजन-सुखाय निःस्वार्थभावेन कार्यं करोति। समाजसेवा एकः महान् व्रतः अस्ति। तस्य व्रतस्य पालनं कर्त्तव्यभावनया क्रियते। मातृसेवा, पितृसेवा, अतिथिसेवा, गुरुसेवा च सेवाधर्मे अन्तर्हिताः सन्ति। अस्माभिः उपशान्तभावेन दान्तभावेन क्षमाभावेन च सर्वविधा सेवा-शुश्रूषा विधातव्या।

I. एकपदेन उत्तरत–

(*i*) *सेवकाः कदा स्वामिनः सेवां कुर्वन्ति?*

(*ii*) *के देशसेवां परमं धर्मं मन्यते?*

II. पूर्णवाक्येन उत्तरत–

(*i*) *सेवकाः किं कुर्वन्ति?*

(*ii*) *भृत्याः किं कुर्वन्ति?*

III. यथानिर्देशम् उत्तरत–

(*i*) *'महान् व्रतः'-अनयोः विशेषणपदं लिखत।*

(*ii*) *'विधातव्या'-इत्यस्य कर्तृपदं किमस्ति?*

(*iii*) *'प्रियम्'-इत्यस्य विलोमशब्दं लिखत।*

IV. *अस्य अनुच्छेदस्य उपयुक्तं शीर्षकं लिखत।*

उत्तरम्–

I. (*i*) अहर्निशम् (*ii*) महापुरुषाः

II. (*i*) सेवकाः अहर्निशं स्वामिनः सेवां कुर्वन्ति।

(*ii*) भृत्याः सेवाभावेन स्वामिनं सेवन्ते।

III. (*i*) महान् (*ii*) सेवा शुश्रूषा

(*iii*) विप्रियम्

IV. सेवाधर्मः।

अभ्यासप्रश्नाः
(सोत्तराः)

1 **'देहं वा पातयेयं कार्यं वा साधयेयम्' इति कृतप्रतिज्ञः असौ शिववीरवरो न निजकार्यात् निवर्तते। यस्य अध्यक्षः स्वयं परिश्रमी कथं स न स्यात् स्वयं परिश्रमी? यस्य प्रभुः स्वयं साहसी कथं न स भवेत् स्वयं साहसी? यस्य स्वामी स्वयमापदो न गणयति, कथं स गणयेत् आपदः? यस्य च महाराजः स्वयं संकल्पितं निश्चयेन साधयति, कथं न स साधयेत् स्वसंकल्पितम्? अस्त्येष महाराजशिववीरस्य दयापात्रं चरः तत् कथम् एषः झञ्झाविभीषिकाभिः विभीषितः प्रभुकार्यं विगणयेत्?**

I. एकपदेन उत्तरत– *(केवलं प्रश्नद्वयम्)*

(*i*) *कृतप्रतिज्ञः क आसीत्?*

(*ii*) *कः निजकार्यात् न निवर्तते?*

(*iii*) *चरः किं न विगणयेत्?*

II. पूर्णवाक्येन उत्तरत– *(केवलं प्रश्नद्वयम्)*

(*i*) *चरः कस्य दयापात्रम् आसीत्?*

(*ii*) *चरस्य महाराजः निश्चयेन किं साधयति?*

(*iii*) *शिववीरस्य दयापात्रं कः?*

III. यथानिर्देशम् उत्तरत– *(केवलं प्रश्नत्रयम्)*

(*i*) *'यस्य'-इति पदं कस्मै प्रयुक्तम्?*

(क) चरस्य (ख) शिववीरस्य (ग) आपदः (घ) प्रभोः।

(*ii*) *'गणयति'-अस्य किं कर्तृपदम्?*

(क) चरः (ख) स्वामी (ग) दयापात्रम् (घ) एषः।

(*iii*) *'साधयेयम्' अस्य किं कर्तृपदम् अत्र प्रयुक्तम्?*

(क) दयापात्रम् (ख) शिववीरः (ग) एषः (घ) चरः।

(*iv*) *'अलसः' इत्यस्य विलोमशब्दं किं प्रयुक्तम्?*

(क) प्रभुः (ख) चरः (ग) स्वामी (घ) परिश्रमी।

IV. *अस्य अनुच्छेदस्य कृते उपयुक्तं शीर्षकं लिखत।*

2 **एकस्मिन् स्थाने कश्चित् रजकः वसति स्म। तस्य एकः दुर्बलः गर्दभः आसीत्। अथ सः रजकः कुतश्चित् व्याघ्रचर्म प्राप्तवान् अचिन्तयत् च, 'अनेन चर्मणा प्रच्छाद्य गर्दभं रात्रौ यवक्षेत्रेषु त्यक्ष्यामि। क्षेत्रपालाः च तं व्याघ्रं मत्वा न निष्कासयिष्यन्ति।' एवं च कृते सः गर्दभः बहुकालं यावत् रात्रौ यवभक्षणं कृतवान्। एकदा तु कुतश्चित् गर्दभी-शब्दं श्रुत्वा स्वयमपि तथैव शब्दम् अकरोत्। अथ ते क्षेत्रपालाः तं गर्दभं ज्ञात्वा लगुडप्रहारैः हतवन्तः।**

I. एकपदेन उत्तरत–

(*i*) *गर्दभः कस्य आसीत्?*

(*ii*) *के तं व्याघ्रं अमन्यन्त?*

II. पूर्णवाक्येन उत्तरत–

(*i*) *गर्दभीशब्दं श्रुत्वा गर्दभः किम् अकरोत्?*

(*ii*) *क्षेत्रपालाः गर्दभं कथं हतवन्तः?*

III. यथानिर्देशम् उत्तरत–

(*i*) *गर्दभस्य पर्यायवाचिशब्दं लिखत।*

(*ii*) *'रात्रिः'-इत्यस्य विलोमशब्दं लिखत।*

(*iii*) *'वसति स्म'-इत्यस्य कर्तृपदं लिखत।*

IV. *अस्य गद्यांशस्य शीर्षकं लिखत।*

पूर्वपरीक्षाणां प्रश्नाः

अधोलिखितम् अनुच्छेदं पठित्वा प्रदत्तप्रश्नानाम् उत्तराणि लिखत—

[निम्नलिखित अनुच्छेद को पढ़कर दिए गए प्रश्नों के उत्तर लिखें।]

(Read the following passage and answer the questions given)

1. CBSE 2019

भारतवर्षे 'ग्रीष्म-वर्षा-शरद्-हेमन्त-शिशिर-वसन्त' इति षड् ऋतवः भवन्ति। तेषु 'वसन्तः' ऋतुराजः कथ्यते। वसन्तः ऋतुः फाल्गुने चैत्रमासे च भवति। तदा शैत्यं न्यूनं भवति। वसन्ते द्वौ प्रमुखौ उत्सवौ स्तः–वसन्तोत्सवः होलिकोत्सवश्च। वसन्ते सर्वत्र प्रमोदः भवति। सर्वत्र प्रकृतः विविधवर्णैः कुसुमैः हरितपल्लवैश्च सुसज्जिता दृश्यते। आम्रवृक्षे कोकिलस्य मधुरध्वनिः सर्वान् जनान् आकर्षति। सर्वत्र रम्यं वातावरणं भवति। नराः, नार्यः, युवानः, वृद्धः च समोदं गायन्ति नृत्यन्ति च। धन्यः एषः ऋतुः यः प्रकृतेः अलौकिकीम् अद्भुतां रमणीयां रचनां च प्रदर्शयति। वयं प्रकृतिं नमामः।

प्रश्नाः–

I. एकपदेन उत्तरत–

(*i*) *ऋतुराजः कः कथ्यते?*

(*ii*) *भारतवर्षे कति ऋतवः भवन्ति?*

II. पूर्णवाक्येन उत्तरत–

(*i*) *वसन्ते कौ प्रमुखौ उत्सवौ भवतः?*

(*ii*) *वसन्ते सर्वत्र प्रकृतिः कीदृशी दृश्यते?*

III. यथानिर्देशम् उत्तरत–

(*i*) *'नमामः' इति क्रियापदस्य कर्तृपदं किम्?*

(*ii*) *'अनुच्छेदे 'पुष्पै' इत्यस्य समानार्थकं पदं किं प्रयुक्तम्?*

(*iii*) *'अधिकम्' इति पदस्य विलोमपदं किं प्रयुक्तम्?*

IV. *अस्य अनुच्छेदस्य कृते उपयुक्तं शीर्षकं संस्कृतेन लिखत।*

2. CBSE 2018

कस्मिंश्चित् ग्रामे कदाचन अशीतिवर्षीयः एको वृद्धः मार्गे आम्रवृक्षान् आरोपयति स्म। तं दृष्ट्वा महानगरात् आगच्छन् कश्चन युवा पृष्टवान्-भो महानुभाव! तव अवस्था प्रायशः अशीतिवर्षीया प्रतीयते। एतत् च स्वाभाविकं यदा एते वृक्षाः फलानि दास्यन्ति, तदा त्वं जीवितो न भविष्यसि। अतः किमर्थम् इमं निष्फलं प्रयासं करोषि? स वृद्धः उक्तवान्-मया साम्प्रतम् इतरैः आरोपितानां वृक्षाणां फलानि खाद्यन्ते। एवं मयापि

आरोपितानाम् एतेषां वृक्षाणां फलानि आगामिभविष्यत्काले लोकाः खादेयुः–इत्येतदर्थम् अहम् एतेषाम् आरोपणं करोमि। वस्तुतः मनुष्येण केवलं स्वार्थचिन्तनं न कर्तव्यम्।

प्रश्नाः–

I. एकपदेनोत्तरत –

(*i*) *कश्चन युवा कुतः आगच्छति स्म?*

(*ii*) *'तरुः' इत्यर्थे कः पर्यायशब्दः अत्र प्रयुक्तः?*

II. पूर्णवाक्येनोत्तरत –

(*i*) *वृद्धः किं विचार्य वृक्षाणाम् आरोपणं करोति स्म?*

(*ii*) *युवा तं वृद्धं किम् अपृच्छत्?*

III. यथानिर्देशम् उत्तरत–

(*i*) *'आरोपयति स्म' इति क्रियापदस्य कर्तृपदं किम्?*

(*ii*) *'प्रयासम्' इत्यस्य किं विशेषणम् अत्र प्रयुक्तम्?*

(*iii*) *'अधुना' इत्यस्य किं पर्यायपदम् अत्र प्रयुक्तम्?*

IV. *अस्य अनुच्छेदस्य कृते समुचितं शीर्षकं संस्कृतेन लिखत।*

3. KVS 2017

भारत-भूः अस्माकं देशः। स्वदेशं प्रति अस्माकम् अनुरागः, आदरश्च स्वाभाविक एव। सर्वे जनाः स्वदेशोन्नत्यै संलग्नाः भवेयुः। स्वदेशोन्नयनम् अस्माकं परमः धर्मः। अद्य अस्माकं देशः स्वतन्त्रोऽस्ति। तस्य उन्नतिः रक्षा च अस्माकं धर्मः। देशं प्रति भक्तिः देशोन्नत्याः मूलकारणम्। देशभक्ति-भावनया प्रेरितः मानवः देशोन्नयनाय चेष्टते, समाजोद्धाराय प्रयतते देशाद्दारिद्र्यं दूरीकरोति, अशिक्षितान् शिक्षयति, व्यापारमुन्नयति, मातृभूमिरक्षणाय च स्वप्राणान् त्यजति। ये हि स्वार्थसिद्ध्यर्थं देशस्य उपकारिणः इव दृश्यन्ते ते हि मिथ्या भक्ताः देशस्य अपकारिणः। अतः निस्वार्थ-देशभक्ति-भावना भवेत्, न तु विपरीता।

प्रश्नाः–

I. एकपदेन उत्तरत–

(*i*) *केषां देशः स्वतन्त्रः अस्ति?*

(*ii*) *कं प्रति भक्तिः देशोन्नत्याः मूलकारणम्?*

II. पूर्णवाक्येन उत्तरत–

(*i*) *देशभक्ति-भावनया-प्रेरितो मानवाः किं किं करोति?*

(*ii*) *देशं प्रति भक्तिः कस्याः मूलकारणम्?*

III. निर्देशानुसारम् उत्तरत–

(*i*) *'चेष्टते'–इति क्रियापदस्य कर्तृपदं किम्?*

(*ii*) *'तस्य'–इति सर्वनामपदं कस्मै प्रयुक्तम्?*

(*iii*) *'मानवः'–इति पदस्य विशेषणपदं किम्?*

IV. *अस्य अनुच्छेदस्य कृते उचितं शीर्षकं लिखत।*

4. CBSE 2015

काचित् बालिका आसीत्। एकदा सा क्रीडितुं मित्रैः सह उद्यानं प्रति गच्छति। उद्याने अनेके वानराः अपि आसन्। बालाः वानरान् दृष्ट्वा अतीव प्रसन्नाः भवन्ति। वानराः अपि बालान् दृष्ट्वा प्रसन्नाः भवन्ति। वानराः वृक्षस्य उपरि आसन्। बालाः वृक्षस्य अधः उपविशन्ति। वानराः अपि अधः आगत्य उपविशन्ति। इदं दृष्ट्वा बालाः चकिताः भवन्ति। वानरैः सह च खेलितुम् इच्छन्ति। वानराः बालानाम् भावम् अवगच्छन्ति। ते बालानां समीपे आगत्य अनेक-क्रीड़ाः कुर्वन्ति। सर्वे मिलित्वा आनन्देन क्रीडन्ति। प्रसन्नाः वानराः वृक्षान् आरुह्य बालानां कृते फलानि क्षिपन्ति। सर्वे मिलित्वा फलानि खादन्ति, प्रसन्नाः च भवन्ति।

प्रश्नाः–

I. एकपदेन उत्तरत–

(*i*) *बालिका क्रीडितुं कुत्र गच्छति?*

(*ii*) *बालिका कैः सह क्रीडितुम् अगच्छत्?*

II. पूर्णवाक्येन उत्तरत–

(*i*) *वानराः कान् दृष्ट्वा प्रसन्नाः भवन्ति?*

(*ii*) *सर्वे मिलित्वा किं खादन्ति?*

III. निर्देशानुसारम् उत्तरत–

(*i*) *'गद्यांशे 'क्षिपन्ति' इति क्रियापदस्य कर्तृपदं किम् अस्ति?*

(*ii*) *'एकदा सा क्रीडितुं मित्रैः सह उद्यानं प्रति गच्छति' इति वाक्ये 'सा' सर्वनामपदं कस्मै प्रयुक्तम्?*

(*iii*) *गद्यांशे 'सर्वे' इति कर्तृपदस्य क्रियापदं किं प्रयुक्तम्?*

IV. *अस्य अनुच्छेदस्य कृते समुचितं शीर्षकं संस्कृतेन लिखत।*

5. CBSE

कालिदासः मेघदूतं रचितवान्। मेघदूते मानसूनविज्ञानस्य अद्भुतं वर्णनम् अस्ति। मानसूनसमयः आषाढमासात् प्रारभते। श्याममेघान् दृष्ट्वा सर्वे जनाः प्रसन्नाः भवन्ति। मयूराः नृत्यन्ति। मानसूनमेघाः सर्वेषां जीवानां कष्टम् अपहरन्ति। मेघानां जलं वनस्पतिभ्यः, पशुपक्षिभ्यः, किं वा सर्वेभ्यः प्राणिभ्यः जीवनं प्रयच्छति। मेघजलैः भूमेः उर्वराशक्तिः वर्धते। क्षेत्राणां सिञ्चनं भवति। गगने यदा कदा इन्द्रधनुः अपि दृश्यते। वायुः शीतलः भवति। शुष्कभूमौ वर्षायाः बिन्दवः पतन्ति। भूमेः सुगन्धितं वाष्पं निर्गच्छति। कदम्बपुष्पाणि विकसन्ति। तेषु भ्रमराः गुञ्जन्ति। हरिणाः प्रसन्नाः भूत्वा इतस्ततः धावन्ति। चातकाः जलबिन्दून् पिबन्ति। बलाकाः पंक्तिं बध्द्वा आकाशे उड्डीयन्ते। मेघदूते मेघः यक्षस्य सन्देशं नयतु इति प्रार्थितः। अतः कालिदासः वायुमार्गस्य ज्ञानवर्धकं वर्णनं करोति।

प्रश्नाः–

I. एकपदेनन उत्तरत–

(*i*) *भ्रमराः कुत्र गुञ्जन्ति?*

(*ii*) *कः मेघदूतं रचितवान्?*

II. पूर्णवाक्येन उत्तरत–

(*i*) *भूमेः किं निर्गच्छति?*

(*ii*) *मेघदूतं कः रचितवान्?*

III. यथानिर्देशम् उत्तरत–

(*i*) *अन्तिमपंक्तौ अव्ययपदं चित्वा लिखत।*

(*ii*) *'ज्ञानवर्धकम्' इति कस्य विशेषणम्?*

(*iii*) *'धावन्ति' इति क्रियापदस्य कः कर्त्ता?*

IV. *अस्य अनुच्छेदस्य उपयुक्तं शीर्षकं लिखत।*

6. CBSE

जीवने धनस्य अत्यधिकं महत्त्वम् अस्ति। धनेन जीवननिर्वाहः भवति। धनं विना वयं कथं भोजनम् अपि प्राप्तुं शक्नुमः ? परन्तु यदि लोभेन वयं अन्धाः भूत्वा अधिकाधिकं धनं प्राप्तुम् इच्छामः, अनुचितसाधनानां प्रयोगं कुर्मः, तर्हि तेन धनेन दुःखमेव भविष्यति। तस्य रक्षणे एव समयः व्यतीतः भवति। कोऽपि तद् हरिष्यति इति चिन्ता प्रतिक्षणं वर्धते। अभिमानः विवेकं नाशयति। कृष्णधनस्य प्रच्छादनाय महान् क्लेशः भवति। अतः वयम् उचितसाधनैः एव धनार्जनं कुर्याम, कस्मै अपि ईर्ष्यां न कुर्याम अपितु यथाशक्ति ये असहायाः सन्ति तेषां साहाय्यं कुर्याम। त्यागेन एव धनस्य संरक्षणं भवति। त्यागेन एवम् उपभोगेन च वयम् आनन्दं प्राप्तुं शक्नुमः। अन्यस्य धनं प्रति कदापि अस्माभिः लोभः नैव कर्तव्यः।

प्रश्नाः–

I. एकपदेन उत्तरत–

(*i*) *अभिमानः कं नाशयति?*

(*ii*) *जीवने कस्य अत्यधिकं महत्त्वम् अस्ति?*

II. पूर्णवाक्येन उत्तरत–

(*i*) *धनार्जनं कथं करणीयम्?*

(*ii*) *प्रतिक्षणं का वर्धते?*

III. यथानिर्देशम् उत्तरत–

(*i*) *'उद्घाटनाय'–इत्यस्य विलोमपदं लिखत।*

(*ii*) *'तस्य रक्षणे एव....' इत्यत्र 'तस्य' इति सर्वनामपदं कस्मै प्रयुक्तम्?*

(*iii*) *'कुर्याम'–इत्यस्य क्रियापदस्य कर्त्ता कः?*

IV. *अस्य अनुच्छेदस्य उपयुक्तं शीर्षकं लिखत।*

7. CBSE

तमिलनाडुप्रदेशे भारतस्य दक्षिणकोणस्य अन्ते बिन्दुरूपेण दृश्यते कन्याकुमारी। अत्र पूर्वसमुद्रस्य, पश्चिमसमुद्रस्य, दक्षिणसमुद्रस्य च सङ्गमः भवति। एते त्रयः समुद्राः भारतवर्षस्य पदतलं निरन्तरं प्रक्षालयन्ति। प्रातः सायं च सर्वदा जनानां महान् सम्मर्दः भवति। प्रातः सूर्योदयस्य सायं सूर्यास्तस्य च दृश्यं सर्वेषां मनः हरतः। अत्र एकम् अन्यद् दर्शनीयं स्थानम् अस्ति विवेकानन्दस्मारकं नाम। कन्याकुमारीतः यन्त्रचालितया नौकया विवेकानन्दस्मारकं प्रति गन्तुं शक्यते। समुद्रतीरात् प्रस्थिता नौका आदौ तिरुवल्लुवरप्रतिमायाः समीपं गच्छति। तिरुवल्लुवरमहोदयेन 'तिरुक्कुरल्' इति नामकः तमिलवेदः रचितः। इतः पुनः प्रयाणं कृत्वा स्मारकं प्रति गम्यते। तत्र भूतले एकं विशिष्टं ध्यानमन्दिरम् अस्ति यत्र अन्धकारमये प्रकोष्ठे प्रकाशमानम् 'ॐ' इति चित्रं दृश्यते। तत्र सर्वे मौनव्रतमेव धारयन्ति। समुद्रस्य स्वर्णमयं जलं, स्मारकस्य दर्शनम् सर्वमेव प्रेरणादायकं स्फूर्तिदायकम् च।

प्रश्नाः–

I. एकपदेन उत्तरत–

(*i*) *त्रयः समुद्राः कस्य पदतलं प्रक्षालयति?*

(*ii*) *कति समुद्राः भारतवर्षस्य पदतलं प्रक्षालयन्ति?*

II. पूर्णवाक्येन उत्तरत–

(*i*) *अत्र कति समुद्राणां सङ्गमः अस्ति?*

(*ii*) *कन्याकुमारी कस्मिन् प्रदेशे अस्ति?*

III. यथानिर्देशम् उत्तरत–

(*i*) *'नौकया' इति पदस्य किं विशेषणम्?*

(*ii*) *'अन्ते' इति पदस्य विलोमशब्दं लिखत।*

(*iii*) *'धारयन्ति'-इत्यस्य कर्त्ता कः?*

IV. *अस्य अनुच्छेदस्य उपयुक्तं शीर्षकं लिखत।*

8. CBSE

एकदा शीतस्य भीषणः प्रकोपः अभवत्। सम्राट् चन्द्रगुप्तः निश्चितवान् यत् निर्धनेभ्यः कम्बलानां वितरणं भवेत्। प्रधानमंत्री चाणक्यः तत्कार्यं स्वीकृतवान्। भृत्याः सर्वान् कम्बलान् तस्य कुटीरे स्थापितवन्तः। रात्रौ केचन चौराः कम्बलान् चोरयितुं तस्य कुटीरं प्राविशन्। ते अपश्यन् यत् चाणक्यः एकस्मिन् कटे कम्बलं विना एव सुप्तः। तस्मिन् एव क्षणे चाणक्यः पदध्वनिं श्रुत्वा प्रबुद्धः। चौराः तम् अपृच्छन्—'भवतां समीपे कम्बलानां राशिः अस्ति तथापि भवान् कम्बलं विना एव स्वपिति।' चाणक्यः अवदत्—'शृणुत! एते प्रावारकाः केवलं निर्धनेभ्यः वितरणार्थम् एव सन्ति। यदि अहम् एतेषु एकं स्वीकरोमि तर्हि अहम् अपि चौरः भविष्यामि। ''नतमस्तकाः चौराः'' तस्य पादयोः पतित्वा क्षमायाचनाम् अकुर्वन्।

प्रश्नाः–

I. एकपदेन उत्तरत–

(*i*) *एकदा कस्य भीषणः प्रकोपः अभवत्?*

(*ii*) *कः पदध्वनिम् अशृणोत्?*

II. पूर्णवाक्येन उत्तरत–

(*i*) *चाणक्यस्य आदर्शं दृष्ट्वा चौराः कीदृशाः अभवन्?*

(*ii*) *चौराः चाणक्यस्य पादयोः पतित्वा किम् अकुर्वन्?*

III. यथानिर्देशम् उत्तरत–

(*i*) *कम्बलस्य पर्यायशब्दं लिखत।*

(*ii*) *'यदि अहम् एतेषु....' अत्र 'एतेषु' इति सर्वनामपदं केभ्यः प्रयुक्तम्?*

(*iii*) *'भविष्यामि' इति अस्य कर्त्ता कः?*

IV. *अस्य अनुच्छेदस्य उपयुक्तं शीर्षकं लिखत।*

9. CBSE

वैज्ञानिकाः सञ्चारसाधनेषु प्रतिदिनं नवीनतमान् आविष्कारान् कुर्वन्ति येन सन्देशप्रेषणे अधिकतमा सुविधा स्यात्। चलभाषितयन्त्रम् (मोबाइल सैलफ़ोन) तादृशम् एव लोकप्रिययन्त्रम्। बालाः वृद्धाः, युवकाः, पुरुषाः, महिलाः, नागरिकाः, ग्रामीणाः कर्मकराः च सर्वेषाम् एव एतत् कर्णभूषणं जातम्। यानानि आरूढाः, कार्यालयेषु कार्यं कुर्वन्तः, मार्गेषु चलन्तः, सभागारेषु प्रवचनं शृण्वन्तः जनाः अस्य ध्वनिं श्रुत्वा वार्तामग्नाः भवन्ति। अविवेकपूर्णः अस्य प्रयोगः कार्येषु व्यवधानं करोति। मार्गेषु दुर्घटनाः भवन्ति। सभागारेषु, कक्षासु, अन्यस्थानेषु च अव्यवस्था भवति। सत्यम् अस्ति यत् आविष्कारः कदापि हानिकारः न, परन्तु तस्य दुष्प्रयोगेण जीवनस्य शान्तिः नश्यति। वस्तुतः वयं यन्त्रस्य अधीनाः न स्याम अपितु यन्त्रम् अस्माकम् अधीनं स्यात्। ते एव बुद्धिमन्तः ये विज्ञानस्य सदुपयोगं कुर्वन्ति।

प्रश्नाः–

I. एकपदेन उत्तरत–

(*i*) *के विज्ञानस्य सदुपयोगं कुर्वन्ति?*

(*ii*) *कुत्र दुर्घटनाः भवन्ति?*

II. पूर्णवाक्येन उत्तरत–

(*i*) *जीवनस्य शान्तिः कथं नश्यति?*

(*ii*) *चलभाषितयन्त्रं केषां कर्णभूषणं जातम्?*

III. यथानिर्देशम् उत्तरत–

(*i*) *'अस्य अविवेकपूर्णः प्रयोगः'-अत्र 'अस्य' इति सर्वनामपदं कस्मै प्रयुक्तम्?*

(*ii*) *'लाभकरः'-इत्यस्य विलोमशब्दं लिखत।*

(*iii*) *'आकर्ण्य'-इत्यस्य पर्यायशब्दं लिखत।*

IV. *अस्य अनुच्छेदस्य उपयुक्तं शीर्षकं लिखत।*

10. CBSE 2020

वर्तमानयुगं सङ्गणकयुगम् अस्ति। अद्यत्वे सङ्गणकस्य प्रयोगः प्रत्येकं क्षेत्रे वर्तते। अद्य नवीनैः वैज्ञानिकैः आविष्कृतेषु साधनेषु सङ्गणकयन्त्रम् अतिमहत्त्वपूर्णम् उपयोगि च अस्ति। जनानां मस्तिष्के ये विचाराः स्मृतिरूपेण स्थाप्यन्ते ते एकस्मिन् एव सङ्गणकयन्त्रे दत्तांशरूपेण (data) कूडीकर्तुं (coding) शक्यन्ते। अतः सम्प्रति काले सङ्गणकयन्त्रस्य गरिमा दिने दिने वर्धमाना अस्ति। सङ्गणकयन्त्रे अत्यन्तं प्रमुखाः बहूपयोगिनः च विषयाः संगृहीताः भवन्ति। यदि क्रिमिप्रवेशेन (virus) सङ्गणकयत्रं दोषपूर्णं भवति चेत् तर्हि दत्तांशाः पुनः न लभन्ते। इमं दोषं निवारयितुं नूतनं तन्त्रज्ञानम् अधुना 'सेफ्टी टेक्नोलॉजी' इति संस्थया अभिवर्धितम् सङ्गणकयन्त्रमेव विनष्टं चेदपि अन्तर्जालद्वारा (internet) विश्वेऽस्मिन् यत्र कुत्रापि ते अंशाः पुनर्ग्रहीतुं शक्यन्ते।

प्रश्नाः–

I. एकपदेन उत्तरत– *(केवलं प्रश्नद्वयम्)*

(*i*) *कस्य गरिमा दिने दिने वर्धमाना अस्ति?*

(*ii*) *क्रिमिप्रवेशं निवारयितुं का संस्था अस्ति?*

(*iii*) *सङ्गणकयन्त्रम् अद्य कैः वैज्ञानिकैः आविष्कृतम्?*

II. पूर्णवाक्येन उत्तरत– *(केवलं प्रश्नद्वयम्)*

(*i*) *जनानां मस्तिष्के विचाराः केन रूपेण स्थाप्यन्ते?*

(*ii*) *केन सङ्गणकयन्त्रं दोषपूर्णं भवति?*

(*iii*) *केन विनष्टाः अंशा पुनर्ग्रहीतुं शक्यन्ते?*

III. *अस्य अनुच्छेदस्य कृते उपयुक्तं शीर्षकं संस्कृतेन लिखत।*

IV. यथानिर्देशम् उत्तरत– *(केवलं प्रश्नत्रयम्)*

(*i*) *'अस्ति' इत्यस्याः क्रियायाः कर्तृपदं किम्?*

(क) विचाराः (ख) सङ्गणकयुगम् (ग) विषयः

(ii) *'नूतनम् तन्त्रज्ञानम्' अनयोः पदयोः विशेषणं किम्?*

(क) नूतनम् (ख) प्राचीनम् (ग) तन्त्रज्ञानम्

(iii) *'इन्टरनेट' इत्यस्य पदस्य कः पर्यायः अत्र आगतः?*

(क) सङ्गणकम् (ख) संकलनम् (ग) अन्तर्जालम्

(iv) *अनुच्छेदे 'पुरातनं' पदस्य कः विपर्ययः आगतः?*

(क) रत्नं (ख) नूतनं (ग) विनष्टम्

अभ्यासप्रश्नाः
(स्वयं अभ्यासार्थम्)

1 **संसारे सज्जनाः तथैव दुर्जनाः अपि वर्तन्ते। सज्जनानाम् संगतिः सत्सङ्गतिः दुर्जनानाम् संगतिश्च कुसंगतिः भवति। सामाजिकः प्राणी संगतिं विना स्थातुं न शक्नोति। अतः मनुष्याय संगतिः अनिवार्या एव। सत्संगत्या मनुष्यः सदैव उन्नतिं करोति कुसंगत्या तु सः पतनमार्गे नूनम् पतति। गुणं विना कोऽपि मानवः सन्मानवः न भवति। सत्संगेन सज्जनः सन्मार्गम् अनुसरति, गुणान् अभिनन्दति। सत्संगस्य प्रभावेन मनुष्येषु शनैः शनैः गुणाः प्रविशन्ति, अवगुणाश्च बहिः निर्गच्छन्ति। संगस्य प्रभावः सर्वत्र दृश्यते, उक्तञ्च।**

"कीटोऽपि सुमनःसंगात् आरोहति सतां शिरः।" सत्संगत्या मनुष्यः समाजे मानं प्राप्नोति किन्तु कुसंगतौ पतित्वा तु मनुष्यः अपयशः निन्दाम् अपमानम् एव प्राप्नोति। अतः सर्वदा सत्संगतौ एव वस्तव्यम्।

प्रश्नाः–

I. एकपदेन उत्तरत। *(केवलं प्रश्नद्वयम्)*

(i) *केषाम् संगतिः सत्संगतिः भवति?*

(ii) *केषां संगतिः कुसंगतिः भवति?*

(iii) *मनुष्याय का अनिवार्या?*

II. पूर्णवाक्येन उत्तरत। *(केवलं प्रश्नद्वयम्)*

(i) *सत्संगेन मनुष्यः किं किं करोति?*

(ii) *कुसंगेन मनुष्यः किं प्राप्नोति?*

(iii) *कस्य प्रभावः सर्वत्र दृश्यते?*

III. निर्देशानुसारं उत्तरम् लिखत। *(केवलं प्रश्नत्रयम्)*

(i) *'आरोहति' इत्यस्य क्रियापदस्य कर्तृपदं चित्वा लिखत।*

(क) सुमनः (ख) कीटः (ग) प्राणी (घ) सज्जनः।

(ii) *'सः पतनमार्गे नूनम् पतति' अत्र 'सः' इति सर्वनामपदं कस्मै प्रयुक्तम्?*

(क) कीटः (ख) दुर्जनः (ग) मनुष्यः (घ) सज्जनः।

(iii) *'कुमार्गम्' इत्यस्य विलोमपदं चित्वा लिखत।*

(क) सुमनः (ख) सन्मार्गम् (ग) कीटम् (घ) प्रभावः।

(iv) *'सताम्' इत्यत्र का विभक्तिः?*

(क) पञ्चमी (ख) प्रथमा (ग) षष्ठी (घ) सप्तमी।

IV. *अस्य गद्यांशस्य समुचितं शीर्षकं संस्कृतेन लिखत।*

2 यदि वयं सततं प्रयत्नं करिष्यामः तर्हि नूनमेव सर्वाणि लक्ष्याणि प्राप्स्यामः। उत्साहयुक्तानां जनानाम् कृते किञ्चिदपि असाध्यं न भवति। सोद्देश्यम् यथासमयम् आरब्धम् प्रत्येकं कार्यं नूनमेव फलति। किन्तु, प्रायः एवमेव दृश्यते यत् जनाः अल्पमपि प्रयत्नं कृत्वा अधिकं प्राप्तुम् इच्छन्ति। यदा वाञ्छितं फलं न प्राप्यते तदा ते निराशाः प्राप्नुवन्ति। अस्यां स्थितौ अस्माभिः स्वावलोकनम् कर्तव्यम्। 'प्रयासे का त्रुटिः अभवत्' इति। ताः त्रुटीः दूरीकृत्य वयं पुनः अधिकेन उत्साहेन कार्यं प्रारम्भं कुर्याम। अतः जीवने संसिद्धिम् प्राप्तुम् साहसेन कार्यं कुर्याम।

स्मर्तव्यम्-यथाश्रमम् कृतं कार्यमेव फलति। यथा श्रमः भवति तथैव फलं भवति।

I. एकपदेन उत्तरत। *(केवलं प्रश्नद्वयम्)*

(i) *कीदृशानाम् जनानाम् कृते किञ्चिदपि असाध्यं न भवति?*

(ii) *वयं कथं कार्यं कुर्याम?*

(iii) *कीदृशं कार्यं फलति?*

II. पूर्णवाक्येन उत्तरत। *(केवलं प्रश्नद्वयम्)*

(i) *प्रायः किं दृश्यते?*

(ii) *अस्माभिः किं स्मर्तव्यम्?*

(iii) *कीदृशाः जनाः अधिकं प्राप्तुम् इच्छन्ति?*

III. निर्देशानुसारम् उत्तरं लिखत– *(केवलं प्रश्नत्रयम्)*

(i) *'जनानाम्' इत्यस्य पदस्य किं विशेषणपदं गद्यांशे प्रयुक्तम्?*

(क) उत्साहयुक्तानाम् (ख) सज्जनानाम् (ग) अलसानाम् (घ) शिष्टानाम्।

(ii) *यदि वयं सततम् .... अत्र 'वयम्' पदम् केभ्यः प्रयुक्तम्?*

(क) सज्जनाः (ख) जनाः (ग) प्राणिनः (घ) दुर्जनाः।

(iii) *'साध्यम्' इत्यस्य पदस्य किं विलोमपदम् अत्र प्रयुक्तम्?*

(क) असाध्यम् (ख) अल्पम् (ग) अधिकम् (घ) न्यूनम्।

(iv) *'यथाश्रमं .... फलति' इत्यत्र कर्तृपदं किम्?*

(क) कृतम् (ख) कार्यम् (ग) एव (घ) यथाश्रमम्।

IV. *अस्य गद्यांशस्य समुचितं शीर्षकं लिखत।*

3 एकस्मिन् ग्रामे एकः वृद्धः वसति स्म। तस्य त्रयः पुत्राः आसन्। त्रयोऽपि पुत्राः बुद्धिमन्तः आसन्। तथापि सः वृद्धः निश्चयम् अकरोत् यत् सः स्वक्षेत्रं, भूमिं, धनस्वर्णादिकं च तस्मै एव दास्यति यः सर्वाधिकः बुद्धिमान् सिद्धः भविष्यति। एकस्मिन् दिवसे सः वृद्धः सर्वान् पुत्रान् आहूय उक्तवान्–"हे पुत्राः! युष्मासु यः मम कक्षं सर्वम् पूरयति अहं तस्मै स्वसम्पत्तिं दास्यामि। यूयं सर्वे एव बुद्धिमन्तः स्थ। गच्छत, प्रयासं च कुरुत। तदा ज्येष्ठः पुत्रः एकां शकटिकां पूरयित्वा कार्पासम् आनयत्, परम् एतेन तु कक्षस्य एकः एव भागः पूरितः जातः। कतिपयदिवस-पर्यन्तं विचार्य मध्यमः पुत्रः एकस्मिन् दिने शुष्क-तृण-सन्दोहम् आनीय कक्षे स्थापितवान्। परम् एतेन अपि कक्षः रिक्तः एव जातः। अन्ते कनिष्ठस्य पुत्रस्य वारः आसीत्। सः क्षणं विचिन्त्य एकं दीपकम् आनीय तम् दीपकं च प्रज्वलितवान्। दीपकस्य प्रकाशेन समग्रः कक्षः शीघ्रम् एव पूरितः जातः। प्रकाशमयं कक्षं दृष्ट्वा प्रसन्नः च भूत्वा जनकः सर्वां सम्पत्तिम् तस्मै अददात्।

प्रश्नाः–

I. एकपदेन उत्तरत। *(केवलं प्रश्नद्वयम्)*

(i) कस्य प्रकाशेन समग्रः कक्षः पूरितः जातः?

(ii) वृद्धः कुत्र वसति स्म?

(iii) ग्रामे कः वसति स्म?

II. पूर्णवाक्येन उत्तरत। *(केवलं प्रश्नद्वयम्)*

(i) वृद्धः पुत्रान् आहूय किमकथयत्?

(ii) कनिष्ठः पुत्रः किम् अकरोत्?

(iii) कः पुत्रान् आहूय उक्तवान्?

III. निर्देशानुसारं उत्तरं लिखत। *(केवलं प्रश्नत्रयम्)*

(i) 'कक्षे स्थापितवान्' इति क्रियापदस्य गद्यांशे कर्तृपदं किम् अस्ति?

(क) कनिष्ठः (ख) पुत्रः (ग) मध्यमः पुत्रः (घ) दीपकः।

(ii) 'अहं स्वसम्पत्तिम् तस्मै दास्यामि।' अत्र 'तस्मै' इति सर्वनामपदं कस्मै प्रयुक्तम्?

(क) मध्यमाय (ख) कनिष्ठाय (ग) पुत्राय (घ) दीपकाय।

(iii) 'सम्पूर्णः' इति पदस्य पर्यायपदं चित्वा लिखत।

(क) समग्रः (ख) एकः (ग) पूर्णः (घ) सर्वः।

(iv) 'जनकः .... अददात्' इत्यत्र क्रियापदं किम्?

(क) सर्वाम् (ख) सम्पत्तिम् (ग) तस्मै (घ) अददात्।

IV. *अस्य गद्यांशस्य उचितं शीर्षकं लिखत।*

4 **तपोवने एकः मुनिः आसीत्। कश्चित् मूषकः यः विडालात् त्रस्यति स्म तस्य समीपम् आगत्य अकथयत्–'हे मुने! एकः विडालः मां खादितुम् उद्यतः, मां रक्षेति। मुनिः अवदत्–'त्वमपि विडालः भवेति।' त्वरितम् एव सः विडालः अभवत्।**

एकस्मिन् दिने सः पुनः मुनेः समक्षम् उपस्थितो भूत्वा प्रार्थनाम् अकरोत्–"महर्षे! अहं कुक्कुरात् भीतः अस्मि। मां रक्ष महर्षेः आशीर्वादेन सः विडालः कुक्कुरः अभवत्।" एकदा सः वने भ्रमन्तं एकं सिंहं दृष्ट्वा भीतः सन् मुनिम् अवदत्–मुने! अहं सिंहात् भीतः अस्मि। मुनिः तम् सिंहम् अकरोत्। सः गर्वेण शिरः उत्थाय वने इतस्ततः अभ्रमत्। वनस्य सर्वे पशवः तम् अनमन्। कदाचित् मदोन्मत्तः सः अचिन्तयत्–"यदि एषः मुनिः मां निन्देत् यत् अयं सिंहः तु पूर्वं मूषकः आसीत्, तदा कथं न एतमेव नाशयेयम्।" इति।

तस्य सिंहस्य ईदृशं विचारम् अवगत्य मुनिः तम् अशपत्–'पुनः मूषकः भव।' तदा सः सिंहः पुनः मूषकः अभवत्।

प्रश्नाः–

I. एकपदेन उत्तरत। *(केवलं प्रश्नद्वयम्)*

(i) मूषकः कस्मात् त्रस्यति स्म?

(ii) तपोवने कः आसीत्?

(iii) मूषकः कस्मात् भीतः आसीत्?

II. पूर्णवाक्येन उत्तरत। *(केवलं प्रश्नद्वयम्)*

(i) मदोन्मत्तः सिंहः किम् अचिन्तयत्?

(*ii*) *विडालात् भीतः मूषकः किम् अकरोत्?*

(*iii*) *एकदा वने कुक्कुरः किम् अपश्यत्?*

III. निर्देशानुसारं उत्तरं लिखत। *(केवलं प्रश्नत्रयम्)*

(*i*) *'वनस्य सर्वे पशवः तम् अनमन्' अत्र 'अनमन्' इति क्रियापदस्य कर्तृपदम् किम्?*

(क) सर्वे (ख) पशवः (ग) सिंहः (घ) मार्जारः।

(*ii*) *'मां रक्षेति' अत्र 'माम्' सर्वनामपदम् कस्मै प्रयुक्तम्?*

(क) सिंहाय (ख) मुनये (ग) मूषकाय (घ) वनाय।

(*iii*) *'ज्ञात्वा' इति पदस्य पर्यायपदं चित्वा लिखत।*

(क) दृष्ट्वा (ख) उत्थाय (ग) भीतः (घ) अवगत्य।

(*iv*) *'सिंहस्य' इत्यत्र का विभक्तिः?*

(क) चतुर्थी (ख) तृतीया (ग) षष्ठी (घ) सप्तमी।

IV. *अस्य गद्यांशस्य उचितं शीर्षकं लिखत।*

5 **भारतीयनारी कीदृशी अस्ति! त्यागस्य प्रतिमा, क्षमाशीला मौनसहनशीला, आत्मिक-आनन्दस्य स्रोतः, प्रेम्णः स्नेहस्य च दात्री सा भगिनीपुत्री-पत्नी-माता-रूपेण अस्माकं समक्षम् अस्ति। परं समयानुसारं भारतीयनारी अपि स्वप्राचीनरूपात् किंचिद् परिवर्तिता अस्ति। अधुना सा स्वाधिकारान् प्रति सावधाना अस्ति। साऽपि उच्चशिक्षां भावनात्मिकाम् आर्थिकीं च सुरक्षां वाञ्छति। अधुना समाजे स्त्री अपि समानावसरेषु उत्तमे जीवने च स्वभागम् इच्छति। सा आत्मविश्वासेन सह बाह्यसमाजे अपि प्रतियोगिनी अस्ति। महिलाः अपि परिश्रमिण्यः विश्वासपात्रिण्यः च भवन्ति। अद्य विभिन्नवर्गाणां महिलाः विभिन्नविभागेषु उच्चपदासीनाः भूत्वा अपि स्वपरिवारं सन्तानं च प्रति कर्त्तव्यानां निर्वाहं कुर्वन्ति, प्रशंसां च प्राप्नुवन्ति। भारतीयमहिलाः सदैव धैर्यस्य त्यागस्य च प्रतीकरूपेण सम्मानिता आसीत्, अस्ति, भविष्यति च।**

प्रश्नाः—

I. एकपदेन उत्तरत। *(केवलं प्रश्नद्वयम्)*

(*i*) *नारी आत्मविश्वासेन सह कुत्र प्रतियोगिनी अस्ति?*

(*ii*) *का स्वप्राचीनरूपात् किंचिद् परिवर्तिता अस्ति?*

(*iii*) *त्यागस्य प्रतिमा का अस्ति?*

II. पूर्णवाक्येन उत्तरत। *(केवलं प्रश्नद्वयम्)*

(*i*) *विभिन्नवर्गाणां महिलाः स्वकर्तव्यनिर्वाहं कथं कुर्वन्ति?*

(*ii*) *भारतीय नारी किं वाञ्छति?*

(*iii*) *स्नेहस्य दात्री का अस्ति?*

III. निर्देशानुसारम् उत्तरत। *(केवलं प्रश्नत्रयम्)*

(*i*) *भारतीयनारी कीदृशी अस्ति अत्र किं विशेष्यपदम्?*

(क) त्यागस्य प्रतिमा (ख) सुन्दरी (ग) बुद्धिमती (घ) शिक्षिता।

(*ii*) *साऽपि उच्चशिक्षां भावनात्मिकां च सुरक्षां वाञ्छति। अत्र 'सा' सर्वनामपदम् कस्यै प्रयुक्तम्?*

(क) माता (ख) भगिनी (ग) नारी (घ) पत्नी।

(*iii*) *'कुर्वन्ति' इति क्रियापदस्य कर्तृपदम् किम्?*

(क) भगिनी (ख) पत्नी (ग) माता (घ) महिलाः।

(iv) *'कर्त्तव्यानाम्' इत्यत्र का विभक्तिः?*

(क) सप्तमी (ख) षष्ठी (ग) तृतीया (घ) प्रथमा।

IV. *अस्य अनुच्छेदस्य कृते समुचितम् शीर्षकं लिखत।*

6 **श्रीमती किरणबेदी महोदया पंजाबविश्वविद्यालयस्य राजनीतिशास्त्रस्य स्नातकोत्तरपरीक्षायां प्रथमं स्थानम् अलभत। एतदनन्तरम् अमृतसरनगरे खालसानाम्नि महिलामहाविद्यालये वर्षद्वयम् अध्यापयत्। एषा प्रथमा महिला या 1972 तमे वर्षे भारतीय-पुलिस-सेवायां नियुक्ता। पुलिस-विभागे श्रीमती किरणबेदी महोदया धैर्येण, शौर्येण, कौशलेन च स्वकर्त्तव्यं निरवहत्। अस्याः कर्त्तव्यपरायणतामधिकृत्य एकं चलचित्रमपि तेलुगुभाषायां निर्मितम्। यदा श्रीमती किरणबेदी महोदया यातायात-पुलिस-विभागे आसीत् तदा सा एशिया-क्रीडा-प्रतियोगितावसरे यातायातस्य प्रबन्धं कौशलेन अकरोत्। यदा सा तिहाड-नाम्नि कारागारे महाधीक्षकपदे नियुक्ता तदा तया कारागारवासिनां कृते कतिपयाः रचनात्मकाः कार्यक्रमाः प्रवर्तिताः। अयमेव हेतुः यत्सा 1994 तमे वर्षे सर्वकारसेवायाः कृते 'रैमन मैगसेसे'-नामकेन अलंकरणेन सम्मानिता अभवत्।**

प्रश्नाः–

I. एकपदेन उत्तरत। *(केवलं प्रश्नद्वयम्)*

(i) *किरणबेदी महोदया कस्मिन् विषये प्रथमं स्थानम् अलभत?*

(ii) *किरणबेदीमहोदयायाः चलचित्रं कस्यां भाषायां निर्मितम्?*

(iii) *किरणबेदी कुत्र अध्यापयत्?*

II. पूर्णवाक्येन उत्तरत। *(केवलं प्रश्नद्वयम्)*

(i) *श्रीमती किरणबेदी महोदया यातायातपुलिस-विभागे किम् अकरोत्?*

(ii) *तिहाडनाम्नि कारागारे सा किम् अकरोत्?*

(iii) *रचनात्मकाः कार्यक्रमाः कया प्रवर्तिताः?*

III. निर्देशानुसारम् उत्तरत। *(केवलं प्रश्नत्रयम्)*

(i) *कतिपयाः रचनात्मकाः कार्यक्रमाः प्रवर्तिताः। अत्र किं विशेष्यपदम्?*

(क) रचनात्मकाः (ख) कतिपयाः (ग) कार्यक्रमाः (घ) सम्मानिताः।

(ii) *सा एशिया-क्रीडा-प्रतियोगितावसरे यातायातस्य प्रबन्धं कौशलेन अकरोत्। अत्र 'सा' सर्वनामपदम् कस्मै प्रयुक्तम्?*

(क) महिला (ख) महोदया (ग) किरणबेदी (घ) श्रीमती।

(iii) *'निरवहत्' इति क्रियापदस्य कर्तृपदम् किम्?*

(क) किरणबेदी (ख) महिला (ग) श्रीमती (घ) महोदया।

(iv) *'सेवायाः' इत्यत्र का विभक्तिः?*

(क) प्रथमा (ख) द्वितीया (ग) चतुर्थी (घ) षष्ठी।

IV. *अस्य अनुच्छेदस्य कृते समुचितम् शीर्षकं लिखत।*

7 **एकस्मिन् ग्रामे एकः चतुरः कृषकः अवसत्। तस्य एकोऽश्वः आसीत्। कश्चित् चौरः तमश्वमपाहरत्। यदा असौ कृषकः अन्यमश्वं क्रेतुम् आपणमगच्छत् तदा सः तत्र अपहृतमश्वम् अपश्यत्। "एषः तु ममैव अश्वः" इति विचार्य सः कृषकः उच्चैः अवदत्–"भो जनाः! एषः मम अश्वोऽस्ति। यः एतस्य विक्रेताऽस्ति सः वस्तुतः चौरः।" तदा चौरेणापि उच्चैरुक्तम्–"एषः अश्वः जन्मनः प्रभृति मया स्वक्षेत्रे पालितः। कदाचित् एषः तव अश्वेन सदृशः स्यात्!" ततः सः कृषकः सत्वरं स्वहस्ताभ्याम् अश्वस्य नेत्रावरणं कृत्वा चौरम् अपृच्छत्–"यदि त्वया**

एषोऽश्वः जन्मनः प्रभृति पालितः तर्हि कथय केन नेत्रेण काणः एषोऽश्वः?" चौरेणोक्तम्—"दक्षिणेन नेत्रेण काणः अस्ति।" कृषकः उच्चैः अपृच्छत्—"अरे! किं दक्षिणेनेति त्वं वदसि चौर।" "संभ्रान्तः सन् अवदत् न न, वामेन नेत्रेण काणः अस्ति।" ततः असौ कृषकः अश्वस्य नेत्राभ्यां स्वहस्तौ अपानयत् अकथयच्च—"भो जनाः! एषोऽश्वः केनापि नेत्रेण काणः नास्ति। अतः एतत् सिद्धं नैषः अश्वस्य स्वामी अपितु चौरः। ध्रियतामेषः।"

प्रश्नाः—

I. एकपदेन उत्तरत। *(केवलं प्रश्नद्वयम्)*

(i) *चौरः कम् अपाहरत्?*
(ii) *किं अश्वः काणः आसीत्?*
(iii) *ग्रामे कः अवसत्?*

II. पूर्णवाक्येन उत्तरत। *(केवलं प्रश्नद्वयम्)*

(i) *कृषकः किमर्थम् आपणम् अगच्छत्?*
(ii) *भ्रान्तः चौरः किम् अवदत्?*
(iii) *कः जन्मनः प्रभृति पालितः?*

III. निर्देशानुसारम् उत्तरं लिखत। *(केवलं प्रश्नत्रयम्)*

(i) *'अकथयत्' इति क्रियापदस्य कर्तृपदं चित्वा लिखत।*
(क) चौरः (ख) कृषकः (ग) सम्भ्रान्तः (घ) अश्वः।

(ii) *'यदि त्वया एषोऽश्वः जन्मनः प्रभृति पालितः' अत्र त्वया इति पदं कस्मै प्रयुक्तम्?*
(क) कृषकाय (ख) चौराय (ग) अश्वाय (घ) जनाय।

(iii) *'शीघ्रम्' इति पदस्य पर्यायपदं चित्वा लिखत।*
(क) उच्चैः (ख) सत्वरम् (ग) प्रभृति (घ) त्वम्।

(iii) *'मूर्खः' इत्यस्य विलोमपदं किं प्रयुक्तम्?*
(क) कृषकः (ख) चतुरः (ग) काणः (घ) असौ।

IV. *अस्य गद्यांशस्य समुचितं शीर्षकं लिखत।*

8 बालश्रम-व्यवस्था एका निर्दया प्रथा। भारते अनेके शिशवः एतस्याः प्रथायाः कारणेन स्वकीयं बाल्यजीवनम् अतीव कष्टेन यापयन्ति। बाल्यावस्थायां शिशूनां शारीरिकः मानसिकः च विकासः भवति। अयं समयः एव तेषां शिक्षारम्भस्य भवति। परन्तु बालश्रमव्यवस्थायाः कारणतः शिशोः कोमलयोः हस्तयोः पुस्तकं लेखनी च न स्थित्वा लौहमुषलः भवति। भोजनालयस्य उच्छिष्टानि पात्राणि वा भवन्ति। ते बाल्यजीवनस्य आनन्दम् उपभोक्तुं न पारयन्ति। एतत् सर्वम् अवलोक्य अधुना भारतसर्वकारः भारते बालश्रमव्यवस्थाया उपरि निषेधादेशस्य प्रणयनं कृतवान्। वस्तुतः केवलं 'बालश्रमनिषिद्धमिति' नियमस्य प्रणयनमेव न पर्याप्तम्, अपितु दरिद्रशिशूनां कल्याणाय सर्वकारेण गुरुदायित्वं ग्रहणीयम्। यथा— (1) सर्वकारेण प्रत्येकम् दरिद्रशिशोः परिवारस्य आयवृद्ध्यर्थम् अवसरः प्रकल्पनीयः। (2) दरिद्रशिशूनां कृते पठनलेखनव्यवस्था भरणपोषणादिव्यवस्था च सर्वकारेण करणीये।

प्रश्नाः—

I. एकपदेन उत्तरत। *(केवलं प्रश्नद्वयम्)*

(i) *कः भारते बालश्रमव्यवस्थाया उपरि निषेधादेशं प्रणीतवान्?*
(ii) *बालश्रमव्यवस्था कीदृशी प्रथा अस्ति?*
(iii) *शिक्षारम्भस्य समयः कः अस्ति?*

II. पूर्णवाक्येन उत्तरत। *(केवलं प्रश्नद्वयम्)*

(i) *दरिद्रशिशूनां कृते सर्वकारेण कीदृशी व्यवस्था करणीया?*

(ii) *बाल्यावस्थायां शिशूनां कीदृशः विकासः भवति?*

(iii) *के बाल्यजीवनस्य आनन्दम् उपभोक्तुं न पारयन्ति?*

III. भाषिककार्यम्– *(केवलं प्रश्नत्रयम्)*

(i) *अनुच्छेदे 'दृष्ट्वा' इत्यर्थे किं पदं प्रयुक्तमस्ति?*

(क) अतीव (ख) अवलोक्य (ग) यथा (घ) स्थित्वा।

(ii) *'पात्राणि' इत्यस्य किं विशेषणपदम् अत्र प्रयुक्तम्?*

(क) उच्छिष्टानि (ख) शिशवः (ग) निर्दया (घ) पुस्तकम्।

(iii) *तेषां शिक्षारम्भस्य अत्र 'तेषाम्' इति सर्वनामपदं कस्मै प्रयुक्तमस्ति?*

(क) पात्राणाम् (ख) बालानाम् (ग) दरिद्राणाम् (घ) छात्राणाम्।

(iv) *'............... पात्राणि वा भवन्ति'–इत्यत्र क्रियापदं किम्?*

(क) पात्राणि (ख) बालाः (ग) भवन्ति (घ) गच्छन्ति।

IV. *अस्य गद्यांशस्य समुचितं शीर्षकं लिखत।*

9 **कर्मसु कौशलं योगः कथ्यते। इदं जगत् कर्ममयम् अस्ति। अस्य जगतः अपरं नाम कर्मालयः अस्ति। अस्मिन् कर्मालये सर्वे जनाः कर्माणि कुर्वन्ति। कर्म द्विविधम् अस्ति। सत्कर्म असत्कर्म च। शास्त्रविहितं कर्म सत्कर्म शास्त्राविहितं कर्म च असत्कर्म कथ्यते। एकं विधिकर्म उच्यते, अपरं निषेधकर्म उच्यते। जगति केचित् सत्कर्म केचित् असत्कर्म च कुर्वन्ति। येषां यादृशः संस्कारो भवति तेषां तादृशं कर्म भवति। सुसंस्कारसम्पन्नः जन सत्कर्म करोति, कुसंस्कारसम्पन्नः जनः च असत्कर्म करोति। सत्कर्मणः फलं पुण्यप्रदम् असत्कर्मणः फलं पापप्रदमस्ति। पुण्येन सुखं पापेन च दुःखं लभ्यते। अस्मिन् दुःखालये संसारे दुःखात् मुक्त्यर्थं यत्नः कर्त्तव्यः। सत्कर्मणा शारीरिकं मानसिकं च सुखं प्राप्य जनाः सहर्षं स्वजीवनं यापयन्ति। सत्कर्मणा धर्मार्थकाममोक्षाः अपि प्राप्यन्ते। अतः दुःखविनाशाय सुखप्राप्तये च सर्वैः मनुष्यैः स्वानि स्वानि कर्माणि कर्त्तव्यानि।**

प्रश्नाः–

I. एकपदेन उत्तरत। *(केवलं प्रश्नद्वयम्)* **1 × 2 = 2**

(i) *'कर्मालयः' इति कस्य अपरं नाम अस्ति?*

(ii) *केषु कौशलं योगः कथ्यते?*

(iii) *शास्त्राविहितं कर्म किं कथ्यते?*

II. पूर्णवाक्येन उत्तरत। *(केवलं प्रश्नद्वयम्)*

(i) *जगति केन विहितं कर्म सत्कर्म इति उच्यते?*

(ii) *जनाः कथं सहर्षं स्वजीवनं यापयन्ति?*

(iii) *जगति केचित् किं कुर्वन्ति?*

III. निर्देशानुसारं उत्तरं लिखत– *(केवलं प्रश्नत्रयम्)*

(i) *'जगति केचित् सत्कर्म .... कुर्वन्ति'–अस्मिन् वाक्ये 'कुर्वन्ति' इति क्रियापदस्य कः कर्त्ता?*

(क) जगति (ख) केचित् (ग) सत्कर्म (घ) यादृशः।

(ii) *'शास्त्रविहितं' इति पदस्य किं विलोमपदं गद्यांशे प्रयुक्तम्?*

(क) शास्त्राविहितम् (ख) विधिकर्म (ग) अकर्म (घ) कर्म।

(iii) *'अस्मिन्' इति पदस्य किं विशेषणपदम् अत्र प्रदत्तम्?*

(क) कर्मालये (ख) मानसिकम् (ग) पापेन (घ) पुण्यम्।

(iv) *'.............. असत्कर्म करोति'–इत्यत्र क्रियापदं किम्?*

(क) असत्कर्म (ख) करोति (ग) गच्छति (घ) पचति।

IV. *अस्य गद्यांशस्य उचितं शीर्षकं लिखत।*

10 **अध्ययनस्य सम्बन्धः विद्यया साकं भवति। ध्यानपूर्वकं विचारणम्, अभ्यसनं पठनं च अध्ययनं भवति। अध्ययनेन कार्यसम्पादनशक्तिः उदेति ज्ञानञ्च वर्धते। जीवनस्य सफलतायाः कृते इदम् अत्यन्तम् आवश्यकम् अस्ति। बहुलाः विविधाः च विद्याः वर्तन्ते। अध्ययनं मनुष्याणां जीवने निरन्तरं भवति। परं नियमपूर्वकं विद्याप्राप्तिः एव प्रायः अध्ययनं बोध्यते। अध्ययनेनैव मानवः विद्वान् भवति। तस्य बुद्धिः परिष्कृता भवति। अध्ययनेन मनुष्यः स्वकर्त्तव्यं जानाति। यदि सः एवं न कुर्यात्, तर्हि स्वजीवनं अन्धवत् यापयति। अध्ययनेन एव आत्मज्ञानं भवति। सदाचारः, शान्तिः, सन्तोषः, मुक्तिः सर्वम् अध्ययनेन एव सम्भवति। महात्मा बुद्धः अतिकालपर्यन्तम् आहारमपि विस्मृत्य ध्यानेन चिन्तनं कृत्वा ज्ञानं लब्धवान्। अतएव अतिशयध्यानयोगेन इष्टप्राप्तये एव निर्दिष्ट-उद्देश्यानुसारं सततम् अध्ययनं करणीयम्।**

प्रश्नाः–

I. एकपदेन उत्तरत। *(केवलं प्रश्नद्वयम्)*

(i) *अध्ययनेन किं वर्धते?*

(ii) *कस्य सम्बन्धः विद्यया साकं भवति?*

(iii) *अध्ययनस्य सम्बन्धः कया साकं भवति?*

II. पूर्णवाक्येन उत्तरत। *(केवलं प्रश्नद्वयम्)*

(i) *अध्ययनप्राप्तिः किं बोध्यते?*

(ii) *अध्ययनं किमर्थं करणीयम्?*

(iii) *मानवः विद्वान् कथं भवति?*

III. निर्देशानुसारं उत्तरं लिखत– *(केवलं प्रश्नत्रयम्)*

(i) *'तस्य बुद्धिः परिष्कृता भवति'-इति वाक्ये 'भवति' क्रियायाः कः कर्त्ता?*

(क) तस्य (ख) बुद्धिः (ग) परिष्कृता (घ) भवति।

(ii) *'चक्षुष्मान्' इति पदस्य किं विलोमपदं प्रयुक्तम्?*

(क) अन्धवत् (ख) स्वजीवनम् (ग) कर्त्तव्यम् (घ) बुद्धिः।

(iii) *'बुद्धः' इति विशेष्यस्य किं विशेषणं प्रदत्तम्?*

(क) आहारम् (ख) महात्मा (ग) मुक्तिः (घ) सर्वम्।

(iv) *'........... विद्याः वर्त्तन्ते'–इत्यत्र कर्तृपदं किम्?*

(क) वर्त्तन्ते (ख) विद्याः (ग) बहुलाः (घ) विविधाः।

IV. *अस्य गद्यांशस्य उचितं शीर्षकं लिखत।*

11 **संस्कृतं पुरा भारतीयानां लोकप्रिया जनभाषा आसीत्। रामायण-महाभारतकाले संस्कृतम् एव जनभाषा-रूपेण प्रचलिता आसीत्। संस्कृतम् एव आधुनिक-प्रान्तीय-भाषाणां जननी अस्ति। सर्वासु प्रान्तीयभाषासु प्रतिशतकं षष्टिशब्दाः संस्कृतभाषायाः एव सन्ति। साम्प्रतम् संस्कृतमेव प्रान्तीय-भाषासु जीवनरसं सञ्चारयितुं प्रभवति। संस्कृतस्य ज्ञानादेव प्रान्तीयभाषाणां सम्यग् ज्ञानं भवति। अधुना हिन्दीभाषा राष्ट्रभाषा सञ्जाता। तस्याः समुन्नतिः कथं स्यात्? संस्कृतमेव एकमात्रं तादृशी भाषा यस्याः शब्दकोशः विशालः सुसम्पन्नः च अस्ति। अतः संस्कृतमेव हिन्दीभाषां समृद्धां सम्पन्नां च कर्तुं प्रभवति।**

संस्कृतस्य व्याकरणम् अपि अप्रतिमम् अस्ति। अस्य व्याकरणस्य अपूर्वा शब्दरचनाशक्तिः विद्यते। यथा आङ्ग्लभाषा लेटिनादितः शब्दान् अङ्गीकरोति तथैव संस्कृतभाषातः-शब्दान् गृहीत्वा हिन्दी-भाषा अपि निजशब्दराशि-प्रवर्धनेन आत्मानं सम्पन्नां समृद्धां च कर्तुं पारयति।

प्रश्नाः–

I. एकपदेन उत्तरत। *(केवलं प्रश्नद्वयम्)*

(i) *संस्कृतं कदा भारतीयानां लोकप्रिय-जनभाषा आसीत्?*

(ii) *संस्कृतस्य व्याकरणं कीदृशम् अस्ति?*

(iii) *आधुनिक-प्रान्तीयभाषाणां जननी का अस्ति?*

II. पूर्णवाक्येन उत्तरत। *(केवलं प्रश्नद्वयम्)*

(i) *संस्कृतं कदा जनभाषा-रूपेण प्रचलिता आसीत्?*

(ii) *हिन्दी-भाषा केन प्रकारेण आत्मानं सम्पन्नां समृद्धां च कर्तुं पारयति?*

(iii) *अधुना का राष्ट्रभाषा सञ्जाता?*

III. निर्देशानुसारं उत्तरं लिखत– *(केवलं प्रश्नत्रयम्)*

(i) *यस्याः शब्दकोशः ... अत्र 'यस्याः' शब्दः कस्यै प्रयुक्तः?*

(क) संस्कृताय (ख) कोशाय (ग) विशालाय (घ) समृद्धायै।

(ii) *'अंग्रेजीभाषा' कृते गद्यांशे किम् पदम् प्रयुक्तम्?*

(क) लेटिन (ख) आंग्ल (ग) संस्कृतम् (घ) हिन्दी।

(iii) *'जनकः' इति पदस्य कः विपर्ययः अनुच्छेदे प्रयुक्तः?*

(क) जननी (ख) हिन्दी (ग) समृद्धा (घ) सम्पन्ना।

(iv) *'.............. सञ्चारयितुं प्रभवति'–इत्यत्र कर्तृपदं किम्?*

(क) हिन्दी (ख) संस्कृतम् (ग) कोशः (घ) शब्दान्।

IV. *अस्य अनुच्छेदस्य कृते समुचितं शीर्षकं लिखत।*

12 **अस्माकं जीवने यः समयः अतीतः स तु गतः, अतः तस्य विषये चिन्ता न करणीया। उक्तं च 'गतं न शोचामि कृतं न मन्ये।' वयम् अवशिष्टं जीवनं परिश्रमेण, निष्ठया, सद्व्यवहारेण च सार्थकं कुर्याम। दिने-दिने स्वार्थः न्यूनः भवेत्, परार्थः अधिकाधिकः भवेत्। अस्मिन्नेव सुखस्य रहस्यमस्ति। "स्वस्मै स्वल्पं समाजाय सर्वस्वम्" इति उक्तेः अनुसारं जीवनेन एव जीवनस्य सार्थकता अस्ति। एवं जगत् इतः अपि सुन्दरतरं भवेत्। सत्यमेव कथ्यते यत् चेत् समाजः समृद्धः शिष्टः, अनुशासनप्रियः भवेत् तर्हि राष्ट्रमपि उन्नतिशीलं दृढं सुरक्षितं च भविष्यति।**

प्रश्नाः–

I. एकपदेन उत्तरत। *(केवलं प्रश्नद्वयम्)*

(i) *प्रतिदिनं कः न्यूनः भवेत्?*

(ii) *कीदृशस्य कालस्य चिन्ता न करणीया?*

(iii) *दिने दिने किं न्यूनं भवेत्?*

II. पूर्णवाक्येन उत्तरत। *(केवलं प्रश्नद्वयम्)*

(i) *जीवनस्य सार्थकता कस्याः उक्तेः अनुसारं जीवनेन अस्ति?*

(ii) *वयं कस्मै सर्वस्वम् अर्पयाम?*

(iii) *एकं सुन्दरतरं किं भवेत्?*

III. निर्देशानुसारं उत्तरं लिखत– *(केवलं प्रश्नत्रयम्)*

(i) *अतीतः इति पदस्य किं समानार्थकं पदम् अत्र प्रयुक्तम्?*

(क) अतः (ख) गतः (ग) उक्तः (घ) न्यूनः।

(ii) *अवशिष्टम् इति पदं कस्य पदस्य विशेषणम्?*

(क) परिश्रमः (ख) जीवनम् (ग) सुखम् (घ) दिनम्।

(iii) *"तस्य विषये" इत्यत्र "तस्य" इति सर्वनामपदं कस्मै प्रयुक्तम्?*

(क) गतस्य (ख) दिनस्य (ग) जगतः (घ) श्रमस्य।

(iv) *'जगत् .... भवेत्'–इत्यत्र कर्तृपदं किम्?*

(क) सुन्दरम् (ख) जगत् (ग) दिनम् (घ) परिश्रमः।

IV. *अस्य गद्यांशस्य उचितं शीर्षकं लिखत।*

13 **दीपावलि अस्माकं प्राचीनतमं पर्व। अस्मिन् दिने सर्वाधिकम् आकर्षकं मनोरञ्जनं भवति स्फोटकानाम् आस्फोटनम्। विचित्राणि वर्णयुक्तानि स्फोटकानि आकाशे च विविधरूपाणि दर्शयन्ति। जनाः तानि दृष्ट्वा तुष्यन्ति। परन्तु अति सर्वत्र वर्जयेत्। रात्रौ आस्फोटकानां शब्दः कर्णे बधिरीकरोति वायुमण्डलं च दूषयति। पूर्वं तु जनसंख्या सीमिता आसीत्। वृक्षाः वायुं शुद्धं कुर्वन्ति स्म। इदानीम् जनसंख्या प्रवृद्धा, वृक्षसंख्या च क्षीणा। विस्फोटकेभ्यः निर्गतः धूमः रुग्णान् पीडयति, नवजातशिशुभ्यः हानिकरः सिध्यति। दीपावलिसमये शरदि आकाशः निर्मलः भवति। अतः वयम् पवित्रतया सद्भावनाया उत्साहेन च दीपावलि मान्येम, वसुन्धरां भूषितां कुर्याम न तु दूषिताम्। येन सर्वेषां जीवनं सुखमयं भवेत्। 'सर्वे भवन्तु सुखिनः' इति अस्माकम् आदर्शः।**

प्रश्नाः–

I. एकपदेन उत्तरत। *(केवलं प्रश्नद्वयम्)*

(i) *दीपावलि रात्रौ किम् भवति?*

(ii) *दीपावलि कीदृशं पर्व अस्ति?*

(iii) *स्फोटकानां शब्दः किं दूषयति?*

II. पूर्णवाक्येन उत्तरत। *(केवलं प्रश्नद्वयम्)*

(i) *अस्माकं कः आदर्शः?*

(ii) *स्फोटकानां धूमः कान् पीडयति?*

(iii) *शरदि निर्मलः कः भवति?*

III. यथानिर्देशम् उत्तरं लिखत। *(केवलं प्रश्नत्रयम्)*

(i) *"प्रवृद्धा" इत्यस्य किं विलोमपदम् अत्र प्रयुक्तम्?*

(क) क्षीणा (ख) सुखमयम् (ग) जीवनम् (घ) आदर्शः।

(ii) *'तुष्यन्ति' इति क्रियापदस्य कर्तृपदं किम् प्रयुक्तम्?*

(क) बालाः (ख) जनाः (ग) वसुन्धरा (घ) वयम्।

(iii) *'पर्व' इत्यस्य किं विशेषणपदम् अत्र प्रयुक्तम्?*

(क) प्राचीनतमम् (ख) शरद् (ग) जीवनम् (घ) सुखमयम्।

(iv) *'............. च दूषयति'–इत्यस्य क्रियापदं किम्?*

(क) भवति (ख) दूषयति (ग) कुर्याम (घ) दर्शयन्ति।

IV. *अस्य अनुच्छेदस्य उचितं शीर्षकं लिखत।*

14 **अहम् परिश्रमे अभ्यासे च विश्वसिमि। परिश्रमेण एव कार्याणि सिध्यन्ति। अभ्यासेन जनाः कार्ये चतुराः भवन्ति। एकदा एकः नृपः आसीत्। तस्य राज्ये एकः शत्रुः आक्राम्यत्। शत्रोः सेना अजयत् नृपः एकस्याम् गुहायाम् अन्तर्हितः। तत्र सः एकाम् पिपीलिकाम् अपश्यत्। सा भित्तिम् आरोढुं यत्नम् अकरोत्। सा अधः अपतत्। सा पुनः प्रयत्नम् अकरोत् पुनः च अपतत्। सा वारं-वारं च अभ्यासम् अकरोत्। अन्ते च भित्तिम् आरोढुं सफला जाता। नृपः अवागच्छत् यदि सः अपि वारं-वारं प्रयत्नं करिष्यति तदा सः अवश्यम् जेष्यति। सः तस्य शत्रोः उपरि पुनः आक्रमणम् अकरोत् अन्ते च विजयी अभवत्। अतः यदि वयम् अपि सदा परिश्रमम् पुनः पुनः अभ्यासं च करिष्यामः तर्हि अवश्यं सफलाः भविष्यामः।**

परिश्रमेण हि सिध्यन्ति कार्याणि न मनोरथैः।

प्रश्नाः–

I. एकपदेन उत्तरत। *(केवलं प्रश्नद्वयम्)*

(i) *कार्याणि केन सिध्यन्ति?*

(ii) *केन जनाः चतुराः भवन्ति?*

(iii) *परिश्रमे कः विश्वसिति?*

II. पूर्णवाक्येन उत्तरत। *(केवलं प्रश्नद्वयम्)*

(i) *नृपः पिपीलिकायाः प्रयत्नैः किम् ज्ञातवान्?*

(ii) *नृपः कथं विजयी अभवत्?*

(iii) *अन्ते का सफला जाता?*

III. निर्देशानुसारम् उत्तरं लिखत– *(केवलं प्रश्नत्रयम्)*

(i) *चतुराः जनाः अनयोः पदयोः किं विशेष्यपदम्?*

(क) चतुराः (ख) जनाः (ग) कार्याणि (घ) विजयी।

(ii) *'करिष्यामः' इति क्रियापदस्य कर्तृपदं किम्?*

(क) वयम् (ख) जनाः (ग) यूयम् (घ) ते।

(iii) *'अपतत्'–इति पदस्य अत्र किं विलोमपदं प्रयुक्तम्?*

(क) अभवत् (ख) आरोहत् (ग) अकरोत् (घ) अगच्छत्।

(iv) *'परिश्रमेण' इत्यस्य बहुवचने रूपं लिखत–*

(क) परिश्रमेभ्यः (ख) परिश्रमैः (ग) परिश्रमाः (घ) परिश्रमेषु।

IV. *अस्य गद्यांशस्य कृते उचितं शीर्षकं लिखत।*

15 स्थूलाकारः वृक्षः इव अस्माकं अयं भारतदेशः। अस्य वृक्षस्य अनेकाः शाखाः सन्ति। प्रत्येकं शाखा खलु भारतस्य एकः प्रदेशः। आसु शाखासु सन्त्यसंख्यपत्राणि अर्थात् भारतवर्षस्य जनाः। यथा एकस्मिन् वृक्षे शाखाः सन्ति, तथैवापि भारतवर्षे अष्टाविंशतिः प्रदेशाः सन्ति। तेषु प्रदेशेषु एव वसन्ति अस्य देशस्य कर्मठजनाः। ते सर्वे अतीव कर्त्तव्यपरायणाः, यथा शिक्षकाः शिक्षणे कुशलाः, कृषकाः कर्मणि, छात्राः अध्ययने रताः, चिकित्सकाः स्वक्षेत्रे बहुज्ञाः आदयः। वृक्षस्य शाखायाम् यथा पत्राणि हरितानि कानिचित् च शुष्कानि तथैव अस्मिन् देशेऽपि धनिनः निर्धनाश्च वसन्ति। केचन जनाः ईदृशाः निर्धनाः यत् तेषां समीपे स्वपरिवाराय भोजनसामग्री नास्ति। तेषां सहायता अवश्यमेव करणीया। महदाश्चर्यमिदं यत् जनानाम् मध्ये पृथक्-पृथक् धर्मधारणाः, परं तेषु कोऽपि भेदः नास्ति। केनापि कविना उक्तं च–

अधुना रमणीया हि सृष्टिरेषा जगत्पतेः।
जीवाः सर्वे अत्र मोदन्ताम् भावयन्तः परस्परम्॥

यथा वृक्षः यदाकदा रोगपीडितः भवति तथैव अस्माकं भारतवृक्षोऽपि रुग्णः जातः।

प्रश्नाः–

I. एकपदेन उत्तरत। *(केवलं प्रश्नद्वयम्)*

(i) *भारतवर्षे कति प्रदेशाः सन्ति?*
(ii) *वृक्षः कीदृशः अस्ति?*
(iii) *जगत्पतेः सृष्टिः कीदृशी?*

II. पूर्णवाक्येन उत्तरत। *(केवलं प्रश्नद्वयम्)*

(i) *अस्माकं देशस्य जनाः कीदृशाः सन्ति?*
(ii) *भारतदेशस्य जनाः कीदृशाः निर्धनाः सन्ति?*
(iii) *केषां सहायता अवश्यमेव करणीया?*

III. निर्देशानुसारं उत्तरं लिखत– *(केवलं प्रश्नत्रयम्)*

(i) *'तेषाम्' इति सर्वनामपदम् केभ्यः प्रयुक्तम्?*
(क) धनिनः (ख) निर्धनाः (ग) जनाः (घ) बालकाः।

(ii) *हरितः अस्य पदस्य गद्यांशे कः विपर्ययः प्रयुक्तः?*
(क) शुष्कानि (ख) पीतानि (ग) कर्माणि (घ) जनाः।

(iii) *'स्थूलाकारः' इति पदस्य किं विशेष्यम्?*
(क) जनः (ख) शाखाः (ग) वृक्षः (घ) निर्धनः।

(iv) *'............ वसन्ति'–इत्यत्र क्रियापदं किम्?*
(क) नास्ति (ख) वसन्ति (ग) सन्ति (घ) अस्ति।

IV. *अस्य गद्यांशस्य कृते उचितं शीर्षकं लिखत।*

16 ततः मुहूर्तेन कोऽपि कापालिकः समागतः। तं वीक्ष्य बुद्धिसागरः प्राह—योगीन्द्र! कुत आगम्यते? कुत्र तव निवेशश्च। योगी प्राह, देव, अस्माकं नैको देशः। सकलभूमण्डलं भ्रमामः। राजा तं दण्डवत् प्रणम्य आह—मया हतस्य पुत्रस्य प्राणदानेन मां रक्ष। कापालिकोऽवदत्, राजन्, मा भैषीः, पुत्रस्ते न मरिष्यति। शिवप्रसादेन गृहमेष्यति। ततो रात्रौ गूढरूपेण भोजोऽपि तत्र नीतः। योगिना भोजो जीवितः। अन्ते च भोजराजो राजभवनम् आगतवान्। ततः सन्तुष्टो राजा निजसिंहासने निवेश्य तस्मै राज्यं ददौ।

प्रश्नाः–

I. एकपदेन उत्तरत– *(केवलं प्रश्नद्वयम्)*

(i) *कापालिकाः कुत्र भ्रमन्ति?*

(ii) *कः कापालिकं प्राह?*

(iii) *मुहूर्त्तेन कः समागतः?*

II. पूर्णवाक्येन उत्तरत– *(केवलं प्रश्नद्वयम्)*

(i) *राजा कं दण्डवत् प्राणमत्?*

(ii) *सन्तुष्टः राजा किम् अकरोत्?*

(iii) *योगिना कः जीवितः?*

III. यथानिर्देशम् उत्तरत– *(केवलं प्रश्नत्रयम्)*

(i) *'ते' इति पदं कस्मै प्रयुक्तम्?*

(क) राज्ञे (ख) पुत्राय (ग) योगिने (घ) राज्याय।

(ii) *'मरिष्यति' इत्यस्य कर्त्तृपदं लिखत।*

(क) राजा (ख) पुत्रः (ग) योगी (घ) राज्यम्।

(iii) *'समागच्छत्' इत्यस्य पर्यायशब्दं लिखत।*

(क) रक्ष (ख) समागतः (ग) भ्रमामः (घ) अवदत्।

(iv) *'.......... न मरिष्यति'–इत्यत्र क्रियापदं किम्?*

(क) जीवितः (ख) मरिष्यति (ग) न (घ) पुत्रः।

IV. *अस्य अनुच्छेदस्य उपयुक्तं शीर्षकं लिखत।*

17 **प्रिया पुत्री, स्नेहिनी भगिनी, प्रेममयी भार्या, वात्सल्यमयी जननी-नार्याः विविधरूपाणि। सा न केवलं जन्मदात्री अपितु पालनकर्त्री, मार्गदर्शिका, संस्काराणां दात्री संस्कृतेः परम्पराणां च रक्षिका अस्ति।**

'गर्भस्थ-बालिका-शिशूनां-हत्या' 'भारतस्य अनेकेषु राज्येषु स्त्रीणां संख्या पुरुषेभ्यः न्यूनतरा।' एतादृशान् समाचारान् वयं समाचारपत्रेषु प्रायः पठामः। एतादृशाः घटनाः किमर्थम् भवन्ति? पुत्रस्य जन्मोत्सवः। पुत्र्याः जन्मसमये रोदनम्। पुत्रः तु वंशवर्धकः कुटुम्बपालकः च भवति ये एवं चिन्तयन्ति किं ते न जानन्ति यत् या अद्य बालिका सैव श्वः शिशोः जन्मदात्री भविष्यति। सैव स्नेहेन, शिक्षया, संस्कारैः आदर्शैः शिशुजीवनं सज्जितं करिष्यति।

शिक्षिताः महिलाः अद्य न केवलं शिक्षा-संगीत-नृत्य-अभिनय-कलादिषु क्षेत्रेषु अपितु चिकित्सा-विज्ञान-राजनीति-सैन्यादिषु क्षेत्रेषु अपि स्वप्रतिभां प्रदर्शयन्ति। मनुः कथयति– यत्र नार्यस्तु पूज्यन्ते, रमन्ते तत्र देवताः।

प्रश्नाः–

I. एकपदेन उत्तरत– *(केवलं प्रश्नद्वयम्)*

(i) *कस्याः विविधरूपाणि भवन्ति?*

(ii) *संस्कृतेः रक्षिका का?*

(iii) *पुत्र्याः जन्मसमये किं भवति?*

II. पूर्णवाक्येन उत्तरत– *(केवलं प्रश्नद्वयम्)*

(i) *जननी शिशु जीवनाय कैः सज्जितं करोति?*

(ii) *महिलाः स्वप्रतिभां केषु क्षेत्रेषु प्रदर्शयन्ति?*

(iii) *देवताः कुत्र रमन्ते?*

III. निर्देशानुसारं उत्तरं लिखत– *(केवलं प्रश्नत्रयम्)*

(i) *'भगिनी' पदस्य विशेषणं अनुच्छेदात् चित्वा लिखत।*

(क) प्रेममयी (ख) स्नेहिनी (ग) जननी (घ) प्रिया।

(ii) *'करिष्यति' क्रियापदस्य कर्तृपदं किम्?*

(क) भार्या (ख) बालिका (ग) पुत्री (घ) भगिनी।

(iii) *"सा न केवलं जन्मदात्री" अत्र 'सा' पदं कस्मै प्रयुक्तम्?*

(क) नार्यै (ख) बालिकायै (ग) भगिन्यै (घ) भार्यायै।

(iv) *'........ प्रदर्शयन्ति'–इत्यत्र क्रियापदं किम्?*

(क) प्रदर्शयन्ति (ख) रमन्ते (ग) क्षेत्रेषु (घ) कथयति।

IV. *अस्य गद्यांशस्य समुचितं शीर्षकं लिखत।*

18 **अवश्यं करणीयं कर्म कर्तव्यम् इति उच्यते। मनुष्याणां जीवने कर्तव्यपालनेनैव सर्वदा उन्नतिर्भवति। कर्तव्यपालनं जीवनस्याधारशिला विद्यते। सर्वे एव स्वकर्तव्यस्याचरणं कुर्वन्ति। सूर्यः सततं तपति। वायुः अहर्निशं वहति। धरा प्राणिनः धारयति। जीवनं सुखमयं कर्तुं मानवस्य कृते अनेकानि कर्तव्यानि निर्धारितानि सन्ति। मनुष्यैः तेषां पालनं अवश्यमेव कर्तव्यम्। विद्याध्ययनम्, चरित्र-निर्माणम्, स्वदेशस्य समाजस्य च सेवा, सदाचारस्य पालनम्, परोपकारादयः सर्वाणि कर्तव्यानि सन्ति। यः मानवः कर्तव्यपरायणः भवति स एव समाजस्य रक्षकः आदरभूतश्च भवति। अतः सर्वैः मनुष्यैः सदा स्वकर्तव्यं पालनीयम्। स्वकर्तव्यं न कदाचिदपि त्याज्यम्।**

प्रश्नाः–

I. एकपदेन उत्तरत– *(केवलं प्रश्नद्वयम्)*

(i) *प्राणिनः का धारयति?*

(ii) *केन सदा उन्नतिः भवति?*

(iii) *अवश्यं करणीयं कर्म किं कथ्यते?*

II. पूर्णवाक्येन उत्तरत– *(केवलं प्रश्नद्वयम्)*

(i) *मनुष्याणां जीवने कदा उन्नतिः भवति?*

(ii) *कः समाजस्य रक्षकः आदरभूतश्च भवति?*

(iii) *कः सततं तपति?*

III. निर्देशानुसारं उत्तरत– *(केवलं प्रश्नत्रयम्)*

(i) *'तपति' इति क्रियापदस्य कर्तृपदं किम् अस्ति?*

(क) धरा (ख) चन्द्रः (ग) सूर्यः (घ) ग्रहः।

(ii) *'जीवनं सुखमयं कर्तुं' अत्र विशेषणपदं किम् अस्ति?*

(क) पालनम् (ख) सुखमयम् (ग) दुःखमयम् (घ) जीवनम्।

(iii) *'निरन्तरम्' अस्य कः पर्यायः गद्यांशे प्रयुक्तम्?*

(क) विरतम् (ख) निरतम् (ग) सततम् (घ) सर्वम्।

(iv) *'........... उन्नतिर्भवति'–इत्यत्र क्रियापदं किम्?*

(क) उन्नतिः (ख) भवति (ग) विद्यते (घ) त्याज्यम्।

IV. *अस्य अनुच्छेदस्य कृते समुचितं शीर्षकं संस्कृतेन लिखत।*

19 **विज्ञानेन अद्य अखिलं विश्वं संकोचितम् अस्ति। पुरा एकस्मिन् देशे जाते युद्धे अन्ये देशाः अप्रभाविताः अवर्तन्त। परम् अद्य एकस्मिन् देशे उत्पन्ने संघर्षे सर्वमेव विश्वं प्रभावितं जायते। पुरा युद्धे केवलं सैनिका एव अयुध्यन्त जनाः स्वकार्याणि यथापूर्वम् एव अकुर्वन्। परम् अद्य न अस्ति स्थितिरेषा पुरा घातकानाम् अस्त्राणां प्रयोगोऽपि सीमित आसीत् परम् अद्य शिशवः वृद्धाः स्त्रियश्च निरपराधाः अपि जनाः मृत्युं गच्छन्ति। विचित्रः स्वभावः असौ मानवः एकदा युद्धे प्रवर्तते, अन्यदा च पुनः युद्धस्य विनाशेन त्रस्तः शान्त्यर्थे चेष्टते।**

प्रश्नाः–

I. एकपदेन उत्तरत– *(केवलं प्रश्नद्वयम्)*

(i) *केन अखिलं विश्वं संकोचितम्?*

(ii) *अद्य केन सर्वं विश्वं प्रभावितं जायते?*

(iii) *पुरा केषां प्रयोगः सीमितः आसीत्?*

II. पूर्णवाक्येन उत्तरत– *(केवलं प्रश्नद्वयम्)*

(i) *युद्धेन अद्य के के मृत्युं गच्छन्ति?*

(ii) *मानवस्य स्वभावः कीदृशः अस्ति?*

(iii) *के स्वकार्याणि यथापूर्वम् अकुर्वन्?*

III. निर्देशानुसारं उत्तरत– *(केवलं प्रश्नत्रयम्)*

(i) *'अवर्तन्त' इति क्रियापदस्य किं कर्तृपदं गद्यांशे प्रयुक्तम्?*

(क) देशाः (ख) जाते (ग) युद्धे (घ) पुरा।

(ii) *'सम्पूर्णम्' इति पदस्य किं पर्यायपदं गद्यांशे प्रयुक्तम्?*

(क) अखिलम् (ख) अद्य (ग) विश्वम् (घ) अन्यम्।

(iii) *'देशाः' इति पदस्य किं क्रियापदम् अनुच्छेदे प्रयुक्तम्?*

(क) जायते (ख) अवर्तन्त (ग) गच्छन्ति (घ) प्रवर्त्तते।

(iv) *'यथापूर्वम्'–अत्र कः समासः?*

(क) तत्पुरुष (ख) द्वंद्व (ग) अव्ययीभाव (घ) द्विगु।

IV. *अस्य अनुच्छेदस्य कृते समुचितं शीर्षकं संस्कृतेन लिखत।*

20 **समयस्य गतिः परिवर्तनशीला अस्ति। चक्रनेमिक्रमेण मानवस्य भाग्यरेखा अपि परिवर्तते। एकदा एवम् एव भीषणेन रोगेण आक्रान्तः एकः कृषकः परलोकम् अगच्छत्। तस्य पुत्रः पञ्चवर्षीयः एव आसीत्। कृषकस्य भार्यायाः नेत्रयोः पुरतः गाढान्धकारः प्रसृतः। सा एकाकिनी किमपि कर्तुं न शक्नोति। परमेश्वरः अपि सततं निर्बलम् एव परीक्षते। सा रात्रिन्दिवं श्रमं कृत्वा पुत्रपोषणसंलग्ना स्वजीवनयात्रा प्रचालितवती।** *(CBSE 2014)*

प्रश्नाः–

I. एकपदेन उत्तरत– *(केवलं प्रश्नद्वयम्)*

(i) *कस्य गति परिवर्तनशीला अस्ति?*

(ii) *कः भीषणेन रोगेण आक्रान्तः अस्ति?*

(iii) *कस्य भाग्यरेखा परिवर्त्तते?*

II. पूर्णवाक्येन उत्तरत– *(केवलं प्रश्नद्वयम्)*

(*i*) *कृषकः केन आक्रान्तः आसीत्?*

(*ii*) *परमेश्वरः कं परीक्षते?*

(*iii*) *परलोकं कः अगच्छत्?*

III. निर्देशानुसारं उत्तरत– *(केवलं प्रश्नत्रयम्)*

(*i*) *'परिवर्तते' इति क्रियापदस्य किं कर्तृपदं अत्र प्रयुक्तम्?*

(क) मानवः (ख) भाग्यरेखा (ग) समयः (घ) कालः।

(*ii*) *'एकदा कृषकः भीषणेन रोगेण आक्रान्तः' अस्मिन् वाक्ये किम् अव्ययपदम्?*

(क) कृषकः (ख) रोगेण (ग) एकदा (घ) आक्रान्तः।

(*iii*) *'कृषकः' अस्य किं विशेषणपदम्?*

(क) रोगेण (ख) भीषणेन (ग) आक्रान्तः (घ) परलोकः।

(*iv*) *'कर्त्तुम्' इत्यत्र कः प्रत्ययः?*

(क) उम् (ख) तुम् (ग) तुमुन् (घ) उमुन्।

IV. *अस्य गद्यांशस्य समुचितं शीर्षकं लिखत।*

21 **भारतभूमिः प्रकृतेः सुरम्या क्रीडास्थली अस्ति। क्वचित् अत्र मनोहराणि विकसितैः फलपुष्पभारनतैः लतापादपैः सुशोभितानि उद्यानानि दर्शकानां चेतांसि हरन्ति, क्वचित् शस्यश्यामला भूमिः मनः चोरयति, क्वचित् च भ्रमरकूजितानि सकमलानि सरांसि हृदयम् आनन्दयन्ति। अत्र एव विराजते नगाधिराजो हिमालयः यतो हि निस्सृत्य गंगायमुनादयः नद्यः जलेन क्षेत्राणि सिञ्चन्ति। भारत एव तादृशः देशः यत्र राजस्थानप्रदेशस्य मरुस्थलं, हिमाचलप्रदेशस्य हरीतिमा, गंगायमुना-प्रदेशस्य उर्वरता, जलनिधेः विशालता च दृश्यते।** *(CBSE 2014)*

प्रश्नाः—

I. एकपदेन उत्तरत– *(केवलं प्रश्नद्वयम्)*

(*i*) *भारतभूमिः कस्याः क्रीडास्थली अस्ति?*

(*ii*) *उद्यानानि केषां चेतांसि हरन्ति?*

(*iii*) *अत्र किं विराजते?*

II. पूर्णवाक्येन उत्तरत– *(केवलं प्रश्नद्वयम्)*

(*i*) *कीदृशानि उद्यानानि दर्शकानां मनः चोरयति?*

(*ii*) *कः नगाधिराजः कथ्यते?*

(*iii*) *कस्य विशालता दृश्यते?*

III. निर्देशानुसार उत्तरत– *(केवलं प्रश्नत्रयम्)*

(*i*) *'अस्ति' इति क्रियापदस्य किं कर्तृपदं गद्यांशे प्रयुक्तम्?*

(क) प्रकृतेः (ख) भारतभूमिः (ग) क्रीडास्थली (घ) सुरम्या।

(*ii*) *'शोभते' इति पदस्य किं पर्यायपदं गद्यांशे प्रयुक्तम्?*

(क) अस्ति (ख) विराजते (ग) दृश्यते (घ) चोरयति।

(*iii*) *'नद्यः' इति पदस्य किं क्रियापदम् अनुच्छेदे प्रयुक्तम्?*

(क) चोरयति (ख) सिञ्चन्ति (ग) दृश्यते (घ) हरन्ति।

(iv) *'सरांसि' इत्यस्य एकवचने रूपं किम्?*

(क) सरः (ख) सरसी (ग) सरम् (घ) सरा।

IV. *अस्य अनुच्छेदस्य कृते समुचितं शीर्षकं लिखत।*

22 **महाकविः बाणभट्टः संस्कृतगद्यलेखकेषु मूर्धन्यः असाधारणप्रतिभासम्पन्नः आसीत्। बाल्यकाले एव सः मातृहीनः जातः। अस्य पिता एनं मातृवत् अपालयत्। कुशाग्रधीः अयम् बाल्ये एव सर्वाणि व्याकरणादीनि शास्त्राणि पठितवान्। यदा अयं कुशाग्रधीः चतुर्दशवर्षीयः जातः तदा दौर्भाग्येण अस्य पिता अपि दिवं गतः। शोकविह्वलः अयं किञ्चित्कालं गृहे उषित्वा मित्रगणैः सह गृहात् निरगच्छत्। हर्षवर्धनः तस्य ख्यातिं श्रुत्वा स्वराजसभायाम् आहूतवान्, तस्मै प्रभूतं धनं दत्वा सम्मानं च कृतवान्। बाणः सहर्षं हर्षचरितस्य गद्यकाव्यस्य रचनाम् अकरोत्। कादम्बरी अस्य कवेः द्वितीया रचना।**

प्रश्नाः–

I. एकपदेन उत्तरत– *(केवलं प्रश्नद्वयम्)*

(i) *कः संस्कृतगद्यलेखकेषु मूर्धन्यः आसीत्?*

(ii) *राजा प्रसन्नः भूत्वा कवये बाणाय किं प्रायच्छत्?*

(iii) *कः मातृहीनः जातः?*

II. पूर्णवाक्येन उत्तरत– *(केवलं प्रश्नद्वयम्)*

(i) *बाणः कस्य गद्यकाव्यस्य रचनाम् अकरोत्?*

(ii) *कदा तस्य पिता दिवं गतः?*

(iii) *कः बाणभट्टस्य सम्मानम् अकरोत्?*

III. निर्देशानुसारं उत्तरत– *(केवलं प्रश्नत्रयम्)*

(i) *'श्रेष्ठः' इत्यर्थे किं पदं प्रयुक्तम्?*

(क) उत्तमः (ख) अधमः (ग) मूर्धन्यः (घ) हीनः।

(ii) *'रचना' इति पदस्य किं विशेषणपदम् अत्र प्रयुक्तम्?*

(क) गद्यकाव्यस्य (ख) सहर्षम् (ग) सम्मानम् (घ) उत्तमाम्।

(iii) *'सः मित्रगणैः सह निरगच्छत्' अस्मिन् वाक्ये किम् अव्ययपदं प्रयुक्तम्?*

(क) सः (ख) मित्रगणैः (ग) सह (घ) निरगच्छत्।

(iv) *'मातृहीनः'–इत्यत्र कः समासः?*

(क) तत्पुरुष (ख) द्वंद्व (ग) द्विगु (घ) बहुव्रीहि।

IV. *अस्य अनुच्छेदस्य कृते समुचितं शीर्षकं लिखत।*

23 **इह जगति सर्वाधिकं मूल्यवत् वस्तु चेत् अस्ति तर्हि समयः एव। मानवजीवनस्य प्रत्येकं क्षणम् अतीव महत्त्वपूर्णम् अस्ति। यस्य आयुषः यावान् अंशः निरर्थकं गतः, स गतः एव। नष्टः कालः केनापि उपायेन पुनः प्राप्तुं न शक्यते। धनादिकवस्तूनि तु विनष्टानि अपि पुनः प्रयत्नेन लब्धुं शक्यन्ते। अनेके जनाः तु दुर्व्यसने, द्यूते, विवादे, वृथा भ्रमणे निद्रायां च समस्तं समयं यापयन्ति। शनैः शनैः काले व्यर्थे गते सति ईदृशाः जनाः पश्चात् नैराश्यं यान्ति। सफलतायाः समुन्नतेः च मूलमन्त्रम् अस्ति–"प्रत्येकं क्षणस्य सदुपयोगः। प्रकृतिः अपि समयस्य सदुपयोगम् एव शिक्षयति।" अतः आत्मविकासाय सर्वथा समयस्य सदुपयोगः कर्तव्यः। उक्तं च–"क्षिप्रमक्रियमाणस्य कालः पिबति तद्रसम्" इति।**

प्रश्नाः–

I. एकपदेन उत्तरत– *(केवलं प्रश्नद्वयम्)*

(*i*) *कस्य सदुपयोगं प्रकृतिः शिक्षयति?*

(*ii*) *जगति सर्वाधिकं मूल्यवत् वस्तु किम् अस्ति?*

(*iii*) *मानवजीवनस्य प्रत्येकं क्षणं कीदृशम् अस्ति?*

II. पूर्णवाक्येन उत्तरत– *(केवलं प्रश्नद्वयम्)*

(*i*) *प्रकृतिः कस्य सदुपयोगं करोति?*

(*ii*) *कस्मिन् व्यर्थे गते सति जनाः नैराश्यं यान्ति?*

(*iii*) *कस्य सदुपयोगः कर्त्तव्यः?*

III. निर्देशानुसारम् उत्तरत– *(केवलं प्रश्नत्रयम्)*

(*i*) *'कालः' अस्य किं विशेषणपदम् अत्र प्रयुक्तम्?*

(क) गतः (ख) नष्टः (ग) अनेकः (घ) एकः।

(*ii*) *'शक्यन्ते' इति क्रियापदस्य किं कर्तृपदम् अत्र प्रयुक्तम्?*

(क) धनादिकवस्तूनि (ख) जनाः (ग) कालः (घ) शिशवः।

(*iii*) *'आगतः' अस्य किं विलोमपदम् अत्र प्रयुक्तम्?*

(क) नष्टः (ख) गतः (ग) कालः (घ) धनम्।

(*iv*) *'कर्त्तव्यः'–इत्यत्र कः प्रत्ययः?*

(क) व्य (ख) अव्य (ग) य (घ) तव्यत्।

IV. *अस्य अनुच्छेदस्य कृते समुचितं शीर्षकं लिखत।*

24 **एकः वञ्चकः नरः आसीत्। सः भिन्नप्रकारेण जनान् वञ्चयित्वा धनसञ्चयं करोति स्म। तस्य गृहे एकं सुवर्णपात्रम् आसीत्। सः सर्वत्र घोषणाम् अकरोत् यत् यः कोऽपि एकां नवीनां कथां श्रावयिष्यति तस्मै अहम् एतत् सुवर्णपात्रं दास्यामि।**

एतां वार्तां श्रुत्वा बहवः जनाः सुवर्णपात्रस्य लोभेन आगच्छन् अपूर्वाः च कथाः अश्रावयन्। परन्तु प्रत्येकं कथां श्रुत्वा सः अन्ते वदति 'एतां कथाम् अहं पूर्वमेव श्रुतवान्' इति। निराशया ते जनाः तस्मै पञ्चशतं सुवर्णमुद्राः दत्वा गच्छन्ति।

प्रश्नाः–

I. एकपदेन उत्तरत– *(केवलं प्रश्नद्वयम्)*

(*i*) *नरः कीदृशः आसीत्?*

(*ii*) *वञ्चकस्य गृहे किम् आसीत्?*

(*iii*) *कः धनसञ्चयं करोति स्म?*

II. पूर्णवाक्येन उत्तरत– *(केवलं प्रश्नद्वयम्)*

(*i*) *वञ्चकः सुवर्णपात्रं दातुं किं कथयति?*

(*ii*) *जनाः सुवर्णपात्रस्य लोभेन कीदृशीं कथाम् अश्रावयन्?*

(*iii*) *जनाः किं दत्त्वा गच्छन्ति स्म?*

III. निर्देशानुसारम् उत्तरत– *(केवलं प्रश्नत्रयम्)*

(*i*) *'अकरोत्' इति क्रियापदस्य किं कर्तृपदम् अत्र प्रयुक्तम्?*

(क) घोषणाम् (ख) सः (ग) सर्वत्र (घ) यत्।

(ii) *'कथाम्' अस्य किं विशेषणपदम् अत्र प्रयुक्तम्?*

(क) नवीनाम् (ख) श्रुताम् (ग) कथिताम् (घ) दत्ताम्।

(iii) *'बहवः' अस्य किं विशेष्यपदम् अत्र प्रयुक्तम्?*

(क) बालाः (ख) जनाः (ग) नार्यः (घ) महिलाः।

(iv) *'आसीत्'–इत्यस्य बहुवचने रूपं लिखत।*

(क) अस्ति (ख) सन्ति (ग) आसन् (घ) आस्ताम्।

IV. *अस्य अनुच्छेदस्य कृते समुचितं शीर्षकं लिखत।*

25 **संस्कृतभाषा सरला सरसा च अस्ति। संस्कृतभाषा देवभाषा देववाणी गीर्वाणी च कथ्यते। संस्कृतभाषायां चत्वारः वेदाः सन्ति। ऋग्वेदः, यजुर्वेदः, सामवेदः, अथर्ववेदश्च। वेदानां विषये वर्णितमस्ति -"धर्मं जिज्ञासमानानां प्रमाणं परमं श्रुतिः" वैदिकसाहित्यस्य अन्येऽपि ग्रन्थाः संस्कृतभाषायाम् वसन्ति। यथा–ब्राह्मणग्रन्थाः, आरण्यकाः, षड्वेदाङ्गाः, षड्दर्शनानि, उपनिषदः। वाल्मीकिविरचितं रामायणम्, व्यास-प्रणीतं महाभारतम्, कविकुलशिरोमणिकालिदासेन विलिखितम् अभिज्ञानशाकुन्तलम् च संस्कृतभाषायाः गुणगौरवं महत्त्वं च प्रकटयन्ति। धन्या एषा भाषा।** *(CBSE 2014)*

प्रश्नाः–

I. एकपदेन उत्तरत– *(केवलं प्रश्नद्वयम्)*

(i) *संस्कृतभाषा कीदृशी अस्ति?*

(ii) *का देवभाषा अस्ति?*

(iii) *संस्कृतभाषायां कति वेदाः सन्ति?*

II. पूर्णवाक्येन उत्तरत– *(केवलं प्रश्नद्वयम्)*

(i) *वेदानां विषये किं वर्णितमस्ति?*

(ii) *के ग्रन्थाः संस्कृतस्य गुणगौरवं प्रकटयन्ति?*

(iii) *का भाषा धन्या?*

III. निर्देशानुसारम् उत्तरत– *(केवलं प्रश्नत्रयम्)*

(i) *'वेदाः' इत्यत्र किं विशेषणपदम्?*

(क) त्रयः (ख) चत्वारः (ग) षड् (घ) पञ्च।

(ii) *"संस्कृतभाषायां चत्वारः वेदाः सन्ति" इति वाक्ये 'सन्ति' क्रियायाः कर्तृपदं किम्?*

(क) चत्वारः (ख) वेदाः (ग) भाषायाम् (घ) तानि।

(iii) *'रचितम्' इति शब्दस्य पर्यायपदं किम्?*

(क) विलिखितम् (ख) वर्णितम् (ग) प्रमाणम् (घ) महत्त्वम्।

(iv) *'महत्त्वम्'–इत्यत्र कः प्रत्ययः?*

(क) वम् (ख) त्वम् (ग) त्व (घ) अम्।

IV. *अस्य अनुच्छेदस्य कृते समुचितं शीर्षकं लिखत।*

26 **स्वामिविवेकानन्दः अमेरिका देशे भारतीय-संस्कृत्याः प्रचारं करोति स्म। तत्र कश्चन श्रोता तस्योपरि उपहासपूर्वकम् उक्तवान्– "अहो! भारतीय-संस्कृत्याः विसङ्गतिः। लक्ष्म्याः वाहनम् उलूकः सरस्वत्याश्च वाहनं हंस इति।" विवेकानन्दः तम् अवदत्–"एष एव अस्माकं भवतां च मध्ये चिन्तनभेदः दृष्टिभेदश्च। अस्याः आशयो यत् धनाधीन-जनः सर्वदा उलूकवत् आचरति, विवेकम् आश्रितः नरः एव विद्वान् भवति। अत एव सरस्वत्याः वाहनं हंसः लक्ष्म्याश्च वाहनम् उलूक इति।"** *(CBSE 2014)*

प्रश्नाः—

I. एकपदेन उत्तरत—

(*i*) *विवेकानन्दः अमेरिकादेशे कस्याः प्रचारं करोति स्म?*

(*ii*) *कस्याः वाहनम् उलूकः?*

II. पूर्णवाक्येन उत्तरत—

(*i*) *श्रोता भारतीय-संस्कृत्याः विषये किम् अकथयत्?*

(*ii*) *विवेकानन्दस्य कथनानुसारम् कयोः मध्ये चिन्तनभेदः दृष्टिभेदश्च भवतः?*

III. निर्देशानुसारं उत्तरत—

(*i*) *'श्रोता तस्योपरि उपहासपूर्वकम् उक्तवान्' अत्र कर्तृपदं किम्?*

(*ii*) *'दोषः' इति पदस्य पर्यायपदं गद्यांशे किं प्रयुक्तम्?*

(*iii*) *'विवेकानन्दः तम् अवदत्' अत्र 'तम्' सर्वनामपदं कस्मै प्रयुक्तम्?*

IV. *अस्य अनुच्छेदस्य कृते एकम् उपयुक्तं शीर्षकं लिखत।*

27 **जगति परोपकार एव धर्मः । परोपकार-प्रवृत्तो हि धर्मात्मा पुण्यात्मा च अस्ति। उत्तमाः पुरुषाः तु स्वार्थम् उपेक्ष्य अपि परहितसाधनतत्पराः भवन्ति। स्वोदरभरणरताः तु काककुक्करा एव सन्ति। वयं पश्यामः हि यत् प्रकृतिः अपि परहितसाधनपरा वर्तते। वृक्षाः परोपकाराय एव सुस्वादूनि फलानि फलन्ति। नद्यः परोपकाराय एव शीतलं जलं वहन्ति। गावः तु परोपकाराय एव प्रकृत्या मधुरं पयः दुहन्ति। सर्वत्र एव प्रकृत्या परोपकारार्थं स्वशरीरमर्पितं क्रियते। अत्रैव शरीरस्य साफल्यम् अस्ति। परोपकाराय एव पादपः तीव्रतमं सूर्यतापं स्वमूर्ध्नि सहमानः स्वाश्रितेभ्यः पथिकेभ्यः छायां विस्तार्य सुखं वितरति। यथा दिनकरः पद्माकरं विकासयति, निशाकरः कैरवकुलं विकासयति, मेघः जलं यच्छति। परोपकार एव शरीरस्य सत्यं भूषणमस्ति।** (*CBSE 2015*)

प्रश्नाः—

I. एकपदेन उत्तरत—

(*i*) *जगति कः धर्मः?*

(*ii*) *परोपकारः शरीरस्य कीदृशं भूषणम् अस्ति?*

II. पूर्णवाक्येन उत्तरत—

(*i*) *स्वोदरभरणरताः मनुष्याः कीदृशाः भवन्ति?*

(*ii*) *प्रकृतिः परोपकारार्थं किं करोति?*

III. यथानिर्देशम् उत्तरत—

(*i*) *'वहन्ति' पदस्य कर्तृपदं किम् अस्ति?*

(*ii*) *'शीतलं जलं' अनयोः पदयोः किं विशेष्यपदम् अस्ति?*

(*iii*) *'दुष्टात्मा' पदस्य विलोमपदं लिखत।*

IV. *अनुच्छेदम् आधृत्य समुचितं शीर्षकं लिखत।*

28 **'कः श्रेष्ठः? अहं ईश्वरः वा?' अहंकारी राजा राज्यसभायां स्वराज्यस्य सर्वान् पण्डितान् पृष्टवान् 'किं कर्तव्यम् यदि सत्यं वदेम तर्हि प्राणहानिः तु निश्चिता अस्ति' इति परस्परं विचारयन्तः भयत्रस्ताः पण्डिताः निरुत्तराः अभवन् राजानं च प्रार्थयन् देव! दिनद्वयस्य अवधिः दीयताम्' 'तथास्तु' राजा अवदत्। 'अलं चिन्तया। अहं उत्तरं दास्यामि।' चिन्ताकुलेषु तेषु एकः ज्ञानवृद्धः पण्डितः अकथयत्।**

नियते दिने सर्वे पण्डिताः राज्यसभां प्राप्तवन्तः। अञ्जलिं बद्ध्वा दण्डवत् प्रणम्य सः ज्ञानवृद्धः राजानम् अवदत्, "राजन् निस्सन्देहं भवान् एव श्रेष्ठः न तु ईश्वरः।" 'तत् कथम्' गर्वेण मदोद्धतः राजा अपृच्छत्। 'भवान् एव श्रेष्ठः' यतः भवान् अस्मान् स्वराज्यात् बहिः निष्कासयितुं समर्थः।

ईश्वरः स्वनिर्मितात् जगतः अस्मान् बहिष्कृत्य कुत्र निवासं दास्यति इति पण्डितः उदतरत्। *(CBSE 2015)*

प्रश्नाः–

I. एकपदेन उत्तरत–

(i) राजा आत्मानं कं मन्यते स्म?

(ii) पण्डिताः कति दिवसानाम् अवधिम् अयाचन्त?

II. पूर्णवाक्येन उत्तरत–

(i) पण्डिताः किमर्थम् भयभीताः अभवन्?

(ii) राजा किं कर्तुं समर्थः ईश्वरः च किं कर्तुं समर्थः न अस्ति?

III. निर्देशानुसारम् उत्तरत–

(i) 'यतः भवान् अस्मान् स्वराज्यात् बहिः निष्कासयितुं समर्थः' अत्र 'अस्मान्' पदं कस्मै प्रयुक्तम्?

(ii) 'जगतः' इत्यस्य किं विशेषणम् अत्र प्रयुक्तम्?

(iii) अस्मिन् अनुच्छेदे 'समयः' इत्यर्थे किं पदं प्रयुक्तम्?

IV. *अस्य अनुच्छेदस्य समुचितं शीर्षकं लिखत।*

29 **"एकदा एकः संन्यासी नृपस्य भवनम् अगच्छत्। नृपः तस्य हार्दिकं स्वागतम् अकरोत्। समुचितं भोजनप्रदानादिभिश्च अतिथिसत्कारम् अकारयत्। संन्यासिना सह वार्तालापप्रसङ्गे राजा तम् अपृच्छत्–'हे महात्मन्! मम कृते सर्वाधिकं करणीयं किं कार्यम् अस्ति येन अहं पुण्यं प्राप्तुं शक्नुयाम्?' स्पष्टवक्ता संन्यासी अवदत्–'हे राजन्! यदि भवान् पुण्यं प्राप्तुमिच्छति तर्हि अधिकाधिकं शयनं करोतु।' नृपः विस्मयेन अपृच्छत्–'भवता एतत् कीदृशं करणीयम् उपदिश्यते? अधिकाधिकशयनेन अधिकाधिकं पुण्यं प्राप्यते किम्? अहम् तु एतद् अवगन्तुं सर्वथा असमर्थोऽस्मि।' संन्यासी विहस्य अवदत्–'यावदधिकं भवान् स्वप्स्यति, तावदधिकमेव प्रजाः तव अत्याचारेभ्यः मुक्ताः भविष्यन्ति। भवतः पापानामपि–तावान् क्षयः भविष्यति।' एतदुक्त्वा संन्यासी बहिरगच्छत्, परं नृपस्तु प्रजानाम् पीडाम् अनुभवन् आत्मानं समीक्षमाणः पश्चात्तापं कर्तुमारभत। अहो! महात्मनाम् प्रभावः!"** *(CBSE 2015)*

प्रश्नाः–

I. एकपदेन उत्तरत–

(i) कः नृपस्य भवनम् आगच्छत्?

(ii) नृपस्य अधिकाधिकशयनेन प्रजाः केभ्यः मुक्ताः भविष्यन्ति?

II. पूर्णवाक्येन उत्तरत–

(i) वार्तालापप्रसङ्गे राजा संन्यासिनं किम् अपृच्छत्?

(ii) संन्यासिनः बहिर्गमनान्तरं नृपस्य कीदृशी अवस्था अभवत्?

III. यथानिर्देशम् उत्तरत–

(i) हानिः अस्य पदस्य समानार्थकं पदम् अनुच्छेदात् चित्वा लिखत।

(ii) अस्मिन् अनुच्छेदे रुदित्वा इति पदस्य किं विलोमपदं प्रयुक्तम्?

(iii) 'भवतः पापानाम् अपि तावान् क्षयः भविष्यति।'–अस्मिन् वाक्ये किं विशेषणपदम्?

IV. *अस्य अनुच्छेदस्य समुचितं शीर्षकं लिखत।*

30 प्रकृत्या अस्मभ्यम् शुद्धम् पवित्रं च पर्यावरणम् प्रदत्तम्। परं मानवैः स्वकुकृत्यैः इदं प्रदूषितम् कृतम्। प्रदूषणसमस्यायाः विषये अद्य सम्पूर्णः विश्वः चिन्ताकुलः अस्ति। प्रदूषणनिवारणस्य उपायेषु 'वृक्षारोपणम्' सर्वोत्कृष्टं मतम्। प्रदूषणसमस्या तदैव उपस्थिता यदा मानवेन स्वार्थसिद्धये वृक्षकर्तनम् आरब्धम्। वृक्षाः मानवजीवनस्य प्राणभूताः। तेषामभावे च विषाक्तवायुः अतिवृष्टिः, अनावृष्टिः भूक्षरणम् च भवति। प्रकृतौ सन्तुलनस्थापनार्थं वृक्षरक्षणम् वृक्षारोपणम् च आवश्यकम्। विषाक्तवायोः शोषणस्य सामर्थ्यम् वृक्षेषु एवास्ति। येन वातावरणं शुद्धं भवति। नष्टप्रायाणां पशुपक्षिणाम् जातीनाम् च रक्षा अपि अनेनैव संभवा। अतः वृक्षारोपणम् अधिकाधिकं कर्तव्यम्। यतो हि 'वृक्षो रक्षति रक्षितः'। *(CBSE 2015)*

प्रश्नाः—

I. एकपदेन उत्तरत—

(i) *रक्षितः कः रक्षति?*

(ii) *वृक्षाः कस्य प्राणभूताः?*

II. पूर्णवाक्येन उत्तरत—

(i) *प्रदूषणसमस्या कदा उपस्थिता अभवत्?*

(ii) *वृक्षाणाम् अभावे किम् भविष्यति?*

III. यथानिर्देशम् उत्तरत—

(i) *'इदं प्रदूषितं कृतम्' अत्र इदम् सर्वनामपदं कस्मै प्रयुक्तम्?*

(ii) *'सम्पूर्णः' इति विशेषणपदस्य किं विशेष्यपदम्?*

(iii) *'प्रदत्तम्' इति क्रियापदस्य किं कर्तृपदम्?*

IV. *अस्य अनुच्छेदस्य शीर्षकं लिखत।*

31 सुबुद्धिः दुर्बुद्धिश्च द्वौ धनिकौ आस्ताम्। सुबुद्धेः विशालं भवनम् आसीत्। तस्य अनेके उद्योगाः चलन्ति स्म। अत एव सः सर्वदा प्रसन्नचित्तः ईश्वरं स्मरन् आनन्दे निमग्नः भवति स्म। दुर्बुद्धिः तावत् लोभी आसीत्। अधिकाधिकं धनसङ्ग्रहं कर्तुम् इच्छति स्म। सर्वदा असन्तुष्टः, क्रुद्धः, दुःखी च भवति स्म। एकदा दुर्बुद्धिः कार्यवशात् सुबुद्धेः गृहम् अगच्छत्। आनन्दमग्नं तं दृष्ट्वा अपृच्छत्—"भवतः आनन्दस्य शान्तेश्च किं रहस्यम्?" सुबुद्धिः उवाच—"मित्र! मम चत्वारः अङ्गरक्षकाः सन्ति। प्रथमः तु सत्यं यत् माम् अपराधात् सर्वदा रक्षति। द्वितीयः स्नेहः, अहं सर्वान् कर्मचारिणः पुत्रवत् मन्ये। तृतीयः न्यायः यः माम् अन्यायात् रक्षति। चतुर्थः त्यागः माम् दानाय प्रेरयति। अतः एतेषां सहायतया अहं सर्वदा आनन्देन जीवामि लोकहितं च करोमि इति।" दुर्बुद्धिः श्रद्धया तस्य चरणयोः अपतत्। *(CBSE 2015)*

प्रश्नाः—

I. एकपदेन उत्तरत—

(i) *सुबुद्धेः कति अङ्गरक्षकाः आसन्?*

(ii) *कः लोकहितं करोति?*

II. पूर्णवाक्येन उत्तरत—

(i) *दुर्बुद्धिः सर्वदा कस्य सङ्ग्रहं कर्तुम् इच्छति स्म?*

(ii) *सुबुद्धिः सर्वान् कर्मचारिणः कथं मन्यते स्म?*

III. निर्देशानुसारम् उत्तरत–

(*i*) *'सर्वान्' इति विशेषणस्य विशेष्यपदं किम्?*

(*ii*) *'चलन्ति स्म' इति क्रियापदस्य कर्तृपदं किम्?*

(*iii*) *'एतेषां सहायतया' इत्यत्र 'एतेषाम्' इति पदं केभ्यः प्रयुक्तम्?*

IV. *अस्य अनुच्छेदस्य कृते समुचितं शीर्षकं लिखत।*

32 **एकदा बालः सिद्धार्थः प्रातः भ्रमणाय उपवनम् अगच्छत्। उपवने पक्षिणः मधुरं कूजन्ति स्म। तेषां कलरवं श्रुत्वा सिद्धार्थः प्रसन्नः अभवत्। किञ्चित् कालानन्तरं तस्य भ्राता देवदत्तः अपि आखेटनाय तत्र आगच्छत्। सः बाणेन आकाशे एकं हंसम् अविध्यत्। बाणेन विद्धः हंसः भूमौ अपतत्। सिद्धार्थः करुणया तं हंसं कुटीरम् आनीय हंसस्य परिचर्याम् अकरोत्। सिद्धार्थस्य देवदत्तस्य च मध्ये विवादः भवति यत् 'हंसः कस्य'? अन्ते नृपः निर्णयम् अकरोत् यत् हंसः सिद्धार्थस्य एव। सत्यमेव कथ्यते–"रक्षकः भक्षकात् श्रेष्ठः" इति।** (*CBSE 2016*)

प्रश्नाः–

I. एकपदेन उत्तरत–

(*i*) *'हंसः कस्य' इति निर्णयं कः अकरोत्?*

(*ii*) *उपवने के मधुरं कूजन्ति स्म?*

II. पूर्णवाक्येन उत्तरत–

(*i*) *सिद्धार्थः भ्रमणाय उपवनं कदा अगच्छत्?*

(*ii*) *हंसः कुत्र अपतत्?*

III. निर्देशानुसारं उत्तरत–

(*i*) *गद्यांशे 'अकरोत्' क्रियापदस्य कर्तृपदम् किम् अस्ति?*

(*ii*) *'किञ्चित् कालानन्तरं तस्य भ्राता ....' इति वाक्ये 'तस्य' सर्वनामपदं कस्मै प्रयुक्तम्?*

(*iii*) *गद्यांशे 'नृपः' इति कर्तृपदस्य किं क्रियापदं प्रयुक्तम्?*

IV. *अस्य अनुच्छेदस्य कृते समुचितं शीर्षकं संस्कृतेन लिखत।*

33 **क्रोधः मनुष्यस्य महान् शत्रुः। क्रुद्धः जनः गुरून् अपि निन्दति, अपभाषणं करोति, ज्येष्ठानां हितवचनानि अपि न शृणोति। तस्माद् वयं क्रोधे सावधानाः भवेम। यदि क्रोधः आगच्छति तदा तस्मिन् एव क्षणे मौनं धारणीयम्। मौनेन मनः शान्तं भवति। वाणी अपि नियन्त्रिता भवति। ईदृशे काले किञ्चित् पुस्तकं गृहीत्वा पठेम। कोपात् सर्वदा आत्मानं रक्षेम।** (*CBSE 2016*)

प्रश्नाः–

I. एकपदेन उत्तरत–

(*i*) *क्रोधे आगते किं धारणीयम्?*

(*ii*) *क्रुद्धः जनः केषां हितवचनानि न शृणोति?*

II. पूर्णवाक्येन उत्तरत–

(*i*) *मनुष्यस्य महान् शत्रुः कः?*

(*ii*) *मौनेन वाणी कीदृशी भवति?*

III. निर्देशानुसारं उत्तरं लिखत–

(*i*) *'क्रुद्धः' इति कस्य पदस्य विशेषणम्?*

(*ii*) *'भवेम' इति क्रियापदस्य किं कर्तृपदं गद्यांशे प्रयुक्तम्?*

(*iii*) *'सर्वस्मिन् काले' इत्यर्थे किम् अव्ययपदं गद्यांशे प्रयुक्तम्?*

IV. *अस्य अनुच्छेदस्य कृते समुचितं शीर्षकं संस्कृतेन लिखत।*

34 **यदि मनः प्रसन्नम् अस्ति तर्हि वयं सर्वाणि कार्याणि सम्यक् कर्तुं शक्नुमः। मनः खिन्नम् असन्तुष्टं वा अस्ति चेत् अस्माकं प्रेरणा न भवति। अतः मनसः प्रसन्नतारक्षणम् अत्यन्तम् आवश्यकम्। जयपराजययोः आरम्भः अपि जनानां मनसि भवति। स्नेहस्य शत्रुताया आरम्भः अपि तेषां मनसि एव भवति। जनैः सर्वदा भावात्मकचिन्तनं करणीयम्। अभावात्मकचिन्तनकर्ता जीवने सर्वत्र सदैव कष्टानि एव अनुभवति। अत एव उक्तम्–"मन एव मनुष्याणां कारणं बन्धमोक्षयोः"।** *(CBSE 2017)*

प्रश्नाः–

I. एकपदेन उत्तरत–

(*i*) *बन्धमोक्षयोः कारणं किम् अस्ति?*

(*ii*) *कस्य प्रसन्नतारक्षणम् आवश्यकम् अस्ति?*

II. पूर्णवाक्येन उत्तरत–

(*i*) *कः जीवने सर्वत्र कष्टानि अनुभवति?*

(*ii*) *कदा वयं सर्वाणि कार्याणि सम्यक् कर्तुं शक्नुमः?*

III. निर्देशानुसारं उत्तरं लिखत–

(*i*) *'शक्नुमः' इति क्रियापदस्य किं कर्तृपदं गद्यांशे प्रयुक्तम्?*

(*ii*) *'अथवा' इति पदस्य किं पर्यायपदं गद्यांशे प्रयुक्तम्?*

(*iii*) *'आरम्भः' इति पदस्य किं क्रियापदम् अनुच्छेदे प्रयुक्तम्?*

IV. *अस्य अनुच्छेदस्य कृते समुचितं शीर्षकं संस्कृतेन लिखत।*

35 **एकदा राजकुमारः सिद्धार्थः विहारार्थम् उपवनं गतः। सहसा क्रंदनध्वनिं श्रुत्वा सः इतस्ततः अपश्यत्। बाणेन विद्धः एकः हंसः भूमौ पतितः आसीत्। एतत् दृष्ट्वा सिद्धार्थस्य चित्तं करुणया व्याकुलं जातम्। सः धावित्वा हंसस्य शरीरात् बाणं निष्कास्य तं अङ्के अधारयत्। अत्रान्तरे देवदत्तः धावन् तत्र प्राप्तः। सिद्धार्थस्य हस्ते हंसं दृष्ट्वा सः उच्चैः अवदत् - सिद्धार्थ! एष मम हंसः। मया बाणेन निपातितः। अतः मह्यम् देहि। सिद्धार्थः दृढ़तया अवदत्-"अहं न दास्यामि"। अहम् अस्य रक्षकः अस्मि। तदा तौ विवादं कुर्वन्तौ राजसभां गतौ। राजा सर्वं वृतान्तम् आकर्ण्य आदिशत्-"यस्य पार्श्वे हंसः आगमिष्यति तस्यैव भविष्यति।" हंसः सिद्धार्थस्य समीपं गतवान्। सत्यमिदम्-"भक्षकात् रक्षकः श्रेयान्।"** *(CBSE)*

प्रश्नाः–

I. एकपदेन उत्तरत–

(*i*) *कः भूमौ पतितः?*

(*ii*) *हंसः कस्य समीपं गतवान्?*

II. पूर्णवाक्येन उत्तरत–

(i) *सिद्धार्थः किं कृत्वा हंसम् अङ्के अधारयत्?*

(ii) *हंसं दृष्ट्वा कः उच्चैः अवदत्?*

III. यथानिर्देशम् उत्तरत–

(i) *अनुच्छेदे 'राजकुमारः' इति कस्य विशेषणं अस्ति?*

(ii) *'वीक्ष्य' इति शब्दस्य पर्याय पदं गद्यांशे किम् अस्ति?*

(iii) *'गतः' इति क्रियापदस्य कर्तृपदं किं?*

IV. *अस्य अनुच्छेदस्य कृते समुचितं शीर्षकं संस्कृतेन लिखत।*

36 **एकदा केचन शिष्याः भिक्षाटनं कुर्वन्ति स्म। तदैव, एकः गजः महता वेगेन तस्मिन् मार्गे आगच्छत्। गजस्य उपरि उपविष्टः हस्तिपकः उच्चस्वरेण पुनः पुनः घोषयति स्म-अपसरन्तु अपसरन्तु इति। सर्वे शिष्याः धावितवन्तः। यथा सर्वेषु वस्तुषु ईश्वरः अस्ति तथा गजेऽपि इति विचिन्त्य एकः शिष्यः तत्रैव स्थितवान्। तावति काले गजः तं स्वशुण्डया गृहीत्वा दूरे क्षिप्तवान्। शिष्याः मूर्च्छितं तं गुरुकुलम् अनयन्। लब्धसंज्ञं तं गुरुः अपृच्छत्-वत्स! त्वम् एवं किमर्थम् आचर इति। शिष्यः अवदत्-गुरुवर्य। भवद्भिः एव शिक्षितं यत् ईश्वरः सर्वेषु अस्ति। अतः अहं गजे अपि ईश्वरं मत्वा तत्र अतिष्ठम् इति। गुरुः उक्तवान् वत्स। यथा गजे तथा हस्तिपके अपि ईश्वरः इति कथं न चिन्तितम् इति।** *(CBSE)*

प्रश्नाः–

I. एकपदेन उत्तरत–

(i) *गजः कं गृहीत्वा स्वशुण्डया प्राक्षिपत्?*

(ii) *अपसरन्तु, अपसरन्तु इति कः घोषयति स्म?*

II. पूर्णवाक्येन उत्तरत–

(i) *यदा गजः आगतः तदा शिष्याः किम् अकुर्वन्?*

(ii) *मूर्च्छितः कः अभवत्?*

III. निर्देशानुसारं उत्तरत–

(i) *'वेगेन' अस्य शब्दस्य विशेषणम् किं?*

(ii) *'अनयन्' इति क्रियापदस्य कर्त्ता कः?*

(iii) *'तं स्वशुण्डया दूरे क्षिप्तवान्' अत्र 'तम्' इति सर्वनामपदं कस्मै प्रयुक्तम्?*

IV. *अस्य अनुच्छेदस्य कृते समुचितं शीर्षकं संस्कृतेन लिखत।*

37 **अहम् एकः छिन्नः द्रुमः अस्मि। ह्यः वने एकः नरः आगच्छत्। सः काष्ठाय मम शरीरम् अच्छिन्दत्। छेदनेन मे शरीरे अनेके व्रणाः जाताः। छुरिकायाः प्रहारेण शरीरात् अश्रुरूपाः जलबिन्दवः अपतन्। अकथनीया मम पीडा। हृदयं विदीर्णं जातम्। अश्रुभिः कण्ठः अवरुद्धः। मम अन्तकालः समीपे एव तिष्ठति। काष्ठानि एकत्रीकृत्य सः तु अगच्छत्। परं कोऽस्ति अत्र व्यथाकथाश्रवणाय? वृक्षान् छित्त्वा नरः प्रकृतिमातुः अंगानि नाशयति। इन्धनाय, कर्गदपत्राय, भवननिर्माणाय मम काष्ठस्य प्रयोगः भवति। किन्तु कुतः मम पत्राणि, पुष्पाणि कुतः च रोगनिवारणाय ओषधयः? निराश्रिताः भविष्यन्ति आश्रिताः खगाः। पन्थानः च छायाहीनाः भविष्यन्ति। आतपेन तप्तः श्रान्तः पथिकः अधुना कुत्र गमिष्यति? मम जीवने पुनः वसन्तर्तुः न आगमिष्यति।** *(CBSE)*

प्रश्नाः—

I. एकपदेन उत्तरत—

(*i*) *छेदनेन वृक्षस्य किं विदीर्णं जातम्?*

(*ii*) *नरः किमर्थं द्रुमस्य शरीरम् अच्छिन्दत्?*

II. पूर्णवाक्येन उत्तरत—

(*i*) *वृक्षस्य काष्ठप्रयोगः कुत्र कुत्र भवति?*

(*ii*) *निराश्रिताः के भविष्यन्ति?*

III. निर्देशानुसारं उत्तरत—

(*i*) *'आतपेन तप्तः पथिकः कुत्र गमिष्यति?' अस्मिन् वाक्ये विशेषणपदम् किम्?*

(*ii*) *'अकथनीया मम पीडा' अत्र 'मम' सर्वनामपदं कस्मै प्रयुक्तम्?*

(*iii*) *'नाशयति' इति क्रियापदस्य किं कर्तृपदम्?*

IV. *अस्य अनुच्छेदस्य कृते समुचितं शीर्षकं संस्कृतेन लिखत।*

38 क्रोधः मनुष्यस्य प्रधानः वैरी अस्ति। अस्माकं शास्त्रेषु वर्णितम् यत् 'क्रोधः सुदुर्जयः शत्रुः' इति। समाजे एतादृशाः विरलाः एव जनाः भवन्ति, ये क्रोधं न कुर्वन्ति। क्रोधी मनुष्यः सदा कष्टम् अनुभवति। क्रोधवशात् उन्मत्तः भूत्वा सः अन्यान् पीडयति। बहवः अपराधिनः क्रोधस्य कारणात् एव अपराधं कुर्वन्ति। क्रोधः प्रायः क्षणिकः भवति। ये क्षणिकं क्रोधं वशीकुर्वन्ति, ते सदा सुखिनः भवन्ति। अतः क्रोधं विहाय जनाः क्षमाशीलाः भवन्तु। क्रोधान्धः जनः पूर्वं तु अपराधं करोति, पश्चात् च पश्चात्तापं करोति। क्रोधवशाद् अपराधकरणेन मानवः पापयुक्तः भवति। समस्तानां पापानां मूलकारणं क्रोधः एव अस्ति। क्रोधः सचित्तानाम् अपि तपसां विनाशं करोति। अतः क्रोधः सर्वथा त्याज्यः। *(CBSE)*

प्रश्नाः—

I. एकपदेन उत्तरत—

(*i*) *क्रोधी मनुष्यः किम् अनुभवति?*

(*ii*) *मनुष्यस्य प्रधानः वैरी कः अस्ति?*

II. पूर्णवाक्येन उत्तरत—

(*i*) *शास्त्रेषु किं वर्णितम् अस्ति?*

(*ii*) *कः पश्चात्तापं करोति?*

III. निर्देशानुसारं उत्तरत—

(*i*) *'अपराधं कुर्वन्ति' क्रियापदस्य कर्तृपदम् अत्र किमस्ति?*

(*ii*) *'शत्रुः' इतिपदस्य पर्यायपदं गद्यांशे किम् प्रयुक्तम्?*

(*iii*) *'समस्तानां' इति विशेषणपदस्य विशेष्यपदं किमस्ति?*

IV. *अस्य अनुच्छेदस्य कृते समुचितं शीर्षकं संस्कृतेन लिखत।*

39 संस्कृतभाषा भारतवर्षस्य संस्कारभाषा। भारते संस्कृतभाषायाः प्रतिदिनं विविधसंस्कारकार्येषु प्रयोगः भवति। एतस्याः अनेकासु विशेषतासु इयम् अन्यतमा विशेषता यत् अस्याः वाङ्मये विद्यमानाः सूक्तयः अभ्युदयाय प्रेरयन्ति। अतएव वयं भारतप्रशासनस्य विभिन्नेषु विभागेषु ध्येय-वाक्यरूपेण एतेषां प्रयोगं पश्यामः। भारतशासनस्य

मुद्रायाम् अङ्कितं वाक्यं 'सत्यमेव जयते' संस्कृतस्य महत्त्वम् उद्भावयति। जीवनबीमानिगमस्य चिह्ने श्रीमद्भगवद्गीतायाः 'योगक्षेमं वहाम्यहम्' पद्यांशः अस्य शोभाम् द्विगुणयति भारतीयवायुसेनायाः चिह्ने लिखितं ध्येयवाक्यं 'नभः-स्पृशं दीप्तम्' संस्कृत-भाषायाः गौरवगाथां प्रकटयति। *(CBSE)*

प्रश्नाः–

I. एकपदेन उत्तरत–

(i) *काः अभ्युदयाय प्रेरयन्ति?*

(ii) *कस्य विभागेषु ध्येयवाक्यानाम् प्रयोगः भवति?*

II. पूर्णवाक्येन उत्तरत–

(i) *कुत्र लिखितं ध्येयवाक्यं संस्कृतभाषायाः गौरवगाथां प्रकटयति?*

(ii) *विविधसंस्कारकार्येषु कस्याः प्रयोगः भवति?*

III. निर्देशानुसारं उत्तरत–

(i) *'उद्भावयति' क्रियापदस्य कर्तृपदं किम्?*

(ii) *'वर्धयति' इति क्रियापदस्य पर्यायपदं गद्यांशे किं प्रयुक्तम्?*

(iii) *'विद्यमानाः' विशेषणपदस्य विशेष्यपदं किम्?*

IV. *अस्य अनुच्छेदस्य कृते समुचितं शीर्षकं संस्कृतेन लिखत।*

40 **गंगा सर्वासां नदीनां श्रेष्ठा अस्ति। सा लोकत्रयस्य कल्याणकारिणी अस्ति। गंगा भारतवर्षस्य प्राचीना पुनीता च नदी मन्यते। सा भौतिकसुखदृष्ट्या आध्यात्मिकसुखदृष्ट्या च कल्याणप्रदा। यः गंगां पूर्णरूपेण समर्पितो भवति तस्य जीवनं धन्यं भवति। हिन्दूनां विश्वासः अस्ति यत् अस्यां स्नानेन नरः पापात् विमुच्यते। महाराजो भगीरथः स्वपूर्वजनानाम् उद्धाराय गंगां स्वर्गात् पृथिवीम् आनयत्। ततः प्रभृति एषा 'भागीरथी' इति नाम्ना प्रसिद्धाऽभवत्। भौगोलिकदृष्ट्या गंगा हिमालयस्य 'गंगोत्री' इति स्थानात् निर्गच्छति। गंगायाः जलम् अतिमधुरं, शीतलं, पवित्रं चास्ति। हिन्दवः प्रत्येकं धार्मिककार्ये गंगाजलस्य उपयोगं कुर्वन्ति। प्राचीनकाले तपस्विनः गंगायाः तटे अवसन्, तपः च अकुर्वन्। देशस्य कृषिकर्मणि अपि गंगाजलस्य अत्यधिकं महत्त्वं वर्तते। गंगायाः जलात् विद्युतः उत्पादनमपि क्रियते। यः एतादृशीं परोपकारिणीं गंगां मनसा स्मरति सः पुरुषः श्रेष्ठः एव कथ्यते।** *(CBSE)*

प्रश्नाः–

I. एकपदेन उत्तरत–

(i) *लोकत्रयस्य कल्याणकारिणी का अस्ति?*

(ii) *गंगां स्वर्गात् पृथिवीम् कः आनयत्?*

II. पूर्णवाक्येन उत्तरत–

(i) *भौगोलिकदृष्ट्या गंगा कुतः निर्गच्छति?*

(ii) *सर्वासां नदीनां श्रेष्ठा का अस्ति?*

III. निर्देशानुसारं उत्तरत–

(i) *'सा लोकत्रयस्य कल्याणकारिणी अस्ति' अत्र 'सा' पदं कस्मै प्रयुक्तम्?*

(ii) *"भोगोलिकदृष्ट्या गंगा............." अस्मिन् वाक्ये 'निर्गच्छति' इति क्रियापदस्य कर्तृपदं किम्?*

(iii) *"गंगा भारतवर्षस्य प्राचीना............" अत्र 'प्राचीना' इति विशेषणं कस्यै प्रयुक्तम्?*

IV. *अस्य अनुच्छेदस्य कृते समुचितं शीर्षकं संस्कृतेन लिखत।*

41 प्राचीनकाले शुद्धोधनः नाम राजा आसीत्। तस्य सिद्धार्थः नाम पुत्रः अभवत्। सिद्धार्थस्य पालनं विमाता गौतमी अकरोत् अतः तस्य नाम गौतमः अपि आसीत्। सिद्धार्थस्य हृदयं दयापूर्णम् आसीत्। एकदा सिद्धार्थस्य भ्राता एकं हंसं बाणेन अहन्। सिद्धार्थस्य हृदयं हंसं दृष्ट्वा करुणया अपूरयत्। सिद्धार्थस्य वैराग्यभावम् अवलोक्य शुद्धोधनः अतीव चिन्तितः अभवत् तदा सः सिद्धार्थस्य विवाहः एकया रूपवत्या कन्यया सह कृतवान्। सिद्धार्थस्य राहुलः इति नाम्ना एकः पुत्रः अपि जातः। एकदा भ्रमणसमये सिद्धार्थः एकं वृद्धं, एकं रोगिणम् एकं मृतं मनुष्यं च अपश्यत्। 'सर्वेषाम् एव ईदृशी गतिः भवति' इति ज्ञात्वा सः संसारात् विरक्तः अभवत्। एकदा रात्रौ सः स्वकीयां पत्नीं, पुत्रं, राजप्रासादं च त्यक्त्वा वनम् अगच्छत्। 'बोधगया' इति स्थाने सः बुद्धत्वं प्राप्तवान्। ततः 'बुद्ध' इति नाम्ना प्रसिद्धः अभवत्। सः संसारम् अमरतायाः मार्गम् अदर्शयत्। *(CBSE)*

प्रश्नाः—

I. एकपदेन उत्तरत—

(*i*) *हंसं दृष्ट्वा सिद्धार्थस्य हृदयं कया अपूरयत्?*

(*ii*) *सः कुत्र बुद्धत्वं प्राप्तवान्?*

II. पूर्णवाक्येन उत्तरत—

(*i*) *सिद्धार्थस्य वैराग्यभावम् अवलोक्य शुद्धोधनः किम् अकरोत्?*

(*ii*) *किं ज्ञात्वा सिद्धार्थः विरक्तः अभवत्?*

III. निर्देशानुसारं उत्तरत—

(*i*) *'अदर्शयत्' इति क्रियापदस्य कर्तृपदं किम्?*

(*ii*) *'दृष्ट्वा' पदस्य पर्यायपदं गद्यांशे किं प्रयुक्तम्?*

(*iii*) *'दयापूर्णम्' इति विशेषणपदस्य विशेष्यपदं किम्?*

IV. *अस्य अनुच्छेदस्य कृते समुचितं शीर्षकं संस्कृतेन लिखत।*

42 तरवः सर्वेषां जीवनं सुखमयं कुर्वन्ति। तान् प्रति अस्माकम् अपि कर्त्तव्यम् वर्तते। तरूणाम् आरोपणाय, तेषां संवर्धनाय संरक्षणाय च वयम् अपि प्रयत्नम् कुर्याम।

पश्यामः यत् अद्यत्वे वृक्षाणां संख्या प्रतिदिनम् अल्पतरा संजायते। एषा हि शोचनीया स्थितिः। सम्प्रति हरितानां वृक्षाणां महती आवश्यकता।

जीवितं वृक्षाश्रितम् खलु। वृक्षाणां जीवनेन अस्माकं जीवनम्। तेषां संरक्षणेन अस्माकं संरक्षणम् इति न विस्मर्तव्यम्।

अतः जीवनं रक्षितुम् वृक्षाः रक्षितव्याः।

प्राणिमात्रहिताय वृक्षाणां रक्षा अस्माकम् परमं कर्त्तव्यम्। *(CBSE)*

प्रश्नाः—

I. एकपदेन उत्तरत—

(*i*) *के जीवनं सुखमयं कुर्वन्ति?*

(*ii*) *केषाम् संख्या अल्पतरा संजायते?*

II. पूर्णवाक्येन उत्तरत—

(*i*) *सम्प्रति केषां महती आवश्यकता?*

(*ii*) *अस्माकम् किम् कर्त्तव्यम्?*

III. यथानिर्देशमुत्तरत–

(*i*) *'सुखमयम्' इति विशेषणपदस्य विशेष्यपदं किम्?*

(*ii*) *'तान्' इति सर्वनामपदं कस्मै/केभ्यः प्रयुक्तम्?*

(*iii*) *'वृक्षाणाम्' इति पदाय अन्यत् किं पदम् अत्र प्रयुक्तम्?*

IV. *अस्य अनुच्छेदस्य कृते समुचितं शीर्षकं संस्कृतेन लिखत।*

43 **प्रत्येकं देशे केचित् जनाः नगरेषु निवसन्ति केचित् च ग्रामेषु। नगर-निवासस्य ग्रामनिवासस्य च अनेकाः विशेषताः सन्ति अनेके च दोषाः। केचन पुरुषाः ग्रामान् प्रशंसन्ति केचन च नगराणि। ग्राम्य-जीवनस्य प्रशंसकाः कथयन्ति यत् ग्रामीणाः जनाः नागरिकाणां जनानाम् अपेक्षया स्वस्थतराः भवन्ति यतः तत्रत्यो जलवायुः शुद्धः स्वास्थ्यप्रदः च भवति। ग्रामीणजनानां जीवनयात्रापि न तथा कठिना वर्तते यथा नगरनिवासिनां जनानाम्। ग्रामीणजनानाम् आचारः शुद्धः भवति। तत्र वायुमण्डलमपि स्वच्छं निर्मलं च वर्तते। ग्रामीणानां जीवनं सरलं भवति। नगरजीवनं कृत्रिमम् अस्वाभाविकं च वर्तते। परन्तु ग्राम्यजीवेषु एको महान् दोषोऽप्यस्ति। ग्रामेषु शिक्षायाः समुचितः प्रबन्धो न वर्तते। यदि ग्रामेषु शिक्षायाः अपि सुप्रबन्धः स्यात् तर्हि ग्राम्यजीवनं स्वर्गतुल्यं जायेत।** *(CBSE)*

प्रश्नाः–

I. एकपदेन उत्तरत–

(*i*) *कुत्र जलवायुः शुद्धः भवति?*

(*ii*) *केषां जीवनं सरलं भवति?*

II. पूर्णवाक्येन उत्तरत–

(*i*) *कथं ग्राम्यजीवनं स्वर्गतुल्यं जायेत?*

(*ii*) *कुत्र जलवायुः स्वास्थ्यप्रदः भवति?*

III. यथानिर्देशमुत्तरत–

(*i*) *'आचारः' इति विशेष्यपदस्य विशेषणपदं किम्?*

(*ii*) *'कथयन्ति' इति क्रियापदस्य कर्तृपदं किम्?*

(*iii*) *'सरला' इति पदस्य अत्र किम् विलोमपदम्?*

IV. *अस्य अनुच्छेदस्य कृते समुचितं शीर्षकं संस्कृतेन लिखत।*

44 **विद्या मानवस्य तृतीयं ज्ञानचक्षुः। अनया नीरक्षीरविवेकी भवति मानवः। विद्यादीपेनाज्ञानान्धकारो विनश्यति। धर्माधर्मयोः विद्याऽविद्ययोश्च विवेचनं सुकरं भवति। विद्ययैव मानवः प्रगतेः शिखरमारोढुं शक्नोति। शिक्षा यथा पुरुषेभ्यः श्रेयस्करी वर्तते, तथैव स्त्रीभ्योऽपि शिक्षायाः महती आवश्यकता भवति। अशिक्षिता नारी तु पुरुषस्य वास्तविका सहायिका भवितुं नार्हति। नार्याः समाजे महत्त्वपूर्णं स्थानमस्ति। यो हस्तः शिशुदोलां चालयति स एव संसारोपरि शासनं करोतीदं कथनमक्षरशः सत्यम्। माता यादृशी भवति संततिरपि तादृशी एव। यदि नार्यः शिक्षिताः सन्ति तर्हि ताः स्वपुत्राणां पालनं शिक्षणं च सुचारुरूपेण करिष्यन्ति।** *(CBSE)*

प्रश्नाः–

I. एकपदेन उत्तरत–

(*i*) *कया मानवः नीरक्षीरविवेकी भवति?*

(*ii*) *केन अज्ञानान्धकारो विनश्यति?*

II. पूर्णवाक्येन उत्तरत–

(*i*) *शिक्षिताः नार्यः किं कर्तुं समर्थाः भविष्यन्ति?*

(*ii*) *मानवस्य तृतीयं ज्ञानचक्षुः किम्?*

III. निर्देशानुसारं उत्तरत–

(*i*) *'महती' इति पदं कस्य विशेषणम्?*

(*ii*) *'नेत्रम्' इत्यर्थे अत्र किं पदं प्रयुक्तम्?*

(*iii*) *'ज्ञानम्' इत्यस्य किं विलोमपदं गद्यांशे प्रयुक्तम्?*

IV. *अस्य अनुच्छेदस्य कृते समुचितं शीर्षकं संस्कृतेन लिखत।*

45 **एकदा रामकृष्णपरमहंसस्य पार्श्वे विवेकानन्दः आगत्य अवदत्-"मया श्रुतम् यत् भवतः समक्षं भगवती आगच्छति तथा च भवता सह वार्तालापम् अपि करोति।" रामकृष्णः अवदत्-आम्, आगच्छति, यथा त्वं मया सह वार्तालापं करोषि तथैव अहं तया सह वार्तां करोमि।**

विवेकानन्दः अपृच्छत्-माता कदा आगच्छति? यदा तस्याः इच्छा भवति तदा आगच्छति इति रामकृष्णः अवदत्। ततः विवेकानन्दोऽवदत्-स्वामिन्। एकां कृपां करोतु, यदा सा आगच्छेत् सा मम गृहेऽपि आगच्छेत् इति तस्यै निवेदयतु। तथास्तु, परन्तु तव गृहसंकेतः कः? इति रामकृष्णः अपृच्छत्। विवेकानन्दः स्वगृहसंकेतम् अदर्शयत्। रामकृष्णः अवदत्-एषः तु तव निवास-संकेतः त्वम् आत्मनः संकेतं दर्शय यत्र माता आगच्छेत्। *(CBSE)*

प्रश्नाः–

I. एकपदेन उत्तरत–

(*i*) *विवेकानन्दः कस्य पार्श्वे गतवान्?*

(*ii*) *रामकृष्णस्य समक्षं का आगच्छति स्म?*

II. पूर्णवाक्येन उत्तरत–

(*i*) *विवेकानन्दः मात्रे किं निवेदयितुम् रामकृष्णम् अवदत्?*

(*ii*) *एकां कृपां करोतु इति कः अवदत्?*

III. निर्देशानुसारं उत्तरत–

(*i*) *'करोषि' इति क्रियापदस्य कः कर्त्ता?*

(*ii*) *'दर्शयति स्म' इत्यर्थे गद्यांशे किं पदं प्रयुक्तम्?*

(*iii*) *'यथा त्वं मया सह वार्तालापं करोषि' अस्मिन् वाक्ये 'मया' सर्वनामपदं कस्मै प्रयुक्तम्?*

IV. *अस्य अनुच्छेदस्य कृते समुचितं शीर्षकं संस्कृतेन लिखत।*

46 **भारतदेशस्य प्रमुखपर्वसु विजयादशम्याः प्रमुखं स्थानमस्ति। आश्विनमासे शुक्लपक्षे दशम्यां तिथौ एषः उत्सवः भवति। प्रायशः एषः अक्तूबरमासे मान्यते। अस्मिन् काले वर्षर्तुः समाप्तः भवति। अतः सर्वेषां कृते एषः उत्सवः स्वच्छतादिवसः भवति। उत्सवात् पूर्वेषु दशदिवसेषु प्रतिस्थानं प्रतिनगरं रामलीलायाः प्रदर्शनं क्रियते। अस्मिन् मेलके विशेषतः आमोद-प्रमोदः भवति। राम-रावणादीनां रूपं धारयित्वा पात्राणि प्रदर्शयन्ति। अनेनोत्सवेन वयं जानीमः यत् सत्यं सदा विजयते, पापम् अधर्मः च सदा पराजितः भवति।** *(CBSE)*

प्रश्नाः–

I. एकपदेन उत्तरत–

(*i*) *अक्तूबरमासे कः ऋतुः समाप्तः भवति?*

(*ii*) *पात्राणि केषां रूपं धारयित्वा प्रदर्शयन्ति?*

II. पूर्णवाक्येन उत्तरत–

(*i*) *विजयादशमी अस्मान् किं शिक्षयति?*

(*ii*) *विजयादशमी कदा मान्यते?*

III. निर्देशानुसारं उत्तरत–

(*i*) *'अस्मिन् मेलके विशेषतः ....।' इति वाक्ये 'अस्मिन्' इत्यस्य किं विशेष्यपदमस्ति?*

(*ii*) *'जानीमः' क्रियायाः कर्तृपदं किम्?*

(*iii*) *'प्रायशः एषः अक्तूबरमासे मान्यते' इति वाक्ये 'एषः' इति सर्वनामपदं कस्मै प्रयुक्तम्?*

IV. *अस्य अनुच्छेदस्य कृते समुचितं शीर्षकं संस्कृतेन लिखत।*

47 **प्रत्येकम् कार्यस्य समयः निश्चितः वर्तते। प्रथमः बाल्यकालः विद्यायाः उपार्जनाय निश्चितः अस्ति द्वितीयः यौवनकालः धनार्जनाय, तृतीयः वार्धक्यस्य आरम्भकालः पुण्यं कर्तुं निश्चितः वर्तते एषु कालेषु यः मनुष्यः उचितं कार्यं न सम्पादयति, सः चतुर्थे वयसि किं करिष्यति? वृद्धः भूत्वा किमपि कर्तुम् असमर्थः भवति अतः बुद्धिमद्भ्यः छात्रेभ्यः इदम् उचितं यत् ते समये समस्तं कार्यं कुर्वन्तु, क्षणम् अपि कालं व्यर्थं न यापयन्तु। इत्थं करणेन यथावसरं ते विद्वांसः भविष्यन्ति, संसारे उन्नतिं कृत्वा यशः धनं च लब्ध्वा सुखिनः भविष्यन्ति।** *(CBSE)*

प्रश्नाः–

I. एकपदेन उत्तरत–

(*i*) *प्रत्येकम् कार्यस्य किम् निश्चितम् वर्तते?*

(*ii*) *यौवनकालः किमर्थम् भवति?*

II. पूर्णवाक्येन उत्तरत–

(*i*) *किम् कृत्वा छात्राः सुखिनः भविष्यन्ति?*

(*ii*) *के कालं व्यर्थं न यापयन्तु?*

III. निर्देशानुसारं उत्तरत–

(*i*) *'ते' इति सर्वनाम-शब्दः कस्मै प्रयुज्यते?*

(*ii*) *"छात्रेभ्यः" इति विशेष्यपदस्य विशेषणपदं किम्?*

(*iii*) *"वर्तते" क्रियापदस्य कर्तृपदं किम्?*

IV. *अस्य अनुच्छेदस्य कृते समुचितं शीर्षकं संस्कृतेन लिखत।*

48 **एकः बालः आसीत्। सः अतीव जिज्ञासुः आसीत्। परन्तु सः पठने कुशलः न आसीत्। सः यत् पठति तत् विस्मरति स्म। सहपाठिनः तस्य उपहासं कुर्वन्ति स्म। सः चिन्तयति-किम् अहं मूर्खः अस्मि? किं मम भाग्ये विद्या न अस्ति? परन्तु अहं तु पठितुम् इच्छामि। तदा किं कर्त्तव्यम्? एकदा सः मार्गे एकं कूपम् अपश्यत्। कूपस्य उपरि एकः घटः आसीत्। सः घटस्य अधः एकं गर्तम् अपश्यत्। सः अचिन्तयत्–इमं सुन्दरं गर्तं कः निर्मितवान्?**

सः मातरम् अपृच्छत्–मातः अहं कूपे घटस्य अधः एकं गर्तम् अपश्यत्। तं गर्तं कः निर्मितवान्? माता अवदत्–पुत्र! प्रतिदिनं भूयो भूयः घट-स्थापनेन सः गर्तः निर्मितः। *(के.वि. संगठन 2018)*

प्रश्नाः–

I. एकपदेन उत्तरत—

(i) *कः जिज्ञासुः आसीत्?*

(ii) *बालः कस्मिन् कुशलः न आसीत्?*

II. पूर्णवाक्येन उत्तरत–

(i) *बालः कस्य अधः गर्तम् अपश्यत्?*

(ii) *बालः काम् अपृच्छत्?*

III. निर्देशानुसारं उत्तरत–

(i) *'गर्तम्' इति पदस्य किं विशेषणपदम् अत्र प्रयुक्तम्?*

(ii) *'अहं तु पठितुम् इच्छामि' अस्मिन् वाक्ये किम् अव्ययपदं प्रयुक्तम्?*

(iii) *'अस्मि' इति क्रियापदस्य किं कर्तृपदम् अत्र प्रयुक्तम्?*

IV. *अस्य अनुच्छेदस्य कृते समुचितं शीर्षकं संस्कृतेन लिखत।*

उत्तराणि

(अभ्यासप्रश्नाः सोत्तराः)

1. I. (i) शिववीरवरः (ii) शिववीरवरः

(iii) आपदः

II. (i) चरः शिववीरस्य दयापात्रम् आसीत्। (ii) चरस्य महाराजः निश्चयेन कार्यं साधयति।

(iii) शिववीरस्य दयापात्रं चरः आसीत्।

III. (i) चराय (ii) स्वामी

(iii) अहम् (iv) परिश्रमी

IV. शिववीरः।

2. I. (i) रजकस्य (ii) क्षेत्रपालाः

II. (i) गर्दभीशब्दं श्रुत्वा गर्दभः तथैव शब्दम् अकरोत्।

(ii) क्षेत्रपाला गर्दभं मत्वा तं लगुडप्रहारैः हतवन्तः।

III. (i) खरः (ii) दिनम्

(iii) रजकः

IV. मूर्खः गर्दभः।

पूर्वपरीक्षाप्रश्नानाम् उत्तराणि

1. I. (*i*) वसन्तः (*ii*) षड्

II. (*i*) वसन्ते द्वौ प्रमुखौ उत्सवौ भवतः—वसन्तोत्सवः होलिकोत्सवश्च।

(*ii*) वसन्ते सर्वत्र प्रकृतिः विविधवर्णैः कुसुमैः हरितपल्लवैश्च सुसज्जिता दृश्यते।

III. (*i*) वयम् (*ii*) कुसुमैः

(*iii*) न्यूनम्

IV. ऋतुराजः वसन्तः।

2. I. (*i*) महानगरात् (*ii*) वृक्षः

II. (*i*) वृद्धः परार्थचिन्तनं कृत्वा वृक्षाणाम् आरोपणं करोति स्म।

(*ii*) युवा तं वृद्धम् अपृच्छत्-तव अवस्था अशीतिवर्षीया प्रतीयते। यदा एते वृक्षाः फलानि दास्यन्ति, तदा त्वं जीवितो न भविष्यसि।

III. (*i*) वृद्धः (*ii*) निष्फलम्

(*iii*) साम्प्रतम्

IV. स्वार्थचिन्तनम् न कर्तव्यम्।

3. I. (*i*) अस्माकम् (*ii*) देशम्

II. (*i*) देशभक्ति-भावनया प्रेरितः मानवः देशोन्नयनाय चेष्टते।

(*ii*) देशं प्रति भक्तिः देशोन्नत्याः मूलकारणम्।

III. (*i*) मानवः (*ii*) देशाय

(*iii*) प्रेरितः

IV. निःस्वार्थ-देशभक्तिः।

4. I. (*i*) उद्यानम् (*ii*) मित्रैः

II. (*i*) वानराः बालान् दृष्ट्वा प्रसन्नाः भवन्ति।

(*ii*) सर्वे मिलित्वा फलानि खादन्ति।

III. (*i*) वानराः (*ii*) बालिकायै

(*iii*) भवन्ति

IV. मित्रता।

5. I. (*i*) पुष्पेषु (*ii*) कालिदासः

II. (*i*) भूमेः सुगन्धितं वाष्पं निर्गच्छति।

(*ii*) कालिदासः मेघदूतं रचितवान्।

III. (*i*) अतः (*ii*) वर्णनम्

(*iii*) हरिणाः

IV. मेघदूतम्।

6. I. (*i*) विवेकम् (*ii*) धनस्य

II. (*i*) धनार्जनम् उचितसाधनैः एव करणीयम्।

(*ii*) प्रतिक्षणं चिन्ता वर्धते।

III. (*i*) प्रच्छादनाय (*ii*) धनाय

(*iii*) वयम्

IV. धनस्य महत्त्वम्।

7. I. (*i*) भारतवर्षस्य (*ii*) त्रयः

II. (*i*) अत्र त्रयाणां समुद्राणां सङ्गमः अस्ति।

(*ii*) कन्याकुमारी तमिलनाडुप्रदेशे अस्ति।

III. (*i*) यन्त्रचालितया (*ii*) आदौ

(*iii*) सर्वे

IV. कन्याकुमारी।

8. I. (*i*) शीतस्य (*ii*) चाणक्यः

II. (*i*) चाणक्यस्य आदर्शं दृष्ट्वा चौरा नतमस्तका अभवन्।

(*ii*) चौराः चाणक्यस्य पादयोः पतित्वा क्षमायाचनाम् अकुर्वन्।

III. (*i*) प्रावारकः (*ii*) कम्बलेभ्यः

(*iii*) अहम्

IV. आदर्शः मन्त्री।

9. I. (*i*) बुद्धिमन्तः (*ii*) मार्गेषु

II. (*i*) जीवनस्य शान्तिः चलभाषितयन्त्रस्य दुष्प्रयोगेण नश्यति।

(*ii*) चलभाषितयन्त्रं बालानां वृद्धानां युवकानां सर्वेषां कर्णभूषणं जातम्।

III. (*i*) चलभाषितयन्त्राय। (*ii*) हानिकरः

(*iii*) श्रुत्वा

IV. विज्ञानस्य दुरुपयोगः।

10. I. (*i*) सङ्गणकयन्त्रयस्य (*ii*) सेफ्टी टैक्नोलॉजी

(*iii*) नवीनैः।

II. (*i*) जनानां मस्तिष्के विचाराः स्मृतिरूपेण स्थाप्यन्ते।

(*ii*) क्रिमिप्रवेशेन सङ्गणकं दोषपूर्णं भवति।

(*iii*) अन्तर्जालद्वारा विनष्टाः अंशाः पुनर्ग्रहीतुं शक्यन्ते।

III. सङ्गणकयन्त्रम्।

IV. (*i*) सङ्गणकयुगम् (*ii*) नूतनम्

(*iii*) अन्तर्जालम् (*iv*) नूतनम्।

अभ्यासप्रश्नाः

(स्वयं अभ्यासार्थम्)

☞ उत्तराणि स्वयं लिखतु।

खण्डः 'ख'

रचनात्मकं कार्यम्

(Composition Work)

2

सङ्केताधारितम् अनौपचारिकं पत्रलेखनम्
(LETTER WRITING)

परीक्षा में सङ्केताधारितम् औपचारिकं/अनौपचारिकं पत्रम् के लिए पाँच अंक निर्धारित हैं। पत्र में दस रिक्त स्थान भरने अपेक्षित हैं।

पत्र में सङ्केत (पता) लिखने की विधि—

उदाहरणम्—

सविधे

चिकिटम्

प्रो० परमानन्द-गुप्तः
935, सेक्टर-13,
हाउसिंग बोर्ड कालोनी
कुरुक्षेत्रम्—136118

उदाहरण को देखकर अपने पिता के पिता का सङ्केत लिखो—

....

....

....

....

....

पत्र के पते के अतिरिक्त चार भाग होते हैं—

(क) शीर्षकः

(ख) सम्बोधनम्/कुशल-समाचारः

(ग) प्रतिपाद्य-विषयः

(घ) समाप्तिः, हस्ताक्षरम् च।

वाणिज्य तथा कार्यालय के पत्रों में हस्ताक्षर के पश्चात् अपना पदनाम तथा संकेत भी होता है।

आजकल हिन्दी व अंग्रेजी की भाँति ही संस्कृत के पत्रों को लिखा जाने लगा है। इनमें अग्रलिखित बातों का व्यवहार होता है—

शीर्षक— सर्वप्रथम कागज के दाहिनी ओर स्थान अथवा सङ्केत तथा उसके नीचे तिथि का निर्देश होता है। जैसे—

(क) स्थान का निर्देश व तिथि—

चण्डीगढात्,	रामपुरतः,	लक्ष्मणपुरतः,	हरिद्वारात्।
20-7-2022	18 अगस्त, 2022	सितंबर 1, 2022	5-9-2022

113, नवयुवकछात्रावासः,
हिन्दूकॉलेज
सोनीपतनगरम्।
5-7-2022

इत्यादि।

(ख) सम्बोधनम्/कुशल समाचारः—तदनन्तर पत्र के बाईं ओर जिसको पत्र लिखा जाता है उसे सम्बोधन करते हुए नमस्ते, नमस्कारः, प्रणामाः, स्वस्ति आदि लिखे जाते हैं। जैसे—

पुत्र के लिए—

प्रिय पुत्र सुरेश!

शतं शुभानि भूयांसुः

अथवा सस्नेहमाशीः।

छोटे भाई को—

प्रियभ्रातृवर भानो!

सस्नेहं नमः।

मित्र को—

प्रिय मित्र रमेश!

अथवा प्रिय सुहृद् रमेश!

सस्नेहं नमस्ते।

पूज्य पिता को—

श्रीमतां तत्रभवतां पितृवर्याणां

चरणारविंदयोः सादरं प्रणामाः।

पूज्यपादपितः!

सादरं भूयोभूयो नमो नमः।

तदनन्तर कुशल-समाचार के रूप में 'अत्र कुशलं तत्रास्तु' इत्यादि लिखा जाता है।

(ग) प्रतिपाद्य-विषयः—प्रधानाचार्य आदि का पूरा परिचय लिखकर नीचे मान्यवर! सविनयं निवेद्यते .... से प्रार्थना-पत्र प्रारम्भ कर दिया जाता है। व्यावहारिक (व्यापारी) पत्रों में श्रीमन्! से सम्बोधन करके पत्र का विषय प्रारम्भ कर दिया जाता है।

(घ) समाप्तिः/हस्ताक्षरम्—विषयकथन के बाद अन्त में भवदीया, भावत्कः आदि शब्दों के साथ अपना नाम लिखना होता है। जैसे—

पिता पुत्र के लिए-त्वदीयः शुभचिन्तकः

पुत्र पिता के लिए-भवदाज्ञाकारी सूनुः/पुत्रः

मित्र मित्र के लिए-भवद्बन्धुः, स्नेहाङ्कितः

भागिनी भाई के लिए-भवदीया स्नेहाधीना भगिनी।

प्रधानाचार्य के लिए-श्रीमतामाज्ञाकारी शिष्यः। श्रीमतां वशंवदः।

प्रकाशक आदि के लिए-भवदीयः या भवदीया।

व्यावहारिक पत्रों में पत्र की समाप्ति पर बाईं ओर तिथि लिख दी जाती है। पत्र में प्रायः पचास शब्द होने चाहिएँ। आठ-दस वाक्यों में विषय पूर्ण हो जाना चाहिए।

कुछ पत्रों के नमूने नीचे दिए जा रहे हैं। पाठ के अन्त में रिक्त स्थानों के सङ्केत दिए गए हैं। छात्र रिक्तस्थान पहले स्वयं भरें तथा बाद में मिलान करें।

नमूने के तौर पर पहले पत्र में आवरण पर लिखा जाने वाला संकेत दिया है। अन्यत्र भी छात्र स्वयं तदनुसार संकेत लिखें।

अभ्यासप्रश्नाः
(सोत्तराः)

अधोलिखितेषु पत्रेषु मञ्जूषायाः समुचितानि पदानि अवचित्य पूरयत—

[अधोलिखित पत्रों को मंजूषा में दिए गए समुचित पदों को छाँटकर पूर्ति करो।]

(Fill in the blanks in the following letters picking up suitable words from the box.)

1. **छात्रावासजीवनविषये पुत्रस्य बलवीरस्य पितरं प्रति पत्रम्**

(हॉस्टल के जीवन के विषय में पिता के प्रति पुत्र बलवीर का पत्र।)

(Balvir's letter to his father about life in hostel.)

मञ्जूषा— समं, चिन्ता, तिष्ठन्ति, वयं, प्रणामः, छात्रावासं, गायन्तः, महापुरुषाणां, सस्नेहं, बलवीरः।

सुल्तानपुरम्

तिथिः 1 जुलाई, 2022

पूज्यपादपितः!

सादरं भूयो भूयो नमो नमः।

अहं गृहात् प्रस्थाय दिल्लीमध्ये यानात् अवतीर्य रिक्शायानेन ...(*i*).. सुखेन प्राप्तः। अस्मिन् कक्षे वायोः प्रकाशस्य च आगमनाय वातायनानि ...(*ii*)..। मया भित्तिषु ...(*iii*).. चित्राणि प्रतिलम्ब्य कक्षं शोभान्वितम् कृतम्। अत्र पानाशनयोः सुप्रबन्धः। प्राङ्गणे वयस्यैः ...(*iv*).. यदा कदा स्थित्वा गोष्ठीसुखम् अनुभवामि। ...(*v*).. कदाचित् गेयपदानि ...(*vi*).. शिष्ट-हास्यपरमभिनयं कुर्वन्तः, अन्योन्यं सुखयन्तः सुखेन कालम् अतिवाहयामः। तत्रभवता मम मनाग् अपि ...(*vii*).. न कार्या।

मातृपादयोः ...(*viii*).., भ्रातॄणां भगिनीनां च कृते ...(*ix*).. संश्लेषः। अस्तु।

भवदीयो विनतो बालः,

...(*x*)................ (नाम)

आवरणम्

सविधे
मा० दयानन्दः
98, भवतारमार्गः
असमप्रदेशः-53327

उत्तरम्—

सुल्तानपुरम्

तिथिः 1 जुलाई, 2022

पूज्यपादपितः !

सादरं भूयो भूयो नमोनमः।

अहं गृहात् प्रस्थाय दिल्लीमध्ये यानात् अवतीर्य रिक्शायानेन ···(*i*)··············· **छात्रावासं** ··············· सुखेन प्राप्तः। अस्मिन् कक्षे वायोः प्रकाशस्य च आगमनाय वातायनानि ···(*ii*)····················· **तिष्ठन्ति** ·····················। मया भित्तिषु ···(*iii*)········ **महापुरुषाणां** ············ चित्राणि प्रतिलम्ब्य कक्षं शोभान्वितम् कृतम्। अत्र पानाशनयोः सुप्रबन्धः। प्राङ्गणे वयस्यैः ···(*iv*)·········· **समं** ···················· यदा कदा स्थित्वा गोष्ठीसुखम् अनुभवामि। ···(*v*)··············· **वयं** ················· कदाचित् गेयपदानि ···(*vi*)·········· **गायन्तः** ············· शिष्ट-हास्यपरमभिनयं कुर्वन्तः, अन्योन्यं सुखयन्तः सुखेन कालम् अतिवाहयामः। तत्रभवता मम मनाग् अपि ···(*vii*)········ **चिन्ता** ··········· न कार्या।

मातृपादयोः ···(*viii*)········ **प्रणामः** ·············, भ्रातॄणां भगिनीनां च कृते ···(*ix*)····· **सस्नेहं** ·········· संश्लेषः। अस्तु।

भवदीयो विनतो बालः,

···(*x*)······**बलवीरः**········· (नाम)

आवरणम्

सविधे मा० दयानन्दः 98, भवतारमार्गः असमप्रदेशः-53327

2. पुस्तकप्रेषणार्थं पुस्तकप्रकाशकं प्रति पत्रम्

(पुस्तक भेजने के लिए पुस्तक प्रकाशक के प्रति पत्र।)

(Letter to publisher for sending (ordering) book.)

मञ्जूषा— पुस्तकानि, एका, श्रीमन्, प्रेषणीयानि, पुस्तकनाम, निवेदनं, कृपया, प्रश्नमञ्जरी, भवदीयो, धर्मप्रकाशः।

26, गीता-छात्रावासः,
पटेलमार्गः,
नवदिल्ली।

तिथिः 12-8-2022

लक्ष्मी पब्लिकेशंज,
दरियागंज, नवदिल्ली।

···(*i*)····························

नमस्कारः !

सेवायाम् इदं ···(*ii*)··························· यद् अहम् अधस्तनानि कानिचित् ···(*iii*)·························· क्रेतुम् इच्छामि यानि, मन्ये, भवत्सकाशात् सुलभानि। ···(*iv*)························· भवता तानि यथानिर्देशं मम सविधे **अचिरात् प्रदेय-शुल्क-पार्सल-द्वारेण** (वी०पी०पी०) ···(*v*)·····························।

···(*vi*)·························	**लेखकनाम**	**प्रति**
1. प्रायोगिक संस्कृत-व्याकरणम्	डा० परमानन्दगुप्तः	एका
2. ···(*vii*)·························	डा० परमानन्दगुप्तः	एका
3. अनुवाद-रचना	प्रा० वेदप्रकाश-वेदालङ्कारः	एका
4. अलङ्कारसर्वस्वम्	प्रा० वेदप्रकाशः	···(*viii*)··············

पूर्वतः सधन्यवादम्

···(*ix*)··············· विश्वस्तः,

···(*x*)···············

उत्तरम्—

26, गीता-छात्रावासः,
पटेलमार्गः,
नवदिल्ली।
तिथिः 12-8-2022

लक्ष्मी पब्लिकेशंज,
दरियागंज, नवदिल्ली।

···(*i*)······ **श्रीमन्** ··········

नमस्कारः !

सेवायाम् इदं ···(*ii*)······ **निवेदनं** ········· यद् अहम् अधस्तनानि कानिचित् ···(*iii*)····· **पुस्तकानि** ········ क्रेतुम् इच्छामि यानि, मन्ये, भवत्सकाशात् सुलभानि। ···(*iv*)········· **कृपया** ··············भवता तानि यथानिर्देशं मम सविधे *अचिरात् प्रदेय-शुल्क-पार्सल-द्वारेण* (वी०पी०पी०) ···(*v*)······ **प्रेषणीयानि** ·········।

···(*vi*)····· **पुस्तकनाम** ·········	**लेखकनाम**	**प्रति**
1. प्रायोगिक संस्कृत-व्याकरणम्	डा० परमानन्दगुप्तः	एका
2. ···(*vii*)····· **प्रश्नमञ्जरी** ·······	डा० परमानन्दगुप्तः	एका
3. अनुवाद-रचना	प्रा० वेदप्रकाश-वेदालङ्कारः	एका
4. अलङ्कारसर्वस्वम्	प्रा० वेदप्रकाशः	···(*viii*)··· **एका** ······

पूर्वतः सधन्यवादम्

···(*ix*)······ **भवदीयो** ········ विश्वस्तः,

···(*x*)······ **धर्मप्रकाशः** ········

3. दीपमालाविषये मित्रं प्रति पत्रम्

(दीपावली के विषय में मित्र के प्रति पत्र।)

(Letter to friend about Diwali celebrations.)

मञ्जूषा— मया, अजनयत्, क्वचित्, च, लिखामि, मित्र, प्रकाशस्य, खादितानि, देयम्, सस्नेहो।

केशवनिकेतनम्,
धनबाद।
तिथिः 11 अगस्त, 2022

प्रिय ···(*i*)············· दिनेश!

सप्रेम नमोनमः।

अद्य अहं दीपमालाविषये ···(*ii*)························। मित्र! कुटुम्बमध्ये स्थित्वा ···(*iii*)························ सहर्षं दीपमाला मानिता। अस्माकं गृहस्य अन्तः बहिश्च ···(*iv*)························ पुञ्ज एव पुञ्ज उद्गतः आसीत्। क्वचिद् वलभाः, ···(*v*)························ मोमवर्त्तिकाः, क्वचित् तैलदीपाः, इति। वीथीमध्ये बहुविधानां स्फोटानां विस्फोटनम् महत् कुतूहलम् ···(*vi*)························। बमरूपाः विस्फोटास्तु भीतिं प्रसारयन्तः रणोत्सवमिव प्रथयन्ति स्म। विविधानि मिष्टान्नानि स्वयम् अपि अस्माभिः यथाकामं ···(*vii*)························, वत्सलानां मित्राणां गृहेषु ···(*viii*)························ परिवेषितानि। मन्ये भवताऽपि ससमारोहं दीपमाला परिजनैः सह मानिता भवेत्।

पत्रोत्तरं ···(*ix*)························।

···(*x*)················ भवन्मित्रम्,
आलोककुमारः

4. आचार्याय सद्वृत्तप्रमाणपत्रार्थं पत्रम्

(आचार्य को सद्वृत्त प्रमाण-पत्र के लिए पत्र।)

(Letter to Principal for (issue of) character certificate.)

मञ्जूषा— भागः, भवतां, मम, मान्य, निवेदनं, परीक्षा, कक्षायाः, मया, अहं, प्रेषणीयम्।

6, पटेलनगरम्,
यमुनानगरम्।
तिथिः सितंबर 15, 2022

···(*i*)············· महानुभाव!

सादरं नमोनमः।

सेवायाम् इदं ···(*ii*)························ यत् मया अस्मिन् एव वर्षे ···(*iii*)························ विद्यालयात् प्रावेशिकी ···(*iv*)························ द्वितीयश्रेण्याम् उत्तीर्णा। ···(*v*)························ विद्यालयस्य दशम्याः ···(*vi*)························ क्रमाङ्कः त्रिंशत् इति अभूत्। ···(*vii*)························ पादकन्दुकक्रीडायां सदा प्रमुखो ···(*viii*)························ गृहीतः। मम आचरणं विशुद्धं लोकप्रियञ्च आसीत्। इदानीम् ···(*ix*)························ काञ्चन सेवां लब्धुं यत्नवान् अस्मि। कृपया यथाशीघ्रं मम सद्वृत्तप्रमाणपत्रं मम परिचयेन ···(*x*)························।

सबहुमानम्,

भवदीयः प्रियः शिष्यः,
वासुदेवः

5. पुत्रीं प्रति लिखितं पत्रं मञ्जूषायां प्रदत्तपदैः पूरयित्वा पुनः लिखत— [*KVS 2017*]

···(*i*)···············

···(*ii*)·····················

शुभाशंसाः।

मन्ये भवती तत्र ···*(iii)*······················ । अत्र गृहे सर्वे ···*(iv)*······················ सन्ति। अत्र सर्वे जनाः ···*(v)*······················ सर्वदा स्नेहेन स्मरन्ति। भवत्याः स्वास्थ्यं कथम् अस्ति इति लिखतु। भवत्याः पठनं सम्यग् एव ···*(vi)*······················ इति मन्ये। अर्धवार्षिकी ···*(vii)*······················ समाप्ता न वा? ···*(viii)*······················ आरम्भः कदा भविष्यति इति लिखतु। शीघ्रम् अत्र आगच्छतु। अन्यत् सर्वं कुशलम् अस्ति। भवत्याः ···*(ix)*······················ मम शुभाशिषः।

भवदीयः ···*(x)*······················

रामगोपालः।

मञ्जूषा—	सखिभ्यः, प्रचलति, प्रियवत्से, कुशलिनः, रायपुरतः, पिता, परीक्षा, कुशलिनी, भवतीम्, अवकाशस्य।

6. मैट्रिकपरीक्षोपरान्तं भगिनीं प्रति पत्रम्

(मैट्रिक परीक्षा के उपरान्त बहन के प्रति पत्र।)

(Letter to sister about your plans after matriculation.)

मञ्जूषा—	भगिनि, प्राप्तम्, पठितुम्, शीघ्रम्, आवृत्ताय, सफलतायां, आर्थिकदशाम्, तत्रास्तु, पितृपादस्य, भवद्भ्राता।

40, रघुनाथपुरी,
हजारीबागम्।

तिथि: 2-8-2022

मान्ये ···*(i)*······················ !

सादरं नमोनमः।

अत्र कुशलं ···*(ii)*······················ ।

भवदीयं पत्रं ···*(iii)*······················ ।प्रावेशिकीपरीक्षायां ···*(iv)*······················ भवद्वर्धापनपत्रकारणात् अनेके धन्यवादाः। इदानीम् अहं किं कर्त्तुम् इच्छामि इति भवत्या पृष्टं, तद् भगिनि! इदानीम् अहं महाविद्यालये ···*(v)*······················ न इच्छामि यतो हि तेन शीघ्रम् अर्थसिद्धिर्न दृश्यते। निजगृहस्य ···*(vi)*································ उन्नेतुम् अहम् इच्छामि। तच्च कस्यचित् नवविषयस्य शिक्षया एव सम्भवं, नान्यथा। अहं सूचना-प्रौद्योगिकी-विषयं शिक्षित्वा द्वयोः वर्षयोः उपरान्तं स्वतन्त्र-व्यवसायं कर्तुम् इच्छामि येन ···*(vii)*································ अर्थसिद्धिः स्यात्। आदरणीयस्य ···*(viii)*································ अपि अत्र सम्मतिः अस्ति। अस्तु, ···*(ix)*······················ नमोनमः।

ससम्मानं ···*(x)*············

धर्मवीरः (नाम)

7. जन्मदिनोत्सवे कालघटिकां लब्ध्वा पितृव्यं प्रति पत्रम्

(जन्मदिन के उत्सव में घड़ी पाकर चाचा के प्रति पत्र।)

(Letter (of thanks) to uncle on receiving a watch as birthday present.)

मञ्जूषा—	समयस्य, पुष्टये, स्वीकरोतु, नियमितः, अपेक्षा, दत्तः, मम, पितृव्य, भवान्, भवदीयः।

9, छात्रावासः,
जमशेदपुरम्।
तिथिः 10 जुलाई, 2022

आदरणीय ···(*i*)·····························,

सादरं नमोनमः।

अत्र कुशलं तत्रास्तु।

···(*ii*)························ जन्मदिनोत्सवे भवता मम कृते 'कालघटिका' इति उपहारः ···(*iii*)························। स च मे अति रुचिकरः। ···(*iv*)··························· पालनाय घटिका मम सहायतां करिष्यति। मम अस्याः ···(*v*)······························ आसीत्। इदानीम् अहम् अधिकतरं सर्वेषु दैनिककार्येषु ···(*vi*)························ भविष्यामि। तेन च शरीरस्य ···(*vii*)························ अधिकं प्रयत्नं करिष्यामि। ···(*viii*)························ मम हार्दिकान् धन्यवादान् ···(*ix*)······························।

पूज्यपितृव्यायै नमः। बन्धुभ्यः स्नेहः।

···(*x*)·················· पुत्रः,
आनन्दकुमारः

पूर्वपरीक्षाणां प्रश्नाः–I

8. भवती श्यामला। भवती पितरं प्रति एकं पत्रं लिखति। मञ्जूषायाः उचितानि पदानि चित्वा पत्रं पूरयतु।
(आप श्यामला हैं। आप पिताजी को एक पत्र लिखती हैं। मञ्जूषा से उचित पद चुनकर पत्र पूर्ण कीजिए।)
You are Shyamala. You write a letter to your father. Complete the letter with appropriate words given in the box.

···(*i*)·····················।

पितृश्रीचरणसन्निधौ,

सादरं ···(*ii*)·····················।

भवतः पत्रं प्राप्तम्। पत्रं पठित्वा बहु आनन्दः ···(*iii*)····················· । अहम् अत्र ···(*iv*)·····················। भवतः मातुः च ···(*v*)····················· अधिकं चिन्तयामि। अत्र ···(*vi*)····················· प्रशिक्षणं सम्यक् प्रचलति। भवता दत्तं ···(*vii*)················· आगमनसमये मार्गे एव मया ···(*viii*)·····················। प्रशिक्षणस्य। ···(*ix*)················ अहं शैक्षिकप्रवासाय गमिष्यामि। ततः ···(*x*)····················· गृहम् आगमिष्यामि। एतं विषयं पूज्यमातरम् अपि सूचयतु। मातृचरणयोः अपि मम वन्दनानि अनुजाय च शुभाशिषः।

भवदीया प्रियपुत्री
श्यामला

मञ्जूषा— अभवत्, श्रीनगरतः, स्वास्थ्यविषये, आगत्य, वन्दनानि, पश्चात्, पुस्तकं, कुशलिनी, मम, पठितम्।

9. भवान् नीरजः। भवतः ग्रामे स्वास्थ्यकेन्द्रस्योद्घाटनं भवति। भवतः मनसः आह्लादस्य वर्णनं कुर्वन् भवान् मित्रं सुनन्दं प्रति पत्रं लिखति। तस्मिन् पत्रे मञ्जूषाया रिक्तस्थानानि पूरयन् पत्रं पूर्णं कृत्वा पुनः लिखतु।

(आप नीरज हैं। आपके गाँव में स्वास्थ्य केन्द्र का उद्घाटन हो रहा है। अपने मन की प्रसन्नता का वर्णन करते हुए आप मित्र सुनन्द को पत्र लिख रहे हैं। उस पत्र में मञ्जूषा से रिक्त स्थानों को पूर्ण कर पत्र को पुनः लिखिए।)

You are Neeraj. A Health Centre is being opened in your village. Showing your happiness you are writing a letter to your friend Sunanda. Fill in the blanks in the letter with the help of the words given in the box and rewrite the same.

गुरुग्रामः

पाटलिपुत्रम्।

दिनांकः ....

प्रियमित्र ...*(i)*......................,

सस्नेहं ...*(ii)*......................

भवतः पत्रं प्राप्तम्। समाचाराः अवगताः। हर्षस्य विषयोऽयं यद् अस्माकं ...*(iii)*.................. मण्डलाधिकारिभिः स्वास्थ्यकेन्द्रस्योद्घाटनं ...*(iv)*...................... तारिकायां भविष्यति। सर्वे ...*(v)*...................... समाचारम् एतं ज्ञात्वा ...*(vi)*...................... सञ्जाताः। अनेन स्वास्थ्यकेन्द्रेण ...*(vii)*...................... रोगाणाम् उपचारो ग्रामे एव भविष्यति। ग्रामीणाः अधुना उपनगरं ...*(viii)*...................... न गमिष्यन्ति। एतेन न केवलं ग्रामीणानां धनस्य अपव्ययो न भविष्यति परं तेषां समयस्य नाशोऽपि न भविष्यति। क्षणेन रोगेषु नष्टेषु ग्रामे वातावरणं ...*(ix)*...................... भविष्यति।

भावं जनानां द्रष्टुं भवान् अवश्यं मम ग्रामम् आगच्छतु। ...*(x)*...................... प्रणामाः, स्निग्धायै च शुभाशिषः।

भवतां सुहृद्

नीरजः

मञ्जूषा— चिकित्सायै, सुनन्द !, पञ्चविंशत्याम्, प्रसन्नाः, ग्रामीणाः, नमः, ग्रामे, आर्तवानाम्, सुखदं, मातृचरणयोः।

CBSE 2018

10. सखीं प्रति लिखितम् अधः पत्रं मञ्जूषाप्रदत्तशब्दैः पूरयित्वा पुनः लिखत।

शिमलानगरात्

दिनाङ्कः ....

प्रिये शकुन्तले!,

सप्रेम ...*(i)*.................।

अद्यैव तव पत्रं प्राप्तम्। तव अर्धवार्षिकी परीक्षा ...*(ii)*................. । त्वं च परीक्षापरिणामं ...*(iii)*.................। अत्रान्तरे, त्वं ...*(iv)*................. आगच्छ। अत्र शैत्यं प्रवृद्धम्। ...*(v)*................. प्रारम्भे हिमपातः ...*(vi)*.................। यदा हिमपातो भवति, तदा वृक्षाः वनस्पतयः, राजमार्गाः श्वेतवर्णवस्त्रैः आच्छादिताः इव ...*(vii)*................. शोभन्ते। देशस्य विभिन्नभागेभ्यः ...*(viii)*................. एतद् द्रष्टुम् अत्र आगच्छन्ति। मम गृहे सर्वे ...*(ix)*................. वीक्ष्य प्रसन्नाः भविष्यन्ति। आशासे त्वं नूनम् आगमिष्यसि। गृहे सर्वेभ्यः मम प्राणमाञ्जलयः ...*(x)*.................।

तव अभिन्नहृदया

प्रियंवदा

मञ्जूषा— निवेदनीया, पर्यटकाः, त्वाम्, नमो-नमः, सम्पन्ना, अतीव, प्रतीक्षसे, सम्भाव्यते, शिमलानगरम्, आगामिमासस्य

11. अग्रजं प्रति लिखितम् अधः पत्रं मञ्जूषापदसहायतया पूरयित्वा पुनः लिखत। *(CBSE 2020)*

...(*i*)..........................

दिनाङ्कः ....

...(*ii*)..........................

प्रणामाः।

अहमत्र ...(*iii*).........................., भवान् अपि तत्र कुशली अस्ति इति मन्ये। मातापितरौ तु सर्वदा त्वां ...(*iv*)..................। तवाग्रजा आगामिमासे रक्षाबन्धनपर्वणि गृहम् ...(*v*)................... । भवान् अपि ...(*vi*).................... आगच्छतु। अस्मिन् विषये तवाग्रजा अपि त्वां पत्रं ...(*vii*)....................। भवतः अध्ययनं ...(*viii*).................... चलति इति वयं चिन्तयामः। अन्यत् सर्वं ...(*ix*).................... । सर्वेभ्यः मित्रेभ्यः मदीयाः शुभकामनाः।

भवतः ...(*x*)..........................

कुलदीपः

मञ्जूषा– लेखिष्यति, दिल्लीतः, कुशली, सम्यक्, प्रिय अग्रज!, आगमिष्यति, कुशलम्, अनुजः, स्मरतः, अवश्यम्।

अभ्यासप्रश्नाः
(स्वयं अभ्यासार्थम्)

1. भवान् 'चन्द्रः'। भवतां विद्यालये संस्कृतस्य सम्भाषणशिविरम् आयोजितम् आसीत्। स्व-अनुभवान् वर्णयन् भवान् स्वमित्रं सुरेशं प्रति पत्रं लिखति परन्तु मध्ये कानिचित् पदानि त्यक्तानि। पत्रं पूरयित्वा पुनः उत्तरपुस्तिकायां लिखतु। सहायतायै अधः मञ्जूषा दत्ता।

(आप 'चन्द्र' हैं। आपके विद्यालय में संस्कृत का सम्भाषण-शिविर आयोजित किया गया था। अपने अनुभवों का वर्णन करते हुए आप अपने मित्र सुरेश को पत्र लिखते हैं परन्तु बीच में कुछ शब्द छोड़ देते हैं। पत्र को पूरा करके पुनः उत्तर-पुस्तिका में लिखिए। सहायता के लिए नीचे मञ्जूषा दी गई है।)

(You are 'Chandra'. A Sanskrit-speaking camp was organized in your school. Relating your experiences you write a letter to your friend Suresh but leave some words in between. So complete the letter and rewrite it in your answer-sheet. You can take help from the words given in the box below.)

(A.I. CBSE 2007)

मञ्जूषा— इन्द्रपुरीतः, हसित्वा, अभ्यासं, सुरेश, सस्नेहं नमस्ते, वयम्, अभिनयं, मयि, प्रति, चन्द्रः।

अ 77, शालीमार बाग

...(*i*)..........................

दिनाङ्कः 13 अप्रैल, 2022

प्रिय, ...(*ii*)..........................

...(*iii*).........................,

अत्र सर्वगतं कुशलम्। मन्ये भवान् अपि कुशली। गतसप्ताहे अस्माकं विद्यालये संस्कृत-सम्भाषणशिविरम् आयोजितम् आसीत्। दश दिनानि वयम् संस्कृतेन सम्भाषणस्य ...(*iv*).......................... कृतवन्तः। एकस्याः लघुनाटिकायाः मञ्चनमपि

···(*v*)························ अकुर्म। अहम् तु विदूषकस्य ···(*vi*)························ कृतवान्। सर्वे जनाः ···(*vii*)························ वारं वारं करतलध्वनिम् अकुर्वन्। अहम् तु इदानीं सर्वदा संस्कृतेन एव वदामि। मम शिक्षकाः अपि ···(*viii*)························ स्नेहं कुर्वन्ति। त्वम् अपि प्रयत्नं कुरु। नूनं यशस्वी भविष्यसि।

पितरौ ···(*ix*)························ मम प्रणामाञ्जलिं निवेदयतु।

भवताम् अभिन्नहृदयः

···(*x*)························

2. भवान् 'गौरवः'। भवता भगिनी उमा सर्वश्रेष्ठप्रचारिकापुरस्कारं प्राप्तवती। तस्याः कृते लिखितं वर्धापनपत्रं पूरयित्वा पुनः लिखत। सहायतायै मञ्जूषा दत्ता।

(आप गौरव हैं। आपकी बहिन उमा ने सर्वश्रेष्ठ प्रचारिका का पुरस्कार प्राप्त किया है। उसके लिए लिखे गए बधाई पत्र को पूरा करके पुनः लिखिए। सहायता के लिए मञ्जूषा दी गई है।)

(You are Gaurav. Your sister Uma has won the award of 'the best Prãcharika'. Complete the following letter written to congratulate her. Words are given in the box for help.)

मञ्जूषा— कुर्वन्ती, करोति, अस्तु, वाराणसीतः, लब्धवती, समुन्नतम्, सप्रेम, साधुवादाः, मम, भवत्याः।

एन०-37, श्यामनगरम्,

···(*i*)················,

दिनाङ्कः ····················।

प्रिये उमे!

···(*ii*)························ नमः।

अत्र सर्वगतं कुशलं तत्रापि ···(*iii*)························। मया दूरदर्शनात् वार्तां श्रुत्वा ज्ञातं यत् भवती संस्कृतक्षेत्रे 'सर्वश्रेष्ठप्रचारिका' इति पुरस्कारं ···(*iv*)························। मम तु शिरः स्वाभिमानेन ···(*v*)························ अभवत्। अहं जानामि यत् भवती बाल्यादेव प्रचारकार्ये संलग्ना। इदानीं ग्रामे ग्रामे संस्कृतसाहित्यस्य प्रचारं ···(*vi*)························ भवती। भारतीयसंस्कृतेः रक्षणाय बहुपरिश्रमं ···(*vii*)························। मम पक्षतः अनेकशः ···(*viii*)························। ईश्वरः कृपया भवत्यै बहुशक्तिं प्रयच्छेत्। यशस्विनी भव।

गृहे सर्वेभ्यः ···(*ix*)························ प्रणामाञ्जलिः निवेदनीयः।

···(*x*)························ सद्भावी अग्रजः,

गौरवः

3. भवान् सोमेशः। भवतः ज्येष्ठा भगिनी रमा जयपुरे छात्रावासे निवसति। रक्षाबन्धनपर्वणि भवतां विद्यालये संस्कृतदिवसस्य भव्यम् आयोजनम् अस्ति। तदर्थं तां निमन्त्रयितुं लिखिते पत्रे मञ्जूषापदसाहाय्येन रिक्तस्थानपूर्तिं कृत्वा पत्रं पुनः लिखत।

(आप सोमेश हैं। आपकी बड़ी बहिन रमा जयपुर में छात्रावास में रहती हैं। रक्षाबन्धन पर्व पर आपके विद्यालय में संस्कृत दिवस का आयोजन किया जा रहा है। इस हेतु उन्हें निमन्त्रित करने के लिए लिखे गए पत्र में मञ्जूषा में दिए गए शब्दों की सहायता से रिक्तस्थानपूर्ति करके पत्र को पुनः लिखिए।)

(You are Somesh. Your elder sister Rama lives in a hostel at Jaipur. A grand Sanskrit day programme is being held in your school on the day of Raksha Bandhan festival. In a letter written to her for attending the same, fill in the blanks with the words given in the box below and rewrite the same.)

(CBSE 2008)

मञ्जूषा— चारुदत्तमिति, चारुदत्तस्य, भगिनि!, तत्रास्तु, अभिवादनम्, प्रतिवर्षम्, जानाति, प्रसन्नचित्ता, उत्साहवर्धनम्, सोमेशः।

115, शालीमारबागः,

दिल्लीतः।

तिथिः ………………

पूज्ये …*(i)*……………………,

सस्नेहं …*(ii)*……………………

अत्र कुशलं …*(iii)*……………………। मन्ये भवती सर्वथा स्वस्था …*(iv)*…………………… च भविष्यति। भवती …*(v)*…………………… एव यत् श्रावणमासस्य पूर्णिमायां रक्षाबन्धनपर्वणि अस्माकं विद्यालये …*(vi)*…………………… संस्कृतदिवसस्य आयोजनं भवति। अस्मिन् वर्षे …*(vii)*…………………… नाटकस्य मञ्चनं भविष्यति। अहं तत्र …*(viii)*………………… अभिनयं करिष्यामि। भवत्याः आगमनेन 'रक्षाबन्धन' इति पर्वणः अपि आयोजनं भविष्यति, विद्यालये भवत्याः उपस्थित्या मम …*(ix)*………………… अपि भविष्यति।

भवत्याः स्नेहपात्रम्

…*(x)*…………………

4. शुल्क-क्षमा-प्रार्थना-पत्रम्

(फीस माफी के लिए प्रार्थना-पत्र।)

(Application for fee-concession.)

मञ्जूषा— व्याघातः, मां, पिता, मान्यवर, विद्यालयस्य, सदस्यानां, अत्रभवन्तः, प्रार्थना, वशंवदः, दशमकक्षायाः।

श्रीमन्तः मान्याः प्रधानाचार्यमहोदयाः!
रामजस-उच्चतर-माध्यमिक-विद्यालयः,
दिल्ली।

…*(i)*……………………,

सविनयं निवेदनम् अस्ति। यत् मम …*(ii)*………………… प्राथमिक-पाठशालायाम् अध्यापकः अस्ति। तस्य द्विसहस्रमिते मासिके वेतने परिवारस्य चतुर्णाम् …*(iii)*…………………… पालनपोषणम् अतिकठिनम्। …*(iv)*…………………… शिक्षाशुल्कस्य प्रदानेन तु तत् कठिनतरं भवति। धनाभावेन कदाचित् मम अध्ययने …*(v)*…………………… न स्यात्। अतः मम …*(vi)*………… यत् शिक्षा-शुल्क-प्रदानात् …*(vii)*………………… मोचयित्वा अनुगृह्णन्तु …*(viii)*……………………।

श्रीमतां …*(ix)*…………………,

दिनांक : अगस्त 4, 2022

पार्थसारथिः।

…*(x)*……………… छात्रः।

5. परीक्षासाफल्यात् मित्राय वर्धापन-पत्रम्

(परीक्षा में सफलता के लिए मित्र को बधाई-पत्र।)

(Letter of congratulation to friend on success in examination.)

मञ्जूषा— सस्नेहं, ज्ञात्वा, लब्ध्वा, अचिरमेव, साधुवादान्, तथापि, प्रिय, लब्धम्, सततं, नमोनमः।

सावित्री-सदनम्,
माडल टाउन,
जयपुरम्।
तिथिः 1 अगस्त, 2022

···(*i*)············ प्रमोद!

···(*ii*)············ नमोनमः।

तव परीक्षासफलता-पत्रम् अद्यैव ···(*iii*)······················ । तव सफलतां ···(*iv*)············ मम महान् सन्तोषः, प्रसन्नता च। यद्यपि त्वम् आकस्मिकज्वरवशात् चिराय कष्टं गतः, ···(*v*)············ परीक्षायां प्रथमां श्रेणीं ···(*vi*)············ उत्तीर्णवान् इति सत्यं प्रमोदकरः। त्वं मम च पारिवारिकजनस्य च ···(*vii*)······················ अर्हसि। तव सफलतापत्रं लब्ध्वा ···(*viii*)······················ मिष्टान्नं आदाय मया तस्य वितरणं गृहे च बहिश्च कृतम्।

मित्र! येषु विषयेषु त्वया हीनाः अंकाः प्राप्ताः तेषु उत्तरवर्तिन्यां परीक्षायां अधिकान् अंकान् प्राप्तुं ···(*ix*)······················ सावधानः तिष्ठ।

पत्रस्यान्ते अहं ते पुनरपि भूयोभूयः वर्धापनं कामये। मातापितृभ्यां सादरं ···(*x*)····················।

तव स्निग्धमित्रम्,
आकाशदीपः

6. मित्राय भगिनीविवाहस्य निमन्त्रणपत्रम्

(मित्र को बहन के विवाह के लिए निमन्त्रण पत्र।)

(An invitation letter to a friend on the occasion of sister's marriage.)

मञ्जूषा— सूचयित्वा, विवाहः, आगमिष्यति, आगन्तव्यम्, ज्ञापयामि, जातः, अनुभवामि, सप्रेम, सस्नेहं, प्रियव्रतः।

938, सेक्टर 4,
अरबन एस्टेट,
गुरुग्रामः,
तिथिः 29-7-2022

प्रियमित्र राहुल!

···(*i*)················ नमोनमः।

अत्र कुशलं तत्रास्तु।

इदं प्रीतिदायकं वृत्तं भवन्तं ···(*ii*)······················ अहम् अमन्दम् आनन्दम् ···(*iii*)······················ यत् मम भगिन्याः ···(*iv*)·············· अग्रिममासस्य दशम्यां तारिकायां, बुधवासरे, निश्चितः ···(*v*)··················· । वरयात्रा लक्ष्मणपुरात् ···(*vi*)···················· । अहं त्वां प्रेमपूर्वकं पूर्वतः एव ···(*vii*)······················ येन त्वम् अत्र त्रिचतुर्दिनानि पूर्वतः एव प्राप्तः

स्याः। भवता पितृभ्यां सह अत्र अवश्यमेव ···(*viii*)························। आदरणीयाभ्यां पितृभ्यां ···(*ix*)···················· नमोनमः।

तव पत्रोत्तरं प्रतीक्षमाणः

भवत्सुहृद्,

···(*x*)···················

7. पित्रे मातृस्वास्थ्यचिन्ताविषयकं पत्रम्

(पिता को माता के स्वास्थ्य की चिन्ता के विषय में पत्र।)

(Letter to father shouting anxiely on mother's ill-health.)

मञ्जूषा— लिख्यताम्, समाप्तः, इच्छामि, ज्वराक्रान्ता, चिन्ता, अधिगतम्, प्रणामाः, आदरणीयाः, स्वस्था, सर्वेभ्यः।

···(*i*)························ पितृचरणाः!

सादरं ···(*ii*)························।

अत्रं कुशलं तत्रास्तु। भवतां पत्रम् ···(*iii*)························। समाचारं ज्ञात्वा मनसि ···(*iv*)············ जाता यत् पूज्या मातृश्रीः गतषड्भिः दिनैः ···(*v*)························ अस्ति। अहं मातृमहोदयां द्रष्टुम् ···(*vi*)························ परम् अवकाशो नास्ति। वर्षस्य ममावकाशः पूर्वमेव ···(*vii*)················· वर्तते। कृपया मातृस्वास्थ्यविषये शीघ्रं ···(*viii*)························। मम महती चिन्ता अस्ति। प्रभुकृपया सा शीघ्रं ···(*ix*)···················· भवतु।

गृहे ···(*x*)···················· नमोनमः।

भवदाज्ञाकारी पुत्रः,

रामदत्तः

8. पित्रे परीक्षापरिणामसूचकं पत्रम्

(पिता को परीक्षा के परिणाम की सूचना विषयक-पत्र।)

(Letter to father informing him about the result of examination.)

मञ्जूषा— सञ्जातम्, अहं, प्रकाशितम्, छात्रवृत्तिः, अपितु, भविष्यति, आदरणीयाः, परिणामः, मम, अर्जुनः।

परीक्षाभवनम्

तिथिः अगस्त 13, 2022

···(*i*)························ पितृचरणाः!

सादरं प्रणामाः।

अत्र कुशलं तत्रास्तु। समाचारोऽयं यद् अद्य मम वार्षिक्याः परीक्षायाः ···(*ii*)············· उद्घोषितः। भवान् एतद् ज्ञात्वा प्रसन्नो ···(*iii*)························ यदहं उच्चतरमाध्यमिकपरीक्षायां न केवलं प्रथमश्रेण्याम् उत्तीर्णः अभवम् ···(*iv*)············ प्रथमस्थानं लब्धवान्। मत्कृते विशिष्टा ···(*v*)························ प्रदास्यते। समाचारपत्रेषु मम छायाचित्रमपि ···(*vi*)························। इदं सर्वं भवतोः मातापित्रोः आशीर्वादैः एव ···(*vii*)························। ···(*viii*)············ शीघ्रं भवतां दर्शनानि करिष्ये।

पूज्यमातृचरणेषु ···(*ix*)················ प्रणामाः।

संकेत: भवदाज्ञाकारी पुत्र:

आवासक्रमाङ्कः—14/32 ···(x)···················

स्थानम्—सुल्तानपुरम्
मिहिरावली, नवदिल्ली
पिनक्रमाङ्कः—110030

9. भवान् आशुतोषः। भवतः मित्रं शुभम् ऊन-एकोनविंशतिवर्षीयां क्रिकेटप्रतियोगितां विजित्य आगतः। स्वानुभवान् वर्णयन् भवान् स्वपितरं प्रति पत्रं लिखति। तस्मिन् पत्रे विद्यमानानि रिक्तस्थानानि मञ्जूषापदसहायतया पूरयित्वा पुनः लिखतु।

(आप आशुतोष हैं। आपका मित्र शुभम् उन्नीस वर्षों से पूर्व की क्रिकेट-प्रतियोगिता में विजयी होकर आया है। अपने अनुभवों का वर्णन करते हुए आप अपने पिता को पत्र लिख रहे हैं। उस पत्र के रिक्त स्थानों को मञ्जूषा के पदों की सहायता से पूरा कर पुनः लिखिए।)

(You are Ashutosha. Your friend Shubham has come after winning his Under-Nineteen Cricket tournament. Describing your feelings you are writing a letter to your father. Fill up the blanks in the letter from the box given below and rewrite the same.)

प्रतिभाविकासविद्यालयः,
इन्द्रप्रस्थम्
दिनांकः ···························

प्रातः स्मरणीयाः ···(i)·······················,

सादरं ···(ii)·······················

अत्र सर्वं कुशलम्। तत्रापि सर्वे ···(iii)······················ सन्तु इति श्रीपतिं 'विष्णुं' ···(iv)······················ । आनन्दप्रदः ···(v)······················ अस्ति यद् मम मित्रम् ···(vi)······················ ऊन-एकोनविंशतिवर्षीयां क्रिकेटप्रतियोगितायां ···(vii)······················ भूत्वा प्रतिनिवृत्तः। अतः अहं महान्तं ···(viii)······················ अनुभवामि। आशासे यत् स भूयो भूयः बह्वीः प्रतियोगिताः विजेष्यते। भवानपि तस्मै वर्धापनपत्रं लिखतु।

···(ix)··················· साभिवादनं प्रणामाः, राधिकायै शुभाशिषः।

···(x)··················· वशंवदः
आशुतोषः

मञ्जूषा— पितृचरणाः, प्रार्थये, प्रणामाः, परितोषम्, विजयी, समाचारः शुभम्, कुशलिनः, मातृचरणयोः, भवतां।

पूर्वपरीक्षाणां प्रश्नाः–II

10. भवान् अजयः। स्वजन्मदिवसस्य उत्सवाय निमन्त्रयितुं मित्रं रचितम् प्रति लिखितं पत्रं मञ्जूषायां प्रदत्तपदानां सहायतया पूरयित्वा पुनर्लिखत।

538, सेक्टर-12
गुरुग्रामनगरतः
दिनाङ्कः ···············

प्रिय मित्र रचित,

···(i)·············· ।

आशासे यत् त्वया मम ···(ii)·············· न विस्मृतः। आगामिरविवासरे मम जनकः अस्मिन् शुभावसरे ···(iii)·············· आयोजनं करिष्यति। प्रातः दशवादने ···(iv)·············· भविष्यति। सर्वे बान्धवाः मित्राणि च मम दीर्घजीवनाय सुखाय च यज्ञे ···(v)··············प्रदास्यन्ति। ततः केककर्तनम् भविष्यति। अहम् इच्छामि यत् सर्वे ···(vi)·············· प्रज्वाल्य मह्यम् मंगलकामनां कुर्युः। तदनन्तरम् सांस्कृतिकः कार्यक्रमः भविष्यति। तत्पश्चात् सर्वे भोजनं करिष्यन्ति। अतः त्वम् ···(vii)·············· सह उचितसमये आगत्य उत्सवस्य शोभां ···(viii)··············।

···(ix)·············· अभिन्नं मित्रम्

···(x)··············

मञ्जूषा– स्वपितृभ्याम्, नमोनमः, दीपकान्, उत्सवस्य, जन्मदिवसः, आहुतिम्, यज्ञः, वर्धस्व, तव, अजयः

11. **भवती अनीशा। भवती चेन्नईनगरस्य छात्रावासे वसति। भवती विद्यालयतः शैक्षिकभ्रमणाय शिमलानगरं गन्तुम् इच्छति। एतदर्थं राशिम् अनुमतिम् च प्राप्तुम् नवदिल्लीस्थं पितरं प्रति पत्रं लिखति। मञ्जूषातः पदानि विचित्य रिक्तस्थानानि पूरयित्वा पत्रं च पुनः उत्तरपुस्तिकायां लिखत।**

छात्रावासः

रङ्गनाथम् विद्यालयः

···(i)··············

तिथिः 20 अप्रैल, 2022

माननीयाः ···(ii)··············

सादरं प्रणामः।

भवतः पत्रं प्राप्तम्। भवन्तम् सहर्षम् सूचयामि यत् मम ···(iii)·············· परीक्षा समाप्ता। परीक्षापरिणामः नूनमेव शोभनः भविष्यति यतः भवतः कथनानुसारम् अहम् परिश्रमम् अकरवम्। रात्रिन्दिवम् एकीकृत्य मया ···(iv)·············· पठिताः लिखित्वा च तेषाम् अभ्यासः कृतः। अस्माकम् मानसिक-शारीरिक-श्रान्तिं दूरीकर्तुम् ···(v)·············· विद्यालयस्य अध्यापिकाः अस्मान् शैक्षिकभ्रमणाय ···(vi)·············· नेष्यन्ति। अहम् अपि ताभिः सह ···(vii)·············· इच्छामि। एतदर्थम् एकसहस्रम् रूप्यकाणि दातव्यानि। यदि भवतः अनुमतिः स्यात् तर्हि अहम् अपि गच्छेयम्। अतः कृपया उपर्युक्तां राशिं प्रेषयित्वा माम् अनुगृहीतां कुर्वन्तु। सर्वेभ्यः मम ···(viii)·············· निवेदनीयाः।

···(ix)·············· प्रिया सुता

···(x)··············

वेष्टनम्

सविधे

श्री पुरुषोत्तमः

154, रोहिणी

सेक्टर-3 दिल्ली-110085,

मञ्जूषा– अनीशा, शिमलानगरम्, पितृमहोदयाः पाठाः, चेन्नईनगरतः, वार्षिकी, मम, गन्तुम्, प्रणामाः, भवतां

12. भवान् सुयशः। राष्ट्रमण्डलखेलानाम् विषये मित्रं गौरवं प्रति सूचयता लिखिते पत्रे मञ्जूषातः उचितपदानि चित्वा रिक्तस्थानानि च पूरयित्वा पत्रं पुनः उत्तरपुस्तिकायाम् लिखत।

56, मालवीयनगरम्
वाराणसीनगरात्
प्रियमित्र ···(*i*)··············।

सप्रेम नमः,

अत्र कुशलं तत्रास्तु। भवान् इदं ज्ञात्वा अतिप्रसन्नः भविष्यति यत् गतमासे अहं मम ···(*ii*)············· सह दिल्ली-नगरं गतवान्। दिल्ली नगरे राष्ट्रमण्डलखेलानाम् ···(*iii*)············· आसीत्। वयं प्रतिदिनं नवीनाः क्रीडाप्रतियोगिताः ···(*iv*)············· अगच्छाम। तत्र अन्तिमे दिवसे 'बैडमिंटन' क्रीडाप्रतियोगितायाः आयोजनम् आसीत्।

यस्यां प्रतियोगितायां 'साइना नेहवाल' प्रतियोगिनी ···(*v*)············· प्रदर्शनम् अकरोत्। तस्याम् प्रतियोगितायां सा ···(*vi*)············· जितवती। भारतम् तु पदकतालिकायाम् द्वितीयं स्थानं प्राप्तवान्।

अयं मम ···(*vii*)············· अनुभवः आसीत्। अहं भारतस्य प्रदर्शनं दृष्ट्वा गौरवान्वितः अभवम्। पितृभ्याम् प्रणामाः अनुजाय च ···(*viii*)·············।

तव ···(*ix*)·············

···(*x*)············· ।

मञ्जूषा– सुखदः, सुयशः, मात्रा, गौरव, आयोजनम्, प्रशंसनीयम्, स्वर्णपदकं, द्रष्टुम्, स्नेहः, मित्रम्

13. भवान् सिंधुलः। पुस्तक-प्रदर्शनीं दृष्ट्वा स्वानुभवं मित्रं प्रति लिखिते अस्मिन् पत्रे मञ्जूषातः उचितपदानि चित्वा रिक्तस्थानानि पूरयित्वा पत्रं च पुनः लिखत।

दयानन्दछात्रावासः
नवदिल्लीतः
दिनाङ्कः ··············
प्रिय मित्रम् राहुल!

···(*i*)··············

अत्र कुशलं तत्रास्तु। गत सप्ताहे अहं पुस्तक-प्रदर्शनीं द्रष्टुम् छात्रैः अध्यापकैः च सह गतवान्। तत्र अहं ज्ञान-विज्ञानस्य असीमितं भाण्डारं ···(*ii*)············· आश्चर्यचकितः अभवम्। ज्ञानस्य काचित् सीमा नास्ति। न केवलं तत्र ···(*iii*)············· अपितु गणितशास्त्रस्य, इतिहासस्य, भाषाविज्ञानादीनाम् अपि ···(*iv*)············· सन्ति। तत्र ललितकलादिविषयाणाम् अपि ···(*v*)············· आसीत्। कथा-साहित्यः, ललित-बाल-कथानाम् तु सागरमेव तत्र वयम् अपश्याम। प्रतिदिनं अस्माभिः पुस्तकम् अवश्यं ···(*vi*)············· । पठनेन अस्माकं ज्ञानवर्धनं ···(*vii*)············· अपि भवति। त्वमपि सदैव पुस्तकानां पठनाय ···(*viii*)············· कुरु। पुस्तकानि अस्माकं मित्राणि।

अनुजाय स्नेहः अग्रजेभ्यः प्रणामाः।

···(*ix*)············· मित्रम्।

···(*x*)·········।

मञ्जूषा– पठनीयम्, नमोनमः, ज्ञानविज्ञानस्य, पुस्तकानि, सिंधुलः, दृष्ट्वा, संग्रहः, मनोरञ्जनम्, प्रयत्नं, तव

14. **भवती रश्मिः। छात्रावासे पठति। भवत्याः भ्राता मोहितः संस्कृतं पठितुं न इच्छति। तं प्रेरयितुम् अधोलिखितपत्रं मंजूषापदसहायतया पूरयित्वा उत्तरपुस्तिकायां लिखत।**

सरस्वती छात्रावासः
नवोदयविद्यालयः
···(*i*)··············
तिथिः ············

प्रिय अनुज!

···(*ii*)·············· ।

अत्र सर्वगतं कुशलम्। तत्र अपि कुशलम् कामये। भवान् ···(*iii*)············· नवतिप्रतिशतं अंकान् प्राप्य उत्तीर्णः जातः इति ज्ञात्वा अहमतीव ···(*iv*)·············· अस्मि। मया इदमपि ज्ञातं यत् भवान् नवमकक्षायां संस्कृतविषयं स्वीकर्तुं न इच्छति। प्रिय भ्रातः! अस्माकं ···(*v*)·············· तु सम्पूर्ण-विश्वाय प्रेरणाप्रदम् अस्ति। तत्कथं भवान् तस्मात् अपूर्वज्ञानात् वञ्चितः भवितुम् इच्छति। मम तु ···(*vi*)············· एव अनेन उन्मीलितं जातम्। आशासे ···(*vii*)·················· भवान् नवमकक्षातः एव स्वज्ञानवर्धनं ···(*viii*)············· अन्यान् अपि प्रेरयिष्यति।

गृहे ···(*ix*)················· मम प्रणामांजलिः निवेद्यताम् इति।

भवत अग्रजा ···(*x*)··············

मञ्जूषा– कृत्वा, अहमदाबादतः, रश्मिः, शुभाशिषः, अष्टमकक्षायां, प्रसन्नः, संस्कृतसाहित्यं, ज्ञानचक्षुः, यद्, सर्वेभ्यः

15. **भवतः नाम निखिलः। भवतः विद्यालये संस्कृतनाटकस्य मंचनं भविष्यति। तदर्थं स्वमित्रं आयुषं प्रति लिखितं निमन्त्रणपत्रं मंजूषापदसहायतया पूरयित्वा उत्तरपुस्तिकायाम् लिखत।**

राजकीयविद्यालयः
···(*i*)··············
तिथि ········

प्रियमित्र आयुष!

नववर्षस्य ···(*ii*)·············· । अत्र सर्वगतं कुशलम्। भवान् अपि कुशली इति मन्ये। अस्माकं विद्यालयस्य ···(*iii*)············· नववर्षस्य शुभावसरे भविष्यति। तत्र अस्माकं पुस्तकस्य 'रमणीया हि सृष्टिः एषा' इति ···(*iv*)············· मंचनम् भविष्यति। अहं तस्मिन् ···(*v*)················· राजहंसस्य अभिनयं ···(*vi*)············· । भवान् तत् द्रष्टुम् ···(*vii*)············· आगच्छतु। मम ···(*viii*)················· उत्साहवर्धनम् भविष्यति

सर्वेभ्यः अग्रजेभ्यः मम ···(*ix*)············ निवेद्यताम् इति।

भवतः मित्रम्,
···(*x*)··············

मञ्जूषा– शुभाशंसः, दिल्लीतः अवश्यमेव, निखिलः, प्रणामांजलिः, करिष्यामि, नाटकस्य, वार्षिकोत्सवः, नाटके, अपि

16. **भवती काम्या। भवती छात्रावासे पठति। भवत्याः अनुजः सूर्यः नवमकक्षायां संस्कृतं पठितुं न इच्छति। तं प्रेरयितुम् अधोलिखितं पत्रं मञ्जूषापदसहायतया पूरयित्वा पुनः लिखत।**

गंगा-छात्रावासः

···(*i*)··············

तिथिः ··············

प्रिय अनुज ···(*ii*)··············।

शुभाशिषः।

भवान् अष्टमकक्षायां नवति-प्रतिशतम् अङ्कान् प्राप्य उत्तीर्णः जातः इति ···(*iii*)·············· अहमतीव प्रसन्ना अस्मि। मया इदमपि ज्ञातं यत् भवान् नवमकक्षायां संस्कृतविषयं स्वीकर्तुं न इच्छति। प्रिय अनुज! ···(*iv*)·············· ज्ञानं विना अस्माकं जीवनम् अपूर्णमेव भविष्यति। अस्माकं संस्कृतसाहित्यं ···(*v*)·············· सम्पूर्णविश्वाय अस्ति। भवान् तस्मात् ज्ञानात् कथं वञ्चितः ···(*vi*)·············· इच्छति। मम ज्ञानचक्षुः अनेन ···(*vii*)·············· जातम्।

आशासे यद् भवान् नवमकक्षातः एव स्वज्ञानवर्धनं ···(*viii*)·············· श्रेष्ठः मानवः भविष्यति; अन्यान् अपि प्रेरयिष्यति। पित्रोः चरणेषु मे ···(*ix*)·············· ।

भवतः अग्रजा

···(*x*)·············· ।

मञ्जूषा– | संस्कृतभाषायाः, काम्या, भोपालतः, उन्मीलितं, प्रणामाः, कृत्वा, सूर्य, ज्ञात्वा, तु, भवितुम् |

17. त्वं भास्करः असि। स्वास्थ्यरक्षां प्रति जागरणार्थम् अनुजं नमितं प्रति लिखिते पत्रे मञ्जूषातः पदानि चित्वा रिक्तस्थानानि पूरयित्वा पत्रं पुनः लिखत।

दिल्लीतः

तिथिः ·············

प्रिय नमित,

शुभाशिषः।

पूज्यायाः मातुः पत्रेण ज्ञातं यत् गतसप्ताहे त्वं रुग्णः आसीः। ज्ञायते यत् त्वं स्वास्थ्यरक्षां प्रति जागृतः नासि। अनुज! स्वास्थ्यम् ···(*i*)·············· रत्नम् अस्ति। तद् विना जगति सर्वं धनं व्यर्थम् एव। अतएव स्वास्थ्यस्य रक्षायै अधोलिखिताः नियमाः अवश्यमेव पालनीयाः।

- प्रातः सूर्योदयात् ···(*ii*)·············· एव उत्थातव्यम्। एवम् आलस्यं शरीरं न आक्रामति।
- शुद्धे पवने व्यायामं योगासनादिकञ्च विधाय ···(*iii*)·············· दुग्धं पातव्यम्।
- नित्यं भोजनं कृत्वा दन्ताः अवश्यमेव मार्जनीयाः। यतः यस्य दन्ताः ···(*iv*)·············· भवन्ति, तस्य भोजनम् उदरे ···(*v*)·············· पचति।
- गरिष्ठभोजनं नैव ग्रहणीयम्, ···(*vi*)·············· शाकानि च खादितव्यानि।
- खेलनानन्तरं, जलस्य पानं ···(*vii*)·············· ।
- निशायां प्रथमे एव प्रहरे शयनाय पर्यङ्कं गन्तव्यम्।

आशा अस्ति ···(*viii*)·············· त्वम् अवश्यमेव एतान् नियमान् पालयिष्यसि, ···(*ix*)·············· 'शरीरमाद्यं खलु धर्मसाधनम्' इति। गृहे पितृभ्यां प्रणामाः।

तव ···(x)·············· ।

भास्करः।

मञ्जूषा– शुभचिन्तकः, अमूल्यम्, पूर्वम्, निर्मलाः, फलानि, हानिकारकम्, सम्यक्, कोष्णम्, यत्, यतः

18. भवान् नीरजः। भवतः अनुजः सरोजः अष्टमकक्षायाः छात्रः। तं समयस्य सदुपयोगाय लिखितम् इदं पत्रं मञ्जूषायां दत्तैः पदैः पूरयित्वा पुनः उत्तरपुस्तिकायां लिखत।

अ–75, अमित भिल्ला

···(i)··············

दिनाङ्कः ··················

प्रिय सरोज!

···(ii)··············। अत्र सर्वगतं कुशलम्। मन्ये तत्रापि सर्वं कुशलम्। त्वया विदितम् अस्ति यत् मानवजीवनस्य प्रत्येकं क्षणं ···(iii)·············· अस्ति। जगति अपि प्रकृतेः सम्पूर्णानि कर्माणि नियमित-समये ···(iv)··············। उचितसमये यदि वृष्टिः न भवेत् तदा सर्वं क्षेत्रं शुष्येत्। तथैव बाल्यकाले यदि छात्रः न पठेत् तथा स्वकर्म नित्यं न कुर्यात् तदा असौ समस्त-जीवने ···(v)·············· करोति। समयः तस्य एव जनस्य कार्येषु ···(vi)·············· करोति यः समयस्य सदुपयोगं करोति। गते काले शोकः न कर्त्तव्यः यतः समयः कदापि कस्यचिदपि च ···(vii)·············· न करोति। ···(viii)·············· त्वं समयस्य सदुपयोगं तथा कुरु यथा ···(ix)·············· सफलः भविष्यसि।

तव ···(x)··············

नीरजः

मञ्जूषा– अग्रजः, पश्चात्तापम्, भवन्ति, स्नेहाशिषः, सहभागितां, जयपुरतः, प्रतीक्षां, महत्त्वपूर्णम्, अतः, जीवने

19. भवान् आदित्यः। भवतः मित्रेण रमेशेन अर्धवार्षिकपरीक्षायाम् आशानुरूपाः अङ्काः न प्राप्ताः। नैराश्येन खिन्नं मित्रं लिखितम् इदं उत्साहप्रदं पत्रं मञ्जूषायां दत्तैः पदैः पूरयित्वा पुनः उत्तरपुस्तिकायां लिखत।

···(i)··············

दिनाङ्कः ·········

प्रिय ···(ii)··············!

सस्नेहं नमोनमः। तव पत्रं मया प्राप्तम्। इदं ज्ञात्वा अतीव ···(iii)·············· अभवम् यत् त्वया अर्धवार्षिक-परीक्षायाम् आशानुरूपाः ···(iv)·············· न प्राप्ताः। अतः त्वं नैराश्येन अतीव ···(v)·············· दृश्यसे। परं त्वं तु न जानासि यत् ···(vi)·············· मानवजीवनस्य आधारशिला अस्ति। मानवः आशाम् आश्रित्य ···(vii)·············· अपि साधयति। अतः चिन्तां त्यक्त्वा धैर्यं ···(viii)··············। यथा नित्यं ···(ix)·············· करोषि तथैव कुरु। अवश्यं सफलः ···(x)··············। तव पत्रोत्तरं प्रतीक्षमाणः अस्मि।

तव मित्रम्

आदित्यः

मञ्जूषा– धारय, दुःखितः, आशा, परिश्रमं, रमेश, जयपुरतः, असाध्यं, भविष्यसि, अङ्काः, खिन्नः

20. भवान् प्रमोदः दिल्लीनगरे छात्रावासे वसति। वार्षिकपरीक्षायाः सज्जायाः विषये भवान् स्वपितरं पत्रं लिखति। मंजूषातः पदानि चित्वा इदं पत्रं पूरयतु उत्तरपुस्तिकायां च पुनः लिखतु।

केन्द्रीयविद्यालयछात्रावासतः

नवदिल्लीतः

तिथिः ....

आदरणीयाः ...(*i*)..............

सादरं प्रणमामि।

अत्र सर्वविधं कुशलं तत्रापि ...(*ii*).............. कुशलं भवतु इति ईश्वरं प्रार्थये। समाचारोऽयं यत् मम वार्षिकी परीक्षा ...(*iii*).............. प्रथमे सप्ताहे भविष्यति। परीक्षायाः कृतेऽहम् ...(*iv*).............. पूर्णतया संलग्नोऽस्मि। मम स्नेहिनः ...(*v*).............. अध्ययने मम सहायतां कुर्वन्ति। श्रीमतां ...(*vi*).............. परीक्षायाम् अवश्यमेव उत्तमांकान् प्राप्स्यामि। मार्चमासस्यैव अंतिमे दिवसे ...(*vii*).............. अस्माकं परीक्षापरिणामं घोषयिष्यति। विद्यालये ग्रीष्मावकाशः मईमासस्य ...(*viii*).............. भविष्यति। तदाऽहं गृहमागमिष्यामि पूज्यमातृचरणेषु ...(*ix*).............. प्रणामः वाच्यः।

भवतां वशंवदः

...(*x*)..............

मञ्जूषा— प्रधानाचार्यः, अध्ययने, एवंविधम्, शिक्षकाः, पञ्चदशतारिकातः, पितृचरणाः, मार्चमासस्य, आशीर्वादेन, मम, प्रमोदः

21. भवान् महेशः। भवतः विद्यालये सर्वशिक्षाकार्यक्रमः आयोजितः। स्वविद्यालयस्य कार्यक्रमविषये मित्रं रमेशं प्रति लिखिते पत्रे रिक्तस्थानानि मञ्जूषायां प्रदत्तैः पदैः पूरयित्वा पत्रं पुनः लिखत।

गृहसंख्या—25

अ–1 मोतीनगरं ...(*i*).......।

दिनांकः – 20-8-2022

प्रिय मित्र ...(*ii*)......................!

सप्रेम नमो नमः।

अत्र कुशलं तत्रास्तु। मित्र! अस्माकं विद्यालये ...(*iii*).................... सर्वशिक्षा-कार्यक्रमः आयोजितः। वयं छात्राः भिन्नवर्गेषु विभक्ताः भूत्वा विद्यालयस्य समीपस्थानि ...(*iv*).................... गतवन्तः। तत्र लघुकुटीरे ...(*v*).................... निरक्षरान् जनान् शिक्षायाः महत्त्वं बोधितवन्तः। बालकान् विद्यालये प्रेषणार्थं तान् ...(*vi*)....................। अस्माकं कार्यक्रमस्य प्रभावेण इदानीम् अस्माकं विद्यालये ...(*vii*).................... परिमिताः ...(*viii*).................... बालकाः पठितुम् आरब्धवन्तः। भवान् स्वविद्यालयस्य ...(*ix*).................... विषये लिखतु।

मातृपितृभ्याम् चरणयोः प्रणामाः।

भवतः मित्रम्

...(*x*)..................

मञ्जूषा— रमेशः, अमित, सर्वशिक्षाकार्यक्रमस्य, निवसतः, दिल्लीतः, गतसप्ताहे, बालिकाः, गृहेषु, उद्बोधितवन्तः, द्विशतम्।

22. रक्तदान-शिविर विषये निवेदयितुं पितरं प्रति लिखिते पत्रे रिक्तस्थानानि पूरयत। (½ × 10 = 5)

दिल्लीतः

तिथिः ....

पूज्या पितृवर्याः!

सादरं ···(*i*)·····················।

अत्र कुशलं ···(*ii*)·····················। भवन्तौ इदं ज्ञात्वा ···(*iii*)····················· भविष्यतः यत् गते सप्ताहे ···(*iv*)····················· विद्यालये रक्तदानशिविरम् ···(*v*)·····················। अस्माकं कक्षाध्यापकः ···(*vi*)····················· प्रमुखः आयोजकः आसीत्। तस्य ···(*vii*)····················· सर्वे छात्राः रक्तं ···(*viii*)····················· । अहम् अपि रक्तं दत्तवान्। आशासे अस्मिन् ···(*ix*)····················· पठित्वा भवन्तौ प्रसन्नौ ···(*x*)·····················।

मातृचरणयोः प्रणामाः।

भवतः पुत्रः

अभयः

मञ्जूषा– शिविरस्य, दत्तवन्तः, भविष्यतः, विषये, सहयोगेन, प्रसन्नौ, आयोजितम्, अस्माकं, तत्रास्तु, प्रणामाः।

23. भवान् अमितः। भवान् दिल्लीनगरे वसति। भवतः मित्रम् अग्रिमः च मुम्बईनगरे वसति। भवता मित्रं पृष्टम्, जनवरीमासे समविषमवाहनानां प्रयोगेण दिल्लीनगरस्य जनजीवनं कीदृशम् आसीत्। तस्य वर्णयन् मित्रं प्रति लिखितं पत्रं मञ्जूषायां प्रदत्तपदैः पूरयत–

परीक्षाभवनतः

तिथिः – ....

प्रिय मित्र ···(*i*)·····················!

सप्रेम नमोनमः।

अत्र ···(*ii*)····················· तत्र अस्तु। भवता ···(*iii*)····················· जनवरीमासे समविषम-सङ्ख्यायुक्त-वाहनानां प्रयोगे दिल्लीनगरस्य ···(*iv*)····················· स्थितिः कीदृशी आसीत्। मित्र! दिल्लीनगरस्य कार्यव्यवस्थायां कोऽपि ···(*v*)····················· न जातः। स्थितिः पूर्ववत् एव आसीत् अपितु पूर्वात् अपि श्रेयस्करा आसीत्। मार्गेषु वाहनानां ···(*vi*)····················· न्यूनः जातः। कुत्रापि अवरोधः न अभवत्। अनेन सह सर्वैः मिलित्वा वाहनानां प्रयोगः ···(*vii*)····················· एषा ···(*viii*)····················· अवयमेव सफली-भविष्यति। यदि सर्वे मिलित्वा अस्य पालनं ···(*ix*)·····················।

शेषं सर्वं कुशलम्।

सर्वेभ्यः नमोनमः।

भवतः मित्रम्

···(*x*)·····················

मञ्जूषा– अग्रिम, कार्यव्यवस्थायाः, प्रयोगः, कृतः, करिष्यन्ति, अमितः, कुशलम्, पृष्टम्, अवरोधः, योजना।

24. भवान् नमितः। भवान् दशमकक्षायां उत्तमान् अङ्कान् प्राप्नोत्। अतः परिवारजनाः मित्राणि अनेकान् उपहारान् प्रायच्छत्। मित्रेण प्राप्तम् उपहारं प्रति मित्रं धन्यवादं यच्छन् लिखितं पत्रं मञ्जूषायाः पदानि चित्वा पूरयत–

परीक्षाभवनतः

तिथिः – ....

प्रिय मित्र लोकेश!

सप्रेम ···(*i*)·····················।

अत्र कुशलं तत्र ···(*ii*)····················· । मया परीक्षायां उत्तमा ···(*iii*)····················· प्राप्ताः। एतदर्थम् अनेके ···(*iv*)····················· बहून् ···(*v*)····················· प्रायच्छन्। परं सर्वेषु ···(*vi*)····················· भवता दत्तः ···(*vii*)····················· तु अद्वितीयः। भवता यत् ···(*viii*)····················· दत्तं तत् तु मम जीवनाय अति उपयोगि ···(*ix*)·····················। अस्मिन् काले भवत्सदृशानि मित्राणि विरलानि सन्ति। पुनः किं कथयामि नूनं अहं भाग्यवान् अस्मि यस्य तव सदृशः मित्रम्।

शेषं सर्वं कुशलम्। मातृपितृभ्यां ···(*x*)····················· प्रणामाः।

भवतः मित्रम्

नमितः

मञ्जूषा– चरणयोः, जनाः, उपहारेषु, उपहारः, अस्ति, नमोनमः, अस्तु, अङ्काः, उपहारान्, पुस्तकम्।

25. भवतः मित्रम् अस्वस्थम् अस्ति। स्वास्थ्यस्य नियमानां पालनार्थं लिखितं पत्रं मञ्जूषायाः पदानि चित्वा पूरयत–

परीक्षाभवनतः

तिथिः ....

प्रिय मित्र लव!

सप्रेम ···(*i*)·····················।

भवतः पत्रेण ···(*ii*)····················· यत् भवान् ···(*iii*)····················· अस्ति। अस्वस्थतायाः कारणं नियमानां यथानुसारं ···(*iv*)····················· न एव। यदि भवान् प्रातः ···(*v*)····················· यथासमयं व्यायामं करोति तदा शरीरं ···(*vi*)····················· भवति। यथासमयं ···(*vii*)····················· यथासमयं खेलनं च करोति तदा शरीरं स्वस्थं भवति। शरीरस्य स्वास्थ्यं मनसः ···(*viii*)····················· अनिवार्यम्। वयं जानीमः एवं ···(*ix*)····················· एव स्वस्थमनसः निवासः। अहं विश्वसिमि यत् भवान् मम कथनस्य उपरि विश्वासं कृत्वा स्वास्थ्यस्य नियमानाम् ···(*x*)····················· करिष्यति।

शेषं सर्वं कुशलम्। पितृभ्यां चरणयोः वन्दना।

भवतः मित्रम्

नकुलः

मञ्जूषा– स्वस्थशरीरे, पालनं, स्वस्थं, स्वास्थ्याय, नमोनमः, ज्ञातम्, अस्वस्थः, उत्थाय, भोजनं, पालनम्

26. भवान् अमितः। भवान् संस्कृतक्रियाविधौ यथाकालं न कार्यम् अकरोत्। यथाकालं कार्यं न कारणात् अध्यापकेन किं कृतम् अस्य वर्णयन् मित्रं प्रति लिखितं पत्रं मञ्जूषायाः पदानि चित्वा पूरयत–

कमलानगरम्

···(i)······················

प्रिय मित्र ···(ii)······················!

सप्रेम नमोनमः।

अत्र कुशलं तत्र ···(iii)······················। आधुनिकपद्धत्यां अनेकेषां क्रियाविधीनां विधानम् ···(iv)······················। समयस्य ···(v)······················ क्रियाविधेः प्रमुखः आधारोऽस्ति। गतसप्ताहे संस्कृतस्य क्रियात्मकविधौ ···(vi)······················ अनुपालनं मया न कृतम् एतदर्थं ···(vii)······················ मम कार्यम् अपि परिवर्तितं कृतम्। अनेन तु मम कालस्य ···(viii)······················ पूर्वात् अपि अधिकतरः जातः। यत्कार्यार्थं एकहोरामात्रम् एव पर्याप्तम् आसीत् तत्कार्यं ···(ix)······················ होरात्रयं समाप्तम्। अधुना तु मया निश्चितम्, अहं कदापि स्वकार्यं प्रति ···(x)······················ न करिष्यामि।

शेषं सर्वं कुशलम्।

भवतः मित्रम्

अमितः

मञ्जूषा– प्रमादम्, अस्तु, दिल्लीतः, अनुज, मया, अस्ति, हानिः, नियमानाम्, अध्यापकेन, अनुपालनम्।

27. भवान् अमितः। भवतः मित्रम् अनुजः कलकत्ताप्रदेशे वसति। विद्यालयस्य छात्राः पर्यावरण–रक्षार्थं शोभायात्रा आयोजिता। तस्याः वर्णयन् मित्रं प्रति लिखितं पत्रं मञ्जूषायाः उचितपदैः चित्वा पूरयत–

प्रिय अनुज

···(i)······················

अत्र कुशलं तत्र ···(ii)······················। भवान् इदं ···(iii)······················ प्रसन्नः भविष्यति। यत् गतसप्ताहे अस्माकं विद्यालयस्य छात्रैः एका शोभायात्रा ···(iv)······················। अस्याः शोभायात्रायाः मूलमन्त्रं तु पर्यावरणस्य ···(v)······················ एव आसीत्। अस्यां ···(vi)······················ नवकक्षायाः छात्रैः भागः गृहीतः। एषा शोभायात्रा विद्यालयं परितः ···(vii)······················ सर्वान् पर्यावरणस्य रक्षायै जागरुकान् अकरोत्। समये समये ईदृशस्य कार्यक्रमस्य ···(viii)······················ तु अनिवार्यम् एव। ईदृशानि कार्याणि जनान् अवश्यमेव प्रभावितं। ···(ix)······················ । शेषं सर्वं ···(x)······················।

मातृचरणयोः मम प्रणामः।

भवतः मित्रम्

अमितः

मञ्जूषा– कुशलम्, सप्रेमनमस्ते, रक्षा, अस्तु, आयोजिता, करिष्यन्ति, भ्रमित्वा, शोभायात्रायां, ज्ञात्वा, आयोजनम्।

28. मित्रं प्रति लिखितं पत्रं मञ्जूषायाः उचितं पदं चित्वा पूरयत–

परीक्षा भवनतः

तिथिः ....

प्रिय मित्र ···(i)······················

सप्रेम नमोनमः।

अत्र कुशलं तत्र ···(*ii*)··················· भवान् अपि जानाति यत् ···(*iii*)··················· अस्माकं दशकक्षायाः परीक्षा ···(*iv*)··················· भविष्यति। एषा ···(*v*)··················· दशमकक्षायाः पूर्णपाठ्यक्रमस्य उपरि ···(*vi*)··················· भविष्यति। सतत-व्यापक-मूल्याङ्कनस्य अपेक्षा एषा ···(*vii*)··················· अवश्यमेव कठिना भविष्यति। ये छात्राः सीमितपाठ्यक्रमम् अपि पठितुं ···(*viii*)··················· न आसन् ते पूर्णपाठ्यक्रमं कथं पठिष्यन्ति। परं मम विचारे अधुना अवश्यमेव छात्रा ···(*ix*)··················· भविष्यन्ति। शिक्षायाः एषा पद्धतिः अवश्यमेव लाभकारिणी भविष्यति।

शेषं सर्वं कुशलम्।

भवतः मित्रम्

···(*x*)···················

मञ्जूषा–

नकुलः, परीक्षा, पद्धतिः, समर्थाः, आधारिता, बोर्डपरीक्षा, अस्तु, आगामिवर्षे, जागरूकाः, अमित।

29. भवान् ललितः। भवान् गत-परीक्षायाम् उत्तीर्णः। एतम् उपलक्ष्य पुस्तकं प्रेषितवते मित्राय लिखिते धन्यवाद-पत्रे रिक्तस्थानानि मञ्जूषास्थ-पदैः पूरयत– (*CBSE 2015*)

त्यागनगरम्

मुम्बईतः

तिथिः ··················

प्रियमित्र ···(*i*)···················!

सप्रेम नमस्कारः।

अत्र सर्वं ···(*ii*)··················· । तत्राप्यस्तु इति प्रार्थये। अहं गतपरीक्षायां समीचीनान् ···(*iii*)··················· प्राप्य उत्तीर्ण इत्युपलक्ष्ये बहूनि विविधानि पारितोषिकानि ···(*iv*)··················· । तेन अहं तुष्टः तथापि भवता प्रेषितं ···(*v*)··················· इति पुस्तकं न केवलं मम बुद्ध्यै अपितु ···(*vi*)··················· अपि उपकारकं भविष्यति इत्यत्र नास्ति कोऽपि सन्देहः। अस्मिन् ···(*vii*)··················· भवत्सदृशमित्राणि विरलानि सन्ति एवं ···(*viii*)··················· आत्मानं भाग्यवन्तं मन्ये। भवतः ···(*ix*)··················· मम प्रणामाः। भूयोभूयो धन्यवादः।

भवतः प्रियमित्रम्

···(*x*)···················

मञ्जूषा–

ज्ञानबोधनि, मातृपितृचरणयोः, युगे, अङ्कान्, जीवने, अनुज, प्राप्तानि, कुशलम्, ललितः, अहम्।

30. भवती कृपा। मातुः अस्वस्थताविषये लिखिते पत्रे रिक्तस्थानानि पूरयित्वा पत्रं पुनः लिखतु– (*CBSE 2014*)

छात्रावासतः ········

तिथिः ············

आदरणीयाः ···(*i*)···················,

सादरं ···(*ii*)···················।

अहम् अत्र कुशलिनी। भवतः पत्रात् ···(*iii*)··················· अस्वस्थताविषये ज्ञात्वा ···(*iv*)··················· अस्मि। आगामिमासे ···(*v*)··················· परीक्षा भविष्यन्ति इति कारणेन गृहम् आगन्तुम् ···(*vi*)···················

अस्मि। समये-समये मात्रे ···*(vii)*··················· यच्छन्तु इति प्रार्थये। परीक्षायाः अनन्तरं ···*(viii)*···················

गृहम् आगमिष्यामि।

···*(ix)*····················· मम प्रणामाः।

भवदीया ···*(x)*·····················

कृपा

मञ्जूषा– मातुः, पितृचरणाः, चिन्ताकुला, औषधं, अशक्तः, अहं, सुता, प्रणामाः, विद्यालये, मातृचरणयोः।

31. भवान् अरविन्दः। ग्रीष्मावकाशे भ्रमणाय स्वमित्रं प्रति लिखितम् इदं पत्रं मञ्जूषायां प्रदत्तैः उचितैः शब्दैः पूरयित्वा पुनः लिखतु। (*CBSE 2015*)

आनन्दविहारः

नवदिल्लीतः

प्रिय मित्र ···*(i)*·····················! तिथिः ....

नमोनमः।

अत्र कुशलं ···*(ii)*·····················। भवतः पत्रम् पठित्वा चित्तम् प्रासीदत्। अधुना ···*(iii)*····················· अस्ति यत् अहं ···*(iv)*····················· उत्तीर्णः अभवम्। आशास्ति त्वमपि उत्तमश्रेण्यां ···*(v)*····················· भविष्यसि। अहं ···*(vi)*····················· भवतां समीपम् आगन्तुम् इच्छामि। अहं ···*(vii)*····················· सह ग्रीष्मावकाशं मसूरीनगरे यापयिष्यामि। तत्र हिमाच्छादिताः ···*(viii)*····················· जनान् आकर्षयन्ति। अहमपि तत्र प्राकृतिकदृश्यस्य ···*(ix)*····················· कर्त्तुम् इच्छामि।

गृहे माता-पित्रोः ···*(x)*····················· मम प्रणामाः।

भवदीयं मित्रम्

अरविंदः

मञ्जूषा– मित्रैः, गौरव, प्रथमश्रेण्यां, ग्रीष्मावकाशे, उत्तीर्णः, पर्वतश्रृंखलाः, अवलोकनं, तत्रास्तु, समाचारः, चरणयोः।

32. भवान् लोकेशः। भवतः मित्रं गौरवः छात्रावासे वसति। सः अस्वस्थः। स्वास्थ्यरक्षणाय तं प्रति लिखितं पत्रं मञ्जूषासहायतया पूरयित्वा उत्तरपुस्तिकायां लिखत– (*CBSE 2015*)

15, कमलानगरम्

मुम्बईतः

तिथिः 12-9-2022

प्रिय मित्र ···*(i)*·····················

सप्रेम नमस्ते।

भवतः पत्रात् मया ···*(ii)*····················· यत् त्वम् गतसप्ताहात् अस्वस्थः असि। अहं ···*(iii)*····················· सह तव विषये चर्चां कृतवान्। मम पितृमहोदयः प्राकृतिक चिकित्सकः अस्ति। तेन स्वास्थ्यरक्षणाय ये ···*(iv)*····················· दत्ताः तान् अहं लिखामि। ते नियमाः एवं सन्ति–

(i) प्रातः सूर्योदयात् ···(v)····················· शय्यात्यागः करणीयः। रात्रौ च दशवादने शयितव्यम्।

(ii) प्रतिदिनं भ्रमणं व्यायामः च कर्तव्यः।

(iii) यावत् ···(vi)····················· अनुभूतिः न भवेत् भोजनं न कर्तव्यम्।

(iv) भोजनेन सह जलं न पातव्यम्।

(v) भोजनं शनैः शनैः चर्वणपूर्वकम् ···(vii)····················· भक्षणीयम्।

(vi) प्रतिदिनं ···(viii)····················· जलं पातव्यम्।

अन्यत् सर्वं कुशलम्। समये समये स्वास्थ्यविषये त्वया अवश्यम् सूचनीयम्।

···(ix)····················· प्रियं मित्रम्

···(x)·····················

मञ्जूषा— क्षुधायाः, ज्ञातम्, पर्याप्तम्, निर्देशाः, लोकेशः, त्वदीयम्, गौरव, स्वपित्रा, एकहोरापूर्वं, प्रसन्नमनसा।

33. भवान् सार्थकः, भवता पितरं प्रति लिखिते पत्रे मञ्जूषापदैः रिक्तस्थानानि पूरयित्वा पत्रं पुनः लिखतु।

(CBSE 2015)

छात्रावासः

केन्द्रीय विद्यालयः ···(i)·····················

दिनाङ्कः ·····················।

आदरणीयाः ···(ii)·····················!

सादरं चरणवन्दना।

अत्र अहं कुशली अस्मि। तत्र अपि सर्वं कुशलं स्यात् इति कामये। पितृवर्याः! अस्मिन् ···(iii)····················· विद्यालयः ···(iv)····················· आयोजयति। भारतस्य विभिन्नप्रदेशेभ्यः ···(v)····················· अस्माकं विद्यालयम् आगच्छन्ति। अस्माकं विद्यालयस्य ···(vi)····················· अपि तस्यां ···(vii)····················· भागं गृह्णन्ति। अहं तेषु एकः अस्मि। अतः अहम् अस्मिन् अवकाशे ···(viii)····················· गृहम् आगमिष्यामि। केषाञ्चित् ···(ix)····················· अपि आवश्यकता अस्ति। कृपया पञ्चशतानि रूप्यकाणि प्रेषयित्वा अनुग्रहं कुर्वन्तु। मातृचरणयोः प्रणामाः कथनीयाः।

भवतः ···(x)·····················,

सार्थकः

मञ्जूषा— ग्रीष्मावकाशे, प्रतियोगितायाम्, पितृवर्याः, रूप्यकाणाम्, छात्राः, शिमलातः, क्रीडाप्रतियोगिताम्, आत्मजः, विलम्बेन, क्रीडकाः।

34. 'मित्रं' प्रतिलिखितम् अधः पत्रं मञ्जूषापदसहायतया पूरयित्वा पुनः लिखत—

(CBSE 2016)

···(i)·····················

···(ii)····················· गौरव!

सस्नेह ···(iii)····················· ।

गतमासे अहं ···(*iv*)··················· मात्रा च सह भ्रमणार्थं मेघालयप्रदेशम् अगच्छम्। ···(*v*)··················· सौन्दर्यम् अद्भुतम्। ···(*vi*)··················· सुन्दरं पर्वतीयस्थलम्। ···(*vii*)··················· वृक्षैः पर्वतैः च सुसज्जिता इयं वस्तुतः देवभूमिः एव अस्ति। इमं सुरम्यं प्रदेशं दृष्ट्वा ···(*viii*)··················· यत् पर्वताः सदैव रम्याः एव। अहं त्वया सह अपि एकवारं ···(*ix*)··················· तत्र गन्तुम् इच्छामि। आशासे आवां शीघ्रमेव तत्र पर्वतानां मध्ये भविष्यावः।

सर्वेभ्यः मम नमस्काराः कथनीयाः। शीघ्रं मिलावः।

···(*x*)··················· मित्रम्,
अङ्कुरः

मञ्जूषा– भवतः, इदं, केरलतः, विशालैः, नमस्काराः, पुनः, अनुभूयते, मेघालयप्रदेशस्य, पित्रा, प्रियमित्र।

35. पितरं प्रति लिखितम् अधःपत्रं मञ्जूषाप्रदत्तशब्दैः पूरयित्वा पुनः लिखत : (*CBSE 2016*)

ब्रह्मपुत्र-छात्रावासः,
···(*i*)···················
तिथिः ··········

पूज्याः ···(*ii*)···················!

सादरं प्रणामाः।

अत्र कुशलं तत्रास्तु। इदं विज्ञाय भवान् अतिप्रसन्नः भविष्यति यद् गतदिवसे अन्तर्विद्यालयीयभाषणप्रतिस्पर्धायां मया ···(*iii*)··················· स्थानं लब्धम्। क्रीडादिवसे ···(*iv*)··················· अहमेव प्रथमः आसम्। अस्मिन् वर्षे वार्षिकोत्सवे अहं नाट्याभिनयं ···(*v*)···················।

अयं वार्षिकोत्सवः आगामि-शुक्रवासरे ···(*vi*)···················। विद्यालयस्य पक्षतः ह्यः एव ···(*vii*)··················· प्रेषितम्। अहमपि ···(*viii*)··················· सूचयामि यद् भवान् मात्रा सह अवश्यम् आगच्छतु। मम ···(*ix*)··················· भविष्यति। मातृचरणयोः मम प्रणामाः।

भवतः पुत्रः,
···(*x*)···················।

मञ्जूषा– निमन्त्रणपत्रम्, धावनप्रतियोगितायाम्, नीरजः, उत्साहवर्धनम्, भवन्तम्, नवदिल्लीतः, प्रथमम्, करिष्यामि, पितृमहोदयाः, आयोजयिष्यते।

36. भवान् अमितः। भवतः मित्रं नमितः ग्रीष्मावकाशे विदेशभ्रमणार्थम् अगच्छत्। विदेशे तेन किम् अनुभूतम् तस्य वर्णयन् मित्रं अमितं प्रति लिखितं पत्रं मञ्जूषायां प्रदत्तशब्दैः पूरयत– (*CBSE 2016*)

परीक्षाभवनतः
तिथिः ··········

प्रिय मित्र अमित!

सप्रेम ···(*i*)···················।

अत्र कुशलं तत्र ···(*ii*)··················· । त्वया ···(*iii*)··················· मया विदेशयात्रायां किम् ···(*iv*)···················।

मया विदेशे यत् ···(*v*)··················· अनुभूतं च तत् ···(*vi*)··················· मम लेखनी तु पूर्णरूपेण असमर्था एव। तत्र सर्वत्र ···(*vii*)··················· चाक्चक्यम् एव च आसीत्। सर्वे एव तत्र ···(*viii*)···················

अनुपालनं कुर्वन्ति। नियमानाम् ···(*ix*)························ तु तैः शिक्षितम् एव न। यदि एकवारं भवान् तत्र गमिष्यति तर्हि ज्ञास्यति मम कथनेषु सत्यता अस्ति न वा। शेषं सर्वं कुशलम्।

मातृपितृभ्याम् चरणयोः प्रणामाः।

भवदीयः मित्रम्

···(*x*)························।

मञ्जूषा– अनुभूतम्, सौन्दर्यम्, नियमानाम्, उल्लङ्घनम्, नमोनमः, अस्तु, पृष्टम्, दृष्टम्, वर्णयितुं, अमितः।

37. भवती सुधा। अमेरिकादेशस्य यात्रायाः वर्णनं कुर्वन्ती स्वमित्रं नमितां प्रति लिखितं पत्रं मञ्जूषायां दत्तैः उचितपदैः पूरयित्वा पुनः लिखत– ½ × 10 = 5

दिल्लीनगरतः

तिथिः ···············

प्रिये ···(*i*)························ !

सस्नेहं ···(*ii*)························,

अत्र कुशलं तत्र ···(*iii*)························। ग्रीष्म-ऋतौ अहं परिवारेण सह ···(*iv*)························ गतवती। अहं अमेरिकादेशस्य वेगसनगरं गतवती। तस्य प्रदेशस्य ···(*v*)························ दृष्ट्वा तु अहं विस्मिता अभवम् सर्वत्र ···(*vi*)························ एव आसीत्। प्रथमदिवसे तु मया ···(*vii*)························ कोऽपि उत्सवः एव अस्ति। तत्र सर्वे एव जनाः स्वकर्त्तव्यं एवं ···(*viii*)························ प्रति च जागरूकाः सन्ति। अमेरिकादेशः तु ···(*ix*)························ देशः अस्ति। मम लेखनी तु तस्य देशस्य ···(*x*)························ कर्तुं पूर्णतः असमर्था एव। यदा वयं मिलिष्यामः तदा अस्य वर्णनं करिष्यामः।

गृहे सर्वेभ्यः मम नमस्काराः।

भवत्याः सखी

सुधा

मञ्जूषा– स्वच्छतायाः, स्वच्छतां, वर्णनं, प्रकाश, अनुभूतम्, सौन्दर्यम्, अमेरिकादेशं, अस्तु, नमोनमः, नमिते।

उत्तराणि

अभ्यासप्रश्नाः (सोत्तराः)

3. (*i*) मित्र (*ii*) लिखामि (*iii*) मया (*iv*) प्रकाशस्य (*v*) क्वचित् (*vi*) अजनयत् (*vii*) खादितानि (*viii*) च (*ix*) देयम् (*x*) सस्नेहो

4. (*i*) मान्य (*ii*) निवेदनं (*iii*) भवतां (*iv*) परीक्षा (*v*) मम (*vi*) कक्षायाः (*vii*) मया (*viii*) भागः (*ix*) अहं (*x*) प्रेषणीयम्

5. (*i*) रायपुरतः (*ii*) प्रियवत्से (*iii*) कुशलिनी (*iv*) कुशलिनः
(*v*) भवतीम् (*vi*) प्रचलति (*vii*) परीक्षा (*viii*) अवकाशस्य
(*ix*) सखिभ्यः (*x*) पिता

6. (*i*) भगिनि (*ii*) तत्रास्तु (*iii*) प्राप्तम् (*iv*) सफलतायां
(*v*) पठितुम् (*vi*) आर्थिकदशाम् (*vii*) शीघ्रम् (*viii*) पितृपादस्य
(*ix*) आवुत्ताय (*x*) भवदभ्राता

7. (*i*) पितृव्य (*ii*) मम (*iii*) दत्तः (*iv*) समयस्य
(*v*) अपेक्षा (*vi*) नियमितः (*vii*) पुष्टये (*viii*) भवान्
(*ix*) स्वीकरोतु (*x*) भवदीयः

पूर्वपरीक्षाप्रश्नानाम्–I

8. (*i*) श्रीनगरतः (*ii*) वन्दनानि (*iii*) अभवत् (*iv*) कुशलिनी
(*v*) स्वास्थ्यविषये (*vi*) मम (*vii*) पुस्तकम् (*viii*) पठितम्
(*ix*) पश्चात् (*x*) आगत्य

9. (*i*) सुनन्द! (*ii*) नमः (*iii*) ग्रामे (*iv*) पञ्चविंशत्याम्
(*v*) ग्रामीणाः (*vi*) प्रसन्नाः (*vii*) आर्तवानाम् (*viii*) चिकित्सायै
(*ix*) सुखदं (*x*) मातृचरणयोः

10. (*i*) नमोनमः (*ii*) सम्पन्ना (*iii*) प्रतीक्षसे (*iv*) शिमलानगरम्
(*v*) आगामिमासस्य (*vi*) सम्भाव्यते (*vii*) अतीव (*viii*) पर्यटकाः
(*ix*) त्वाम् (*x*) निवेदनीयाः

11. (*i*) दिल्लीतः (*ii*) प्रिय अग्रज (*iii*) कुशली (*iv*) स्मरतः
(*v*) आगमिष्यति (*vi*) अवश्यम् (*vii*) लेखिष्यति (*viii*) सम्यक्
(*ix*) कुशलम् (*x*) अनुजः।

अभ्यासप्रश्नाः
(स्वयं अभ्यासार्थम्)

☞ उत्तराणि स्वयं लिखतु।

3

सङ्केताधारितम् औपचारिकं पत्रलेखनम्
(LETTER WRITING)

परीक्षा में सङ्केताधारितम् औपचारिकं/अनौपचारिकं पत्रम् के लिए पाँच अंक निर्धारित हैं। पत्र में दस रिक्त स्थान भरने अपेक्षित हैं।

अभ्यासप्रश्नाः
(सोत्तराः)

1. विद्यालये रोगवशात् अवकाशहेतोः प्रार्थनापत्रम्। मञ्जूषातः पदानि चित्वा रिक्त स्थानानि पूरयत।

परीक्षाभवनम्

दि. 15.6.2022

···(*i*)·······················,

अहं ···(*ii*)··················· विद्यालये दशमकक्षायां ···(*iii*)····················· अद्य ···(*iv*)····················· ज्वरेण पीडितः ···(*v*)··················· शिरोवेदनां ···(*vi*)····················· वर्त्तते। ···(*vii*)··················· विद्यालये आगन्तुम् ···(*viii*)························ अस्मि। दिनद्वयस्य ···(*ix*)···················· प्रयच्छन्तु इति ···(*x*)······················ भवन्तः।

सधन्यवादम्।

भवदीयः शिष्यः,

रमाकान्तः

अनु. 60

मञ्जूषा— अवकाशम्, प्रार्थ्यन्ते, अपि, श्रीमन्तः, भवताम्, अहम्, पठामि, अस्मि, असमर्थः, अतः

उत्तरम्–

परीक्षाभवनम्

दि. 15 जून, 2022

………**श्रीमन्तः**………,

अहं ………**भवताम्**……… विद्यालये दशमकक्षायां ………**पठामि**……… अद्य ………**अहम्**……… ज्वरेण पीडितः ………**अस्मि**……… शिरोवेदनां ………**अपि**……… वर्त्तते। ………**अतः**……… विद्यालये आगन्तुम् ………**असमर्थः**……… अस्मि। दिनद्वयस्य ……**अवकाशम्**…… प्रयच्छन्तु इति ……**प्रार्थ्यन्ते**…… भवन्तः।

सधन्यवादम्।

भवदीयः शिष्यः,

रमाकान्तः

अनु. 60

2. विद्यालय परिवर्तनात् विद्यालयत्यागस्य प्रार्थनापत्रम्। मञ्जूषातः पदानि चित्वा रिक्तस्थानानि पूरयत।

परीक्षाभवनम्

दि. 15.7.2022

…(*i*)………………

सेवायां …(*ii*)……………… अस्ति यत् …(*iii*)……………… नवमकक्षायां …(*iv*)……………… अभवम्। सम्प्रति मम …(*v*)……………… स्थानान्तरणं जातम्। अतः …(*vi*)……………… अपि तत्र गत्वा …(*vii*)……………… अनिवार्यम्। …(*viii*)……………… विद्यालयन्तरणं प्रमाणपत्रं प्रदाय …(*ix*)……………… अनुग्रहीष्यन्ति इति आशासे।

…(*x*)……… शिष्यः,

शिवकान्तः

अनु. 65

मञ्जूषा— | मया, आज्ञाकारी, माम्, उत्तीर्णः, श्रीमन्तः, निवेदनम्, पितुः, अहम्, पठनम्, अतः |

उत्तरम्—

परीक्षाभवनम्

दि. 15.7.2022

………**श्रीमन्तः**………

सेवायां ………**निवेदनम्**……… अस्ति यत् ………**अहम्**……… नवमकक्षायां ………**उत्तीर्णः**……… अभवम्। सम्प्रति मम ………**पितुः**……… स्थानान्तरणं जातम्। अतः ………**मया**……… अपि तत्र गत्वा ………**पठनम्**……… अनिवार्यम्। ………**अतः**……… विद्यालयन्तरणं प्रमाणपत्रं प्रदाय ………**माम्**……… अनुग्रहीष्यन्ति इति आशासे।

........**आज्ञाकारी**....... शिष्यः,

शिवकान्तः

अनु. 65

3. शुल्कक्षमार्थं प्रार्थनापत्रम्। मञ्जूषातः पदानि चित्वा रिक्तस्थानानि पूरयत।

...(*i*)..............

दि. 27.7.2022

श्रीमन्तः,

...(*ii*)................. निवेदनम् अस्ति ...(*iii*)................... मम ...(*iv*)................... कार्यालये लिपिकपदे ...(*v*) .... करोति। तस्य ...(*vi*)................... परिवारस्य निर्वाहः दुष्करः अस्ति। अतः मम शुल्कप्रदाने ...(*vii*) .... अस्ति। मम शिक्षायां ...(*viii*)................... न स्यात्। कृपया शुल्कप्रदाने ...(*ix*)................. मुक्तिं प्रयच्छन्तु।

सधन्यवादम्।

...(*x*)................... शिष्यः,

इन्दुशेखरः

मञ्जूषा—	बाधा, मह्यम्, परीक्षाभवनम्, भवदीयः, वेतनेन, सविनयम्, यत्, पिता, कार्यम्, असमर्थः

4. शुल्कक्षमार्थं प्रार्थनापत्रम्। मञ्जूषातः पदानि चित्वा रिक्तस्थानानि पूरयत।

परीक्षाभवनम्,

दि. 17 जुलाई, 2022

...(*i*)...................

सविनयं ...(*ii*) .... यत् अहं ...(*iii*)................. विद्यालये दशम ...(*iv*)................. पठामि। अष्टमकक्षायाः ...(*v*)................... अहं ...(*vi*)................. प्रथमस्थानं प्राप्तवान्। क्रीडाक्षेत्रे अपि ...(*vii*) .... प्रशंसनीया उपलब्धिः प्राप्ता। ...(*viii*)................... भवन्तं ...(*ix*)................... यत् मह्यं शुल्कमुक्तिं प्रयच्छन्तु।

सधन्यवादम्।

...(*x*)................ शिष्यः,

शशिमौलिः

अनु. 25

मञ्जूषा—	भवदीयः, श्रीमन्तः, प्रार्थये, विनिवेद्यते, अतः, मया, मण्डले, परीक्षायाम्, कक्षायाम्, भवताम्

5. दण्डक्षमार्थं प्राचार्यं प्रति प्रार्थनापत्रम्। मञ्जूषातः पदानि चित्वा रिक्तस्थानानि पूरयत।

परीक्षाभवनम्,

दि. 21.8.2022

श्रीमन्तः,

···(*i*)····················· प्रणामाः।

सेवायां ···(*ii*)····················· अस्ति यद् ···(*iii*)····················· दशम कक्षायां ···(*iv*)·····················। ह्यः ···(*v*)····················· परीक्षा आसीत्, परम् अहम् आवश्यककार्यवशात् ···(*vi*)····················· आसम्। अध्यापकेन पञ्चरुप्यकैः ···(*vii*) ·····················। श्रीमन्तः, अहं ···(*viii*)····················· आसम्। कृपया मम अर्थदण्डः ···(*ix*)····················· इति प्रार्थ्यन्ते भवन्तः।

भवदीयः ···(*x*)·····················

उमाकान्तः

अनु. 24

मञ्जूषा— शिष्यः, क्षन्तव्यः, सादरम्, निवेदनम्, अहम्, विवशः, दण्डितः, अनुपस्थितः, मासिक, पठामि

6. पुस्तकप्रेषणाय प्रकाशकं प्रति पत्रम्। मञ्जूषातः पदानि चित्वा रिक्तस्थानानि पूरयत।

परीक्षाभवनम्,

दि. अगस्त 15, 2022

···(*i*)····················· महोदयः,

लक्ष्मी पब्लिकेशन्स,

नई दिल्ली।

···(*ii*)·····················

अहं राजकीये ···(*iii*)····················· दशमकक्षायाः ···(*iv*)····················· अस्मि। अधुना निम्नलिखितस्य ···(*v*) ····················· महती आवश्यकता अस्ति। ···(*vi*)····················· कमीशनं प्रदाय ···(*vii*)····················· शीघ्रं प्रेषणीयम्, येन ···(*viii*) ····················· बाधा न स्यात्। पुस्तकं ···(*ix*)····················· न स्यात्। समग्रं ···(*x*)····················· अपि लेखनीयम्।

1. प्रायोगिक संस्कृत व्याकरण दशम कक्षा।

भवदीयः,

रमेशचन्द्रः

अनु. 42

मञ्जूषा— विवरणम्, जीर्णम्, प्रबन्धक, श्रीमन्तः, छात्रः, विद्यालये, पुस्तकस्य, उचितम्, पुस्तकम्, अध्ययने

7. आर्थिक सहायतार्थं प्राचार्यं प्रति पत्रम्।

···(*i*)····················

दि. अगस्त 17, 2022

श्रीमन्तः,

···(*ii*)···················· प्रणामाः।

···(*iii*)···················· विनिवेद्यते यत् ···(*iv*)···················· दशम-कक्षायाः छात्रः ···(*v*)····················। ···(*vi*)···················· पिता कार्यालये सामान्यः ···(*vii*)···················· अस्ति। सः परिवारस्य ···(*viii*)···················· असमर्थः अस्ति। अहं ···(*ix*)···················· प्रार्थये यत् मह्यम् आर्थिकसहायतां प्रयच्छतु ···(*x*)···················· ।

सधन्यवादम्।

भवदीयः शिष्यः,

ललितकुमारः

अनु. 64

मञ्जूषा— भवन्तम्, भवान्, पालने, लिपिकः, अस्मि, मम, अहम्, सविनयम्, परीक्षाभवनम्, सादरम्

8. क्रीडोपस्कराणाम् आपूर्त्यै प्राचार्यं प्रति पत्रम्।

परीक्षाभवनम्,

दि. 24.8.2022

श्रीमन्तः,

···(*i*)···················· प्रणामाः।

···(*ii*)···················· निवेदनम् अस्ति यत् ···(*iii*)···················· विद्यालयस्य क्रीडापरिषदः ···(*iv*)···················· अस्मि। अहं ···(*v*)···················· ध्यानाकर्षणं क्रीडोपस्कराणाम् ···(*vi*)···················· करोमि। अनेन छात्राणाम् ···(*vii*)···················· बाधितो भवति। अस्मिन् ···(*viii*)···················· शीघ्रं ···(*ix*)···················· करणीया इति ···(*x*)····················।

भवदीयः शिष्यः,

ललितमोहनः

अनु. 14

मञ्जूषा— प्रार्थना, सादरम्, व्यवस्था, प्रतिनिधिः, सेवायाम्, अहम्, भवताम्, आपूर्त्यै, अभ्यासः, विषये

9. नियुक्तिहेतोः प्रार्थनापत्रम्।

···(i)····················

दि. 13 अगस्त, 2022

···(ii)····················

सचिवमहोदयः,

वस्त्र-उद्योगशाला,

नव दिल्ली।

विषय–लिपिकपदे नियुक्तिहेतोः ···(iii)····················।

महोदय,

भवतां ···(iv) ···················· लिपिकस्य ···(v)···················· विद्यते इति समाचारपत्रमाध्यमेन विदितम्। ···(vi) ···················· शैक्षणिकपरिचयः संलग्नः अस्ति। ···(vii)···················· कार्यानुभवः अपि अस्ति। अस्मिन् ···(viii) ···················· मम नियुक्तिं कृत्वा अनुगृह्णन्तु ···(ix) ···················· ।

सधन्यवादम्।

···(x)···················· शिष्यः,

मोहनलालः

अनु. 26

मञ्जूषा— माम्, विषये, भवदीयः, अत्र, परीक्षाभवनम्, सेवायाम्, आवेदनम्, कार्यालये, रिक्तपदः, मम

10. शिक्षकस्य नियुक्तिहेतोः आवेदनम्।

परीक्षाभवनम्

दि. अगस्त 22, 2022

···(i)····················

निदेशक महोदयः,

प्रौढशिक्षा, नवदिल्ली।

···(ii)····················

समाचारपत्रमाध्यमेन ···(iii)···················· ज्ञातं ···(iv)···················· सर्वशिक्षा-अभियाने अंशकालिकशिक्षकस्य ···(v)···················· अस्ति। ···(vi)···················· शैक्षणिक परिचयः पत्रेण सह ···(vii)···················· अस्ति। आशासे ···

(*viii*)………………… नियुक्तिं …(*ix*)………………… अनुग्रहीष्यति …(*x*)…………………।

सधन्यवादम्।

भवदीयः शिष्यः,

चन्द्रप्रकाशः

अनु. 23

मञ्जूषा—	मम, संलग्नः, कृत्वा, भवान्, सेवायाम्, श्रीमन्तः, मया, यत्, आवश्यकता, मम

अभ्यासप्रश्नाः
(स्वयं अभ्यासार्थम्)

1. एकादशकक्षायां प्रवेशं प्राप्तुं प्रधानाचार्यं प्रति लिखितं एकं प्रार्थनापत्रम् मञ्जूषायाः दत्तानि पदानि चित्वा रिक्तस्थानानि पूरयित्वा पुनः उत्तरपुस्तिकायां लिखन्तु– (*CBSE 2015*)

परीक्षाभवनतः

तिथिः …………

माननीया …(*i*)………………… !

सविनयं …(*ii*)………………… एतद् अस्ति यत् अहं …(*iii*)………………… पञ्चनवतिः अङ्कान् प्राप्य उत्तीर्णः। पितुः स्थानान्तरणकारणात् अहं भवतां …(*iv*)………………… प्रवेशं ग्रहीतुम् इच्छामि। मम रुचिः …(*v*)………………… अस्ति। विज्ञाने अङ्काः अपि …(*vi*)………………… प्राप्ताः। अतः अहं विज्ञानविषये भवतां विद्यालये …(*vii*)………………… प्रवेष्टुम् इच्छामि। कृपया मह्यं स्वीकृतिं …(*viii*)………………… भवन्तः माम् अनुगृहणन्तु।

सधन्यवादम्।

भवताम् आज्ञाकारी …(*ix*)…………………

…(*x*)…………………

मञ्जूषा–	उत्तमाः, विज्ञाने, विद्यालये, दशकक्षायां, निवेदनम्, प्रधानाचार्याः, एकादशकक्षायां, संजयः, शिष्यः, दत्त्वा

2. प्रधानाचार्यं प्रति लिखितं पत्रं मञ्जूषा-प्रदत्तैः पदैः सहायतया पूरयत– (*CBSE 2016*)

सेवायाम्

…(*i*)………………… प्रधानाचार्यः

डी.ए.वी. विद्यालयः

दिल्लीनगरम्।

…(*ii*)…………………

सविनयं ···(iii)··················· अस्ति यत् अहं ···(iv)··················· ग्रस्तः अस्मि। अस्मात् ···(v)··················· विद्यालये आगन्तुं न शक्नोमि। अतः ···(vi)··················· दिनद्वयस्य ···(vii)··················· प्रदाय ···(viii)··················· अनुग्रह्णातु।

···(ix)···················

भवदीयः शिष्यः

···(x)···················

मञ्जूषा– सधन्यवादम्, दीपकः, निवेदनम्, मान्यः, ज्वरेण, मह्यम्, कारणात्, अवकाशं, माम्, महोदयः।

3. भवताम् नाम अक्षतः। भवान् अस्वस्थतायाः कारणात् पञ्चदिनपर्यन्तं विद्यालये अनुपस्थितः भविष्यति। प्राचार्यं प्रति अवकाश-प्राप्त्यर्थं लिखिते आवेदनपत्रे मञ्जूषातः शब्दान् चित्वा रिक्तस्थानानि पूरयत पत्रं च पुनः लिखत। (*CBSE 2016*)

···(i)···················

राजकीयः विद्यालयः रामाकृष्णपुरम्

नवदिल्ली।

श्रीमन्!

सविनयं ···(ii)··················· अस्ति यत् अहम् अस्य विद्यालयस्य ···(iii)··················· छात्रः अस्मि। अत्यधिकज्वरकारणात् अहं ···(iv)··················· अभवम्। ···(v)··················· परामर्शः दत्तः यत् ···(vi)··················· अहं विद्यालयम् ···(vii)··················· प्रयत्नं न करवाणि। कृपया पञ्चदिनानाम् ···(viii)··················· स्वीकृत्य कृतार्थयतु। भवतां विशेषः ···(ix)··················· भविष्यति।

···(x)··················· शिष्यः

अक्षतः

दशमकक्षास्थः

मञ्जूषा– चिकित्सकेन, दशमकक्षायाः, प्राचार्यमहोदयः, अस्वस्थः, पञ्चदिनपर्यन्तम्, अवकाशं, भवदीयः, अनुग्रहः, निवेदनम्, गन्तुम्।

4. विद्यालयत्यागस्य प्रार्थनापत्रम्। मञ्जूषातः पदानि चित्वा रिक्तस्थानानि पूरयत।

परीक्षाभवनम्,

दि. जुलाई 25, 2022

श्रीमन्तः,

···(i)··················· निवेदनम् ···(ii)··················· यत् मम ···(iii)··················· भवदीय विद्यालये ···(iv) ··················। अधुना ···(v)··················· जयपुरनगरे डी.ए.वी. विद्यालये ···(vi) ··················· इच्छति। अहम् ···(vii)··················· तत्र ···(viii)··················· ईहे। अतः ···(ix)··················· प्रार्थ्यन्ते यत् विद्यालयत्यागस्य प्रमाणपत्रं ···(x)··················· प्रयच्छन्तु।

भवदीयः शिष्यः,

शशिशेखरः

अनु. 34

मञ्जूषा— महाम्, गमनम्, अपि, भवन्तः, अस्ति, सेवायाम्, भगिनी, सा, पठति, पठितुम्

5. पुस्तकप्रेषणाय प्रकाशकं प्रति पत्रम्। मञ्जूषातः पदानि चित्वा रिक्तस्थानानि पूरयत।

परीक्षाभवनम्,

प्रबन्धक ···*(i)*··················· दि. 26 अगस्त, 2022

लक्ष्मी पब्लिकेशन्स,

नई दिल्ली।

···*(ii)*···················,

भवतां ···*(iii)*··················· निवेदनम् अस्ति यत् अधोलिखितस्य ···*(iv)*··················· महती आवश्यकता ···*(v)*··················· अतः वीपीपी द्वारा ···*(vi)*··················· शीघ्रं प्रेषणीयम्। समग्रं ···*(vii)*··················· अपि लेखनीयम्। अत्र ···*(viii)*··················· कमीशनं दातव्यम् अस्ति। पुस्तकं ···*(ix)*··················· न स्यात्।

1. प्रायोगिक संस्कृतव्याकरण दसवीं कक्षा

···*(x)*···················,

देवप्रियः

अनु. 18

मञ्जूषा— भवदीयः, जीर्णम्, समुचितम्, महोदयः, श्रीमन्तः, पुस्तकम्, सेवायाम्, पुस्तकस्य, विवरणम्, वर्त्तते

6. आर्थिकसहायतार्थं प्राचार्यं प्रति पत्रम्।

परीक्षाभवनम्,

दि. 27.03.2023

···*(i)*···················,

सादरं ···*(ii)*···················

सविनयं ···*(iii)*··················· अस्ति यद् अहं ···*(iv)*··················· विद्यालये ···*(v)*··················· कक्षायां पठामि। गतवर्षे ···*(vi)*··················· परीक्षायां ···*(vii)*··················· स्थानं प्राप्तवान्। सम्प्रति मम पिता ···*(viii)*··················· जातः। अनेन आर्थिकदशा ···*(ix)*··················· जाता। मह्यं छात्रवृत्तिं प्रदाय अनुग्रहं ···*(x)*··················· भवन्त इति प्रार्थना।

भवदीयः शिष्यः,

राजेशः

अनु. 36

मञ्जूषा— दयनीया, कुर्वन्तु, श्रीमन्तः, रुग्णः, प्रथम, दशम, अहम्, प्रणामाः, निवेदनम्, भवताम्।

7. स्वास्थ्यलाभाय अवकाशहेतोः प्राचार्यं प्रति पत्रम्।

परीक्षाभवनम्

दि. 16.8.2022

···(*i*)·····················

सादरं ···(*ii*)·····················।

सेवायाम् ···(*iii*)··················· अस्ति ···(*iv*)····················· ह्यः ज्वरेण ···(*v*)····················· शरीरे ···(*vi*)················· तापः अस्ति। शिरोवेदना ···(*vii*)··················· कष्टप्रदा। अतः ···(*viii*)··················· प्रार्थये यत् दिनद्वयस्य ···(*ix*)·················· प्रयच्छतु ···(*x*)·····················।

सधन्यवादम्।

भवदीयः शिष्यः,

हरिनारायणः

अनु. 18

मञ्जूषा— भवान्, भवन्तम्, श्रीमन्तः, अवकाशम्, प्रणामाः, निवेदनम्, यत्, आक्रान्तः, महान्, महती

8. अवकाशहेतोः प्रार्थनापत्रम् मञ्जूषातः पदानि चित्वा रिक्तस्थानानि पूरयत।

···(*i*)·····················

दि. जुलाई 27, 2022

श्रीमन्तः,

सादरं ···(*ii*)·····················

अहं भवतां ···(*iii*)····················· दशमकक्षायां ···(*iv*)····················· ह्यः ···(*v*)····················· पिता कासरोगेण ···(*vi*)····················· अहं तस्य सेवाशुश्रूषायां ···(*vii*)····················· अस्मि। अतः विद्यालयम् ···(*viii*)····················· न शक्नोमि। द्विनद्वयस्य ···(*ix*)····················· प्रदातव्यः इति प्रार्थना।

सधन्यवादम्।

···(*x*)······················ शिष्यः,

रामचन्द्रः

अनु. 41

मञ्जूषा— भवदीयः, परीक्षाभवनम्, अवकाशः, प्रणामाः, विद्यालये, आगन्तुम्, पठामि, मम, आक्रान्तः, संलग्नः

9. तुलसीदासजयन्तीसमारोहे अध्यक्षताहेतोः पत्रम्।

परीक्षाभवनम्,

दि. अगस्त 12, 2022

श्रद्धेय,

···(*i*)···················· प्रणामाः।

अहं ···(*ii*)···················· हिन्दी परिषदः ···(*iii*)···················· अस्मि। विद्यालये अग्रिम मासस्य 20 तमे दिनाङ्के तुलसीदासस्य ···(*iv*)···················· आयोज्यते। अस्मिन् ···(*v*)···················· भवान् अध्यक्षपदम् ···(*vi*)···················· इति प्रार्थना अस्ति। ···(*vii*)···················· तुलसी साहित्यस्य ···(*viii*)···················· विद्वान् अस्ति। कृपया अस्मिन् ···(*ix*)···· ···················· स्वकीय ···(*x*)···················· अपि प्रेषयतु।

भवदीयः,
ललित कुमारः
अनु. 23

मञ्जूषा— अनुमतिम्, विषये, सादरम्, मर्मज्ञः, भवान्, अलंकरोतु, विद्यालयस्य, सचिवः, जयन्ती, अवसरे

उत्तराणि

अभ्यासप्रश्नाः (सोत्तराः)

3. (*i*) परीक्षाभवनम् (*ii*) सविनयम् (*iii*) यत् (*iv*) पिता (*v*) कार्यम्
(*vi*) वेतनेन (*vii*) असमर्थः (*viii*) बाधा (*ix*) मह्यम् (*x*) भवदीयः

4. (*i*) श्रीमन्तः (*ii*) विनिवेद्यते (*iii*) भवताम् (*iv*) कक्षायाम् (*v*) परीक्षायाम्
(*vi*) मण्डले (*vii*) मया (*viii*) अतः (*ix*) प्रार्थये (*x*) भवदीयः

5. (*i*) सादरम् (*ii*) निवेदनम् (*iii*) अहम् (*iv*) पठामि (*v*) मासिक
(*vi*) अनुपस्थितः (*vii*) दण्डितः (*viii*) विवशः (*ix*) क्षन्तव्यः (*x*) शिष्यः

6. (*i*) प्रबन्धक (*ii*) श्रीमन्तः (*iii*) विद्यालये (*iv*) छात्रः (*v*) पुस्तकस्य
(*vi*) उचितम् (*vii*) पुस्तकम् (*viii*) अध्ययने (*ix*) जीर्णम् (*x*) विवरणम्

7. (*i*) परीक्षाभवनम् (*ii*) सादरम् (*iii*) सविनयम् (*iv*) अहम् (*v*) अस्मि
(*vi*) मम (*vii*) लिपिकः (*viii*) पालने (*ix*) भवन्तम् (*x*) भवान्

8. (*i*) सादरम् (*ii*) सेवायाम् (*iii*) अहम् (*iv*) प्रतिनिधि (*v*) भवताम्
(*vi*) आपूर्त्यै (*vii*) अभ्यासः (*viii*) विषये (*ix*) व्यवस्था (*x*) प्रार्थना

9. (*i*) परीक्षाभवनम् (*ii*) सेवायाम् (*iii*) आवेदनम् (*iv*) कार्यालये (*v*) रिक्तपदः
(*vi*) मम (*vii*) अत्र (*viii*) विषये (*ix*) माम् (*x*) भवदीयः

10. (*i*) सेवायाम् (*ii*) श्रीमन्तः (*iii*) मया (*iv*) यत् (*v*) आवश्यकता
(*vi*) मम (*vii*) संलग्न (*viii*) मम (*ix*) कृत्वा (*x*) भवान्

अभ्यासप्रश्नाः
(स्वयं अभ्यासार्थम्)

☛ उत्तराणि स्वयं लिखतु।

4

चित्राधारित-वर्णनम्

(PICTURE-DESCRIPTION)

परीक्षा में एक चित्र तथा कुछ पद मञ्जूषा में दी गई होती है। उन दोनों को आधार मानकर संस्कृत में पाँच वाक्य लिखने अपेक्षित हैं।

अभ्यासप्रश्नाः
(सोत्तराः)

'सीबीएसई' इति परीक्षाप्रश्नपत्रात्

अधः प्रदत्तं चित्रम् आधृत्य मञ्जूषायां प्रदत्तशब्दानां सहायतया पञ्च संस्कृतवाक्यानि लिखत—
[पाँच संस्कृत वाक्यों में मञ्जूषा के शब्दों की सहायता से निम्नलिखित चित्र का वर्णन कीजिए।]
(Describe the following picture in five sentences with the help of the words given in the box.)

1. चित्रम् *(CBSE 2011)*

मञ्जूषा— विश्वविद्यालयस्य, दृश्यम्, विशालम्, हस्ते, परितः, वृक्षाः, उच्चशिक्षाम्, छात्राः, भवनम्, प्राप्नुवन्ति, समन्तात्, आगच्छन्ति, द्वे छात्रे, पुस्तकानि, सह, अपि।

चित्रवर्णनम्—

(*i*) एतत् विश्वविद्यालयस्य दृश्यम् अस्ति। (*ii*) एषः विशालः अस्ति।
(*iii*) विश्वविद्यालयं परितः वृक्षाः सन्ति। (*iv*) छात्राः अत्र पठनाय आगच्छन्ति।
(*v*) द्वे छात्रे मार्गे गच्छतः।

2. चित्रम् (*CBSE 2011*)

मञ्जूषा—

आवास-स्थलस्य, दृश्यम्, दृश्यन्ते, उद्यानानि, तरणतालः, वृक्षाः, जनाः, तरन्ति, क्रीडतः, बालौ, विशालानि भवनानि, बहुतलीयानि, मनोरमम्, उच्चैः, अत्र, छत्रम्, न।

चित्रवर्णनम्—

(*i*) एतत् आवासस्थलस्य दृश्यम् अस्ति। (*ii*) अत्र उद्यानानि दृश्यन्ते।
(*iii*) तरणताले जनाः तरन्ति। (*iv*) अत्र उद्याने बालौ क्रीडतः।
(*v*) अत्र विशालानि भवनानि सन्ति।

3. चित्रम् (*CBSE 2011*)

मञ्जूषा—

कार्यालयः, अध्यक्षः, कर्गलः, जलपात्रम्, कर्मचारी, प्रवेशद्वारम्, आसनम्, उत्पेटिका अपि, अत्र, दृष्ट्वा, वाचनम्, शृणोति, बहिः, तु।

चित्रवर्णनम्—

(*i*) एषः कार्यालयः अस्ति।

(*ii*) कार्यालयस्य अध्यक्षः आसन्दिकायामुपविशति।

(*iii*) अत्र जलपात्रम् अस्ति।

(*iv*) कर्मचारी पत्रस्य वाचनं करोति।

(*v*) अध्यक्षः पत्रं श्रृणोति।

4. अधः प्रदत्तं चित्रं दृष्ट्वा मञ्जूषायां प्रदत्तशब्दानां सहायतया पञ्चवाक्यानि संस्कृतेन लिखत–

(*CBSE 2016*)

मञ्जूषा— छात्राः, पादपानाम्, लक्षम्, कुर्वन्ति, शिक्षकैः, पर्यावरणम्, सम्भूय, क्षेत्रे, विशालम्, वृक्षारोपणम्, वनमहोत्सवः।

5. अधः प्रदत्तं चित्रं दृष्ट्वा मञ्जूषायां प्रदत्तशब्दानां सहायतया पञ्चवाक्यानि संस्कृतेन लिखत–

(*CBSE 2017*)

मञ्जूषा— उपवनम्, बालिकाः, वृक्षाः, पादपाः, प्रसन्नाः, पञ्च, अस्ति, सन्ति, क्रीडन्ति, कन्दुकेन, शोभन्ते, पर्वताः, पक्षिणः, आकाशे, पश्यन्ति, भ्रमन्ति, परिवेशः, सुन्दरः।

6. चित्रम्

मञ्जूषा— धेनुः, मेषः, मेषवत्सौ, तडागे, वर्तिका, कुक्कुटी, शावकौ, समीपे, खगः, तिष्ठति, डयते, दूरे, शकटः, वानरः, वृक्षस्य, गृहाणि, पुरतः, अधः, बालकः, ट्राक्टर्यानम्, उपविशन्, अस्ति।

7. चित्रम्

मञ्जूषा—

तरणतालः, जलक्रीडाः, प्रशिक्षणम्, व्यायामार्थम्, केचन युवकाः, तरन्ति, बालेभ्यः, प्रशिक्षकः, प्रतिस्पर्धार्थम्, मनोविनोदार्थम्, क्रीडन्ति, वार्तालापं, शिरस्त्राणानि, एव, अपि।

8. चित्रम्

मञ्जूषा—

कश्मीर-प्रदेशः, स्वर्गतुल्यः, विशालाः पर्वतश्रेणयः, नौकाः, डल-सरोवरे, मनोहारि-स्वच्छ-जलम्, उन्नतानि शिखराणि, नीलाम्बरम्, शोभते, प्रसीदामः, आनन्दं प्राप्नुमः।

9. चित्रम्

मञ्जूषा— प्रकृतेः, विकसितानि, सौन्दर्यम्, पर्वताः, एका महिला, त्रयः युवकाः, उपविष्टाः, शिलायाम्, सुन्दराणि पुष्पाणि, दृश्यम् मनोहरं, भवन्ति, विकसन्ति, पश्यन्ति, प्रसन्नाः, अपि, सर्वत्र, सायम्, आगच्छन्ति।

10. चित्रम्

मञ्जूषा— बालकाः, बालिकाः, इतस्ततः, रज्वा, दोलायाम्, वृक्षः, कन्दुकेन, प्रसन्नाः, आनन्देन, कूर्दन्ति, क्रीडन्ति, मेघाः, आरोहति, धावन्ति।

11. चित्रम्

मञ्जूषा—

सैनिकाः, भारतद्वारम्, प्रातःकाले, राष्ट्रियध्वजः, वाहनानि गच्छन्ति, दर्शकाः, आगच्छन्ति, पंक्तिबद्धाः दृश्यते, टोपिकां, तिष्ठन्ति, धारयन्ति, आगत्य, द्रष्टुम्, विस्तृतमार्गः, शस्त्राणि शतघ्नी (तोप)।

12. चित्रम्

मञ्जूषा—

पंक्तिबद्धाः, शोभन्ते, धृत्वा, नायकः सैनिकाः चलन्ति, पादत्राणम्, मार्गे, अग्रे, धारयन्ति गच्छति, टोपिकां, हस्तम्, सैन्यवेषः, पद-सञ्चलनम्।

अभ्यासप्रश्नाः
(स्वयं अभ्यासार्थम्)

अधः प्रदत्तं चित्रम् आधृत्य मञ्जूषायां प्रदत्तशब्दानां सहायतया पञ्च संस्कृतवाक्यानि लिखत—

[पाँच संस्कृत वाक्यों में मञ्जूषा के शब्दों की सहायता से निम्नलिखित चित्र का वर्णन कीजिए।]

(Describe the following picture in five sentences with the help of the words given in the box.)

1. चित्रम्

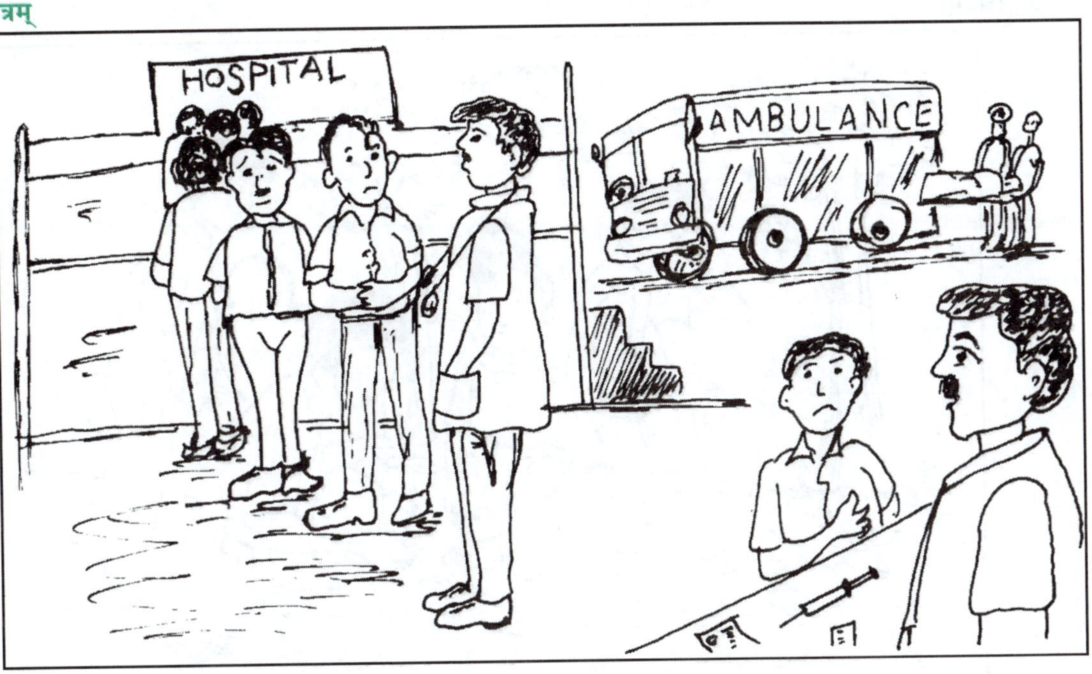

मञ्जूषा—

चिकित्सालयः, औषधालयः, रुग्णाः, उपचारः, अहर्निशं, सेवाम्, चिकित्सकाः, जनाः, स्वस्थः, वाहनानि।

2. चित्रम्

मञ्जूषा—

क्रीडाक्षेत्रम्, शिशवः, क्रीडनम्, धावन्ति, कूर्दन्ति, आनन्दं, जनाः, बालाः, व्यायामः, नित्यं।

3. चित्रम्

मञ्जूषा— वनमहोत्सवः, जनाः, वृक्षारोपणं, वायुः, वातावरणं, छात्रा, अपि, वर्षाकाले, वृक्षाः, रोपयन्ति।

4. चित्रम्

मञ्जूषा— पत्रालयः, जनाः, पत्रम्, पत्रवाहकः, लिपिकाः, धनादेशः, पत्रमञ्जूषा, नगरे।

5. चित्रम्

मञ्जूषा—

उद्यानम्, मनोहरम्, पादपाः, अनेके, उच्चाः, पुष्पाणि, बहुविधानि, भवनम्, भव्यम्, गवाक्षाः, भवने, अनेके।

6. चित्रम्

मञ्जूषा—

हंसौ, सरोवरः, जनाः, तूष्णीम्, कच्छपः, रक्षार्थम्, नयतम्, स्वचञ्चुभ्याम्, अपतत्, अवदत्, धृत्वा, अनश्यत्, काष्ठखण्डम्।

7. चित्रम्

मञ्जूषा— छात्राः, शिक्षकाः, पुस्तकालयः, तरण-सरोवरः, अनुशासनम्, क्रीडाक्षेत्रम्, पठन्ति, विद्यालयः, पुस्तकानि, अभ्यासः, दण्डः, पादकन्दुकक्रीडा, पाठयन्ति।

8. चित्रम्

मञ्जूषा— वृक्षाः, खगाः, मेघैः, कृषकः, वर्षाकालः, गगनं, महिलाः, कर्षति, अन्नानि, उड्डयन्ते, आनयन्ति, आच्छादितम्।

9. चित्रम्

मञ्जूषा— सागरतटं, सूर्यः, नारिकेलवृक्षाः, नौकाः, जलपोताः, जनान्, विशालं, द्वे पर्णकुटीरे, अस्तम्, नयन्ति जले, तरङ्गाः।

10. चित्रम्

मञ्जूषा— वाटिका, वृक्षे, मञ्चः, सायंकालः, चन्द्रः, बालकः, फलानि, लघुपादपाः, उत्पतन्ति, खगाः, अधः, पतन्ति।

पूर्वपरीक्षाणां प्रश्नाः

'सीबीएसई' इति परीक्षाप्रश्नपत्रात्

11. चित्रम् (*CBSE 2011*)

मञ्जूषा— समाचारपत्रम्, बालिका, दुग्धम्, दूरदर्शने, आसन्दिकायाम्, चित्रम्, कार्यक्रमम्, पिबति, रचयति, उपविश्य, आनन्देन, पठति, शिशुः, परिवारः।

12. चित्रम् (*CBSE 2011*)

मञ्जूषा— छात्राः, हस्ते, शिक्षिकायाः, शिक्षिका, ध्यानेन, विविधप्रश्नान्, पृच्छति, उत्थाय, शङ्कासमाधानम्, पाठयति, पश्यन्ति, शृण्वन्ति, अपि, संस्कृतविषयस्य, सर्वे।

13. चित्रम् *(CBSE 2011)*

मञ्जूषा— पर्वतीयग्रामः, गृहाणि, पर्वताः, पादपाः, हरीतिमा, पर्यावरणम्, पर्वतीयस्थलम्, शुद्धम्, सन्ति, पुरतः, उभयतः, अस्ति, उपविशन्ति, खगाः, वृक्षे।

14. चित्रम् *(CBSE 2011)*

मञ्जूषा— परिवारः, पठति, उपनेत्रम्, हस्ते, चायपानम्, वार्तालापं, वृक्षाः, प्रसन्नाः, ध्यानेन, भ्रमणार्थम्, समाचारपत्रम् कुर्वन्ति, च, पश्यति, प्रसन्नमनसा, तिष्ठति, सह, धारयति।

15. चित्रम् *(CBSE 2011)*

मञ्जूषा—

क्रेतुम्, आपणे, पुरुषौ, महिला, करण्डके, धृत्वा, फलानि, ध्यानेन पश्यति, कपाटिकायाम्, स्पृशति, सेवम्, शाकम्, अलाबुः (लौकी) कूष्माण्डः (कद्दू), भण्टाकी (बैगन), पालकम् (पालक), शदः (सलाद), स्वास्थ्याय, पचन्ति, लाभप्रदः, शाकत्रयं, तोलयति, विक्रेता।

16. चित्रम् *(CBSE 2012)*

मञ्जूषा— महिलायाः, दूरभाषम् शाटिका, उपरि, आसन्दिकां, केशाः, हस्ते, कपाटिका, धारयति, पुस्तकानि, उपविशति, शोभन्ते, वार्तालापं, लेखनी, करोति, पत्रम्, कार्यालये, कार्यम्।

17. चित्रम् *(CBSE 2012)*

मञ्जूषा— बालिकाः, ध्यानमग्नाः, उत्तरपुस्तिकायाम्, हस्ते, कक्षे, पंक्तिबद्धाः, कार्यम्, लिखन्ति, धृत्वा, पठन्ति, पातुम्, उपविशन्ति, कुर्वन्ति, जलपात्रम्, आनयन्ति, पादुका।

18. चित्रम् *(CBSE 2012)*

मञ्जूषा— चलभाषितयन्त्रम्, पश्यतः, गच्छति, वृक्षाः, हस्ते, तिष्ठतः पुरुषौ, दृश्यन्ते, संगणकयन्त्रम्, ध्यानेन, उपविश्य, अग्रे, पत्राणि, पार्श्वे, हरिताः, वर्तते, धारयति, वेगेन।

19. चित्रम् (*CBSE 2012*)

मञ्जूषा— देहलीनगरे, सुन्दरम्, प्रसन्नाः जनाः, मैट्रोस्थलम्, स्वच्छम्, इतस्ततः, उत्सुकाः।

20. मञ्जूषायां प्रदत्तशब्दानां सहायतया चित्रं दृष्ट्वा पञ्च वाक्यानि लिखत। (*CBSE 2014*)

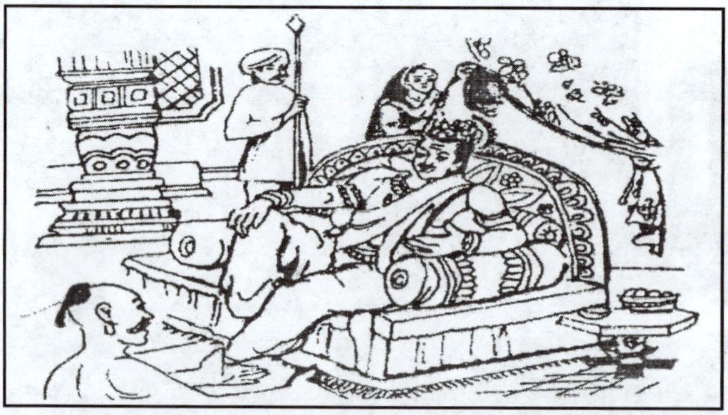

मञ्जूषा— राजा, सिंहासने, पंडितः, राजसभा, सेविका, तिष्ठति सुसज्जितः, चिन्तितः, अङ्गरक्षकः, सुखेन, पृच्छति, पश्यति, स्तम्भः, हस्ते।

21. चित्रं वीक्ष्य मञ्जूषायां प्रदत्तशब्दानां सहायतया पञ्च संस्कृतवाक्यानि रचयत। *(CBSE 2015)*

मञ्जूषा—

चलभाषियन्त्रम्, मोटरसाइकिलयानेन, दुरुपयोगः, घातकः, दुर्घटना, मार्गे, यात्रायां, सम्भाविता, नियमस्य, सहसा, उल्लंघनम्, दण्डनीयः।

22. प्रदत्तं चित्रं ध्यानेन दृष्ट्वा मञ्जूषातः पदानि चित्वा पञ्च संस्कृतवाक्यानि रचयत— *(CBSE 2015)*

मञ्जूषा—

वर्षाकालः, अस्ति, बालकाः, बालिका च, क्रीडन्ति, कृष्णमेघाः आकाशः, वृक्षाः, सन्ति, जलबिन्दवः, वातावरणं, दृश्यते, पतन्ति, उल्लासस्य, आनन्दम्, अनुभवन्ति, दोलायां, दूरे, गृहाणि।

23. चित्रं दृष्ट्वा प्रदत्तपदानां सहायतया चित्रस्य वर्णनम् पञ्चसंस्कृतवाक्येषु कुरुत– (*CBSE 2015*)

मञ्जूषा— हरिद्वारे, तीर्थम्, गङ्गा, ध्वजाः, स्नानं, मन्दिराणि, शिखरेषु, पूजां, कीर्तनम्, दीप्तम्, पुष्पम्, अर्चनाम्, जनाः, भक्ताः।

24. मञ्जूषायां प्रदत्तशब्दानाम् सहायतया चित्रं दृष्ट्वा पञ्चवाक्यानि संस्कृतेन लिखत। (*CBSE 2015*)

मञ्जूषा— सूदः, स्थलानि, जनेभ्यः, पानपात्राणि, सूप, ओदनम्, रोटिकाः, जलम्, यच्छति, भृत्यः, शाकम्, जनाः, भोजनम्, पचति, भोजनशाला।

25. मञ्जूषायां प्रदत्तशब्दानां सहायतया चित्रं दृष्ट्वा पञ्चवाक्यानि संस्कृतेन लिखत– *(CBSE 2017)*

मञ्जूषा—

वन्यजीवाः, वृक्षाः, सर्पः, व्याघ्रः, कूर्दति, भ्रमन्ति, सन्ति, आरोहति, वनमानुषः, अवतरति, मृगः, अन्धकारः, पश्यति, वनस्य।

26. अधः प्रदत्तं चित्रं दृष्ट्वा मञ्जूषायां प्रदत्तशब्दानां साहाय्येन पञ्च वाक्यानि लिखत– *(CBSE 2018)*

मञ्जूषा—

व्याधः, तण्डुलान्, प्रसार्य, जालम्, प्रासारयत्, वने, वृक्षाः, कपोताः, मिलित्वा, आदाय, नभसि, उड्डीय, अन्यत्र, धावति, नष्टम्।

27. अधः प्रदत्तं चित्रं दृष्ट्वा मञ्जूषायां प्रदत्तशब्दानां सहायतया पञ्च वाक्यानि संस्कृतेन लिखत–

(*CBSE 2020*)

मञ्जूषा– उद्याने, बालकाः, बालिकाः, भ्रमन्ति, इतस्ततः, स्त्रियः, दोलाः, बालकेन, शिशवः, सह, वृक्षाः, क्रीडन्ति, परस्परं, बहवः।

उत्तराणि

छात्रों की सहायता के लिए उत्तर-संकेत दिये जा रहे हैं। छात्र चाहें तो अपने उत्तर स्वयं बना सकते हैं।

4. (*i*) छात्राः खेलन्ति। (*ii*) ते अतीव प्रसन्नाः सन्ति।
(*iii*) ते मिलित्वा खेलन्ति। (*iv*) ते पादपान् आरोपयन्ति।
(*v*) ते परस्परं पश्यन्ति।

5. (*i*) अस्मिन् चित्रे अनेकाः बालाः सन्ति। (*ii*) ताः खेलन्ति।
(*iii*) ताः उच्चैः हसन्ति। (*iv*) ताः कूर्दन्ति।
(*v*) ताः नृत्यन्ति अपि।

6. (*i*) अत्र एका धेनुः अस्ति। (*ii*) मेषः मेषवत्सौ च तिष्ठन्ति।
(*iii*) एषा कुक्कुटी अस्ति। (*iv*) अस्याः समीपे शावकौ तिष्ठतः।
(*v*) ट्रैक्टर्याने बालकः उपविशन् अस्ति।

7. (*i*) एषः तरणतालः अस्ति। (*ii*) तरणताले जनाः जलक्रीडां कुर्वन्ति।
(*iii*) केचन युवकाः व्यायामार्थम् आगच्छन्ति। (*iv*) जनाः मनोविनोदर्थम् अत्र आगच्छन्ति।
(*v*) तरणताले जनाः शिरस्त्राणानि धारयन्ति।

8. (*i*) एषः कश्मीर प्रदेशः अस्ति। (*ii*) कश्मीरप्रदेशः स्वर्गतुल्यः अस्ति।
(*iii*) अत्र विशालाः पर्वतश्रेणयः सन्ति। (*iv*) डलसरोवरे स्वच्छजलम् अस्ति।
(*v*) पर्वतस्य उन्नतानिशिखराणि सन्ति।

9. (*i*) प्रकृतेः सौन्दर्यम् अद्भुतम् अस्ति। (*ii*) अत्र सुन्दराणि पुष्पाणि विकसितानि।
(*iii*) एका महिला सौन्दर्यं पश्यति। (*iv*) जनाः शिलायाम् उपविष्टाः सन्ति।
(*v*) जनाः सायं अत्र आगच्छन्ति।

10. (*i*) अत्र बालकाः बालिकाश्च क्रीडन्ति। (*ii*) बालकाः इतस्ततः धावन्ति।
(*iii*) बालिकाः रज्ज्वा कूर्दन्ति। (*iv*) बालकाः आनन्देन धावन्ति।
(*v*) बालिकाः दोलिकायाम् आरोहन्ति।

11. (*i*) एतत् भारतद्वारम् अस्ति। (*ii*) अत्र सैनिकाः दृश्यन्ते।
(*iii*) मार्गे वाहनानि गच्छन्ति। (*iv*) जनाः टोपिकां धारयन्ति।
(*v*) जनाः एतत् द्रष्टुम् आगच्छन्ति।

12. (*i*) एतत् पदसञ्चलनम् अस्ति। (*ii*) जनाः पंक्तिबद्धाः तिष्ठन्ति।
(*iii*) ते टोपिकां धारयन्ति। (*iv*) सैनिकाः अग्रे गच्छन्ति।
(*v*) मार्गे सैनिकाः शोभन्ते।

अभ्यासप्रश्नाः
(स्वयं अभ्यासार्थम्)

☞ उत्तराणि स्वयं लिखतु।

5

अनुच्छेदलेखनम्
(PARAGRAPH WRITING)

अभ्यासप्रश्नाः
(सोत्तराः)

1. मम प्रिया क्रीडा (कबड्डी)

प्राचीना। भारतीय वातावरणस्य। दलद्वयं। मध्यरेखा। श्वासावरोधः।

कबड्डी मम प्रिया क्रीडा अस्ति। एषा भारतीयानां प्राचीना क्रीडा अस्ति। इयं भारतीयवातावरणस्य सर्वथा अनुकूला वर्तते। अस्यां क्रीडायां दलद्वयं वर्तते। समस्तं क्रीडाक्षेत्रं द्वयोः समानभागयोः विभक्तं वर्तते। तयोः मध्ये स्थिता 'पाला' नाम्नी मध्यरेखा वर्तते। प्रत्येकं दले प्रायेण नव नव क्रीडकाः सन्ति। इयं क्रीडा श्वासावरोधक्रीडा अस्ति। इयं क्रीडा ग्रामेषु अधिका लोकप्रिया अस्ति। एकभागस्य क्रीडकः कबड्डी कबड्डी इति वदन् अपरभागं गच्छति। सः यावतः क्रीडकान् स्पृशति तावतः एव अङ्कान् लभते। तथैव द्वितीयभागस्य क्रीडकः अपि करोति। अन्ते अधिकांकग्राही पक्षः विजयी भवति।

2. मम जीवनस्य लक्ष्यम्

संस्कृतप्रचारः। राष्ट्ररक्षा। दीन-दशा। सम्भाषणम्। लोकभाषा।

संस्कृतस्य प्रचारः प्रसारः मम जीवनस्य लक्ष्यम् अस्ति। संस्कृतस्य रक्षणेन संस्कृतेः रक्षा भवति। तेन राष्ट्रस्य समृद्धिः भवति। अधुना संस्कृतस्य दयनीया स्थितिः अस्ति। आधुनिकभाषासु परिगणितम् अपि संस्कृतं व्यवहारे तादृशं स्थानं न प्राप्नोति। संस्कृतं व्यावहारिक-सम्भाषणस्य माध्यमं भवतु, इति मम प्रयत्नः वर्तते। मम प्रयासः अस्ति यत् अस्मिन् एव जन्मनि मम लक्ष्यपूर्तिः भवेत् संस्कृतं च पुनः लोकभाषा भवतु, इति।

पूर्वपरीक्षाणां प्रश्नाः

1. **मञ्जूषायां प्रदत्तपदानां साहाय्येन 'मम विद्यालयः' इति विषयम् अधिकृत्य पञ्चसंस्कृतवाक्येषु एकम् अनुच्छेदं लिखत।** *(A.I. CBSE 2013)*

मञ्जूषा— क्रीडाक्षेत्रे, शिक्षकाः, भवनम्, छात्राः, पाठयन्ति, सुविस्तृतम्, लभते, पुरस्कारान्, पुस्तकालयः, पठन्ति, योग्याः, क्रीडन्ति, अस्मि।

2. भवान् पुस्तकमेलकं द्रष्टुं गतः। तस्य वर्णनं चतुर्षु संस्कृतवाक्येषु कुरुत। सहायतायै पदानि मञ्जूषायां दत्तानि।
(*CBSE 2013*)

मञ्जूषा— प्रवेशपत्रगृहम्, अन्तःप्रवेशः, विभिन्नानि प्रकोष्ठानि, विविधं साहित्यम्, कथापुस्तकानि, बृहदाकारचित्राणि, ध्वनिमुद्रिकाः दृश्यमुद्रिकाः, मध्ये प्रेक्षागृहम्, तत्र संस्कृतनाटकानां मञ्चनम्, अतीवप्रसन्नता जाता, पुस्तकानि हितकारकाणि मित्राणि।

अभ्यासप्रश्नाः
(स्वयं अभ्यासार्थम्)

1. 'वृक्षाः—अस्माकं मित्राणि' इति विषयम् अधिकृत्य मञ्जूषापदसाहाय्येन पञ्च संस्कृतवाक्यानि लिखत।

मञ्जूषा— वृक्षाः, सत्पुरुषाः, परोपकारम्, पक्षिभ्यः, वासः, फलानि, छाया, पुष्पाणि, गृहाणां कृते काष्ठम्, आतपं सहन्ते, पथिकाः, विश्रामं, सम्यक् वृष्टिः, भूमेः संरक्षणम्।

2. 'अतिवृष्ट्या हानिः' इति विषयम् अधिकृत्य मञ्जूषापदसाहाय्येन पञ्च वाक्यानि अनुच्छेदं लिखत।

मञ्जूषा— नद्यः, कूलानि नष्टानि, वृक्षाः, सस्यानि नष्टानि, जलौघः, ग्रामेषु नगरेषु सर्वत्र जलं, सेनासाहाय्येन, जनानां संरक्षणम्, महती विनष्टिः, जनाः, पशवः, म्रियन्ते, जले निमग्नाः, रोगाः जायन्ते।

3. मञ्जूषायां प्रदत्तपदानां साहाय्येन निम्नलिखितं विषयम् अधिकृत्य पञ्चसंस्कृतवाक्येषु एकम् अनुच्छेदं लिखित–
(*CBSE 2013*)

मञ्जूषा में दिए गए शब्दों की सहायता से निम्नलिखित विषय पर पाँच वाक्यों में एक अनुच्छेद लिखिए–

Write a paragraph in five Sanskrit sentences on the following topic with the help of the words given in the box.

(क) वृक्षाः

मञ्जूषा— छायाम्, वातावरणम्, प्राण-वायुम्, (ऑक्सीजन) आतपे, तिष्ठन्ति, खगाः, फालानि, शुद्धम्, प्रसन्नाः, इव

(ख) ग्रामः

मञ्जूषा— क्षेत्रे, कृषकाः, हरितानि, तृणानी, शुद्धः, वहति, सिञ्चन्ति, वायुः, वृक्षाः, फलैः, सन्ति, तापे, युक्ताः, कुर्वन्ति, परिश्रम, मनसा, कार्यम्

(ग) उपवनम्

मञ्जूषा— जनाः, भ्रमन्ति, कुर्वन्ति, आलपन्ति, बालाः, व्यायामं, वृद्धाः, खेलन्ति, भ्रमन्ति, वृक्षैः, युक्ताः

(घ) क्रीडाक्षेत्रम्

मञ्जूषा– विशालम्, बाला:, खेलन्ति, भ्रमन्ति, जना:, पश्यन्ति, क्रीडायां, रता:, प्रसन्ना:, सन्ति।

(ङ) सूर्योदय:

मञ्जूषा– भवति, सूर्य:, प्रकाश:, शय्यां, खगा:, उदयति, जना:, परित्यजन्ति, कूजन्ति, भ्रमन्ति आकाशे, लालिमायुक्त:, कलरवं

(च) स्वतन्त्रता-दिवस: *(CBSE 2018)*

मञ्जूषा– अगस्तमासे, पञ्चदशे, दीर्घकालिक परतन्त्रतानन्तरम्, मुख्यसमारोह:, राजधान्याम्, रक्तदुर्गप्राचीरे, राष्ट्रियध्वज:, प्रधानमन्त्री, विद्यालयीयछात्रा:, वातावरणम्, राज्यानां राजधानीषु, अभिवादनम्, आयोज्यते, राष्ट्रियसम्बोधनम्।

(छ) मञ्जूषाप्रदत्तशब्दानां साहाय्येन निम्नलिखितं विषयम् अधिकृत्य पञ्चभि: संस्कृतवाक्यै: एकम् अनुच्छेदं लिखत– *(CBSE 2020)*

'विद्याधनं सर्वधनप्रधानम्'

मञ्जूषा– विद्या, आवश्यकता, ज्ञानम्, बुद्धिम्, विद्याया:, पशु:, विकासयति, धनम्, लोके, विद्याविहीन:, नाम, मानवस्य।

उत्तराणि

1. (*i*) अहं छात्र: अस्मि।
   (*ii*) विद्यालये शिक्षका: छात्रान् पाठयन्ति।
   (*iii*) विद्यालये सुविस्तृतं क्रीडाक्षेत्रम् अस्ति।
   (*iv*) अत्र छात्रा: क्रीडन्ति।
   (*v*) छात्रा: पुरस्कारान् लभन्ते।
2. (*i*) अस्माकं नगरे गतमासे पुस्तकमेलकम् आयोजितम्।
   (*ii*) आदौ प्रवेशपत्रगृहम् आसीत्, पश्चात् सभागार: आसीत्।
   (*iii*) पश्चात् विभिन्नानि प्रकोष्ठानि आसन्।
   (*iv*) तेषु विविधं साहित्यम् आसीत्।
   (*v*) एकत: कथापुस्तकानि, बृहदाकारचित्राणि च आसन्।

अभ्यासप्रश्ना:

(स्वयं अभ्यासार्थम्)

☞ उत्तराणि स्वयं लिखतु।

6

संस्कृतानुवादः
(TRANSLATION IN SANSKRIT)

संस्कृतभाषायाम् अनुवादस्य महत्त्वं तु अतुलनीयम् एव अस्ति। इदं तु सत्यम् एव अस्ति यत् यदि छात्राः अनुवादकलायां कुशलाः भवन्ति तदा ते संस्कृत भाषां सहजतया एव अवगन्तुं समर्थाः भवन्ति। करणं तु स्पष्टम् एव अस्ति यत् यदा वयं कस्याश्चित् भाषायाः अनुवादं संस्कृतभाषायां कुर्मः तदा एतेषां विषयाणाम् उपरि ध्यानम् तु अनिवार्यम् एव भवति यथा–

- कालज्ञानम्।
- कर्तृक्रिययोः सम्बन्धः।
- विशेषणविशेष्ययोः सम्बन्धः।
- पुरुषस्य ज्ञानम्।
- वचनस्य ज्ञानम्।
- अव्ययानां ज्ञानम्।
- प्रत्ययानां ज्ञानम्।
- उपसर्गाणां ज्ञानम्।

एते सर्वे एव विषयाः संस्कृतस्य आधार-स्तम्भाः एव सन्ति। एतेषु कस्यचित् अपि अनुचित प्रयोगः यदि भवति तदा वाक्यम् अशुद्धं भवति। वाक्यस्य शुद्धता उपरिकथितविषयाणां समुचितप्रयोगे एव आश्रिता अस्ति।

अन्यभाषया सदृशः संस्कृत भाषायाम् अपि विविधानि वाक्यानि सन्ति यथा–

(*i*) त्वम् गच्छसि।
(*ii*) अहं पठामि।
(*iii*) त्वम् लिख।
(*iv*) सः पठेत्।
(*v*) ते अगच्छन्।

संस्कृतभाषायां कालानुसारं लकाराः भवन्ति। यथा–

(*i*) वर्तमानकाले – लट्लकारः
(*ii*) भविष्यत्काले – लृट्लकारः
(*iii*) भूतकाले – लङ्लकारः
(*iv*) आज्ञार्थे – लोट्लकारः
(*v*) 'चाहिए' अर्थे – विधिलिङ्लकारः

यदि कालानुसारं पदानां प्रयोगः न भवति तदा वाक्यम् अशुद्धं भवति।

अनेन सह विभक्तेः ज्ञानम् अपि अनुवादार्थम् अनिवार्यम्। विभक्तेः समुचितप्रयोगः अनिवार्यः। यथा–

बाग में–अत्र सप्तमीविभक्तेः प्रयोगः अनिवार्यः अस्ति।

विभक्तेः प्रयोगेण सह पुरुषज्ञानम् एवं वचनज्ञानम् अपि अनुवादे अनिवार्यम् एव अस्ति। यथा–

वह पढ़ता है।

सः पठति।

अत्र कर्ता 'सः' प्रथमाविभक्तौ एकवचने अस्ति अतः क्रियापदं 'पठति' अपि प्रथमाविभक्तौ एकवचने अस्ति। कर्त्ता 'सः' प्रथमपुरुषे अस्ति अतः 'क्रिया' 'पठति' अपि प्रथमपुरुषे अस्ति।

विशेषणविशेष्ययोः अपि सर्वदा समानरूपेण प्रयुज्यते। या विभक्तिः लिङ्गम्, वचनम् च विशेष्यपदे भवति सा विभक्तिः, लिङ्गम् वचनं च विशेषणपदे भवति। यथा–

तत्र नीलं कमलम् अस्ति।

'कमलम्' अत्र नपुंसकलिंगे एकवचने अस्ति अतः तस्य विशेषणम् अपि नपुंसकलिंगे एकवचने भवति।

ध्यानेन पश्यन्तु–

लट्लकारः

(1) वह पाठ पढ़ता है।	सः पाठं पठति।
(2) हम सब भोजन खाते हैं।	वयं भोजनं खादामः।
(3) वे सब वहाँ जाते हैं।	ते तत्र गच्छन्ति।
(4) तुम क्या करते हो।	त्वं किं करोषि।
(5) तुम सब क्या खेलते हो।	यूयं किं खेलथ।
(6) मैं देखता हूँ।	अहं पश्यामि।
(7) तू चलता है।	त्वं चलसि।
(8) तुम सब जल पीते हो।	यूयं जलं पिबथ।
(9) देव खेलता है।	देवः क्रीडति।
(10) श्याम जाता है।	श्यामः गच्छति।
(11) वे बोलते हैं।	ते वदन्ति।
(12) हरिण दौड़ते हैं।	मृगाः धावन्ति।
(13) तू याद करता है।	त्वं स्मरसि।
(14) वे पढ़ते हैं।	ते पठन्ति।
(15) मैं लेख लिखता हूँ।	अहं लेखं लिखामि।

लृट्लकारः

(1) तुम सब खेलोगे।	यूयं खेलिष्यथ।
(2) हम सब विद्यालय जायेंगे।	वयं विद्यालयं गमिष्यामः।
(3) वे सब नाचेंगे।	ते नर्तिष्यामः।
(4) हम सब पढ़ेगे।	वयं पठिष्यामः।
(5) मैं नहीं करूँगा।	अहं न करिष्यामि।
(6) देव गाँव जायेगा।	देवः ग्रामं गमिष्यति।
(7) श्याम गुरु के पास जायेगा।	श्यामः गुरुम् उपगमिष्यति।
(8) कुत्ता देव के पीछे जायेगा।	श्वानः देवम् अनुगमिष्यति।

(9) वह सुख का अनुभव करेगा।	सः सुखम् अनुभविष्यति।
(10) बच्चा दूध पीएगा।	शिशुः दुग्धं पास्यति।
(11) मैं जल पीऊँगा।	अहं जलं पास्यामि।
(12) हम स्नान करेंगे।	वयं स्नानं करिष्यामः।
(13) तू जयपुर जायेगा।	त्वं जयपुरं गमिष्यसि।
(14) हम अब पढेंगे।	वयम् अधुना पठिष्यामः।
(15) बच्चे यहाँ खेलेंगे।	बालकाः अत्र क्रीडिष्यन्ति।

लोट्लकारः

(1) तुम सब बाहर जाओ।	यूयं बहिः गच्छत।
(2) हम सब खेलें।	वयं खेलाम।
(3) वह वहाँ जाए।	सः तत्र गच्छतु।
(4) तुम पाठ याद करो।	त्वं पाठं स्मर।
(5) वे सब गीत गायें।	ते गीतानि गायन्तु।
(6) वह पाठ पढ़े।	सः पाठं पठतु।
(7) बच्चे अब खेलें।	बालकाः अधुना क्रीडन्तु।
(8) तुम यहाँ आओ।	त्वम् अत्र आगच्छ।
(9) तुम लेख लिखो।	त्वं लेखं लिख।
(10) जिगीषा गणित पढ़े।	जिगीषा गणितं पठतु।

लङ्लकारः

(1) वे सब विद्यालय गए।	ते विद्यालयम् अगच्छन्।
(2) हम सबने उचित कहा।	वयम् उचितम् अकथयाम।
(3) तुम सबने भोजन खाया।	यूयं भोजनम् अखादत।
(4) तुमने लेख लिखा।	त्वं लेखम् अलिखः।
(5) वे दो बाहर गये।	तौ बहिः अगच्छताम्।
(6) प्रातः प्रकाश हुआ।	प्रातः प्रकाशः अभवत्।
(7) ज्योत्स्ना गाँव की ओर गई।	ज्योत्स्ना ग्रामं प्रति अगच्छत्।
(8) गंगा हिमालय से निकली है।	गंगा हिमालयात् निरगच्छत्।
(9) जिगीषा जल लाई।	जिगीषा जलम् आनयत्।
(10) श्याम फूल लाया।	श्यामः पुष्पाणि आनयत्।
(11) जल में लकड़ी तैरती थी।	जले काष्ठम् अतरत्।
(12) बूढ़ा गाँव से आया।	वृद्धः ग्रामात् आगच्छत्।
(13) राम ने रावण को जीत लिया।	रामः रावणम् अजयत्।
(14) शिकारी ने मृग को मार डाला।	व्याधः मृगम् अमारयत्।
(15) चोर ने धन चुराया।	चौरः धनम् अचोरयत्।

विधिलिङ्लकारः

(1) हमें पाठ याद करना चाहिए।	वयं पाठं स्मरेम।
(2) उसे सत्य बोलना चाहिए।	सः सत्यं वदेत्।
(3) उसे नियमों का पालन करना चाहिए।	सः नियमान् पालयेत्।
(4) तुम सब को पाठ लिखना चाहिए।	यूयं पाठं पठेत।
(5) हम सब को काम करना चाहिए।	वयं कार्यं कुर्याम।
(6) तुम्हें धर्म का आचरण करना चाहिए।	त्वं धर्मं चरेः।
(7) मुझे सत्य बोलना चाहिए।	अहं सत्यं वदेयम्।
(8) उसे झूठ नहीं बोलना चाहिए।	सः असत्यं न वदेत्।
(9) लता को लेख लिखना चाहिए।	लता लेखं लिखेत्।
(10) तुम्हें दूध पीना चाहिए।	त्वं दुग्धं पिबेः।

विशेषणविशेष्ययोः सम्बन्धः

(1) सरोवर में नील कमल खिला है।	सरोवरे नीलं कमलम् अस्ति।
(2) तुम उस बालक को देखो।	त्वं तं बालकं पश्य।
(3) उस मनुष्य को सत्य बोलना चाहिए।	सः जनः सत्यं वदेत्।
(4) उसने सुन्दर बालक को देखा।	सः सुन्दरं बालम् अपश्यत्।
(5) वृक्ष फूलों से युक्त होना चाहिए।	वृक्षः सुपुष्पितः स्यात्।
(6) यह मोटा व्यक्ति है।	एषः स्थूलः जनः अस्ति।
(7) यह बालक कमजोर है।	एषः कृशः बालकः अस्ति।
(8) ये हरे पत्ते हैं।	एतानि हरितानि पत्राणि सन्ति।
(9) यह पीला वस्त्र है।	इदं पीतं वस्त्रम् अस्ति।
(10) सुन्दर मोर नाचने लगा।	सुन्दरः मयूरः अनृत्यत्।
(11) ये पके हुए फल हैं।	एतानि पक्वानि फलानि सन्ति।
(12) ये मीठे आम हैं।	एतानि मधुराणि आम्राणि।
(13) यहाँ लाल फूल हैं।	अत्र रक्तानि पुष्पाणि सन्ति।
(14) उसने गर्म पानी पीया।	सः उष्णं जलम् अपिबत्।
(15) सूर्य की धूप तेज है।	सूर्यस्य आतपः प्रखरः अस्ति।

उपपदविभक्तियुक्तवाक्यानि

(1) पिता पुत्र के साथ जाता है।	पिता पुत्रेण सह गच्छति।
(2) तुम पुत्र पर क्रोध मत करो।	त्वं पुत्राय मा क्रुध्य।
(3) उसे सब पर विश्वास नहीं करना चाहिए।	सः सर्वेषु मा विश्वसेत्।
(4) वह कल गाँव गया।	सः ह्यः ग्रामम् अगच्छत्।
(5) वह सबके साथ जायेगा।	सः सर्वैः सह गमिष्यति।
(6) सीता वन में राम के साथ गई।	सीता रामेण सह वनमगच्छत्।
(7) राजा चोर पर क्रोध करता है।	राजा चौराय क्रुध्यति।

(8) नगर के दोनों ओर जल है।	नगरम् उभयतः जलम् अस्ति।
(9) स्कूल के सामने वृक्ष है।	विद्यालयम् अभितः वृक्षः अस्ति।
(10) देव गाँव की ओर गया।	देवः ग्रामं प्रति अगच्छत्।
(11) श्याम ने पुस्तक बिना पाठ न पढ़ा।	श्यामः पुस्तकं विना पाठं न अपठत्।
(12) शहर के चारों ओर जल है।	नगरं परितः जलम् अस्ति।
(13) मूर्ख को धिक्कार।	मूर्खं धिक्।
(14) हँसो मत।	अलं हसितेन।
(15) शिव को नमस्कार।	शिवाय नमः।

विभक्तियुक्तवाक्यानि

(1) पेड़ पर बन्दर है।	वृक्षे वानराः सन्ति।
(2) हम सब घूमने के लिए जायेंगे।	वयं भ्रमणाय गमिष्यामः।
(3) तुम सब अध्यापक से पूछो।	यूयं अध्यापकं पृच्छत।
(4) प्रतिदिन हमें पाठ पढ़ना चाहिए।	वयं प्रतिदिनं पाठं पठेम।
(5) कल उसने लेख नहीं लिखा।	ह्यः सः लेखं न अलिखत्।
(6) तुम्हारा कल्याण हो।	तुभ्यं स्वस्ति।
(7) तुम्हें दूध अच्छा लगता है।	तुभ्यं दुग्धं रोचते।
(8) राजा गरीब को धन देता है।	राजा निर्धनाय धनं यच्छति।
(9) राजा दुष्ट पर क्रोध करता है।	राजा दुष्टाय क्रुध्यति।
(10) वृक्ष से पत्ते गिरे।	वृक्षात् पत्राणि अपतन्।
(11) घर से बाहर साँप है।	गृहात् बहिः सर्पः अस्ति।
(12) बादलों के ऊपर जहाज चलता है।	घनेभ्यः ऊर्ध्वं यानं गच्छति।
(13) ज्ञान के बिना मुक्ति नहीं है।	ज्ञानात् विना न मुक्तिः।
(14) बच्चे को लड्डू अच्छे लगते हैं।	बालाय मोदकानि स्वदन्ते।
(15) घर के सामने कुआँ है।	गृहात् अभितः कूपः अस्ति।

प्रत्यययुक्तवाक्यानि

(1) वह खाकर पढ़ता है।	सः खादित्वा पठति।
(2) हम सब खेलने के लिए जायेंगे।	वयं खेलितु गमिष्यामः।
(3) तुम सब प्रणाम करके चलो।	यूयं प्रणम्य चलत।
(4) हमें प्रतिदिन व्यायाम करना चाहिए।	वयं प्रतिदिनं व्यायामं कुर्याम।
(5) वह खेलकर घर गया।	सः खेलित्वा गृहम् अगच्छत्।
(6) वह गाँव गया।	सः ग्रामम् अगच्छत्।
(7) पिताजी जयपुर से आए।	जनकः जयपुरात् आगच्छत्।
(8) वह पढ़ने के लिए स्कूल जाता है।	सः पठनाय विद्यालयं गच्छति।
(9) श्याम ने रामायण पढ़ी।	श्यामः रामायणम् अपठत्।
(10) मुनि स्नान करने के लिए नदी पर गया।	मुनिः स्नानाय नदीम् अगच्छत्।
(11) हमें अब पाठ याद करना चाहिए।	वयं पाठं स्मरेम।
(12) बूढ़ा व्यक्ति प्यासा था।	वृद्धः पिपासितः आसीत्।

(13) वह नहा कर भोजन करता है। स: स्नात्वा भोजनं करोति।
(14) देव ने गीता पढ़ी। देव: गीताम् अपठत्।
(15) महर्षि दयानन्द ने चारों वेद पढ़े। महर्षि: दयानन्द: चतुर: वेदान् अपठत्।

अभ्यासप्रश्ना:
(स्वयं अभ्यासार्थम्)

प्रश्न:—अधोलिखितानां संस्कृतभाषायाम् अनुवादं कुरुत—

(क) (1) तुम सब तेज दौड़ते हो। (2) वे पाठ लिखते हैं।
(3) हम सब नमस्कार करते हैं। (4) पक्षी चहचहाते हैं।
(5) पशु इधर-उधर घूमते हैं। (6) राम विद्यालय जाता है।
(7) रमा भोजन पकाती है। (8) वह हाथ को धोता है।
(9) हम सब बाग में घूमते हैं। (10) वे दो लेख लिखते हैं।
(11) लंगड़ा धीरे-धीरे चलता है। (12) वन में हिरण दौड़ते हैं।
(13) यहाँ बच्चे खेलते हैं। (14) जिगीषा पढ़ती है।
(15) देव गाँव जाता है। (16) नदी में मगरमच्छ तैरते हैं।
(17) वहाँ बादल गरजते हैं। (18) आकाश में पक्षी उड़ते हैं।
(19) ज्योत्स्ना लिखती है। (20) वह शहर से आता है।

(ख) (1) मैं वहाँ नहीं जाऊँगा। (2) हम सब नहीं दौड़ेंगे।
(3) तुम सब काम कब करोगे। (4) राधा कल नहीं आयेगी।
(5) हम दो वहाँ ठहरेंगे। (6) तुम क्यों नहीं जाओगे।
(7) वे सब गीत गायेंगे। (8) रमा भी वहाँ नाचेगी।
(9) वे दो लेख लिखेंगे। (10) तुम सब कब पढ़ोगे।
(11) बूढ़ा गाँव जाएगा। (12) हम कल दिल्ली जायेंगे।
(13) लता रामायण पढ़ेगी। (14) हम आँखों से देखेंगे।
(15) मैं पुस्तक खरीदूँगा। (16) पशु तालाब में जल पीएँगे।
(17) बच्चे मैदान में खेलेंगे। (18) हम पाठ पढेंगे।
(19) लता पत्र लिखेगी। (20) तुम देश की रक्षा करोगे।

(ग) (1) रमा ने गाना गाया। (2) वह गाँव गया।
(3) वह दृश्य सुन्दर था। (4) हम सबने पुस्तक पढ़ी।
(5) उसने भोजन खाया। (6) वे सब कल वहाँ थे।
(7) उन दोनों ने लेख लिखा। (8) वे सब दौड़े।
(9) हम सबने भी यही कहा। (10) उसने भोजन नहीं खाया।
(11) शिष्य ने गुरु को प्रणाम किया। (12) सिंह ने हिरण को मार डाला।
(13) हमने परमात्मा को याद किया। (14) माता ने भोजन पकाया।
(15) उसने भिखारी को अन्न दिया। (16) श्याम ने भोजन किया।
(17) छात्र ने ज्ञान प्राप्त किया। (18) तुमने क्या पढ़ा?
(19) उसने प्यासे को जल पिलाया। (20) वह गाँव गया।

(घ) (1) तुम सत्य बोलो। (2) हम सब नियमों का पालन करें।
(3) राधा गाना गाए। (4) तुम सब उच्चारण करो।
(5) हम सब नाचें। (6) हम दो बाहर जायें।
(7) तुम दो अनुशासन का पालन करो। (8) तुम सब झगड़ा मत करो।
(9) वे कहाँ ठहरे। (10) वे दो तेज चलें।

(ङ) (1) हमें पढ़ना चाहिए। (2) तुम सब को प्रतिदिन व्यायाम करना चाहिए।
(3) हमें प्रतिदिन पाठ याद करना चाहिए। (4) उन्हें कविता लिखनी चाहिए।
(5) हमें सत्य बोलना चाहिए। (6) उसे न्याय के मार्ग पर चलना चाहिए।
(7) हमें वृद्धों की सेवा करनी चाहिए। (8) हमें अध्यापक का सम्मान करना चाहिए।
(9) तुम सब को प्रतिदिन बाहर खेलना चाहिए। (10) उसे न्यायप्रिय होना चाहिए।

(च) (1) पिता पुत्र के साथ जाता है। (2) उसे माता को नमस्कार करना चाहिए।
(3) रमा सदा सत्य बोलती थी। (4) वृक्ष से पीले पत्ते गिरे।
(5) तुम सब बाग के चारों ओर दौड़ो। (6) अध्यापक बच्चों पर क्रोधित न हो।
(7) हमें सब पर स्नेह करना चाहिए। (8) राम बालकों में श्रेष्ठ था।
(9) उसने परिश्रम से उत्तम अङ्क प्राप्त किये। (10) नगर के चारों ओर पेड़ हैं।
(11) माता को नमस्कार। (12) पिता को नमस्कार।
(13) विष्णु को नमस्कार। (14) बच्चे गाँव से आए।
(15) पर्वत से नदी निकलती है। (16) कुत्ता साइकिल के साथ दौड़ता है।
(17) पिता पुत्र के लिए फल लाता है। (18) वह बूढ़े को वस्त्र देता है।
(19) वह आँख से काना है। (20) वह लाठी से साँप को मारता है।

(छ) (1) नील कमल वहाँ हैं। (2) यह बालक पाठ पढ़ेगा।
(3) महान् पुरुष विजयी होंगे। (4) हरे वृक्ष वहाँ हैं।
(5) चञ्चल बंदर पेड़ पर चलता है। (6) दुर्बल मनुष्य लाठी से चलता है।
(7) यह बालक वीणा में चतुर है। (8) यह फल मीठा है।
(9) काले बादलों ने वर्षा की। (10) यह जल साफ है।
(11) सभी बालक खेलेंगे। (12) ये मधुर फल हैं।
(13) राम मेरा घनिष्ठ मित्र है। (14) इस बच्चे का क्या नाम है?
(15) काला घोड़ा दौड़ता है? (16) सभी महिलाएँ बैठी हैं।
(17) उसकी पत्नी सुंदर है। (18) यह लाल वस्त्र है।
(19) मोटा बच्चा खेल रहा है। (20) उसके हाथ लम्बे हैं।
(21) वस्त्र सुंदर है। (22) यहाँ गहरा अँधेरा है।
(23) घर के बाहर तेज धूप है। (24) यह पुस्तक सुंदर है।
(25) यह छात्र चतुर है। (26) ये हरे पत्ते हैं।
(27) ये मेरी पुस्तक हैं। (28) यह रमणीय स्थान है।
(29) महिला मीठा गीत गाती है। (30) दरवाजे पर कौन व्यक्ति है?

(ज) (1) वे दो मधुर फल खाते हैं। (2) तीन बंदर वहाँ थे।
(3) राधा ने चार फल खाए। (4) रमा के पास दस पुस्तकें हैं।
(5) सूर्य प्रकाश देता है। (6) नक्षत्र आकाश में चमकते हैं।
(7) एक महिला ने यह काम किया है। (8) तुम वहाँ से चार फल लाओ।
(9) राधा ने बीस पाठ पढ़े। (10) उसे एक पाठ पढ़ना चाहिए।

(झ) (1) वह बुद्धिमान् है। (2) अब वह जायेगा।
(3) कल हम सब आयेंगे। (4) हम सब धीरे-धीरे चलते हैं।
(5) वह जोर से बोलेगा। (6) उसने वहाँ खाना खाया।
(7) हम सब अब खेलेंगे। (8) वह सब कल वहाँ गये।
(9) तुम सब ऐसा मत बोलो। (10) तुम सदा सत्य बोलो।
(11) वह फल खाता है। (12) हम घर जाते हैं।
(13) तुमने सच बोला है। (14) मैं दूध पीता हूँ।
(15) पिता जी शहर गए। (16) आप कहाँ से आए हो?
(17) परिवार में छः लोग हैं। (18) सेवक राजा की सेवा करता है।
(19) बच्चा जोर-जोर से हँसता है। (20) माता भोजन पकायेगी।
(21) तुम चित्र देखते हो। (22) वह तुम्हारा मित्र है।
(23) उसने झूठ को छोड़ दिया। (24) आप कहाँ रहते हो?
(25) मकान में कौन है? (26) शिव को नमस्कार।
(27) वह पाठ पढ़ता है। (28) उसने स्नान किया।
(29) राम ने रावण को मारा। (30) बच्चा मैदान में कूदता है।

(ञ) (1) वह पढ़ने के लिए वहाँ गया।
(2) हम सब पढ़ करके खेलेंगे।
(3) वह ईश्वर को नमस्कार करके कार्य करता है।
(4) तुम खेलने के लिए क्यों नहीं गए।
(5) हम लिख करके पाठ याद करते हैं।
(6) वे चल करके जाते हैं।
(7) वह जोर-जोर से हँसता है।
(8) बन्दर कूदकर पेड़ पर चढ़ता है।
(9) वह पाठ याद करके लिखता है।
(10) वह जल को स्वच्छ करके पीता है।
(11) जल में लकड़ी तैर रही है।
(12) परमात्मा सभी का कल्याण करे।
(13) आकाश में काले बादल उमड़ रहे हैं।
(14) वह अध्ययन के लिए विदेश गया।
(15) वृक्ष पर चढ़कर बन्दर कूदता है।
(16) पाण्डवों में युधिष्ठिर सबसे बड़ा था।
(17) मूर्ख व्यक्ति गुणों से हीन होता है।
(18) वन में सिंह ने अनेक पशुओं को मार डाला।

(19) इस संसार में ज्ञान के बिना मुक्ति नहीं।
(20) कृष्ण ने ब्राह्मण का सम्मान किया।
(21) बच्चे चिड़ियाघर देखने शहर गए।
(22) वृक्ष पर कोयल कूजती है।
(23) श्रीराम प्रजा के हितैषी थे।
(24) लोगों ने चोर को लाठियों से पीटा।
(25) मेरा बड़ा भाई विदेश में रहता है।
(26) बच्चे मैदान में खेलते हैं।
(27) नदी के जल में धोबी कपड़े धोता है।
(28) शहर के निकट एक तालाब है।
(29) परिश्रम से जीवन में सफलता मिलती है।
(30) खेत के दोनों ओर नदी है।

प्रश्नः–अधोलिखितानि वाक्यानि संस्कृतभाषया अनूद्य लिखत। *(केवलं वाक्यपञ्चकम्)*

(CBSE 2020)

(*i*) पिता दूध लाता है।
(*ii*) तुम दोनों संस्कृत पढ़ते हो।
(*iii*) कल रमेश पाटलिपुत्र जाएगा।
(*iv*) सुधा कहाँ थी?
(*v*) तुम सब कक्षा में पढ़ो।
(*vi*) कुत्ता बाघ से डरता है।
(*vii*) क्या मैं बाहर जाऊँ?

खण्डः 'ग'

अनुप्रयुक्त-व्याकरणम्

(Applied Grammar)

1

सन्धि-कार्यम्

(WORK ON COMBINATION OF LETTERS)

> *यदा यदा हि धर्मस्य ग्लानिर्भवति भारत।*
> *अभ्युत्थानमधर्मस्य तदात्मानं सृजाम्यहम्।।*

अत्यन्त समीपवर्ती दो वर्णों के मेल से, किसी नियम के अंतर्गत होने वाले विकार (परिवर्तन) को **सन्धि** (Combination of Letters) कहते हैं। अत्यन्त समीपवर्ती वर्णों का मेल होने पर कई प्रकार का **विकार** होता है। कभी पूर्ववर्ण तथा परवर्ण दोनों के स्थान पर एक नया वर्ण बन जाता है। जैसे—अ/आ तथा इ/ई मिल कर **ए** हो जाता है (उदाहरणम्—**रमा** + **ईशः** = **रमेशः**)। कभी पूर्ववर्ण में परिवर्तन हो जाता है। जैसे—अ/आ, इ/ई, उ/ऊ, ऋ/ॠ के परे भिन्न वर्ण होने पर पूर्ववर्ण को क्रमशः य्, व्, र् हो जाते हैं (उदाहरणम्—**इति** + **आदि** = **इत्यादि**)। कभी पूर्ववर्ण तथा परवर्ण के स्थान पर परले जैसा तो कभी परवर्ण तथा पूर्ववर्ण के स्थान पर पहले जैसा हो जाता है। (उदाहरणम्—प्र + एजते = प्रेजते, वने + अत्र = वनेऽत्र)। कभी दोनों वर्णों के बीच नया वर्ण आ जाता है। जैसे—**गज** + **छाया** = **गजच्छाया** में अ और छ् के बीच में 'च्' नया वर्ण आ गया है। कभी पूर्ववर्ण को द्वित्व हो जाता है। जैसे—**पठन्** + **आलपति** = **पठन्नालपति**। कभी पूर्ववर्ण विसर्ग हो तो उसका कहीं कहीं लोप हो जाता है।

सन्धि के तीन प्रकार होते हैं—(1) स्वरसन्धिः, (2) व्यञ्जनसन्धिः, (3) विसर्ग-सन्धिः।

नवमकक्षायाः आवृत्तिः

(1) स्वरसन्धि-तालिका

स्वर सन्धिभेदाः	पूर्ववर्णः	परवर्णः	विकारः	उदाहरणानि
दीर्घः	अ / आ +	अ / आ =	आ	विद्या + अर्थी = विद्यार्थी
	इ / ई +	इ / ई =	ई	कवि + इन्द्रः = कवीन्द्रः
	उ / ऊ +	उ / ऊ =	ऊ	भानु + उदयः = भानूदयः
	ऋ / ॠ +	ऋ / ॠ =	ॠ	मातृ + ऋणम् = मातॄणम्
गुणः	अ / आ +	इ / ई =	ए	रमा + ईशः = रमेशः
		उ / ऊ =	ओ	चन्द्र + उदयः = चन्द्रोदयः
		ऋ / ॠ =	अर्	देव + ऋषिः = देवर्षिः

वृद्धिः	अ / आ +	ए / ऐ = ओ / औ =	ऐ औ	जन + एकता = जनैकता जन + ओदनम् = जनौदनम्
यण्	इ / ई + उ / ऊ + ऋ / ॠ +	भिन्नस्वरः भिन्नस्वरः भिन्नस्वरः	इ / ई → य् उ / ऊ → व् ऋ / ॠ → र्	यदि + अपि = यद्यपि लघु + इदम् = लघ्विदम् मातृ + आदेशः = मात्रादेशः

(2) व्यञ्जनसन्धि-तालिका

पूर्ववर्णः	परवर्णः	विकारः	उदाहरणम्
1. पदान्त 'म्'	व्यञ्जनम्	म् के स्थान पर अनुस्वार (ं)	हरिम् + वन्दे = हरिं वन्दे
2. क्	स्वरः	क्→ग्	वाक् + अर्थौ = वागर्थौ
3. क्	वर्गों के तीसरे, चौथे वर्ण, य्, र्, ल्, व्, ह्	क्→ग्	वाक् + धारा = वाग्धारा
4. च्	स्वरः	च्→ज्	अच् + आदिः = अजादिः
5. च्	वर्गों के तीसरे, चौथे, य्, र्, ल्, व्, ह्	च्→ज्	अच् + वर्णः = अज्वर्णः
6. ट्	स्वरः, वर्गों के तीसरे, चौथे, य्, र्, ल्, व्, ह्	ट्→ड्	सम्राट् + अयम् = सम्राडयम्
7. त्	स्वरः,	त्→द्	सत् + असत् = सदसत्
8. त्	ग्, घ्, द्, ध्, ब्, भ्, य्, र्, व्	त्→द्	सत् + धर्मः = सद्धर्मः
9. त्	च्	त्→च्	सत् + चित् = सच्चित्
10. त्	ल्	त्→ल्	तत् + लीनम् = तल्लीनम्
11. प्	स्वर, ग्, घ्, ज्, झ्, ड्, ढ्, द्, ध्, ब्, भ्	प्→ब्	अप् + दः = अब्दः
12. र्	र्	पूर्व र् का लोप, पूर्व स्वर को दीर्घ	निर् + रोगः = नीरोगः
13. ऋ, ॠ, र्, ष्, सह्य व्यवधान→स्वरः, ह्, य्, व्, कवर्गः एवं पवर्गः होने पर	न् पदान्त 'न्' हो तो कोई परिवर्तन नहीं होता है।	न्→ण् न्→न्	रामे + न = रामेण रामा + न् = रामान्

दशमकक्षायाः पाठ्यक्रमः

व्यञ्जनसन्धि के निम्नलिखित भेद पाठ्यक्रम में निर्धारित हैं–

(अ) वर्गीयप्रथमवर्णस्य तृतीयवर्णे परिवर्तनम्

(आ) प्रथमवर्णस्य पञ्चमवर्णे परिवर्तनम्।

विसर्गसन्धि में निम्न भेद निर्धारित हैं–

(*i*) विसर्गस्य उत्वम्, (*ii*) रत्वम्, (*iii*) विसर्गलोपः (*iv*) विसर्गस्य स्थाने स् श् ष्।

(*i*) स्वर-सन्धिः

(पाठ्यक्रम में नहीं है)*

(क) दीर्घ-सन्धिः

समान वर्ण परे होने पर, अक् (अ, आ, इ, ई, उ, ऊ, ऋ तथा ॠ) वर्णों के स्थान पर एक समान वर्ण, किन्तु दीर्घ स्वर (आ, ई, ऊ, ॠ) हो जाता है।

अ + अ = आ	आ + आ = आ
अ + आ = आ	आ + अ = आ

मुर + अरिः = मुरारिः
देव + आलयः = देवालयः
महा + अर्घः = महार्घः
घोरा + आकृतिः = घोराऽऽकृतिः (घोराकृतिः)

क्व + अपि = क्वापि
हिम + आलयः = हिमालयः
विद्या + अर्थी = विद्यार्थी
चिकित्सा + आलयः = चिकित्सालयः

इ + इ = ई	ई + ई = ई
इ + ई = ई	ई + इ = ई

इति + इव = इतीव
मुनि + ईशः = मुनीशः
लक्ष्मी + इन्द्रः = लक्ष्मीन्द्रः
मही + ईशः = महीशः

मुनि + इन्द्रः = मुनीन्द्रः
कपि + ईशः = कपीशः
मही + इन्द्रः = महीन्द्रः
लक्ष्मी + ईश्वरः = लक्ष्मीश्वरः

उ + उ = ऊ	ऊ + ऊ = ऊ
उ + ऊ = ऊ	ऊ + उ = ऊ

भानु + उदयः = भानूदयः
लघु + ऊर्मिः = लघूर्मिः
वधू + उत्सवः = वधूत्सवः
भू + ऊर्ध्वम् = भूर्ध्वम्

गुरु + उपदेशः = गुरूपदेशः
सिन्धु + ऊर्मिः = सिन्धूर्मिः
वधू + उपदेशः = वधूपदेशः
चमू + ऊर्जः = चमूर्जः

* *कृपया अपना पाठ्यक्रम जाँच लें।*

ऋ + ऋ या ॠ = ॠ

मातृ + ऋणम् = मातॄणम् पितृ + ऋद्धिः = पितॄद्धिः

दीर्घ-सन्धि के अपवाद–

कुल + अटा = कुलटा मार्त + अण्डः = मार्तण्डः

(ख) गुण-सन्धिः

अ या आ के अनन्तर ह्रस्व या दीर्घ इ, ई, उ, ऊ, ऋ तथा ॠ आवें तो दोनों के स्थान पर क्रमशः ए, ओ, अर् आदेश हो जाते हैं। (अ, ए, ओ, गुण स्वर कहलाते हैं इसलिए इस सन्धि को गुण सन्धि कहते हैं।)

अ + इ = ए	आ + इ = ए
अ + ई = ए	आ + ई = ए

नर + इन्द्रः = नरेन्द्रः
नर + ईशः = नरेशः
महा + इन्द्रः = महेन्द्रः
महा + ईशः = महेशः
उप + इन्द्रः = उपेन्द्रः
परम + ईशः = परमेशः
रमा + इति = रमेति
रमा + ईशः = रमेशः

अ + उ = ओ	आ + उ = ओ
अ + ऊ = ओ	आ + ऊ = ओ

सूर्य + उदयः = सूर्योदयः
जल + ऊर्मिः = जलोर्मिः
गंगा + उदकम् = गंगोदकम्
दया + ऊर्मिः = दयोर्मिः
हित + उपदेशः = हितोपदेशः
नव + ऊढा = नवोढा
यथा + उचितम् = यथोचितम्
गङ्गा + ऊर्मिः = गङ्गोर्मिः

अ + ऋ = अर्
आ + ॠ = अर्

वसन्त + ऋतुः = वसन्तर्तुः
महा + ऋषिः = महर्षिः
देव + ऋषिः = देवर्षिः
वर्षा + ऋतुः = वर्षर्तुः

गुण सन्धि के अपवाद–

अक्ष + ऊहिनी = अक्षौहिणी (न्→ण्) प्र + ऊढः = प्रौढः

दुःख + ऋतः = दुःखार्तः (तृतीया तत्पुरुष समास होने पर)

(ग) वृद्धि-सन्धिः

अ अथवा आ के अनन्तर यदि ए या ऐ हो तो दोनों के स्थान पर **ऐ** हो जाता है और यदि ओ या औ हो तो दोनों के स्थान पर **औ** हो जाता है। इस सन्धि को वृद्धि सन्धि कहते हैं।

1. *अ + ए = ऐ*

एक + एकशः = एकैकशः कृष्ण + एकत्वम् = कृष्णैकत्वम्

2. *आ + ए = ऐ*

तथा + एव = तथैव सदा + एव = सदैव

3. *अ + ऐ = ऐ*

मत + ऐक्यम् = मतैक्यम् देव + ऐश्वर्यम् = देवैश्वर्यम्

4. *आ + ऐ = ऐ*

महा + ऐरावतः = महैरावतः महा + ऐश्वर्यम् = महैश्वर्यम्

5. *अ + ओ = औ*

जल + ओघः = जलौघः जन + ओघः = जनौघः

6. *आ + ओ = औ*

महा + ओघः = महौघः महा + औषधम् = महौषधम्

7. *अ + औ = औ*

धर्म + औत्सुक्यम् = धर्मौत्सुक्यम् तव + औदार्यम् = तवौदार्यम्

8. *आ + औ = औ*

महा + औदार्यम् = महौदार्यम् विद्या + औत्सुक्यम् = विद्यौत्सुक्यम्

वृद्धि सन्धि के अपवाद–

प्र + एजते = प्रेजते (पररूपम्) अधर + ओष्ठः = अधरोष्ठः, अधरौष्ठः

(घ) यण्-सन्धिः

ह्रस्व या दीर्घ इ, ई, उ, ऊ, ऋ, ॠ, लृ (इक्) के अनन्तर कोई असवर्ण स्वर (अच्) आए तो इ, उ, ऋ, लृ के स्थान पर क्रमशः य्, व्, र्, ल् (यण्) आदेश हो जाते हैं।

1. इ + *असमान वर्ण (इ, ई से भिन्न स्वर) = य् + असमान वर्ण*

यदि + अपि = यद्यपि इति + आदि = इत्यादि

2. ई + *असमान वर्ण (इ, ई से भिन्न स्वर) = य् + असमान वर्ण*

नदी + अत्र = नद्यत्र सुधी + उपास्यः = सुध्युपास्यः

3. उ + *असमान वर्ण (उ, ऊ से भिन्न स्वर) = व् + असमान वर्ण*

मधु + अरिः = मध्वरिः गुरु + आदेशः = गुर्वादेशः

4. ऊ + *असमान वर्ण (उ, ऊ से भिन्न स्वर) = व् + असमान वर्ण*

वधू + आदेशः = वध्वादेशः वधू + आज्ञा = वध्वाज्ञा

5. ऋ + *असमान वर्ण (ऋ, ॠ से भिन्न स्वर) = र् + असमान वर्ण*

भ्रातृ + अंशः = भ्रात्रंशः पितृ + उपदेशः = पित्रुपदेशः

(ङ) अयादि-सन्धिः

(*i*) अयादि का अर्थ है अय्, अव्, आय् तथा आव्। यदि पूर्ववर्ण ए, ओ, ऐ तथा औ (एच्) हो और परवर्ण कोई भी स्वर (अच्) हो तो पूर्ववर्ण ए, ओ, ऐ तथा औ (एच्) के स्थान पर क्रमशः अय्, अव्, आय् तथा आव् हो जाते हैं।

1. ***ए + कोई स्वर = अय् + कोई स्वर***

   ने + अति = न् + अय् + अति = नयति

   हरे + ए = हर् + अय् + ए = हरये

   प्रयोगः—सः अजां गृहं **नयति** (ने + अति)।

2. ***ओ + कोई स्वर = अव् + कोई स्वर***

   भो + अति = भ् + अव् + अति = **भवति**

   पो + अनः = प् + अव् + अनः = **पवनः**

   प्रयोगः—ईश्वरः सर्वत्र **भवति** (भो + अति)।

3. ***ऐ + कोई स्वर = आय् + कोई स्वर***

   नै + अकः = न् + आय् + अकः = **नायकः**

   प्रयोगः—उदयनः नाटकस्य **नायकः** (नै + अकः) अस्ति।

4. ***औ + कोई स्वर = आव् + कोई स्वर***

   द्वौ + अपि = द्व् + आव् + अपि = **द्वावपि**

   नौ + इकः = न् + आव् + इकः = **नाविकः**

   भौ + उकः = भ् + आव् + उकः = **भावुकः**

   प्रयोगः—मम पिता अतीव **भावुकः** (भौ + उकः) अस्ति।

(च) पूर्वरूप-सन्धिः

पूर्वरूप-संधि अनुसार पदान्त (पद के अन्त) में ए या ओ होने पर और उसके बाद ह्रस्व अ होने पर अयादि सन्धि का नियम लागू नहीं होता अपितु अ को पूर्वरूप हो जाता है। पूर्वरूप होने पर वह अ पहले शब्द के अंतिम स्वर में बिना परिवर्तन के मिल जाता है तथा उसकी सूचना मात्र के लिए ऽ (अवग्रह) चिह्न लगा दिया जाता है।

पूर्वरूप सन्धि के उदाहरण—

सामवेदो + अस्मि = **सामवेदोऽस्मि**

के + अपि = **केऽपि**

प्रभो + अव = **प्रभोऽव**

कीटो + अपि = **कीटोऽपि**

वने + अस्मिन् = **वनेऽस्मिन्**

पुस्तके + अत्र = **पुस्तकेऽत्र**

(ii) व्यञ्जन-सन्धिः

व्यञ्जन-सन्धिः के निम्नलिखित प्रयोग दशमी कक्षा के पाठ्यक्रम में निर्धारित हैं–
1. *वर्गीयप्रथमाक्षराणां तृतीयवर्णे परिवर्तनम्* 2. *प्रथमवर्णस्य पञ्चमवर्णे परिवर्तनम्*

(अ) परसवर्ण-सन्धिः *(यय् परे होने पर अनुस्वार के स्थान पर परसवर्ण)* (*पाठ्यक्रम में नहीं है**)

(*i*) पूर्ववर्ण अपदान्त अनुस्वार हो तथा परवर्ण कवर्ग (क्, ख्, ग्, घ्, ङ्) में से कोई सा वर्ण हो तो अनुस्वार के स्थान पर 'ङ्' (कवर्ग का पाँचवाँ वर्ण) हो जाता है। *उदाहरणानि–*

अं + कः = अङ् + कः = **अङ्कः**
अं + कितः = अङ् + कितः = **अङ्कितः**

(*ii*) पूर्ववर्ण अपदान्त अनुस्वार हो तथा परवर्ण चवर्ग (च्, छ्, ज्, झ्, ञ्) में से कोई वर्ण हो तो अनुस्वार के स्थान पर चवर्ग का पञ्चम वर्ण 'ञ्' हो जाता है। *उदाहरणानि–*

पं + चमः = पञ् + चमः = **पञ्चमः**
सं + जयः = सञ् + जयः = **सञ्जयः**

(*iii*) पूर्ववर्ण अपदान्त अनुस्वार हो तथा परवर्ण टवर्ग (ट्, ठ्, ड्, ढ्, ण्) में से कोई वर्ण हो तो अनुस्वार के स्थान पर टवर्ग का पञ्चम वर्ण 'ण' हो जाता है। *उदाहरणानि–*

कं + टकः = कण् + टकः = **कण्टकः**
कं + ठः = कण् + ठः = **कण्ठः**

(*iv*) पूर्ववर्ण अपदान्त अनुस्वार हो तथा परवर्ण तवर्ग (त्, थ्, द्, ध्, न्) में से कोई वर्ण हो तो अनुस्वार के स्थान पर तवर्ग का पञ्चम वर्ण 'न्' हो जाता है। *उदाहरणानि–*

शां + तः = शान् + तः = **शान्तः**
मं + थनम् = मन् + थनम् = **मन्थनम्**

(*v*) पूर्ववर्ण अपदान्त अनुस्वार हो तथा परवर्ण पवर्ग (प्, फ्, ब्, भ्, म्) में से कोई हो तो अनुस्वार के स्थान पर पवर्ग का पञ्चम वर्ण 'म्' हो जाता है। *उदाहरणानि–*

सं + पन्नः = सम् + पन्नः = **सम्पन्नः**
गुं + फितः = गुम् + फितः = **गुम्फितः**

यदि पूर्ववर्ण पदान्त अनुस्वार हो तो–

यदि पूर्ववर्ण **पदान्त** का अनुस्वार हो तथा परवर्ण यय् वर्ण हो तो अनुस्वार के स्थान पर वर्ग का पञ्चम वर्ण **विकल्प** से होता है–

उदाहरणानि–

त्वं + करोषि = त्वं करोषि/त्वङ्करोषि
त्वं + चलसि = त्वं चलसि/त्वञ्चलसि

(आ) छत्व-सन्धिः *(श्→छ्)* (*पाठ्यक्रम में नहीं है**)

वर्गों के प्रथम, द्वितीय, तृतीय तथा चतुर्थ वर्णों में से कोई वर्ण पूर्ववर्ण हो तथा परवर्ण 'श्' हो तथा श् वर्ण से परे अर् अर्थात् कोई स्वर अथवा य्, र्, ल्, व्, ह्, ङ्, ञ्, ण्, न्, म् वर्णों में से कोई वर्ण हो तो श् वर्ण के स्थान पर विकल्प से 'छ्' वर्ण हो जाता है।

---

* *कृपया अपना पाठ्यक्रम जाँच लें।*

वाक् + शरः = **वाक्शरः, वाक्छरः**

तत् + शरेण = **तच्शरेण/तच्छरेण**

छत्व सन्धि के अन्य उदाहरण–

तत् + शत्रुः = **तच्शत्रुः/तच्छत्रुः**

एतत् + श्रुत्वा = **एतच्श्रुत्वा/एतच्छ्रुत्वा**

जगत् + शिवानि = **जगच्शिवानि/जगच्छिवानि**

श्रीमत् + शरच्चन्द्रः = **श्रीमच्शरच्चन्द्रः/श्रीमच्छरच्चन्द्रः**

एतत् + शक्यम् = **एतच्शक्यम् / एतच्छक्यम्**

प्रयोगः— (*i*) अहं **मतिशरः/मच्छिरः** (मत् + शिरः) ददामि।

(इ) तुक्-आगम-सन्धिः *(छ् परे होने पर 'च्' वर्ण का आगम, छे च)* *(पाठ्यक्रम में नहीं है।*)*

ह्रस्व स्वर से परे छ् होने पर छ् से पहले च् जोड़कर छ् के स्थान पर 'च्छ्' कर दिया जाता है।

तरु + छाया = **तरुच्छाया**

स्व + छः = **स्वच्छः**

तुक्-आगम-सन्धि के अन्य उदाहरण–

वृक्ष + छाया = वृक्ष + च् + छाया = **वृक्षच्छाया**

स्व + छन्दः = स्व + च् + छन्दः = **स्वच्छन्दः**

स्व + छत्रम् = स्व + च् + छत्रम् = **स्वच्छत्रम्**

शिव + छाया = शिव + च् + छाया = **शिवच्छाया**

अनु + छेदः = अनु + च् + छेदः = **अनुच्छेदः**

वि + छेदः = वि + च् + छेदः = **विच्छेदः**

सन्धि + छेदः = सन्धि + च् + छेदः = **सन्धिच्छेदः**

एक + छत्रम् = एक + च् + छत्रम् = **एकच्छत्रम्**

तरु + छायायाम् = तरु + च् + छायायाम् = **तरुच्छायायाम्**

परि + छेदः = परि + च् + छेदः = **परिच्छेदः**

(ई) मोऽनुस्वारः *(पदान्त म् के स्थान पर अनुस्वार)* (पाठ्यक्रम में नहीं है।*)

पदान्त 'म्' से परे कोई भी व्यंजन हो तो म् को अनुस्वार (ं) हो जाता है।

हरिम् + वन्दे = हरिं वन्दे

मधुरम् + हसति = मधुरं हसति

किन्तु पदान्त म् के स्थान पर होने वाले अनुस्वार से परे यदि किसी वर्ग का कोई वर्ण आता है तो उस अनुस्वार को उसी वर्ग का पाँचवाँ वर्ण विकल्प से हो जाता है। जैसे–

अयम् + कथयति = अयं कथयति/अयङ् कथयति

---

* *कृपया अपना पाठ्यक्रम जाँच लें।*

(उ) वर्गीयप्रथमवर्णस्य तृतीयवर्णे परिवर्तनम्

किसी शब्द में यदि झल् अर्थात् वर्णों के पहले, दूसरे, तीसरे और चौथे वर्ण तथा श्, ष् स्, ह् हों तथा उसके अनन्तर कोई भी अन्य वर्ण हो तो झलों को जश् (उसी वर्ग का तीसरा वर्ण अर्थात् ग्, ज्, ड्, द्, ब्) हो जाता है।

दिक् + अम्बरः = दिगम्बरः	क् → ग्
दिक् + गजः = दिग्गजः	क् → ग्
अच् + अन्तः = अजन्तः	च् → ज्
षट् + आननः = षडाननः	ट् → ड्
जगत् + ईशः = जगदीशः	त् → द्
चित् + आनन्दः = चिदानन्दः	त् → द्
सुप् + अन्ताः = सुबन्ताः	प् → ब्
महत् + धनम् = महद्धनम्	त् → द्

(ऊ) प्रथमवर्णस्य पञ्चमवर्णे परिवर्तनम्

पदान्त व्यञ्जनों से परे अनुनासिक वर्ण (ङ्, ञ्, ण्, न्, म्) होने पर पदान्त व्यञ्जन [वर्ग के प्रथम वर्ण] के स्थान पर वर्ग का पञ्चम वर्ण विकल्प से होता है।

वाक्	+	मयम्	=	वाङ्मयम्	(वाग्मयम् वा)
जगत्	+	नाथः	=	जगन्नाथः	(जगद्नाथः वा)
सत्	+	मतिः	=	सन्मतिः	(सद्मतिः वा)
षट्	+	नवतिः	=	षण्णवतिः	(षड्णवतिः वा)
अप्	+	मयम्	=	अम्मयम्	(अब्मयम् वा)
तत्	+	मयः	=	तन्मयः	(तद्मयः वा)

(iii) विसर्ग-सन्धिः

1. (क) सः/एषः के विसर्ग का लोप (अ से भिन्न स्वर/व्यञ्जन परे होने पर)
   (ख) सः/एषः के विसर्ग के स्थान पर उ; सः/एषः → सो/एषो (अ परे होने पर)
2. विसर्ग-लोप (क) पूर्वपद में अ (ख) पूर्वपद में आ (ग) उत्तरपद में व्यञ्जन
3. विसर्ग के स्थान पर उ (उत्व)
4. विसर्ग के स्थान पर र् (रत्व)
5. विसर्ग के स्थान पर स्, श्, तथा ष् (सत्व, षत्व, शत्व)

(1) (क)–सः/एषः (ः → ×) (विसर्ग-लोपः)

(i) सः/एषः + अ से भिन्न स्वर = स/एष + अ से भिन्न स्वर

विसर्गलोप → ः लोपः

उदाहरण तथा अभ्यास

उदा०—	सः	एति	=	स एति
उदा०—	एषः	एति	=	एष एति
(1)	सः	आगच्छति	=	....
(2)	सः	इच्छति	=	....
(3)	सः	उत्तिष्ठति	=	....
(4)	सः	ईक्षते	=	....

(ii) सः/एषः + कोई व्यञ्जन = स/एष + कोई व्यञ्जन

विसर्गलोपः → : लोपः

उदाहरण तथा अभ्यास

उदा०—	सः	पठति	=	स पठति।
(1)	सः	गच्छति	=	....।

(1) (ख)—सः/एषः + अ

सः/एषः + अ = ओ

विसर्ग (:) का = ओ = 'अ' का 'ऽ' अवग्रह

उदाहरण तथा अभ्यास

उदा०—	सः +	अस्ति	=	सोऽस्ति
उदा०—	सः +	अवसत्	=	सोऽवसत्
(1)	सः +	अपठत्	=	....
(2)	सः +	अगच्छत्	=	....

(2) विसर्ग-लोपः (: → ×)

(क) विसर्ग से पूर्व अ होने पर

अ + : + 'अ' भिन्न स्वर = अ + 'अ' भिन्न स्वर

उदाहरण तथा अभ्यास

उदा०—	रामः	+	आगच्छति	=	राम आगच्छति	
(1)	कृष्णः	+	आयाति	=	....	....
(2)	रहीमः	+	एति	=	....	एति
(3)	मृगः	+	उपयाति	=	मृग	....
(4)	सिंहः	+	उत्सहते	=	....	....

(ख) आः + 'अ' भिन्नस्वराः विसर्गलोपः

उदाहरण तथा अभ्यास

उदा०—	सिंहाः	+	एते	=	सिंहा	एते
(1)	लताः	+	इमाः	=	....	....
(2)	बालाः	+	आगच्छन्ति	=	बाला	....
(3)	जनाः	+	इच्छन्ति	=	....	इच्छन्ति
(4)	देवाः	+	इह	=	देवा	....

(ग) आः + वर्ग का 3, 4, 5 वाँ वर्ण, य्, र्, ल्, व्, ह् → विसर्गलोप

उदाहरण तथा अभ्यास

उदा०—	मूर्खाः	+	हसन्ति	=	मूर्खा	हसन्ति
(1)	बालिकाः	+	लिखन्ति	=	बालिका	....
(2)	देवताः	+	रमन्ते	=	....	रमन्ते
(3)	बालाः	+	यान्ति	=	बाला	....
(4)	वृक्षाः	+	वर्धन्ते	=	....	वर्धन्ते

(3) उत्व-सन्धिः

अः → ओ

(क)

अः + अ = ओ
उत्तरपद का 'अ' अवग्रह 'ऽ'

उदाहरण तथा अभ्यास

उदा०—	बालः	+	अयम्	=	बालोऽयम्
(1)	रामः	+	अत्र	=	रामोऽत्र
(2)	पुरुषः	+	अस्ति	=	पुरुषोऽस्ति
(3)	नृपः	+	अतीव	=	नृपोऽतीव

(ख)

अः + वर्ग का 3, 4, 5 वाँ वर्ण, य्, र्, ल्, व्, ह्
विसर्ग का 'ओ'

अः → ओ

उदाहरण तथा अभ्यास

उदा०—	शिवः	+	वन्द्यः	=	शिवो वन्द्यः
(1)	गोपालः	+	हसति	=	....
(2)	वृक्षः	+	वर्धते	=	....

(3)	गजः	+ धावति	=	....
(4)	मयूरः	+ नृत्यति	=	....

(4) रत्व-सन्धिः (: → र्)

'अ' भिन्न स्वरः + कोई स्वर या वर्ग का 3, 4, 5 वाँ वर्ण, य्, र्, ल्, व्, ह्
→ विसर्ग का 'र्'

(क) विसर्ग के स्थान पर र्

उदाहरण तथा अभ्यास

उदा०–	मुनिभिः	+	आगतम्	=	मुनिभिर्	+	आगतम्	=	मुनिभिरागतम्
(1)	कविः	+	आगतः	=	कविर्	+	आगतः	=	..............।
(2)	गौः	+	अयम्	=	....	+	....	=	..............।
(3)	कैः	+	....	=	....	+	उक्तम्	=	कैरुक्तम्।

उदा०–	प्रीतिः	+	हसति	=	प्रीतिर्हसति
(1)	श्रुतिः	+	गच्छति	=	....
(2)	यतिः	+	धावति	=	....
(3)	हरिः	+	यच्छति	=	....

(5) सत्व/शत्व/षत्व सन्धिः (: → स्/श्/ष्)

: + स्/त्/थ् = **स्** + स्/त्/थ् : + श्/च्/छ् = **श्** + श्/च्/छ् : + ष्/ट्/ठ् = **ष्** + ष्/ट्/ठ्	विकारः भवति
: + क्/ख् = : + क्/ ख् : + प्/फ् = : + प्/फ्/	विकारः न भवति

(क) सत्व सन्धि (: → स्)

उदाहरण तथा अभ्यास

उदा०–	विभुः	+	तरति	=	विभुस्तरति
(1)	बालः	+	तत्र	=	....
(2)	बालः	+	थूत्करोति	=	....
(3)	कृष्णः	+	तदा	=	....
(4)	भक्तः	+	सेवते	=	....

(ख) शत्व सन्धि (: → श्)

उदाहरण तथा अभ्यास

उदा०— चन्द्रः + शोभते = चन्द्रश्शोभते
तस्याः + छागः = तस्याश्छागः
(1) अग्निः + शाम्यति = ...
(2) हरिः + चलति = ...
(3) रामः + शेते = ...

(ग) षत्व सन्धि (: → ष्)

उदाहरण तथा अभ्यास

उदा०— कः + टीकते = कष्टीकते
(1) उपमानः + टिट्टिभः = ...
(2) धनुः + टङ्कारः = ...
(3) रूप्यकैः + ठनठनायते = ...
(4) रामः + ठक्कुरः = ...

अभ्यासप्रश्नाः

1. सन्धिं कुरुत—

(*i*) अनु + छेदः = ...। (*ii*) स्व + छः = ...।
(*iii*) हरिम् + वन्दे = ...। (*iv*) दिक् + गजः = ...।
(*v*) हरिः + चलति = ...। (*vi*) मुनिभिः + आगतम् = ...।
(*vii*) विभुः + तरति = ...। (*viii*) गोपालः + हसति = ...।

2. सन्धिच्छेदं कुरुत—

(*i*) वृक्षच्छायः = ... + ...।
(*ii*) अनुच्छेदः = ... + ...।
(*iii*) सन्धिच्छेदः = ... + ...।
(*iv*) विच्छेदः = ... + ...।
(*v*) दिगम्बरः = ... + ...।
(*vi*) अजन्तः = ... + ...।
(*vii*) जगदीशः = ... + ...।
(*viii*) अब्जः = ... + ...।
(*ix*) सोऽवसत् = ... + ...।
(*x*) रामोऽत्र = ... + ...।

3. सन्धिच्छेदं कुरुत–

(*i*) चन्द्रश्शोभते = ………… + ………………

(*ii*) तस्याश्छागः = ………… + ………………

(*iii*) विभुस्तरति = ………… + ………………

(*iv*) कष्टीकते = ………… + ………………

(*v*) रामष्ठक्कुरः = ………… + ………………

4. अधोलिखितानां रेखाङ्कितपदानां सन्धिं कुर्वन्तु–

(*i*) <u>सः + अपि</u> तत्र गमिष्यति। ………………………………………………

(*ii*) <u>रामः + अत्र</u> वसति। ………………………………………………

(*iii*) <u>कः + अपि</u> एतत् कर्तुं न समर्थः। ………………………………………………

(*iv*) <u>बालः + गच्छति</u>। ………………………………………………

(*v*) सः <u>तपः + वने</u> वसति। ………………………………………………

5. अधोलिखितानां रेखाङ्कितपदानां सन्धिविच्छेदं कुर्वन्तु–

(*i*) आकाशात् <u>देव आगच्छति</u>।

(*ii*) <u>राकेश इच्छति</u> गृहं गन्तुम्।

(*iii*) तत्र <u>राम आगच्छत्</u>।

(*iv*) <u>शेखर एव</u> तत्र अगच्छत्।

पूर्वपरीक्षाणां प्रश्नाः

I. अधोलिखितेषु वाक्येषु रेखाङ्कितपदेषु सन्धिच्छेदम् सन्धिं वा कृत्वा लिखत–

1. (*i*) सर्वदा <u>सत् + मार्गे</u> गच्छ।

(*ii*) सम्बन्ध-<u>विच्छेदः</u> न करणीयः।

(*iii*) <u>हरिम् + वन्दे</u> जगद्गुरुम्।

(*iv*) गावश्च गोभिः <u>तुरङ्गास्तुरङ्गैः</u>।

(*v*) रमणीया हि <u>सृष्टिः + एषा</u>। *(CBSE 2020)*

2. (*i*) पूर्वस्यां दिशायां <u>भानुरुदेति</u>।

(*ii*) <u>वृक्ष+ छाया</u> शोभते।

(*iii*) अस्माभिः जीवने <u>सदाचारः</u> पालनीयः। *(CBSE 2019)*

3. (*i*) तस्य राज्ञः <u>एक + छत्रं</u> राज्यम् आसीत्।

(*ii*) <u>कृष्णः चलति</u> कुरुक्षेत्रे। *(CBSE 2018)*

4. (*i*) <u>हरिम् + वन्दे</u>।

(*ii*) <u>पाण्डवास्त्वं</u> च राष्ट्रं च सदा संरक्ष्यमेव हि। *(CBSE 2017)*

5. (i) वैकुण्ठे हरिः + शेते।

(ii) न कुर्यादहितं कर्म। (CBSE 2017)

6. (i) सत् + जनः सदैव अनुकरणीयः।

(ii) शुष्कवृक्षाश्च मूर्खाश्च न नमन्ति कदाचन। (CBSE 2016)

7. (i) स्वच्छं प्राङ्गणम्।

(ii) कं + चन नरं दृष्ट्वा भीता अहम्। (CBSE 2015)

8. (i) गावः तृणं + चरन्ति।

(ii) ग्रीष्मकाले पशवः तरु + छायायाम् उपविशन्ति।

(iii) तत्र जनैः + गम्यते। (CBSE 2015)

9. (i) शिक्षकस्य प्रियच्छात्रः सुधीरः अस्ति।

(ii) सरस्वत्याः कोषः सम् + चयात् क्षीणः भवति।

(iii) सिंहं दृष्ट्वा मृगोऽपि धावति। (CBSE 2014)

10. (i) मया एषा कथा हृदयङ्गता।

(ii) दरिद्राय दानं हरिर्यच्छति। (CBSE 2014)

II. अधोलिखितेषु वाक्येषु स्थूलपदेषु सन्धिच्छेदम् कृत्वा लिखत–

(i) गुरुः शब्दस्य **अन्येऽपि** अर्थाः भवन्ति। (i) ....

(ii) **जगदीशः** सर्वत्र वर्तते। (ii) ....

(iii) सः **खल्वयमेव** अस्ति। (iii) ....

III. अधोलिखितेषु वाक्येषु स्थूलपदेषु सन्धिं कृत्वा लिखत–

(i) एकम् **अनु** + **छेदं** लिखत। (i) ....

(ii) **के** + **अपि** जनाः तत्र भ्रमन्ति। (ii) ....

IV. सन्धिम् अथवा सन्धिच्छेदम् कुरु–

(i) अनुच्छेदम् = ... + ...

(ii) शिविर्नाम = ... + ...

(iii) सम् + कल्पम् = ...

(iv) विष्णुः + त्राता = ...

बहुविकल्पीयप्रश्नाः

Set-1

1. रेखाङ्कितपदस्य सन्धिविच्छेदं प्रदत्तविकल्पेभ्यः चित्वा लिखत।

(i) *अपूर्वः <u>कोऽपि</u>।*

(क) को पि (ख) कु अपि (ग) कः अपि (घ) का अपि।

2. रेखाङ्कितपदस्य समुचितं सन्धिं प्रदत्तविकल्पेभ्यः चित्वा लिखत।

(i) *<u>चक्षुस् + शनैः</u>।*

(क) चक्षुश्शनैः (ख) चक्षुर्शनैः (ग) चक्षुष्शनैः (घ) चक्षुशनैः।

(ii) *<u>तरु छाया</u> शीतला भवति।*

(क) तरोछाया (ख) तरुच्छाया (ग) तरोर्छाया (घ) तरुर्छाया।

(iii) *<u>अनु छेदं</u> लिखत।*

(क) अनुछेदम् (ख) अनोछेदम् (ग) अनुच्छेदम् (घ) अनोच्छेदम्।

3. रेखाङ्कितपदस्य सन्धिविच्छेदं प्रदत्तविकल्पेभ्यः चित्वा लिखत।

(i) *<u>पदच्छेदस्तु</u> सुस्वरः।*

(क) पदच्छेदः तु (ख) पदच्छेदो तु (ग) पदच्छेदस् तु (घ) पदच्छेद तु।

(ii) *<u>एक + छत्रम्</u>।*

(क) एकोछत्रम् (ख) एकेछत्रम् (ग) एकः छत्रम् (घ) एकच्छत्रम्।

4. प्रदत्तविकल्पेभ्यः शुद्धरूपं चित्वा लिखत।

(i) *कस् + चित् = ...।*

(क) कस्चित् (ख) कस्यचित् (ग) कश्चित् (घ) कःचित्।

(ii) *पापिनाम् + च सदा दुःखम्।*

(क) पापिनाम्च (ख) पापिनां च (ग) पापिनंच (घ) पापिनाञ्च।

5. रेखाङ्कितपदस्य समुचितं सन्धिं प्रदत्तविकल्पेभ्यः चित्वा लिखत।

(i) *मेषेण सह एषः <u>कलहः + भविष्यति</u>।*

(क) कलहस् भविष्यति (ख) कलहो भविष्यति (ग) कलहं भविष्यति (घ) कलहम्भविष्यति।

(ii) *<u>यः + अन्यथा</u>।*

(क) यान्यथा (ख) यारन्यथा (ग) योऽन्यथा (घ) यन्यथा।

(iii) *<u>सः अपि</u> निष्क्रान्तः।*

(क) सापि (ख) सेपि। (ग) ससपि (घ) सोऽपि।

6. रेखाङ्कितपदस्य सन्धिविच्छेदं प्रदत्तविकल्पेभ्यः चित्वा लिखत।

(i) *समानेन <u>वो हविषा</u> जुहोमि।*

(क) वः हविषा (ख) वस् हविषा (ग) वोर् हविषा (घ) वा हविषा।

(ii) *समानमस्तु <u>वो मनो</u>।*

(क) वस् मनो (ख) वर् मनो (ग) वः मनो (घ) वा मनो।

(*iii*) *अपूर्वः कोऽपि कोशोऽयम्।*

(क) कोशर् अयम् (ख) कोशा अयम् (ग) कोशे अयम् (घ) कोशः अयम्।

7. प्रदत्तविकल्पेभ्यः शुद्धरूपं चित्वा लिखत।

(*i*) *कः + अन्धः =* ....?

(क) कोऽन्धः (ख) कान्धः (ग) कुन्धः (घ) कन्धः।

(*ii*) *विप्रः + उवाच =* ....?

(क) विप्रावाच (ख) विप्र उवाच (ग) विप्रुवाच (घ) विप्रोवाच।

(*iii*) *कः + बधिरः =* ....?

(क) कस् बधिरः (ख) कर्बधिरः (ग) को बधिरः (घ) का बधिरः।

(*iv*) *चक्षुर्दानम् =* .... + ...।

(क) चक्षुःदानम् (ख) चक्षुर् दानम् (ग) चक्षुर्दा अनम् (घ) चक्ष उर्दानम्।

Set-2

I. प्रदत्तेषु उचितं विकल्पं चित्वा लिखत।

(क) *तत् + अन्तः =* ....

(*i*) ततन्तः (*ii*) तदन्तः (*iii*) ततान्तः (*iv*) तदान्तः।

(ख) *तत् + न =* ....

(*i*) ततन (*ii*) तन्न (*iii*) तदन (*iv*) ततान।

(ग) *तत् + आदिः =* ....

(*i*) ततादिः (*ii*) तदादिः (*iii*) ततोदिः (*iv*) तदोदिः

(घ) *दिक् + गजः =* ....

(*i*) दिक्गजः (*ii*) दिगगजः (*iii*) दिग्गजः (*iv*) दिकागजः।

(ङ) *तत् + अनु =* ....

(*i*) तदानु (*ii*) तदोनु (*iii*) तदनु (*iv*) ततनु।

(च) *वाक् + ईशः =* ....

(*i*) वाचीशः (*ii*) वागीशः (*iii*) वाचाईशः (*iv*) वाकीशः।

(छ) *जगत् + नाथः =* ....

(*i*) जगत्नाथः (*ii*) जगद्नाथः (*iii*) जगन्नाथः (*iv*) जगंनाथः।

(ज) *षट् + नाम् =* ....

(*i*) षड्नाम् (*ii*) षष्नाम् (*iii*) षण्नाम् (*iv*) षण्णाम्।

(झ) *वाक् + मयः =* ....

(*i*) वाङ्मयः (*ii*) वाग्मयः (*iii*) वाम्मयः (*iv*) वाच्मयः।

(ञ) *तत् + नीतिः =* ....

(*i*) तन्नीति (*ii*) तदनीतिः (*iii*) तत्नीतिः (*iv*) ततानितिः।

II. प्रदत्तेषु उचितं विकल्पं चित्वा लिखत।

(क) *निः + बलः =* ....

(*i*) निर्बलः (*ii*) निरर्बलः (*iii*) निरबलः (*iv*) निराबलः।

(ख) *मनः + हरः =* ....

(*i*) मनाहरः (*ii*) मनोहरः (*iii*) मनुहरः (*iv*) मन्हरः।

(ग) *मुनिः + अयम् =* ....

(*i*) मुनीयम् (*ii*) मुनीरयम् (*iii*) मुनिरयम् (*iv*) मुनीरायम्।

(घ) *सः + अस्ति =* ....

(*i*) सास्ति (*ii*) सोअस्ति (*iii*) सोऽस्ति (*iv*) सवास्ति।

(ङ) *सः + अपि =* ....

(*i*) सवस्ति (*ii*) सवापि (*iii*) स्वपि (*iv*) सोऽपि।

(च) *कः + चित् =* ....

(*i*) कश्चित् (*ii*) कोचित् (*iii*) काचित् (*iv*) कच्चित्।

(छ) *बालः + हसति =* ....

(*i*) बाला हसति (*ii*) बालो हसति (*iii*) बालस् हसति (*iv*) बाल हसति।

(ज) *मेघः गर्जति =* ....

(*i*) मेघा गर्जति (*ii*) मेघ गर्जति (*iii*) मेघो गर्जति (*iv*) मेघर्गर्जति।

(झ) *धनः + च =* ....

(*i*) धनाश्च (*ii*) धनर्च (*iii*) धनोच (*iv*) धनश्च।

(ञ) *कः + अहम् =* ....

(*i*) कोऽहम् (*ii*) काहम् (*iii*) क्वहम् (*iv*) कोरहम्।

2

समास-कार्यम्
(WORK ON COMPOUNDS)

> *परित्राणाय साधूनां विनाशाय च दुष्कृताम्।*
> *धर्मसंस्थापनार्थाय सम्भवामि युगे युगे।।*

⇒ ध्यान देने योग्य बात यह है कि जो सामग्री पाठ्यक्रम में नहीं है, उसे इस पुस्तक में छात्रों के अभ्यास के लिए दिया जा रहा है। इसमें से कोई भी प्रश्न परीक्षा में नहीं पूछा जाना चाहिए।*

समास–अनेक पदों का मिलकर एक पद होना या बनना (समसनम् एकपदीभवनम्) तथा इस प्रकार बना हुआ पद दोनों को ही **समास** कहते हैं। समास-वृत्ति द्वारा बने पद को **समस्त-पद** भी कहा जाता है।

पृथक्-पृथक् पदों का समुदाय-शक्ति से एकीभूत विशिष्ट अर्थ रहने पर ही समास किया जाता है। जैसे–

राज्ञः पुरुषः = राजपुरुषः (राजा का सेवक)।

देवदत्तस्य **गुरोः कुलम्** = देवदत्तस्य **गुरुकुलम्**।

शिवस्य भक्तः = **शिवभक्तः** इत्यादि।

समास-कार्यम्

समस्त-पद बनाने की विधि

समस्त-पद बनाते समय पदों का परस्पर सम्बन्ध बताने वाली बीच की विभक्ति आदि का लोप हो जाता है तथा केवल अन्तिम पद में ही प्रकरण के अनुसार विभक्ति, वचन आदि का प्रयोग किया जाता है। जैसे–

राज्ञः पुरुषः = राजपुरुषः।

यहाँ पर समस्त-पद '**राजपुरुषः**' में 'राज्ञः' की षष्ठी विभक्ति का लोप करके केवल राजन् शब्द का प्रयोग हुआ है तथा राजन् के भी न् का लोप होकर राजपुरुषः बन जाता है। पुरुषः में वही विभक्ति रहती है। इसी तरह '**रामः च लक्ष्मणः च**' के 'रामः' पद में विभक्ति हटाकर तथा 'च', 'च' पदों का लोप करके '**रामलक्ष्मणौ**' बनता है। लक्ष्मणः (प्रथमा विभक्ति एकवचन) के स्थान पर प्रकरण के अनुसार द्विवचन में लक्ष्मणौ पद बन जाता है–

रामः च लक्ष्मणः च = रामलक्ष्मणौ।

विग्रहः

समस्त-पद के सभी पदों को पुनः पृथक्-पृथक् कर उनमें पूर्ववत् विभक्ति आदि लगाने की प्रक्रिया को विग्रह करना (Expound, Dissolve or Analyse) कहते हैं। समास-वृत्ति के अर्थ को अभिव्यक्त करने वाले वाक्यों को विग्रह

* *कृपया अपना पाठ्यक्रम जाँच लें।*

कहते हैं। उपर्युक्त उदाहरणों को ही लें तो **राजपुरुषः** का विग्रह होगा **'राज्ञः पुरुषः'** तथा **रामलक्ष्मणौ** का विग्रह होगा **'रामः च लक्ष्मणः च'**।

सन्धि और समास में भेद

सन्धि–

1. दो वर्णों के अत्यधिक निकट होने पर परिवर्तन होता है।
2. शब्द की विभक्ति और वचन अपरिवर्तित रहते हैं।
3. सन्धि कार्य के मध्य समास कार्य नहीं हुआ करता है।

समास–

1. दो या दो से अधिक शब्दों के मध्य समास होता है।
2. सभी शब्दों में स्थित विभक्तियों का लोप होता है। जैसे–रामः लक्ष्मणः–रामलक्ष्मण।
3. समस्तपद में पुनः विभक्ति व वचन का संयोग होता है। जैसे–रामलक्ष्मणौ।
4. समास कार्य के मध्य अनेकत्र सन्धि कार्य भी प्राप्त होता है। जैसे–विद्यायाः आलयः–यहाँ विभक्तियों का लोप होकर 'विद्या आलय' इस स्थिति में दीर्घ सन्धि होती है–

विद्यालय–विद्यालयः (प्रथमा)।

समास-भेदः

समास के चार प्रमुख भेद होते हैं–

(1) *अव्ययीभाव-समासः* (Adverbial Compound) – पूर्वपद प्रधान।

(2) *तत्पुरुष-समासः* (Determinative Compound) – उत्तरपद प्रधान।

(3) *द्वन्द्व-समासः* (Copulative Compound) – उभयपद प्रधान।

(4) *बहुव्रीहि-समासः* (Attributive Compound) – अन्यपद प्रधान।

कर्मधारयः तथा द्विगु-समासः

उपर्युक्त भेदों के अतिरिक्त कर्मधारय (Appositional Compound or Compound of Adjective and Comparison) तथा द्विगु (Numerial Compound), जो वस्तुतः तत्पुरुष-समास के ही उपभेद हैं, को भी प्रमुख भेदों में गिन लिया जाता है तथा इस प्रकार छह प्रमुख भेद हो जाते हैं—(1) अव्ययीभावः (2) तत्पुरुषः (3) कर्मधारयः (4) द्विगुः (5) द्वन्द्वः, तथा (6) बहुव्रीहिः।

1. अव्ययीभाव-समासः (Adverbial Compound)

(*i*) इस समास में पूर्वपद का अर्थ प्रधान होता है।

(*ii*) पूर्वपद प्रायः अव्यय रहता है।

(*iii*) इस समास में समस्त-पद नपुंसकलिङ्ग होता है। इसलिए दीर्घान्त शब्द भी ह्रस्वान्त हो जाता है।

(*iv*) समस्तपद अव्यय हो जाता है तथा नपुंसकलिङ्ग के एकवचन जैसा प्रतीत होता है।

समस्त-पद बनाने के नियम

(1) संज्ञा शब्दों के अन्तिम दीर्घ स्वर का ह्रस्व हो जाता है। जैसे–

(क) आ को अ – यमुनायाः समीपम् = उपयमुनम् (यमुना का यमुन)

– गोपाः तस्मिन् = अधिगोपम् (गोपा का गोप)

(ख) ई का इ – नद्याः समीपम् = उपनदि (नदी का नदि)

(ग) ऊ को उ – वध्वाः समीपम् = उपवधु (वधू का वधु)

(घ) ओ को उ – गोः समीपम् = उपगु (गो का गु)

(2) नदी, पौर्णमासी, आग्रहायणी तथा गिरि शब्दों के अन्तिम स्वर का विकल्प से 'अ' हो जाता है। जैसे–

(क) नद्याः समीपम् = उपनदम्, उपनदि

(ख) गिरेः समीपम् = उपगिरम्, उपगिरि

(3) कुछ हलन्त शब्दों के अन्तिम व्यंजन में नित्य रूप से 'अ' जोड़ दिया जाता है। जैसे–

(क) शरदः समीपम् = उपशरदम्

(ख) अक्ष्णः योग्यम् = समक्षम्

(ग) दिशः समीपम् = उपदिशम्

(4) नकारान्त शब्दों के 'न्' का लोप हो जाता है। जैसे–

(क) राज्ञः समीपम् = उपराजम्

(ख) आत्मनि इति = अध्यात्मम्

अव्ययीभाव में प्रयुक्त *अधि, उप, सु, निस्, निर्, अति, इति, अनु, प्रति, यथा, सह, आ, पर, सम्* आदि **पदों का विभक्ति,** *सामीप्य, समृद्धि, व्यृद्धि, अभाव, अत्यय, असम्प्रति (अनौचित्य), शब्दप्रादुर्भाव, पश्चाद्, योग्यता, वीप्सा, अनतिक्रम्य, आनुपूर्व्य, सादृश्य, यौगपद्य, सम्पत्ति, साकल्य, मर्यादा, अभिविधि तथा आभिमुख्य* **आदि अर्थों में प्रयोग होता है।**

पाठ्यक्रम में केवल *अनु, उप, सह, निर्, प्रति, यथा* अव्ययों के साथ अव्ययीभाव समास को रखा गया है अतः उन्हीं के उदाहरण यहाँ प्रस्तुत हैं।

1. समीप अर्थ में–'उप' अव्यय का **'समीप'** अर्थ में प्रयोग होता है। यथा–

गङ्गायाः समीपम् = उपगङ्गम् (गंगा के पास)

गृहस्य समीपम् = उपगृहम् (घर के निकट)

वृक्षस्य समीपम् = उपवृक्षम् (वृक्ष के पास)

गुरोः समीपम् = उपगुरु (गुरु के पास)

वध्वाः समीपम् = उपवधु (वधू के पास)

कण्ठस्य समीपम् = उपकण्ठम् (कण्ठ के पास)

कृष्णस्य समीपम् = उपकृष्णम् (कृष्ण के पास)

नगरस्य समीपम् = उपनगरम् (नगर के पास)

वनस्य समीपम् = उपवनम् (वन के पास)

वाक्य-प्रयोगः–

(*i*) **प्रश्नः**–नदी कुत्र वहति?

उत्तरम्–नदी **ग्रामस्य समीपम्** वहति। –नदी **उपग्रामम्** वहति।

(*ii*) **प्रश्नः**–लता कुत्र तिष्ठति?

उत्तरम्–लता **वृक्षस्य समीपम्** तिष्ठति। –लता **उपवृक्षं** तिष्ठति।

2. अभाव अर्थ में–'निर्' अव्यय का प्रयोग **'अभाव'** अर्थ में किया जाता है। यथा–

जनानाम् अभावः = निर्जनम् (सुनसान)
शङ्कायाः अभावः = निःशङ्कम् (डर रहित)
फलस्य अभावः = निष्फलम् (फल रहित)
विघ्नानाम् अभावः = निर्विघ्नम् (बाधा-रहित)
जलस्य अभावः = निर्जलम् (जल का अभाव)
अङ्कुशस्य अभावः = निरङ्कुशम् (अंकुश का अभाव)
मक्षिकाणाम् अभावः = निर्मक्षिकम् (जहाँ मक्खी तक न हों)
बाधानाम् अभावः = निर्बाधम् (बाधा-रहित)
कण्टकानाम् अभावः = निष्कण्टकम् (कण्टक-रहित)

प्रश्नः–सः कथं व्यवहरति?

उत्तरम्–सः **तथा व्यवहरति यथा अङ्कुशस्य अभावः अस्ति।** –सः **निरङ्कुशं** व्यवहरति।

3. पश्चात् अर्थ में–अनु के साथ **'पश्चात्'** अर्थ में अव्ययीभाव समास होता है। यथा–

विष्णोः पश्चात् = अनुविष्णु (विष्णु के पीछे)
अक्ष्णः पश्चात् = अन्वक्षम् (आँखों के पीछे)
गङ्गायाः पश्चात् = अनुगङ्गम् (गंगा के पीछे)
रथस्य पश्चात् = अनुरथम् (रथ के पीछे)
पदानां पश्चात् = अनुपदम् (पदों के पीछे)

वाक्य-प्रयोगः–

प्रश्नः–महादेवः कुत्र विराजते?

उत्तरम्–महादेवः **वृक्षस्य पश्चात्** विराजते। –महादेवः **अनुवृक्षम्** विराजते।

4. योग्यता अर्थ में–'अनु' के साथ **'योग्यता'** अर्थ में भी समास होता है। यथा–

रूपस्य योग्यम् = अनुरूपम् (रूप के योग्य)
गुणानां योग्यम् = अनुगुणम् (गुणों के योग्य)

वाक्य-प्रयोगः–

(*i*) **प्रश्नः**–तस्मै दत्तः पुरस्कारः कथम् अस्ति?

उत्तरम्–तस्मै दत्तः पुरस्कारः **गुणानां योग्यः** अस्ति। –तस्मै दत्तः पुरस्कारः **अनुगुणम्** अस्ति।

5. वीप्सा *(आवृत्ति)* **अर्थ में–'प्रति'** अव्यय के साथ **'आवृत्ति'** (दोहराना) अर्थ में अव्ययीभाव समास होता है। *यथा–*

मासं मासं प्रति = प्रतिमासम् (हर महीने)
अर्थम् अर्थम् प्रति = प्रत्यर्थम् (हर अर्थ में)

एकम् एकम् प्रति = प्रत्येकम् (हर एक)
गृहे गृहे इति = प्रतिगृहम् (हर घर में)
दिने दिने इति = प्रतिदिनम् (हर दिन)
अहनि अहनि इति= प्रत्यहम् (हर दिन)
क्षणे क्षणे इति = प्रतिक्षणम् (हर एक क्षण में)
वर्षे वर्षे इति = प्रतिवर्षम् (हर वर्ष)

वाक्य-प्रयोगः–

(*i*) **प्रश्नः**–ईदृशाः पुरुषाः कुत्र सन्ति?
उत्तरम्–ईदृशाः पुरुषाः **ग्रामे ग्रामे** सन्ति। –ईदृशाः पुरुषाः **प्रतिग्रामं** सन्ति।

(*ii*) **प्रश्नः**–तस्याः सौन्दर्यं कदा वर्धते?
उत्तरम्–तस्याः सौन्दर्यम् **दिने दिने** वर्धते। –तस्य सौन्दर्यम् **प्रतिदिनम्** वर्धते।

6. अनतिक्रम्य *(अतिक्रमण या उल्लंघन न करने)* **के अर्थ में**–'**यथा**' अव्यय के साथ '**अनतिक्रमण**' अर्थ में अव्ययीभाव समास होता है। यथा–

सामर्थ्यम् अनतिक्रम्य = यथासामर्थ्यम् (सामर्थ्य के अनुसार)
उक्तम् अनतिक्रम्य = यथोक्तम् (उक्त के अनुसार)
क्रमम् अनतिक्रम्य = यथाक्रमम् (क्रमानुसार)
रुचिम् अनतिक्रम्य = यथारुचि (रुचि के अनुसार)
इच्छाम् अनतिक्रम्य= यथेच्छम् (इच्छानुसार)
शक्तिम् अनतिक्रम्य = यथाशक्ति (शक्ति के अनुसार)
समयम् अनतिक्रम्य= यथासमयम् (समय के अनुसार)
बलम् अनतिक्रम्य = यथाबलम् (बल के अनुसार)
शास्त्रम् अनतिक्रम्य= यथाशास्त्रम् (शास्त्र के अनुसार)
विधिम् अनतिक्रम्य= यथाविधि (विधि के अनुसार)
इष्टम् अनतिक्रम्य = यथेष्टम् (इष्ट के अनुसार)
क्रमम् अनतिक्रम्य = यथाक्रमम् (क्रम के अनुसार)
मतिम् अनतिक्रम्य = यथामति (मति के अनुसार)

वाक्य-प्रयोगः–

(*i*) **प्रश्नः**–सः सेवां कथं करोति?
उत्तरम्–सः **शक्तिम् अनतिक्रम्य** सेवां करोति। –सः **यथाशक्ति** सेवां करोति।

(*ii*) **प्रश्नः**–सः भोजनं कथं करोति?
उत्तरम्–सः **रुचिम् अनतिक्रम्य** भोजनं करोति। –सः **यथारुचि** भोजनं करोति।

7. 'सम्पत्ति' के अर्थ में 'सह' अव्यय का समास होता है। यथा–

क्षत्राणां सम्पत्तिः = सक्षत्रम् (क्षात्र सम्पदा)
बलेन सह = सबलम् (बलपूर्वक)
मित्रेण सह = समित्रम् (मित्र के साथ)
शरीरेण सह = सशरीरम् (शरीर के साथ)
शस्त्रेण सह = सशस्त्रम् (शस्त्र के साथ)
गर्वेण सह = सगर्वम् (गर्व के साथ)

वाक्य-प्रयोगः–

प्रश्नः–मृतं पुत्रं विलोक्य सा कथं विलपति?

उत्तरम्–मृतं पुत्रं विलोक्य सा **करुणया सह** विलपति। –मृतं पुत्रं विलोक्य सा **सकरुणं** विलपति।

8. **'साकल्य'** *(सम्पूर्णता)* अर्थ में भी **'सह'** अव्यय का समास होता है। यथा—

तृणम् अपि अपरित्यज्य = सतृणम् (तिनकों समेत)

वाक्य-प्रयोगः–

प्रश्नः–गौः कथं चरति?

उत्तरम्–गौः **बुसम् अपि अपरित्यज्य** चरति। –गौ **सबुसं** चरति।

2. तत्पुरुष-समासः (Determinative Compound)

जिस समास में उत्तर पद का अर्थ प्रधान होता है वह तत्पुरुष समास कहलाता है जैसे–**राज्ञः गृहम्** = **राजगृहम्** में अर्थ की दृष्टि में गृहम् (अर्थात् घर) प्रधान है। अतः 'राजगृहम्' तत्पुरुष-समास का उदाहरण है।

तत्पुरुषस्य भेदाः

(1) विभक्ति-तत्पुरुषः *(2) नञ्-तत्पुरुषः* *(3) उपपद-तत्पुरुषः*

(4) गति-तत्पुरुषः *(5) प्रादि-तत्पुरुषः* *(6) अलुक्-तत्पुरुषः।*

इन भेदों के अतिरिक्त (7) **कर्मधारय तथा** (8) **द्विगु समास** भी तत्पुरुष के ही भेद हैं।

नोट–*पाठ्यक्रम में केवल विभक्ति तत्पुरुष समास को ही रखा गया है।*

(1) विभक्ति-तत्पुरुष तथा उसके भेद–

विभक्ति तत्पुरुष में समस्त पद के पूर्वपद के द्वितीया से लेकर सप्तमी तक की किसी न किसी विभक्ति का लोप हो जाता है। जैसे—

(क) द्वितीया-तत्पुरुषः–इस समास का उत्तर पद **श्रित, अतीत, पतित, गत, अत्यस्त, प्राप्त, आपन्न, गमी** तथा **मुमुक्षु** आदि में से कोई एक होता है। जैसे–

आपदं गतः	= आपद्गतः	(आपद् को प्राप्त)
ग्रामं गतः	= ग्रामगतः	(गाँव में पहुँचा हुआ)
कृष्णं श्रितः	= कृष्णश्रितः	(कृष्ण का आश्रय लेने वाला)
दुःखम् अतीतः	= दुःखातीतः	(दुःखों से परे गया हुआ)
नरकं पतितः	= नरकपतितः	(नरक में गिरा हुआ)
कूपं पतितः	= कूपपतितः	(कुएँ में गिरा हुआ)
गृहं गतः	= गृहगतः	(घर में पहुँचा हुआ)
सुखं प्राप्तः	= सुखप्राप्तः	(सुख को प्राप्त)
धनं प्राप्तः	= धनप्राप्तः या प्राप्तधनः	(धन को पाने वाला)
जीविकाम् आपन्नः	= जीविकापन्नः	(जीविका को पाने वाला)
दुःखम् आपन्नः	= दुःखापन्नः	(दुःख को प्राप्त)

वाक्य-प्रयोगः–

(*i*) **प्रश्नः**–कं श्रितः सुखी अस्ति?

उत्तरम्–कृष्णं श्रितः सुखी अस्ति। –**कृष्णश्रितः** सुखी अस्ति।

(*ii*) **प्रश्नः**–सिंहः कुत्र पतितः आसीत्?

उत्तरम्–सिंहः **कूपं पतितः** आसीत्। –सिंहः **कूपपतितः** आसीत्।

(ख) तृतीया-तत्पुरुषः–तृतीयान्त पूर्वपद का **पूर्व, सदृश, सम, ऊन, उनार्थक, शब्द, श्लक्ष्ण, मिश्र, निपुण, कलह, अर्थ** इत्यादि के साथ तथा कृदन्त पदों के साथ समास होता है। जैसे–

रामेण हतः	= रामहतः	(राम के द्वारा मारा गया)
सप्ताहेन पूर्वः	= सप्ताहपूर्वः	(एक सप्ताह पहले का)
मात्रा सदृशः	= मातृसदृशः	(माता के समान)
नखैः भिन्नः	= नखभिन्नः	(नाखूनों से काटा हुआ)
विद्यया विहीनः	= विद्याविहीनः	(विद्या से रहित)
वाचा कलहः	= वाक्कलहः	(वाणी से कलह)
देवेन त्रातः	= देवत्रातः	(देव से रक्षित)
हरिणा त्रातः	= हरित्रातः	(हरि से रक्षित)
विद्यया हीनः	= विद्याविहीनः	(विद्या से रहित)
सुखेन हीनः	= सुखहीनः	(सुख से रहित)
पुच्छेन विषाणाभ्यां च हीनः	= पुच्छविषाणहीनः	(पूँछ व दो सींगों से रहित)
धनेन हीनः	= धनहीनः	(धन से रहित)
धान्येन अर्थः	= धान्यार्थः	(धान्य के लिए)
पित्रा समः; सदृशः वा	= पितृसमः, पितृसदृशः	(पिता के समान)

वाक्य-प्रयोगः–

प्रश्नः–त्वं केन पूतं जलं पिबसि?

उत्तरम्–अहं **वस्त्रेण पूतं जलं पिबामि।** –अहं **वस्त्रपूतं** जलं पिबामि।

(ग) चतुर्थी-तत्पुरुषः–चतुर्थी विभक्ति वाले शब्दों का **तदर्थ, अर्थ, बलि, लोभ, हित, सुख, रक्षित** आदि शब्दों के साथ समास होता है। जैसे–

यूपाय दारु	= यूपदारु	(स्तम्भ के लिए काष्ठ)
जनेभ्यः हितम्	= जनहितम्	(लोगों का हित)
जीवेभ्यः सुखम्	= जीवसुखम्	(जीव का सुख)
अजायै घासः	= अजाघासः	(बकरी के लिए घास)
द्विजाय इयम्	= द्विजार्था (यवागूः = लाप्सी)	(द्विज के लिए)
द्विजाय इदम्	= द्विजार्थम् (पयः = खीर)	(द्विज के लिए)
द्विजाय अयम्	= द्विजार्थः (सूपः = दाल)	(द्विज के लिए)
बालाय अयम्	= बालार्थः	(बालक के लिए)
काकाय बलिः	= काकबलिः	(कौए के लिए बलि)
भूतेभ्यः बलिः	= भूतबलिः	(भूतों के लिए अन्न)

गवे हितम्	= गोहितम्	(गाय के लिए हितकर)
गवे रक्षितम्	= गोरक्षितम्	(गाय के लिए बचाया हुआ)
पाठाय शाला	= पाठशाला	(पाठ के लिए घर)
पाकाय शाला	= पाकशाला	(पकाने के लिए घर)
भिक्षायै अटनम्	= भिक्षाटनम्	(भिक्षा के लिए घूमना)

वाक्य-प्रयोगः–

(*i*) **प्रश्नः–**साधुः कस्मै अटनं करोति?
उत्तरम्–साधुः **भिक्षायै अटनं करोति।** –साधु **भिक्षाटनं** करोति।

(*ii*) **प्रश्नः–**अयं श्रेष्ठी कस्मै लुब्धः अस्ति?
उत्तरम्–अयं श्रेष्ठी **धनाय लुब्धः** अस्ति। –अयं श्रेष्ठी **धनलुब्धः** अस्ति।

(घ) पञ्चमी-तत्पुरुषः–पंचमी विभक्त्यन्त शब्दों का **भय वाचक** शब्दों के साथ तथा **अपेत, अपोढ, मुक्त, च्युत, पतित, अपत्रस्त** के साथ समास होता है। जैसे–

व्याघ्रात् भीतः	= व्याघ्रभीतः	(व्याघ्र से डरा हुआ)
पदात् च्युतः	= पदच्युतः	(पद से च्युत)
दलात् निष्कासितः	= दलनिष्कासितः	(दल से निकाला गया)
आकाशात् पतितः	= आकाशपतितः	(आकाश से गिरा हुआ)
वृक्षात् पतितः	= वृक्षपतितः	(पेड़ से गिरा हुआ)
सिंहात् भीतिः	= सिंहभीतिः	(सिंह से भय)
चौराद् भयम्	= चौरभयम्	(चोर से डर)
वृकाद् भीतिः	= वृकभीतिः	(भेड़िये से डर)
सुखाद् अपेतः	= सुखापेतः	(सुख से वंचित)
कारागारात् मुक्तः	= कारागारमुक्त	(जेल से छूटा हुआ)
संकटात् मुक्तः	= संकटमुक्तः	(संकट से मुक्त)
स्वर्गात् पतितः	= स्वर्गपतितः	(स्वर्ग से गिरा हुआ, पापी)
धर्मात् भ्रष्टः	= धर्मभ्रष्टः	(धर्म से गिरा हुआ)

वाक्य-प्रयोगः–

(*i*) **प्रश्नः–**कस्मात् भ्रष्टः संन्यासी सम्मानं न लभते?
उत्तरम्–धर्मात् भ्रष्टः संन्यासी सम्मानं न लभते। –**धर्मभ्रष्टः** संन्यासी सम्मानं न लभते।

(*ii*) **प्रश्नः–**कस्मात् च्युतः मन्त्री कारागारे क्षिप्तः?
उत्तरम्–पदात् च्युतः मन्त्री कारागारे क्षिप्तः। –**पदच्युतः** मन्त्री कारागारे क्षिप्तः।

(ङ) षष्ठी-तत्पुरुषः–षष्ठी विभक्त्यन्त पूर्व पद का उत्तर पद के साथ समास होता है। जैसे–

जीवनस्य रक्षा	= जीवनरक्षा	(जीवन की रक्षा)
मातुः वचनम्	= मातृवचनम्	(माता का वचन)
राज्ञः पुरुषः	= राजपुरुषः	(राजा का सेवक)
लोकस्य नाथः	= लोकनाथः	(संसार का स्वामी)
देवस्य प्रसादः	= देवप्रसादः	(देव का प्रसाद)
मध्यं रात्रेः	= मध्यरात्रः	(रात का मध्य भाग)

देवानां राजा	= देवराजः	(देवताओं का राजा)
राज्ञः दर्शनम्	= राजदर्शनम्	(राजा का दर्शन)
विद्यायाः आलयः	= विद्यालयः	(विद्या का घर)
भिक्षायाः पात्रम्	= भिक्षापात्रम्	(भिक्षा का पात्र)
धर्मस्य लक्षणम्	= धर्मलक्षणम्	(धर्म का लक्षण)
अभिषेकस्य वेला	= अभिषेकवेला	(अभिषेक का मुहूर्त)
आयुधानां श्रेणयः	= आयुधश्रेणयः	(आयुधों-शस्त्रों की श्रेणियाँ)
इन्द्रियाणां निग्रहः	= इन्द्रियनिग्रहः	(इन्द्रियों का दमन)
परेषाम् उपकारः	= परोपकारः	(दूसरों का भला)
आत्मनः वशम्	= आत्मवशम्	(आत्मा का अधिकार)
वर्तनस्य अर्थी	= वर्तनार्थी	(वेतन का इच्छुक)

वाक्य-प्रयोगः–

(*i*) **प्रश्नः**–इदम् आभरणं कस्य अङ्गस्य अस्ति?

उत्तरम्–इदं **कण्ठस्य आभरणम्** अस्ति। –इदं **कण्ठाभरणम्** अस्ति।

(*ii*) **प्रश्नः**–धनिकः कस्य उपार्जनं करोति?

उत्तरम्–धनिकः **धनस्य उपार्जनं** करोति। –धनिकः **धनोपार्जनं** करोति।

(च) सप्तमी-तत्पुरुषः–शौण्ड, धूर्त, कितव, प्रवीण, संवीत, अन्तर, अधि, पटु, पण्डित, कुशल, चपल, निपुण, सिद्ध, शुष्क, पक्व, बन्ध–ये शब्द सप्तमी विभक्ति वाले शब्दों के पश्चात् आएँ तो सप्तमी तत्पुरुष होता है। जैसे–

कार्ये कुशलः	= कार्यकुशलः	(काम में कुशल)
शास्त्रे निपुणः	= शास्त्रनिपुणः	(शास्त्र में निपुण)
क्रीडायां प्रवीणः	= क्रीडाप्रवीणः	(क्रीड़ा में प्रवीण)
लेखे कुशलः	= लेखकुशलः	(लिखने में कुशल)
अक्षेषु शौण्डः	= अक्षशौण्डः	(जुए में कुशल)
कार्ये प्रवीणः	= कार्यप्रवीणः	(काम में प्रवीण)
कार्ये पटुः	= कार्यपटुः	(कार्य में पटु)
कार्ये दक्षः	= कार्यदक्षः	(काम में निपुण)
नीतौ निपुणः	= नीतिनिपुणः	(नीति में निपुण)
व्यवहारे कुशलः	= व्यवहारकुशलः	(व्यवहार में कुशल)

वाक्य-प्रयोगः–

(*i*) **प्रश्नः**–मन्त्री कस्मिन् निपुणः अस्ति?

उत्तरम्–मन्त्री **नीतौ निपुणः** अस्ति। –मन्त्री **नीतिनिपुणः** अस्ति।

(*ii*) **प्रश्नः**–सेवकः कस्मिन् पटुः अस्ति।

उत्तरम्–सेवकः **कार्ये पटुः** अस्ति। –सेवकः **कार्यपटुः** अस्ति।

(2) नञ्-तत्पुरुषः– (*पाठ्यक्रम में नहीं है**)

इसमें पूर्वपद '**न**' होता है। उत्तरपद के साथ न का समास होने पर **न** के स्थान पर उस स्थिति में 'अ' हो जाता है जब उत्तरपद का पूर्ववर्ण कोई व्यञ्जन होता है। यदि उत्तरपद का पूर्ववर्ण कोई स्वर हो तो 'न' के स्थान पर 'अन्' हो जाता है।

* *कृपया अपना पाठ्यक्रम जाँच लें।*

न ज्ञानम् = अज्ञानम्	न आदरः = अनादरः	न आदिः = अनादिः
न पवित्रम् = अपवित्रम्	न अन्तः = अनन्तः	न उचितम् = अनुचितम्
न विद्या = अविद्या	न हिंसा = अहिंसा	न विकल्पः = अविकल्पः
न सत्यम् = असत्यम्	न धर्मः = अधर्मः	न भावः = अभावः

वाक्य-प्रयोगः–

(*i*) **प्रश्नः–**मूर्खः कः अस्ति?

उत्तरम्–यस्य **विद्या न** अस्ति सः मूर्खः अस्ति। –यस्य **अविद्या** अस्ति सः मूर्खः अस्ति।

(3) उपपद-तत्पुरुषः– (*पाठ्यक्रम में नहीं है**)

सुबन्तपद से क्रियापद का समास होने पर उपपद समास होता है। समस्तपद में उत्तरपद का तिङन्त रूप नहीं रहता।

उदाहरण–

(1) करोति क्रियापद के उदाहरण–

(*i*) उद्वेगं करोति इति उद्वेगकरः (*ii*) सुखं करोति इति सुखकरः

(*iii*) स्वर्णं करोति इति = स्वर्णकारः (सुनार)

वाक्य-प्रयोगः–

प्रश्नः–प्रातः जागरणं किं करोति?

उत्तरम्–प्रातः जागरणं **सुखं करोति।** –प्रातः जागरणं **सुखकरम्।**

(2) जायते क्रियापद के उदाहरण–

(*i*) अम्बुनि जायते इति अम्बुजम् (*ii*) पङ्के जायते इति पङ्कजम्

वाक्य-प्रयोगः–

(*i*) **प्रश्नः–**नीलकमलं कुत्र जायते?

उत्तरम्–नीलकमलं **पङ्के** जायते। –नीलकमलं **पङ्कजम्।**

(3) 'ददाति' क्रियापद के उदाहरण–

(*i*) जलं ददाति इति जलदः (*ii*) धनं ददाति इति धनदः।

प्रयोगः– (*i*) आकाशे घनाः **वारिदाः** सन्ति। (*ii*) **धनदः** अलकापुर्यों वसति स्म।

(4) 'जयति' क्रियापद के उदाहरण–

(*i*) सर्वं जयति इति **सर्वजित्** (*ii*) इन्द्रं जयति इति **इन्द्रजित्।**

प्रयोगः–(*i*) रावणस्य पुत्रः **इन्द्रजित्** आसीत्।

3. कर्मधारय-समासः
(Compound of Adjective or Comparison)

(*पाठ्यक्रम में नहीं है**)

जिस समास में **विशेषण-विशेष्य** अथवा **उपमान-उपमेय** का एक साथ प्रयोग हो, वह कर्मधारय समास होता है। प्रायः दोनों पदों में प्रथमा विभक्ति होती है।

(क) विशेषण-विशेष्यः–इसमें पूर्व पद विशेषण होता है और उत्तर पद विशेष्य। दोनों पदों के बीच में च, असौ या तत् लगाकर विग्रह किया जाता है। जैसे–

कृष्णः च असौ सर्पः = कृष्णसर्पः (काला साँप)

* *कृपया अपना पाठ्यक्रम जाँच लें।*

रक्तं च तद् उत्पलम्	=	रक्तोत्पलम्	(लाल कमल)
नीलम् च तद् उत्पलम् (कमलम्)	=	नीलोत्पलम्	(नीला कमल)
जीर्णं च तद् उद्यानम्	=	जीर्णोद्यानम्	(पुराना बाग)
छिन्नः च असौ द्रुमः	=	छिन्नद्रुमः	(कटा पेड़)
महान् च असौ पुरुषः	=	महापुरुषः	(महापुरुष)
महान् च असौ राजा	=	महाराजः	(बड़ा राजा)
महान् च असौ ऋषिः	=	महर्षिः	(बड़ा ऋषि)
उदारः च असौ जनः	=	उदारजनः	(उदार व्यक्ति)
परमः च असौ राजा च	=	परमराजः	(बड़ा राजा)
शीतला च सा छाया	=	शीतलच्छाया	(ठंडी छाया)
उत्तमाश्च ते जनाः	=	उत्तमजनाः	(उत्तम लोग)

वाक्य-प्रयोगः–

(*i*) **प्रश्नः**–वाल्मीकिः कः आसीत्?

उत्तरम्–वाल्मीकिः **महान् ऋषिः** आसीत्। –वाल्मीकिः **महर्षिः** आसीत्।

(ख) उपमान-उपमेयः–उपमान तथा उपमेय वाचक शब्दों को इव या एव शब्द से जोड़ा गया होता है। समस्त-पद में इव या एव का लोप हो जाता है। जैसे–

चन्दनः इव शीतलः	=	चन्दनशीतलः	(चन्दन के समान शीतल)
मुखं कमलम् इव	=	मुखकमलम्	(कमल के समान मुख)
नवनीतम् इव कोमलम्	=	नवनीतकोमलम्	(मक्खन के समान कोमल)
उत्पलम् इव कोमलम्	=	उत्पलकोमलम्	(कमल के समान कोमल)
चन्द्रः इव उज्ज्वलाः	=	चन्द्रोज्ज्वलाः	(चन्द्र के समान सुन्दर)
पुरुषः सिंह इव	=	पुरुषसिंहः	(सिंह के समान पुरुष)
घनः इव श्यामः	=	घनश्यामः	(मेघ के समान श्याम)

उभयपद-विशेषणः–कभी-कभी दोनों पद विशेषण होते हैं। जैसे–

वाक्य-प्रयोगः–

प्रश्नः–मुनिः कीदृशं धनं वाञ्छति?

उत्तरम्–मुनिः **तपः एव धनं** वाञ्छति। –मुनिः **तपोधनं** वाञ्छति।

4. द्विगु-समासः (Numerical Compound)

(*पाठ्यक्रम में नहीं है**)

यदि कर्मधारय समास का पूर्व पद **संख्यावाची** शब्द हो तथा समस्त पद समाहार वाचक हो, तो वह **द्विगु समास** कहलाता है। द्विगु प्रायः नपुंसक होता है; किन्तु अकारान्त द्विगु समास स्त्रीलिंग होता है तथा उकारान्त द्विगु विकल्प से स्त्रीलिंग होता है। इसके स्त्रीलिंग होने पर अन्त में ई लगता है। जैसे–

पञ्चानां वटानां समाहारः	=	पञ्चवटी
सप्तानां शतस्य समाहारः	=	सप्तशती

* *कृपया अपना पाठ्यक्रम जाँच लें।*

नवानां रत्नानां समाहारः = नवरत्नम्
सहस्राणाम् अब्दानां समाहारः = सहस्राब्दी
त्रयाणां लोकानां समाहारः = त्रिलोकी
त्रयाणां भुवनानां समाहारः = त्रिभुवनम्
त्रयाणां फलानां समाहारः = त्रिफला
चतुर्णां युगानाम् समाहारः = चतुर्युगम्
पञ्चानां पात्राणां समाहारः = पञ्चपात्रम्

वाक्य-प्रयोगः–

(*i*) **प्रश्नः**–उदररोगेषु कः गुणकारी भवति?
उत्तरम्–उदररोगेषु **'त्रयाणां फलानां समाहारः'** इति गुणकारी भवति।
–उदररोगेषु **'त्रिफला'** इति गुणकारी भवति।

5. द्वन्द्व-समासः (Copulative Compound)

जिस समास में पूर्व पद तथा उत्तर पद दोनों पदों की प्रधानता होती है, उसे द्वन्द्व समास कहते हैं।

द्वन्द्व के तीन मुख्य भेद होते हैं–(क) इतरेतरः, (ख) समाहारः, (ग) एकशेष।

(क) इतरेतर-द्वन्द्वः

इस समास के अन्तर्गत सभी पद प्रधान होते हैं तथा अपना अस्तित्व बनाए रखते हैं। समस्त-पद के अन्तिम पद की लिङ्ग के अनुसार लिङ्ग होता है तथा पदों की संख्या के अनुसार वचन होता है। जैसे–

ग्रीष्मः च वसन्तः च शिशिरः च = ग्रीष्मवसन्तशिशिराः
रामः च सीता च/सीता च रामः च = सीतारामौ
फलानि च पुष्पाणि च = फलपुष्पाणि
रामश्च लक्ष्मणश्च = रामलक्ष्मणौ
माता च पिता च = मातापितरौ
सीता च रामः च = सीतारामौ
हरिः च हरः च = हरिहरौ
जयः च अजयः च = जयाऽजयौ
कन्दं च मूलं च फलं च = कन्दमूलफलानि
शब्दश्च अर्थश्च = शब्दार्थौ
पत्रं च पुष्पं च फलं च = पत्रपुष्पफलानि

(ख) समाहार-द्वन्द्वः

इसमें प्रत्येक पद की प्रधानता नहीं होती, अपितु उससे एक सामूहिक अर्थ प्रकट होता है। यह समास सदा एकवचन नपुंसकलिंग में होता है। जैसे–

अहः च निशा च अनयोः समाहारः = अहर्निशम्
अहः च रात्रिः च अनयोः समाहारः = अहोरात्रम्
मुखं च नेत्रे च = मुखनेत्रम्
चरः च अचरः च = चराऽचरम्
शिरः च ग्रीवा च = शिरोग्रीवम्
दन्ताः च ओष्ठौ च = दन्तोष्ठम्

सर्पः च नकुलः च = सर्पनकुलम्
पाणी च पादौ च एषां समाहारः = पाणिपादम्
शीतञ्च उष्णञ्च अनयोः समाहारः = शीतोष्णम्/शीतोष्णे
सुखञ्च दुःखञ्च अनयोः समाहारः = सुखदुःखम्/सुखदुःखे

वाक्य-प्रयोगः–

प्रश्नः–सः भोजनात् पूर्वं किं प्रक्षालयति।

उत्तरम्–सः भोजनात् पूर्वं **पाणी च पादौ** च प्रक्षालयति। –सः भोजनात् पूर्वं **पाणिपादं** प्रक्षालयति।

(ग) एकशेष-द्वन्द्वः

जहाँ द्वन्द्व समास में केवल एक ही पद शेष रहे वहाँ पर एकशेष द्वन्द्व होता है। जैसे–

माता च पिता च = पितरौ।
भ्राता च भगिनी (अथवा स्वसा) च = भ्रातरौ।
श्वश्रूश्च श्वशुरश्च = श्वशुरौ।
पुत्रश्च पुत्री (दुहिता) च = पुत्रौ।
हंसी च हंसश्च = हंसौ।
शूद्री च शूद्रश्च = शूद्रौ।
नरः च नारी च = नरौ

6. बहुव्रीहि-समासः
(Attributive Compound)

जिस समास में न तो पूर्व पद का अर्थ अभीष्ट होता है न उत्तर पद का अर्थ अभीष्ट होता है; अपितु कोई अन्य पदार्थ ही अभीष्ट होता है, उसे बहुव्रीहि समास कहते हैं। बहुव्रीहि समास में दो या अधिक संज्ञा पद होते हैं तथा पदों का समास होने के उपरान्त समस्त-पद से किसी अन्य ही संज्ञा का बोध होता है।

बहुव्रीहि के दो भेद होते हैं–(*i*) **समानाधिकरण** (*ii*) **व्यधिकरण।** पूर्वपद तथा उत्तरपद में समान विभक्ति होने पर समानाधिकरण होता है तथा भिन्न विभक्ति होने पर व्यधिकरण होता है। **पाठ्यक्रम में समानाधिकरण बहुव्रीहि ही निर्धारित है।**

बहुव्रीहि व कर्मधारय का भेद–कर्मधारय में प्रथम शब्द दूसरे शब्द का विशेषण होता है, जबकि बहुव्रीहि में दोनों शब्द मिलकर (अर्थात् समस्त-पद) किसी तीसरे शब्द के विशेषण हो जाते हैं। पीताम्बरम् में कर्मधारय समास है। इसमें पीतम् शब्द अम्बरम् का विशेषण है। पीताम्बरः में पीतम् व अम्बरम् दोनों विष्णु के विशेषण हैं। अतः यह बहुव्रीहि समास है।

समानाधिकरण बहुव्रीहि समास के उदाहरण–

प्राप्तं धनं यं सः	=	प्राप्तधनः	(पुरुषः)
अधीतं व्याकरणं येन सः	=	अधीतव्याकरणः	(विद्वान्)
जितानि इन्द्रियाणि येन सः	=	जितेन्द्रियः	(पुरुषः)
पीतं दुग्धं येन सः	=	पीतदुग्धः	(बालः)
दत्तं धनं यस्मै सः	=	दत्तधनः	(जनः)
पतितं पत्रं यस्मात् सः	=	पतितपत्रः	(तरुः)
शुभम् आननम् यस्याः सा	=	शुभानना	(स्त्री)
महान् आशयः यस्य सः	=	महाशयः	(पुरुषः)

रूपवती भार्या यस्य सः	=	रूपवद्भार्यः	(पुरुषः)
लम्बम् उदरं यस्य सः	=	लम्बोदरः	(गणेशः)
पीतम् अम्बरं यस्य सः	=	पीताम्बरः	(विष्णुः)
श्वेतम् अम्बरम् यस्य सः	=	श्वेताम्बरः	(साधुः)
नीलम् अम्बरम् यस्य सः	=	नीलाम्बरः	(साधुः)
दिशः अम्बराणि यस्य सः	=	दिगम्बरः	(साधुः)
महान् आत्मा यस्य सः	=	महात्मा	(महापुरुषः/गान्धिः)
आयते ईक्षणे यस्याः सा	=	आयतेक्षणा	(स्त्री)
चत्वारि मुखानि यस्य सः	=	चतुर्मुखः	(ब्रह्मा)
दश आननानि यस्य सः	=	दशाननः	(रावणः)
मृतः पुत्रः यस्य सः	=	मृतपुत्रः	(ब्राह्मणः)
मृता भार्या यस्य सः	=	मृतभार्यः	(पुरुषः)
विमला मतिः यस्य सः	=	विमलमतिः	(पुरुषः)
विद्या एव धनं यस्य सः	=	विद्याधनः	(पण्डितः)
शीताः अंशवः यस्य सः	=	शीतांशुः	(चन्द्रमाः)
नीलं कण्ठं यस्य सः	=	नीलकण्ठः	(शङ्करः)
भग्नः उत्साहः यस्य सः	=	भग्नोत्साहः	(जनः)
प्रियं दर्शनं यस्याः सा	=	प्रियदर्शनी	(स्त्री)
भीमः पराक्रमः यस्य सः	=	भीमपराक्रमः	(जनः)
चन्द्रः इव मुखं यस्याः सा	=	चन्द्रमुखी	(स्त्री)
शुभम् आननं यस्याः सा	=	शुभानना	(स्त्री)
मृगस्य नयने इव नयने यस्याः सा	=	मृगनयनी	(स्त्री)
वीराः पुरुषाः यस्मिन् सः	=	वीरपुरुषकः, वीरपुरुषः	(ग्रामः)
विमलम् उदकं यस्यां सा	=	विमलोदका	(वापी)
प्रभूतं सलिलं यस्मिन् तत्	=	प्रभूतसलिलम्	(सरः)

व्यधिकरण बहुव्रीहि के उदाहरण–

धनुः पाणौ यस्य सः	=	धनुष्पाणिः	(रामः)
खड्गं हस्ते यस्य सः	=	खड्गहस्तः	(योद्धा)
अस्त्रं पाणौ यस्य सः	=	अस्त्रपाणिः	(योद्धा)
पिनाकः पाणौ यस्य सः	=	पिनाकपाणिः	(शिवः)
चक्रं पाणौ यस्य सः	=	चक्रपाणिः	(विष्णुः)
चन्द्रः शेखरे यस्य सः	=	चन्द्रशेखरः	(शिवः)

वाक्य-प्रयोगः –

(*i*) **प्रश्नः** –मुनिः कीदृशः अस्ति?

उत्तरम् –मुनिः **'तपः एव धनं यस्य'** तादृशः अस्ति। –मुनिः **तपोधनः** अस्ति।

(*ii*) **प्रश्नः** –रामस्य शत्रुः कः आसीत्?

उत्तरम् –**दश आननानि यस्य सः** रामस्य शत्रुः आसीत्। –**दशाननः** रामस्य शत्रुः आसीत्।

अभ्यासप्रश्नाः

प्रश्नः 1. अधोलिखितेषु पदेषु समासं कृत्वा समासनाम अपि लिखत–

(क) (*i*) वीराः पुरुषाः यस्मिन् सः = ... (..................................)

(*ii*) सुखञ्च दुःखञ्च अनयोः समाहारः = ... (..................................)

(ख) (*i*) उदात्तं मनः यस्य सः = ... (..................................)

(*ii*) लब्धा प्रतिष्ठा येन सः = ... (..................................)

(*iii*) शोभनाः दन्ताः यस्य सः = ... (..................................)

(ग) (*i*) गुरोः समीपम् = ... (..................................)

(*ii*) जनानाम् अभावः = ... (..................................)

(*iii*) रामः च लक्ष्मणः च = ... (..................................)

(घ) (*i*) रामं श्रितः = ... (..................................)

(*ii*) दश आननानि यस्य सः = ... (..................................)

(*iii*) यूपाय दारु = ... (..................................)

(ङ) (*i*) माता च पिता च = ... (..................................)

(*ii*) पीतानि अम्बराणि यस्य सः = ... (..................................)

(*iii*) ब्राह्मणाय इदम् = ... (..................................)

(च) (*i*) रक्तम् अम्बरम् = ... (..................................)

(*ii*) गवे रक्षितम् = ... (..................................)

(*iii*) व्याघ्रात् भयम् = ... (..................................)

प्रश्न 2. अधोलिखितानां पदानां समस्तपदानि कृत्वा समासनामानि अपि लिखत–

(*i*) श्वश्रूश्च श्वशुरश्च = ... (..................................)

(*ii*) द्विजाय इयम् = ... (..................................)

(*iii*) ब्राह्मणस्य कर्त्तव्यम् = ... (..................................)

(*iv*) तरङ्गेभ्यः अपत्रस्तः = ... (..................................)

(*v*) कल्पनायाः अपोढः = ... (..................................)

(*vi*) जितानि इन्द्रियाणि येन सः .... (..................................)

(*vii*) सिंहात् भयम् .... (..................................)

(*viii*) नगरं गतः .... (..................................)

(*ix*) संकटम् आपन्नः .... (..................................)

(*x*) जीविकां प्राप्तः .... (..................................)

प्रश्न 3. निम्नलिखितानि वाक्यानि पठित्वा उदाहरणानुसारम् वाक्येषु स्थूलशब्दाधारितानां प्रश्नानाम् उत्तराणि समक्षं प्रदत्तरिक्तस्थानेषु लिखत–

निम्नलिखित वाक्यों को पढ़कर उदाहरण के अनुसार वाक्यों में स्थूल-शब्दों पर आधारित प्रश्नों के उत्तर सामने दिये गये रिक्त स्थानों में लिखो–

उदाहरणम्–जनाः **देशभक्तं** पूजयन्ति।

प्रश्नः– (*i*) जनाः कं पूजयन्ति? **उत्तरम्**– (*i*) *देशभक्तम्।*

(*ii*) जनाः कस्य भक्तं पूजयन्ति? (*ii*) *देशस्य भक्तम्।*

क. शरणागतस्य रक्षा कर्त्तव्या।

प्रश्नः– (*i*) कस्य रक्षा कर्त्तव्या? **उत्तरम्–** (*i*) ....

(*ii*) कम् आगतस्य रक्षा करणीया? (*ii*) ....

ख. वृक्षारूढाः वानराः कूर्दन्ति।

प्रश्नः– (*i*) कीदृशाः वानराः कूर्दन्ति? **उत्तरम्–** (*i*) ....

(*ii*) कम् आरूढाः वानराः कूर्दन्ति? (*ii*) ....

ग. वृक्षपतितानि आम्राणि पक्वानि।

प्रश्नः– (*i*) कानि आम्राणि पक्वानि? **उत्तरम्–** (*i*) ....

(*ii*) कस्मात् पतितानि आम्राणि पक्वानि? (*ii*) ....

घ. बालकाः **क्रीडाक्षेत्रे** क्रीडन्ति।

प्रश्नः– (*i*) बालकाः कुत्र क्रीडन्ति? **उत्तरम्–** (*i*) ....

(*ii*) बालकाः कस्याः क्षेत्रे क्रीडन्ति? (*ii*) ....

ङ. प्रश्न–(*i*) नदी कुत्र वहति? **उत्तरम्–** (*i*) ....

(*ii*) नदी ग्रामस्य समीपं वहति। (*ii*) ....

च. प्रश्न–(*i*) लता कुत्र तिष्ठति? **उत्तरम्–** (*i*) ....

(*ii*) लता वृक्षस्य समीपं तिष्ठति। (*ii*) ....

छ. प्रश्न–(*i*) पुरस्कारः कीदृशः अस्ति? **उत्तरम्–** (*i*) ....

(*ii*) पुरस्कारः गुणानां योग्यः अस्ति। (*ii*) ....

ज. प्रश्न–(*i*) देवः कदा पठति? **उत्तरम्–** (*i*) ....

(*ii*) देवः दिने दिने पठति। (*ii*) ....

झ. प्रश्न–(*i*) देवः कथं भोजनं करोति? **उत्तरम्–** (*i*) ....

(*ii*) देवः रुचिम् अनतिक्रम्य भोजनं करोति। (*ii*) ....

ञ. प्रश्न–(*i*) श्यामः कुत्र अस्ति? **उत्तरम्–** (*i*) ....

(*ii*) श्यामः ग्रामं गतः अस्ति। (*ii*) ....

प्रश्नः 4. उदाहरणम् अनुसृत्य लिखत–

उदाहरण के अनुसार लिखो–

उदा० क. देशभक्तम् देशस्य भक्तम्

ख. शरणागतः ....

ग. वृक्षारूढाः ....

घ. वृक्षपतितानि ....

ङ. क्रीडाक्षेत्रे ....

च. सम्पूर्णघटः ....

छ. सम्पूर्णकुम्भः ....

ज. वृक्षमूलम् ....

झ. पर्वतशिखरम् ....

ञ. कार्यनिपुणः ....

ट. प्रतिदिनम् ....

ठ. नीलकमलम् ....

ड. पीताम्बरः ....

ढ. विद्याहीनः ....

ण. शरीरभूषणम् ....

प्रश्न 5. उदाहरणम् अनुसृत्य अधोलिखितानि पदानि योजयत–

उदाहरण के अनुसार निम्नलिखित पदों को मिलाओ—

उदा०– क. *कर्मणि कुशलः* *कर्मकुशलः*

ख. प्रजानां पालकः ....

ग. रघोः वंशः ....

घ. कुमारस्य सम्भवः ....

ङ. राष्ट्रपतेः भवनम् ....

च. चन्द्रः इव मुखम् ....

छ. शास्त्रेषु पारङ्गतः ....

ज. पाठाय शाला ....

झ. माता च पिता च ....

ञ. महान् आशयः यस्य सः ....

प्रश्न 6. अधोलिखित-विग्रहाणाम् स्थाने समस्तपदं लिखत–

निम्नलिखित विग्रहपदों के स्थान पर समस्तपद लिखो–

यथा– I. चन्द्र इव मुखं यस्याः सा = चन्द्रमुखी

II. पतितं पर्णं यस्मात् सः (वृक्षः) = ...

III. पीतम् अम्बरम् यस्य सः = ...

IV. दश आननानि यस्य सः = ...

V. कृतः अभिषेकः यस्य सः = ...

VI. रामः च लक्ष्मणः च = ...

VII. वीरा च असौ जननी = ...

VIII. गुरोः समीपम् = ...

IX. शिवस्य आलयः = ...

X. एकम् एकं प्रति = ...

प्रश्न 7. अधोलिखित-रिक्तस्थानेषु कोष्ठकात् चित्वा शुद्धं समस्तपदं लिखत–

निम्नलिखित रिक्त स्थानों में कोष्ठक से चुनकर शुद्ध समस्तपद लिखो–

(*i*) क. सः .... फलानि खादति। (यथेच्छया/यथेच्छम्)

ख. .... सरः दृष्ट्वा कः न प्रसीदति। (विकसितपङ्कजः/विकसितपङ्कजम्)

ग. .... वनम् अगच्छताम्। (रामलक्ष्मणः/रामलक्ष्मणौ)

घ. .... वेदान्तस्य प्रचारः कृतः। (स्वामिविवेकानन्देन/स्वामीविवेकानन्देन)

ङ. रामः .... धावति। (अनुमृगम्/अनुमृगः)

च. सः पण्डितः .... अस्ति। (विद्याधनः/विद्याधनम्)

छ. श्रान्तः पथिकः वृक्षस्य .... शेते। (शीतलच्छायायाम्/शीतलच्छायम्)

ज. .... वृक्षः कदापि न छेत्तव्यः। (शीतलच्छाया/शीतलच्छायः)

झ. ऋचा .... उपविशति। (उपसरला/उपसरलम्)

ञ. सः .... श्रमं करोति। (प्रतिदिनम्/दिनंप्रति)

(*ii*) 1. देवेन्द्रः शिवालयं .... गच्छति। (प्रतिसोमवासवरम्/प्रतिसोमवासरे)

2. नीलः कण्ठः यस्य सः .... कथ्यते। (नीलकण्ठं/नीलकण्ठः)

3. .... क्षालयित्वा भोजनं कुरु। (पाणिपादौ/पाणिपादं)

4. .... सीताम् अपाहरत्। (दशाननः/दशाननम्)

5. सरसि .... अस्ति। (रक्तकमलम्/कमलरक्तम्)

प्रश्न 8. अधोलिखितेषु वाक्येषु यत्र-तत्र शक्यम् समस्तपदानि रचयित्वा वाक्यानां पुनर्लेखनं कुरुत–

निम्नलिखित वाक्यों में जहाँ-वहाँ संभव है, समस्तपद बना कर वाक्यों को फिर से लिखें–

I. स **भासेन विरचितं** नाटकं पठति।

II. सा प्रातः उत्थाय **सूर्यस्य दर्शनं** करोति।

III. **उन्नतं वृक्षं** दृष्ट्वा सः आरोहति।

IV. **नीलं मेघं** दृष्ट्वा मयूरः नृत्यति।

V. **परेषाम् उपकाराय** एव वृक्षाः फलन्ति।

VI. शरीरम् प्रथमं **धर्मस्य साधनम्**।

VII. **ग्रामस्य समीपे** नदी वहति।

VIII. देवः **ग्रामं ग्रामं** भ्रमति।

IX. श्यामः **वृक्षस्य समीपं** गच्छति।

X. **देवः श्यामः** च क्रीडतः।

प्रश्न 9. स्थूलाक्षरपदानां स्थाने एकं समस्तपदं प्रयुञ्जीत–

स्थूलाक्षर पदों के स्थान पर एक समस्तपद का प्रयोग करो–

यथा– (*i*) सरोवरे रक्तानि कमलानि विकसन्ति।

सरोवरे रक्तकमलानि विकसन्ति।

(*ii*) पक्षिणां **मधुरं रवं** श्रुत्वा कस्य मनः न प्रसीदति।

पक्षिणां .... श्रुत्वा कस्य मनः न प्रसीदति।

(*iii*) आकाशे **कृष्णान् मेघान्** दृष्ट्वा मयूराः नृत्यन्ति।

आकाशे .... दृष्ट्वा मयूराः नृत्यन्ति।

पूर्वपरीक्षाणां प्रश्नाः

1. अधोलिखितवाक्येषु रेखाङ्कितपदानां समासं विग्रहं वा प्रदत्तविकल्पेभ्यः चित्वा लिखत– (*CBSE 2015*)

(*i*) <u>रागेण समम्</u> न दुःखम् अस्ति।

(क) रागसमः (ख) रागसमम् (ग) सरागः (घ) सरागम्

(*ii*) सरोवरे अनेकानि <u>विकसितानि पुष्पाणि</u> सन्ति।

(क) विकसितपुष्पम् (ख) विकसितपुष्पाणाम् (ग) विकसितपुष्पाणि (घ) विकसितपुष्पेषु

2. अधोलिखितवाक्येषु रेखांकित पदानाम् समासम् विग्रहं वा प्रदत्तविकल्पेभ्यः चित्वा लिखत– (*CBSE 2015*)

(*i*) वयं राजभवनं परित्यज्य वनं गच्छामः।

(क) राज्ञे भवनम् (ख) राज्ञः भवनम् (ग) राज्ञा भवनम् (घ) राजा भवनम्

3. अधोलिखितवाक्येषु रेखाङ्कितपदानां समासं विग्रहं वा प्रदत्तविकल्पेभ्यः चित्वा लिखत– (*CBSE 2015*)

(*i*) जिह्वायाः लोलुपतया मेषः महानसं प्रविशति।

(क) जिह्वायालोलुपतया (ख) जिह्वालोलुपता

(ग) जिह्वालोलुपतया (घ) जिह्वालोलुपतायाः

4. अधोलिखितवाक्येषु रेखाङ्कितपदानां समासं विग्रहं वा प्रदत्तविकल्पेभ्यः चित्वा लिखत– (*CBSE 2014*)

(*i*) अहम् देवाधिपतिः शक्रः अस्मि।

(क) देवाय अधिपतिः (ख) देवाभ्याम् अधिपतिः (ग) देवात् अधिपतिः (घ) देवानाम् अधिपतिः

5. अधोलिखितेषु वाक्येषु रेखाङ्कितपदेषु समासं विग्रहं वा प्रदत्तविकल्पेभ्यः चित्वा लिखत– (*CBSE 2014*)

(*i*) अत्र शुद्धवायुः वहति।

(क) शुद्धम् वायुः (ख) शुद्धः वायुः (ग) शुद्धम् वायुम् (घ) शुद्धा वायुः

6. अधोलिखितवाक्येषु रेखाङ्कितपदेषु समासं विग्रहं वा प्रदत्तविकल्पेभ्यः चित्वा लिखत– (*CBSE 2015*)

(*i*) दयानन्दः मूर्तिपूजायाः खण्डनम् अकरोत्।

(क) मूर्तिना पूजाया (ख) मूर्तिम् पूजायाः (ग) मूर्तेः पूजायाः (घ) मूर्ती पूजायाः

7. अधोलिखितवाक्येषु रेखाङ्कितपदानां समासं विग्रहं वा प्रदत्तविकल्पेभ्यः चित्वा लिखत– (*CBSE 2016*)

(क) न गर्वो न दैन्यं न च क्रोधलोभौ।

(*i*) क्रोधस्य लोभस्य च (*ii*) क्रोधः च लोभः च

(*iii*) क्रोधौ च लोभौ च (*iv*) क्रोधाय लोभः

(ख) सिद्धः अर्थः यस्य सः विहाराय वनम् अगच्छत्।

(*i*) सिद्धार्थस्य (*ii*) सिद्धार्थः

(*iii*) सिद्धार्थौ (*iv*) सिद्धार्थाः

(ग) तस्मिन् उद्याने बहुफलः वृक्षः अस्ति।

(*i*) बहूनि फलानि यस्मिन् सः (*ii*) बहूनि च फलानि च

(*iii*) बहूनि फलानि (*iv*) बहूनि फलानि येषु ते

8. अधोलिखितवाक्येषु रेखाङ्कितपदानां समासं विग्रहं वा प्रदत्तविकल्पेभ्यः चित्वा लिखत– (*CBSE 2016*)

(क) प्रतिहतम् अन्तःकरणं यस्य सः प्रच्छन्नभाग्यः अचिन्तयत्।

(*i*) प्रतिहतम् अन्तःकरणम् (*ii*) प्रतिहतकरणम् (*iii*) प्रतिहतान्तःकरणः

(ख) वने पशवः पक्षिणः च निवसन्ति।

(*i*) पशुपक्षी (*ii*) पशुपक्षिणः (*iii*) पशवः पक्षिणः

9. समुचितं समासं विग्रहं वा विकल्पात् चित्वा लिखत– (*CBSE 2015*)

(*i*) नास्ति त्यागसमं सुखम्।

(क) त्यागस्य समम् (ख) त्यागाय समम् (ग) त्यागेन समम् (घ) त्यागः एवं समम्

10. समुचितं समासं विग्रहं वा विकल्पात् चित्वा लिखत– *(CBSE 2016, 2017)*

(*i*) वने पशुपक्षिणः निवसन्ति।

(क) पशवः पक्षिणः (ख) पशवः च पक्षिणः च

(ग) पशुः च पक्षी च

(*ii*) विमूढा धीः यस्य सः पक्वं फलं त्यक्त्वा अपक्वं खादति।

(क) धीविमूढा (ख) विमूढधीः (ग) विमूढीधीः

(*iii*) तस्मिन् विद्यालये बहुफलः वृक्षः अस्ति।

(क) बहूनि च फलानि च (ख) बहूनि फलानि (ग) बहूनि फलानि यस्मिन् सः

11. समुचितं समासं विग्रहं वा विकल्पात् चित्वा लिखत– *(CBSE 2016, 2017)*

(*i*) 'उपगङ्गम् अयं विद्यालयः शोभते।'

(क) गङ्गायाः दूरम् (ख) गङ्गां गङ्गां च (ग) गङ्गायाः समीपम्

(*ii*) 'रामः मृगस्य पश्चात् धावति स्म'।

(क) उपमृगम् (ख) मृगानुसारम् (ग) अनुमृगम्

(*iii*) 'सिद्धः अर्थः यस्य सः विहाराय वनम् अगच्छत्।

(क) सिद्धार्थस्य (ख) सिद्धार्थः (ग) सिद्धार्थौ

12. अधोलिखितवाक्येषु रेखाङ्कितपदानां समासं विग्रहं वा प्रदत्तविकल्पेभ्यः चित्वा लिखत– *(CBSE 2018)*

(*i*) 'अद्य राष्ट्रपतेः भवने संस्कृतविदुषां सम्मानसमारोहः आयोज्यते।

(क) राष्ट्रपतिनिवासे (ख) राष्ट्रपतीयभवने (ग) राष्ट्रपतिभवने।

(*ii*) 'माता-पितारौ प्रणम्य परीक्षाभवनं गच्छ।

(क) माता च पितरौ च (ख) माता च पिता च (ग) मातरौ च पितरौ च।

13. अधोलिखितवाक्येषु रेखाङ्कितपदानां समासं विग्रहं वा प्रदत्तविकल्पेभ्यः चित्वा लिखत। (केवलं प्रश्नचतुष्टयम्) *(CBSE 2019)*

(*i*) लम्बम् उदरम् यस्य सः इति कथ्यते।

(क) लम्बोदरम् (ख) लम्बोदरः (ग) लम्बोदरस्य।

(*ii*) शिशिरवसन्तौ पुनरायातः।

(क) शिशिरः च वसन्तः च (ख) शिशिरम् च वसन्तम् च (ग) शिशिरः वसन्तौ।

(*iii*) विद्याहीनः नरः न शोभते।

(क) विद्यया हीनाः (ख) विद्याः हीनाः (ग) विद्यया हीनः।

(*iv*) सरोवरे स्वच्छजलम् अस्ति।

(क) स्वच्छः जलम् (ख) स्वच्छं जलम् (ग) स्वच्छस्य जलम्

14. अधोलिखितवाक्येषु रेखाङ्कितपदानां समासं विग्रहं वा प्रदत्तविकल्पेभ्यः चित्वा लिखत। (केवलं प्रश्नचतुष्टयम्) *(CBSE 2020)*

(*i*) स्थितप्रज्ञः इति को न जानाति।

(क) स्थितं प्रज्ञं यस्य सः (ख) स्थितः प्रज्ञः (ग) स्थिता प्रज्ञा यस्य सः

(*ii*) नास्ति <u>उद्यमसमः</u> बन्धुः।

(क) उद्यमाय समः (ख) उद्यमात् समः (ग) उद्यमेन समः

(*iii*) <u>पिककाकौ</u> उड्डीयेते।

(क) पिकः च काकाः च (ख) पिकः च काकः च (ग) काकः पिकः च।

(*iv*) <u>यथाशक्ति</u> एकः वानरः पक्षिणः तुदति स्म।

(क) शक्तेः योग्यम् (ख) शक्तिम् यथा (ग) शक्तिम् अनतिक्रम्य

(*v*) रामः <u>मृगस्य पश्चात्</u> धावति स्म।

(क) अनुमृगम् (ख) समृगम् (ग) उपमृगम्

बहुविकल्पीयप्रश्नाः

Set-1

1. रेखाङ्कितस्य समासविग्रहं प्रदत्तविकल्पेभ्यः चित्वा लिखत।

(i) *नास्ति विद्यासमं चक्षुः।*
(क) विद्यायाः समः (ख) विद्यायां समम् (ग) विद्यया समः (घ) विद्या समः।

(ii) *तत्त्वज्ञानं च धीगुणाः।*
(क) तत्त्वे ज्ञानम् (ख) तत्त्वेन ज्ञानम् (ग) तत्त्वाय ज्ञानम् (घ) तत्त्वस्य ज्ञानम्।

(iii) *अहर्निशं महानसं प्रविश्य।*
(क) अहश्च निशाच (ख) अहनि निशा। (ग) अहना निशा (घ) अहने निशा।

(iv) *मदोद्धताः कपयः।*
(क) मदात् उद्धताः (ख) मदस्य उद्धताः (ग) मदेन उद्धताः (घ) मदाय उद्धताः।

(v) *सः प्रतिदिनं पठति।*
(क) प्रति दिनस्य (ख) दिनं दिनं प्रति (ग) दिनं प्रति (घ) दिने प्रति।

(vi) *पिककाकौ तिष्ठतः।*
(क) पिकस्य काकः (ख) पिकः च काकः च
(ग) पिकाः काकाः (घ) पिकानां काकानाम्।

(vii) *उपनगरं देवालयः।*
(क) नगरस्य उपरि (ख) नगरस्य समीपम्
(ग) नगरस्य उप (घ) नगरस्य मध्ये।

(viii) *एष आम्रवृक्षः।*
(क) आम्रस्य वृक्षः (ख) आम्रेषु वृक्षः (ग) आम्राणां वृक्षः (घ) आम्राय वृक्षः।

(ix) *एतत् पीताम्बरम्।*
(क) पीतम् अम्बरं यस्य सः (ख) पीतः अम्बरः
(ग) पीतम् अम्बरम् (घ) अम्बरस्य पीतम्।

(x) *रामकृष्णौ गच्छतः।*
(क) रामः च कृष्णः च (ख) रामौ कृष्णौ च
(ग) रामस्य कृष्णः (घ) रामाः च कृष्णाः च।

2. प्रदत्तविकल्पेभ्यः शुद्धरूपं चित्वा लिखत।

(i) *करुणया सह = ...।*
(क) सकरुणम् (ख) सहकरूणा (ग) सहकरुणा (घ) सकरुणया।

(ii) *मध्यश्चाऽसौ मार्गः = ...।*
(क) मध्येमार्गः (ख) मध्यमार्गः (ग) मध्योमार्गः (घ) मध्यंमार्गः।

(iii) *मन्त्रिणः पुत्रः = ...।*
(क) मन्त्रीपुत्रः (ख) मन्त्रिन्पुत्रः (ग) मन्त्रिपुत्रः (घ) मन्त्रीः पुत्रः।

(iv) *निर्गतं भयं यस्मात् सः = ...।*
(क) निर्गतभयम् (ख) निभयम् (ग) निम्भयम् (घ) निर्भयम्।

(*v*) *शब्दश्च अर्थश्च* = ...।

(क) शब्दार्थौ (ख) शब्दार्था: (ग) शब्दार्थ: (घ) शब्दार्थम्।

(*vi*) *नगरस्य समीपं कूप: अस्ति।*

(क) सनगरम् (ख) उपनगरम् (ग) नगरसह: (घ) नगरमुप।

(*vii*) *नगरं नगरं याति भिक्षुक:।*

(क) प्रतिनगरम् (ख) सनगरम् (ग) उपनगरम् (घ) उपनगरे।

(*viii*) *कृष्णं श्रित: आगच्छति।*

(क) श्रितकृष्ण: (ख) श्रितकृष्णम् (ग) कृष्णेश्रित: (घ) कृष्णाश्रित:।

(*ix*) *गुरो: वचनम् आदरणीयम्।*

(क) गुरुवचनम् (ख) गुरवेवचनम् (ग) वचनगुरु (घ) वचनगुरो:।

(*x*) *गर्त्तं पतित: क्रन्दति।*

(क) गर्त्तपतित: (ख) पतित गर्त्त: (ग) गर्त्तपतित: (घ) गर्त्तपेतित:।

3. रेखाङ्कितस्य समासविग्रहं प्रदत्तविकल्पेभ्य: चित्वा लिखत।

(*i*) *नास्ति <u>रागसमं</u> दु:खम्।*

(क) रागेण समम् (ख) रागस्य समम् (ग) रागाय समम् (घ) रागे समम्।

(*ii*) *<u>मदोद्धता:</u> कपय: अवदन्।*

(क) मदस्य उद्धता: (ख) मदे उद्धता: (ग) मदेन उद्धता: (घ) मदाय उद्धता:।

(*iii*) *<u>यूथपति:</u> तम् उक्तवान्।*

(क) यूथेन पति: (ख) यूथे पति: (ग) यूथाय पति: (घ) यूथस्य पति:।

4. रेखाङ्कितस्य शुद्धरूपं चित्वा लिखत।

(*i*) *<u>रामं श्रित:</u>* = ...

(क) श्रितराम: (ख) रामेश्रित: (ग) रामश्रित: (घ) श्रितरामौ।

(*ii*) *<u>कूपं पतित:</u>* = ...

(क) पतितकूप: (ख) कूपंपतित: (ग) कूपेपतित: (घ) कूपपतित:।

(*iii*) *<u>शक्तिम् अनतिक्रम्य</u>* = ...

(क) यथाशक्ति (ख) अनुशक्ति (ग) उपशक्ति (घ) परिशक्ति।

(*iv*) *<u>ग्रामं ग्रामं प्रति</u>* = ...

(क) उपग्रामम् (ख) अनुग्रामम् (ग) प्रतिग्रामम् (घ) परिग्रामम्।

(*v*) *<u>नगरस्य समीपम्</u>* = ...

(क) उपनगरम् (ख) अनुनगरम् (ग) परिनगरम् (घ) प्रतिनगरम्।

(*vi*) *<u>बलम् अनतिक्रम्य</u>* = ...

(क) प्रतिबलम् (ख) उपबलम् (ग) यथाबलम् (घ) अनुबलम्।

(*vii*) *<u>क्रीडायै क्षेत्रम्</u>* = ...

(क) क्रीडक्षेत्रम् (ख) क्षेत्रक्रीडा (ग) क्रीडाक्षेत्रम् (घ) क्रीडाक्षेत्र:।

(*viii*) *<u>चित्रेण सह</u>* = ...

(क) सचित्रम् (ख) सचित्रस्य (ग) सचित्रे (घ) सचित्रेण।

(*ix*) *पिकः काकः च* = ...

(क) पिककाकः (ख) काकपिकः (ग) पिककाकौ (घ) पिककाकाः।

(*x*) *विधिम् अनतिक्रम्य* = ...

(क) प्रतिविधि (ख) अनुविधि (ग) यथाविधि (घ) उपविधि।

5. रेखाङ्कितस्य समासविग्रहं प्रदत्तविकल्पेभ्यः चित्वा लिखत।

(*i*) *गुरुवचनम्।*

(क) गुरोः वचनम् (ख) गुरौ वचनम् (ग) गुरुः वचनम् (घ) गुरुभ्यः वचनम्।

(*ii*) *चक्षुर्हीनः कथं पश्येयम्?*

(क) चक्षुषः हीनः (ख) चक्षुषा हीनः (ग) चक्षुषो रहितः (घ) चक्षुर् हीनः।

(*iii*) *वैद्योक्तम्।*

(क) वैद्याय उक्तम् (ख) वैद्यस्य उक्तम् (ग) वैद्ये उक्तम् (घ) वैद्येन उक्तम्।

(*iv*) *पितृवचनम्।*

(क) पित्रा वचनम् (ख) पित्रे वचनम् (ग) पितुः वचनम् (घ) पितरं वचनम्।

(*v*) *धनहीनः।*

(क) धनस्य हीनः (ख) धनेन हीनः (ग) धनात् हीनः (घ) धनाय हीनः।

(*vi*) *सिंहभयम्।*

(क) सिंहस्य भयम् (ख) सिंहेन भयम् (ग) सिंहात् भयम् (घ) सिंहे भयम्।

(*vii*) *वानरकुलम्।*

(क) वानराणां कुलम् (ख) वानरेभ्यः कुलम् (ग) वानराय कुलम् (घ) वानरात् कुलम्।

(*viii*) *मानवजीवनम्।*

(क) मानवाय जीवनम् (ख) मानवे जीवनम् (ग) मानवस्य जीवनम् (घ) मानवेभ्यः जीवनम्।

(*ix*) *यथाशक्ति।*

(क) शक्तिम् उपरि (ख) शक्तिम् अनु

(ग) शक्तिम् अनतिक्रम्य (घ) शक्तिं यथा।

6. शुद्धरूपं चित्वा रिक्तस्थानानि पूरयत।

(*i*) *कृष्णस्य समीपम्* = ...

(क) उपकृष्णम् (ख) कृष्णउपः (ग) कृष्णसह (घ) अनुकृष्णः।

(*ii*) *वृक्षस्य समीपम्* = ...

(क) वृक्षसह (ख) उपवृक्षम् (ग) सवृक्षम् (घ) वृक्षसमीपः।

(*iii*) *ग्रामे ग्रामे प्रति* = ...

(क) ग्रामे (ख) ग्रामप्रतिं (ग) प्रतिग्रामम् (घ) अनुग्रामम्।

(*iv*) *चित्रेण सहितम्* = ...

(क) चित्रेणसह (ख) सहचित्रम्। (ग) चित्रअनु (घ) सचित्रम्।

(*v*) *गङ्गायाः पश्चात्* = ...

(क) अनुगङ्गम् (ख) अनुगङ्गा (ग) गङ्गापश्चात् (घ) गङ्गासह।

7. प्रदत्तविकल्पेषु शुद्धम् उत्तरं चित्वा लिखत।

(क) *तडागे नीलं कमलम् अस्ति।*

(i) कमलनीलम् (ii) नीलकमलम् (iii) नीलकमलौ (iv) नीलकमले।

(ख) *एतत् वृक्षस्य मूलम्।*

(i) वृक्षमूलौ (ii) वृक्षमूले (iii) वृक्षमूलात् (iv) वृक्षमूलम्।

(ग) *सः शरणम् आगतः।*

(i) शरणेगतः (ii) शरणमागतः (iii) शरणागतः (iv) शरणेआगतः।

(घ) *दश आननानि यस्य सः रावणः।*

(i) दशाननम् (ii) दशाननः (iii) दशाननानिः (iv) दशाननौ।

(ङ) *एतत् मुखं चन्द्रः इव अस्ति।*

(i) मुखचन्द्रौ (ii) मुखचन्द्रे (iii) मुखचन्द्रः (iv) मुखचन्द्रेण।

(च) *सरोवरे रक्तं कमलम् अस्ति।*

(i) रक्तकमलम् (ii) कमलरक्तम् (iii) रक्तकमलौ (iv) रक्तकमले।

(छ) *युधिष्ठिरः शरीरेण सह स्वर्गं गतः।*

(i) सशरीरः (ii) शरीरसह (iii) सशरीरम् (iv) शरीरप्रति।

(ज) *एषः पाठाय शाला अस्ति।*

(i) पाठशालम् (ii) पाठशालां (iii) पाठशाले (iv) पाठशालाम्।

(झ) *राज्ञः पुत्रः आयाति।*

(i) राजापुत्रः (ii) राज्ञपुत्रः (iii) राजन् पुत्रः (iv) राजपुत्रः।

(ञ) *जनकस्य सुता सीता आसीत्।*

(i) जनकसुता (ii) जनकसुताय (iii) जनकसुतम् (iv) जनकसुते।

Set-2

I. प्रदत्तेषु उचितं विकल्पं चित्वा लिखत।

(क) *यथाबलम्* = ...

(i) बलम् अनतिक्रम्य (ii) बलम् यथा (iii) बलम् अनुसारम् (iv) बलम् शक्तिम्।

(ख) *हरिहरौ* = ...

(i) हरिं हरम् (ii) हरिश्च हरश्च (iii) हरेः हरः (iv) हरी हरौ।

(ग) *पीताम्बरः* = ...

(i) पीतानि अम्बराणि (ii) पीताम्बरस्य अयम्
(iii) पीतानि अम्बराणि यस्य सः (iv) पीतम् अम्बरम्।

(घ) *नीलोत्पलम्* = ...

(i) नीलम् उत्पलानि (ii) नीलानि उत्पलम् (iii) नीलम् उत्पलस्य (iv) नीलम् उत्पलम्।

(ङ) *कृष्णश्रितः =* ....

(*i*) कृष्णं श्रितः (*ii*) कृष्णस्य श्रितः (*iii*) कृष्णाय श्रितः (*iv*) कृष्णे श्रितः।

(च) *पाकशाला =* ....

(*i*) पाकस्य शाला (*ii*) पाकाय शाला (*iii*) पाकं शाला (*iv*) पाके शाला।

(छ) *शास्त्रपण्डितः =* ....

(*i*) शास्त्राय पण्डितः (*ii*) शास्त्रं पण्डितः (*iii*) शास्त्रे पण्डितः (*iv*) शास्त्रात्पण्डितः।

(ज) *पञ्चवटी =* ....

(*i*) वटानां पञ्च (*ii*) पञ्चानां वटाः

(*iii*) पञ्च वटाः (*iv*) पञ्चानां वटानां समाहारः।

(झ) *यूपदारु =* ....

(*i*) यूपाय दारु (*ii*) यूपे दारु (*iii*) यूपस्य दारु (*iv*) यूपात् दारु।

(ञ) *पितरौ =* ....

(*i*) पिता च पिता च (*ii*) पिता च माता च (*iii*) पितुः पिता (*iv*) पितुर्पिता।

II. प्रदत्तेषु विकल्पेषु उचितं चित्वा लिखत।

(क) *चत्वारि आननानि यस्य सः =* ....

(*i*) चतुराननः (*ii*) चतुराननानि (*iii*) चतुराननम् (*iv*) चतुराननौ।

(ख) *तप एव धनं यस्य सः =* ....

(*i*) तपसधनम् (*ii*) तपोधनः (*iii*) तपधनम् (*iv*) तपधनः।

(ग) *भ्राता च भगिनी च =* ....

(*i*) भ्राताभगिनी (*ii*) भ्रातरः (*iii*) भ्रातरौ (*iv*) भ्रातृभगिनी।

(घ) *पीतम् अम्बरम् यस्य सः =* ....

(*i*) पीताम्बरः (*ii*) पीताम्बराणि (*iii*) पीतमम्बरम् (*iv*) पीताम्बरम्।

(ङ) *रामश्च कृष्णश्च =* ....

(*i*) रामौ (*ii*) रामकृष्णम् (*iii*) रामकृष्णौ (*iv*) रामकृष्णः।

(च) *घन इव श्यामः =* ....

(*i*) घनश्यामाः (*ii*) घनश्यामौ (*iii*) घनश्यामम् (*iv*) घनश्यामः।

(छ) *न उचितम् =* ....

(*i*) अनुचितम् (*ii*) अनाचितम् (*iii*) नोचितम् (*iv*) अनुचितम्।

(ज) *कृष्णस्य समीपम् =* ....

(*i*) कृष्णोपः (*ii*) उपकृष्णम् (*iii*) कृष्णौयः (*iv*) कृष्ण समीपौ।

(झ) *विधिम् अनतिक्रम्य =* ....

(*i*) यथाविधि (*ii*) अधिविधि (*iii*) प्रतिविधि (*iv*) अनुविधि।

(ञ) *जितानि इन्द्रियाणि येन सः =* ....

(*i*) इन्द्रजित् (*ii*) इन्द्रियजित् (*iii*) इन्द्रजितः (*iv*) जितेन्द्रियः।

3

प्रत्ययाः

[तद्धिताः स्त्रीप्रत्ययाः च]
(NOUN AND FEMININE DERIVATIVES)

अपि स्वर्णमयी लंका न मे लक्ष्मण रोचते।
जननी जन्मभूमिश्च स्वर्गादपि गरीयसी।।

⇒ जो सामग्री पाठ्यक्रम में नहीं है, उसे छात्रों के अभ्यास के लिए यहाँ दिया जा रहा है। इसमें से कोई भी प्रश्न परीक्षा में नहीं पूछा जाना चाहिए।*

कृत् प्रत्यय तो सीधे धातुओं से ही लगते हैं, जबकि **तद्धित प्रत्यय** संज्ञा, सर्वनाम तथा विशेषण आदि शब्दों के साथ लगते हैं। इन प्रत्ययों के लगने से संज्ञा, विशेषण तथा क्रिया-विशेषण आदि शब्द बनते हैं। जिन प्रत्ययों के योग से बनने वाले शब्द स्त्रीलिङ्ग वाचक हो जाते हैं, वे **स्त्री प्रत्यय** कहलाते हैं।

1. कृदन्ताः
(Verbal Derivatives)

(तव्यत्, अनीयर्, शतृ, शानच्)

(*पाठ्यक्रम में नहीं है* *)

धातुओं से संज्ञा, विशेषण और क्रिया-विशेषण बनाने के लिए जो प्रत्यय जोड़े जाते हैं, उन्हें कृत् प्रत्यय कहते हैं। कृत् प्रत्ययों से बनने वाले शब्द कृदन्त (कृत् + अन्त) कहलाते हैं।

(क) तव्यत् *(तव्य)* और (ख) अनीयर् *(अनीय)*

विधिलिङ् लकार (Potential Mood) के अर्थ में विधि कृदन्त (तव्यत् तथा अनीयर् इत्यादि) प्रत्ययान्त शब्दों का प्रयोग होता है। जैसे—(1) आश्रममृगोऽयं न **हन्तव्यो** न **हन्तव्यः** (यह आश्रम का मृग है, इसे नहीं मारना चाहिए, नहीं मारना चाहिए), तथा (2) गृहमागतोऽपि शत्रुर्न **सम्माननीयः** (घर में आए हुए भी शत्रु का सम्मान नहीं करना चाहिए)। 'चाहिए' के अर्थ में 'तव्यत्' तथा 'चाहिए' अथवा 'योग्य है' इस अर्थ में अनीयर् प्रत्यय होता है। तव्यत् का तव्य तथा अनीयर् का अनीय रूप ही धातु के साथ जुड़ता है।

नियम—(1) धातुओं से तव्यत् और अनीयर् प्रत्यय होने पर धातु के स्वर (इ, उ, ऋ, लृ) को गुण (ए, ओ, अर्, अल्) हो जाता है। जैसे—

नी + तव्यत् = **नेतव्यः (पुँ०)** नी + अनीयर् = **नयनीयः (पुँ०)**

(2) यदि धातु सेट् है तो धातु और तव्यत् प्रत्यय के बीच में इट् (इ) हो जाता है। जैसे—

एध् + तव्यत् = एध् + इट् (इ) + तव्यत् = **एधितव्यम्** नपुं०, (बढ़ना चाहिए)

अब प्रमुख धातुओं के तव्यत् तथा अनीयर् प्रत्ययों के रूप दिए जाते हैं—

* *कृपया अपना पाठ्यक्रम जाँच लें।*

धातवः	तव्यत् प्रत्ययान्त-पदानि *(पुँ०)*	अनीयर् प्रत्ययान्त-पदानि *(पुँ०)*
पठ् (पढ़ना)	पठितव्यः	पठनीयः
भुज् (खाना)	भोक्तव्यः	भोजनीयः
पा (पीना)	पातव्यः	पानीयः
गम् (जाना)	गन्तव्यः	गमनीयः
स्था (ठहरना)	स्थातव्यः	स्थानीयः
लभ् (प्राप्त करना)	लब्धव्यः	लभनीयः
मुद् (प्रसन्न होना)	मोदितव्यः	मोदनीयः
याच् (माँगना)	याचितव्यः	याचनीयः
नृत् (नाचना)	नर्तितव्यः	नर्तनीयः
लिख् (लिखना)	लेखितव्यः	लेखनीयः
चुर् (चुराना)	चोरयितव्यः	चोरणीयः
दृश् (देखना)	द्रष्टव्यः	दर्शनीयः
नी (ले जाना)	नेतव्यः	नयनीयः
स्मृ (याद करना)	स्मर्तव्यः	स्मरणीयः
हृ (हरना)	हर्तव्यः	हरणीयः
अस् (होना)	भवितव्यः	भवनीयः
वच् (बोलना)	वक्तव्यः	वचनीयः
रक्ष् (रक्षा करना)	रक्षितव्यः	रक्षणीयः
यज् (पूजा करना)	यष्टव्यः	यजनीयः
मुच् (छोड़ना)	मोक्तव्यः	मोचनीयः
क्री (खरीदना)	क्रेतव्यः	क्रयणीयः
क्रम् (चलना)	क्रन्तव्यः, क्रमितव्यः	क्रमणीयः
अधि + इ (पढ़ना)	अध्येतव्यः	अध्ययनीयः
ईक्ष् (देखना)	ईक्षितव्यः	ईक्षणीयः
आप् (प्राप्त करना)	आप्तव्यः	आपनीयः
प्र + आप् (प्राप्त करना)	प्राप्तव्यः	प्रापणीयः
कथ् (कहना)	कथयितव्यः	कथनीयः

(ग) शतृ-प्रत्ययः

कर्तृवाच्य क्रियाबोधक धातुमात्र से परस्मैपद में लट् लकार के स्थान में वर्तमान काल में शतृ प्रत्यय होता है। शतृ के स्थान पर अत् हो जाता है। शतृ प्रत्यय के साथ धातु का रूप वैसा ही हो जाता है जैसा लट् लकार प्रथम पुरुष बहुवचन के प्रत्यय से होता है यथा भू से भवत्, भवन् (पुँ०) आदि।

शतृ-पद-तालिका

पुँल्लिङ्गपदानि	स्त्रीलिङ्गपदानि	नपुंसकलिङ्गपदानि
शिक्षयन् शिक्षकः	**शिक्षयन्ती** शिक्षिका	**पठत्** मित्रम्
पठन् पाठकः	**पठन्ती** पाठिका	**गच्छत्** यानम्
वादयन् वादकः	**वादयन्ती** वादिका	**विकसत्** पुष्पम्

1. उदाहरणं दृष्ट्वा वाक्यानि लिखत।

बालिका पत्रं लिखति, मातरं स्मरति = पत्रं लिखन्ती बालिका मातरं स्मरति।

सा मातरं स्मरति, रोदिति च = मातरं स्मरन्ती सा रोदिति।

(क) आचार्यः पाठयति, श्यामपट्टे लिखति। (क) ....

(ख) कलाकारः तबलावाद्यं वादयति, श्रोतृभिः प्रशस्यते। (ख) ....

(ग) फलं पतति, दूषितं भवति। (ग) ....

(घ) कपिः आरोहति, इतस्ततः पश्यति। (घ) ....

(ङ) पत्राणि पतन्ति, वायुना नीयन्ते। (ङ) ....

(क) पुलँलिङ्गे शत्रन्तरूपाणि

श्रृण्वन् श्रोता	श्रृण्वन्तौ श्रोतारौ	श्रृण्वन्तः श्रोतारः

(ख) स्त्रीलिङ्गे शत्रन्त-रूपाणि

पतन्ती लता	पतन्त्यौ लते	पतन्त्यः लताः

(ग) नपुंसक-लिङ्गे शत्रन्त-रूपाणि

एकवचनम्	*द्विवचनम्*	*बहुवचनम्*
पतत् पत्रम्	**पतती** पत्रे	**पतन्ति** पत्राणि
(गिरता हुआ पत्ता)	(गिरते हुए दो पत्ते)	(गिरते हुए बहुत पत्ते)

2. विशेषण-विशेष्य-पदानां मेलनम्–

(क) एकवचनम् आधृत्य

विशेषणम्	विशेष्यम्	मेलनम्	विशेषणम्	विशेष्यम्
(*i*) गर्जन्	कपिः	उदा०– (*i*)	गर्जन्	सिंहः
(*ii*) हसन्	सिंहः	(*ii*)	....	....
(*iii*) आरोहन्	विदूषकः	(*iii*)	....	....

(ख) द्विवचनम् आधृत्य

विशेषणम्	विशेष्यम्	मेलनम्	विशेषणम्	विशेष्यम्
हसन्	सिंहः		....	....
(*i*) अध्यापयन्तौ	शिक्षकौ	(*i*)	....	....
(*ii*) नृत्यन्तौ	कपी	(*ii*)	....	....

(ग) बहुवचनम् आधृत्य

विशेषणम्	विशेष्यम्	मेलनम्	विशेषणम्	विशेष्यम्
(*i*) प्रवहन्त्यः	देव्यः	(*i*)	....	....
(*ii*) प्रसीदन्त्यः	नद्यः	(*ii*)	....	....

(घ) पुलँल्लिङ्गम् आधृत्य

	विशेषणम्	विशेष्यम्	मेलनम्	विशेषणम्	विशेष्यम्
(*i*)	अध्यापयन्तः	अध्यापकाः	(*i*)	....	....
(*ii*)	हसन्तौ	पितरौ	(*ii*)	....	....

(ङ) स्त्रीलिङ्गम् आधृत्य

	विशेषणम्	विशेष्यम्	मेलनम्	विशेषणम्	विशेष्यम्
(*i*)	दुग्धं पिबन्ती	वीरबाला	(*i*)	....	....
(*ii*)	युद्धं कुर्वन्ती	कन्या	(*ii*)	....	....

(च) नपुंसकलिङ्गम् आधृत्य

	विशेषणम्	विशेष्यम्	मेलनम्	विशेषणम्	विशेष्यम्
(*i*)	पतत्	मित्रम्	(*i*)	....	....
(*ii*)	प्रणमत्	वज्रम्	(*ii*)	....	....

(छ) प्रथमा-विभक्तिम् आधृत्य

(*i*)	तिष्ठत्	चक्रम्	(*i*)	....	....
(*ii*)	क्रीडन्ती	बालिका	(*ii*)	....	....

(ज) द्वितीया-विभक्तिम् आधृत्य

(*i*)	भ्रमन्तं	शिशुम्	(*i*)	....	....
(*ii*)	क्रीडन्तीम्	देवीम्	(*ii*)	....	....

(झ) तृतीया-विभक्तिम् आधृत्य

(*i*)	हसद्भिः	देवैः	(*i*)	....	....
(*ii*)	भ्रमता	शिशुना	(*ii*)	....	....

(ञ) चतुर्थी-विभक्तिमाधृत्य

(*i*)	क्रीडद्भ्यः	शिशुभ्यः	(*i*)	....	....
(*ii*)	तिष्ठन्त्यै	बालिकायै	(*ii*)	....	....

(ट) पञ्चमी-विभक्तिम् आधृत्य

(*i*)	हसतः	देवात्	(*i*)	....	....
(*ii*)	क्रीडतः	चक्रात्	(*ii*)	....	....

(ठ) षष्ठी-विभक्तिम् आधृत्य

(*i*)	हसन्त्याः	बालिकायाः	(*i*)	....	....
(*ii*)	भ्रमतः	देवस्य	(*ii*)	....	....

(ड) सप्तमी-विभक्तिम् आधृत्य

(*i*)	क्रीडति	देवे	(*i*)	....	....
(*ii*)	भ्रमति	शिशौ	(*ii*)	....	....

शतृप्रत्ययान्तपदतालिका

धातवः	पुँ०	नपुं०	स्त्री०
भू	भवन्	भवत्	भवन्ती
नृत्	नृत्यन्	नृत्यत्	नृत्यन्ती
गम्	गच्छन्	गच्छत्	गच्छन्ती
हस्	हसन्	हसत्	हसन्ती
कृ	कुर्वन्	कुर्वत्	कुर्वन्ती

(घ) शानच्-प्रत्ययः

आत्मनेपदी धातुओं में शतृ के स्थान पर शानच् (आन) हो जाता है। शानच्-प्रत्यय होने पर शब्द के रूप पुलँलिङ्ग में **रामवत्** चलेंगे। स्त्रीलिङ्ग में अन्त में आ लगाकर **रमावत्** चलेंगे तथा नपुंसकलिङ्ग में म् लगाकर **फलवत्** चलेंगे। शानच् प्रत्ययान्त शब्दों के लिङ्ग, वचन और कारक विशेष्य के तुल्य ही रहेंगे। जिन धातुओं के अन्त में 'अ' विकरण लगता है, वहाँ पर अ और आन (शानच्) के बीच में म् (मुक्) लग जाएगा।

शानच्-प्रत्ययान्त-पदानि

आत्मनेपदिनः धातवः	पुलँलिङ्गे, एकवचन	स्त्रीलिङ्ग, एकवचन	नपुंसकलिङ्ग, एकवचन
सेव्	सेवमानः	सेवमाना	सेवमानम्
लभ्	लभमानः	लभमाना	लभमानम्
वृत्	वर्तमानः	वर्तमाना	वर्तमानम्
वृध्	वर्धमानः	वर्धमाना	वर्धमानम्
ईक्ष्	ईक्षमाणः	ईक्षमाणा	ईक्षमाणम्
मुद्	मोदमानः	मोदमाना	मोदमानम्
सह्	सहमानः	सहमाना	सहमानम्

प्रयोगः—अधोलिखितेषु वाक्येषु स्थूलपदानां 'प्रकृतिः प्रत्ययः च' पृथक्-पृथक् कृत्वा समक्षं प्रदत्तस्थाने लिख्यताम्—

यथा— (क) राजा गां **सेवमानः** सिंहम् अपश्यत्। (सेव् + शानच्)

(ख) सैनिकाः **युध्यमानाः** देशं रक्षन्ति। (.............. + ...)

2. तद्धिताः प्रत्ययाः (Noun Derivatives)

(मतुप्, ठक् (=इक), त्व, तल्)

संज्ञा, सर्वनाम, विशेषण, क्रिया-विशेषण तथा अव्यय में (क्रियाओं से भिन्न शब्दों में) प्रत्यय लगाकर जो नए पद बनते हैं, वे तद्धित प्रत्ययान्त पद कहलाते हैं तथा उन प्रत्ययों को तद्धित प्रत्यय कहते हैं। तद्धित प्रत्यय लगने पर नए शब्दों के अर्थ भी मूल शब्दों से भिन्न हो जाते हैं। जैसे—'दशरथ' से इञ् (इ) तद्धित प्रत्यय लगाकर 'दाशरथिः' शब्द बना तथा 'दाशरथिः' शब्द का अर्थ 'दशरथ की सन्तान' होता है। 'इञ्' (इ) प्रत्यय के लगने से 'उसकी सन्तान' ऐसा अर्थ निकलता है।

(क) मतुप्-प्रत्ययः

'वह इसका है' (तत् अस्य अस्ति) या 'वह इसमें है' (तत् अस्मिन् अस्ति) इन अर्थों में प्रथमान्त शब्द से मतुप् (मत्) प्रत्यय हो जाता है। इस प्रत्यय का प्रयोग किसी एक वस्तु का दूसरी वस्तु में होना सूचित करने के लिए होता है। मतुप् प्रत्यय का केवल मत् ही शेष रह जाता है।

नियमः–(1) जिन शब्दों के अन्त में अ, आ के अतिरिक्त कोई स्वर होता है, उनसे यह जैसे का तैसा जुड़ जाता है। जैसे–गो + मत् = गोमत् (= जिसकी गौएँ हैं–गावः अस्य सन्ति, इति)। यहाँ 'गो' ओकारान्त शब्द है, अतः इसके साथ **मतुप्** प्रत्यय का 'मत्' जुड़ जाने से 'गोमत्' रूप बना।

इकारान्त पदों के उदाहरण–

गति + मतुप् = गतिमत् (नपुं०), (गतिमान्, पुँ०), गतिमती, स्त्री०
बुद्धि + मतुप् = बुद्धिमत् (नपुं०), (बुद्धि वाला), बुद्धिमान्, पुँ०, बुद्धिमती, स्त्री०
शक्ति + मतुप् = शक्तिमत् (नपुं०), (शक्ति वाला), शक्तिमान्, पुँ०, शक्तिमती, स्त्री०
अग्नि + मतुप् = अग्निमत्; (नपुं०), अग्निमान्, पुँ०, अग्निमती, स्त्री०
मति + मतुप् = मतिमत् (नपुं०), मतिमान्, पुँ०, मतिमती, स्त्री०
दीप्ति + मतुप् = दीप्तिमत् (नपुं०), दीप्तिमान्, पुँ०, दीप्तिमती, स्त्री०
कृति + मतुप् = कृतिमत् (नपुं०), कृतिमान्, पुँ०, कृतिमती, स्त्री०

ईकारान्त पदों के उदाहरण–

श्री + मतुप् = श्रीमत् (नपुं०), श्रीमान्, पुँ०, श्रीमती, स्त्री०
धी + मतुप् = धीमत् (नपुं०), धीमान्, पुँ०, धीमती, स्त्री०

अपवादः–

लक्ष्मी + मतुप् = लक्ष्मीवत् (नपुं०), लक्ष्मीवान्, (पुँ०), लक्ष्मीवती, स्त्री०

उकारान्त पदों के उदाहरण–

भानु + मतुप् = भानुमत् (नपुं०), (चमकने वाला), भानुमान् (पुँ०), भानुमती, स्त्री०
अंशु + मतुप् = अंशुमत् (नपुं०), (सूर्य), अंशुमान् (पुँ०), अंशुमती, स्त्री०

ऊकारान्त-पदम्–

वधू + मतुप् = वधूमत् (नपुं०), (वधू युक्त), वधूमान्, पुँ०, वधूमती, पुँ०, स्त्री०

हलन्त-पदानि–

कुछ हलन्त शब्दों के बाद भी मतुप् के, मत् का प्रयोग होता है। जैसे–
धनुष् + मतुप् = धनुष्मत् (नपुं०), (धनुर्धारी) धनुष्मान् पुँ०, धनुष्मती, स्त्री०

(2) जिन शब्दों के अन्त में तथा उपधा में म् हो अथवा अ या आ हो, तो उनके पश्चात् मतुप् के म् का व् होकर, मत् के स्थान पर, वत् का प्रयोग होता है। जैसे–

अकारान्त-पदानि–

ज्ञान + मतुप् = ज्ञानवत् (नपुं०), ज्ञानवान्–पुँ०, ज्ञानवती–स्त्री०
फल + मतुप् = फलवत् (नपुं०), फलवान्–पुँ०, फलवती–स्त्री०
धन + मतुप् = धनवत् (नपुं०), धनवान्–पुँ०, धनवती–स्त्री०
गुण + मतुप् = गुणवत् (नपुं०), गुणवान्–पुँ०, गुणवती–स्त्री०
रूप + मतुप् = रूपवत् (नपुं०), रूपवान्–पुँ०, रूपवती–स्त्री०

आकारान्त-पदानि—

प्रज्ञा + मतुप् = प्रज्ञावत् (नपुं०), प्रज्ञावान्—पुलँ०, प्रज्ञावती—स्त्री०
विद्या + मतुप् = विद्यावत् (नपुं०), विद्यावान्—पुलँ०, विद्यावती—स्त्री०
क्रिया + मतुप् = क्रियावत् (नपुं०), क्रियावान्—पुलँ०, क्रियावती—स्त्री०
शिखा + मतुप् = शिखावत् (नपुं०), शिखावान्—पुलँ०, शिखावती—स्त्री०
दया + मतुप् = दयावत् (नपुं०), दयावान्—पुलँ०, दयावती—स्त्री०

हलन्त-पदानि—

निम्न हलन्त शब्दों में भी मतुप् के म का व होकर वत् का प्रयोग होता है, क्योंकि इनकी उपधा, अन्तिम वर्ण से पूर्व में, अ विद्यमान है। जैसे—

नभस् + मतुप् = नभस्वत् (नपुं०), नभस्वान्—पुलँ०, नभस्वती—स्त्री०
यशस् + मतुप् = यशस्वत् (नपुं०), यशस्वान्—पुलँ०, यशस्वती—स्त्री०
पयस् + मतुप् = पयस्वत् (नपुं०), पयस्वान्—पुलँ०, पयस्वती, स्त्री०

अपवाद—

यव + मतुप् = यवमत् (नपुं०), यवमान्—पुलँ०, यवमती—स्त्री०
ऊर्मि + मतुप् = ऊर्मिमत् (नपुं०), ऊर्मिमान्—पुलँ०, ऊर्मिमती—स्त्री०

विशेष—'मतुप्' लगने से बने हुए सभी शब्द विशेषण रूप में प्रयुक्त होते हैं। अतः इनके रूप विशेष्य के अनुसार तीनों लिंगों में अलग-अलग बनते हैं। जैसे—

पदानि	प्रथमा विभक्ति के रूप
बलवत्	बलवान्, बलवन्तौ, बलवन्तः (पुलँ०)
	बलवत्, बलवती, बलवन्ति (नपुं०) (जगत् के समान)
	बलवती, बलवत्यौ, बलवत्यः (स्त्री०) (नदी के समान)

सर्वासु विभक्तिषु प्रदत्तेषु अधोलिखितेषु वाक्येषु स्थूलपदानां 'प्रकृतिः प्रत्ययः च' पृथक्-पृथक् कृत्वा प्रदत्तस्थाने लिख्यताम्—

प्रथमा—	**बलवन्तः** निर्बलान् रक्षेयुः। (बल + मतुप्)
द्वितीया—	वयं **श्रीमन्तं** मुख्यातिथिं नमामः। (................ + ...)
तृतीया—	**धीमता** सह स्थातव्यम्। (................ + ...)
चतुर्थी—	**धनवते** दानं न दातव्यम्। (................ + ...)
पञ्चमी—	**बलवद्भ्यः** मत्स्येभ्यः मे भयं नास्ति। (................ + ...)
षष्ठी—	**बुद्धिमतां बुद्धिः** परकल्याणाय भवति। (................ + ...)
सप्तमी—	**शक्तिमत्सु** सर्वेषां विश्वासः भवति। (................ + ...)
सम्बोधनम्—	हे **भगवन्,** मां पाहि। (................ + ...)

स्थूलाक्षरपदानां प्रकृति-प्रत्यय विभागं कुरुत—

1. **लक्ष्मीवान्** जनः आदरं लभते।
2. अयं शिशुः **बुद्धिमान्** अस्ति।
3. **श्रीमान्** रमाकान्तः अस्माकं अध्यापकः अस्ति।
4. सूर्यः **अंशुमान्** कथ्यते।
5. अयं वृक्षः **फलवान्** अस्ति।

(ख) णिनि *(इन्)*-प्रत्ययः

(पाठ्यक्रम में नहीं है)*

अकारान्त शब्दों के अनन्तर मतुप् के अर्थ में अर्थात् किसी एक वस्तु का दूसरी वस्तु में होना सूचित करने के लिए ('तद् अस्य अस्ति' अथवा तद् अस्मिन् अस्ति) णिनि (इन्) का प्रयोग किया जाता है। जैसे–

प्राण + णिनि = प्राणिन् = प्राणी (पुलँ०), प्राणिनी (स्त्री०), प्राणि (नपुं०)

अधिकार + णिनि = अधिकारिन् = अधिकारी (पुलँ०,), अधिकारिणी (स्त्री०), अधिकारि (नपुं०)

साहस + णिनि = साहसिन् = साहसी (पुलँ०), साहसिनी (स्त्री०), साहसि (नपुं०)

ज्ञान + णिनि = ज्ञानिन् = ज्ञानी (पुलँ०), ज्ञानिनी (स्त्री०), ज्ञानि (नपुं०)

मान + णिनि = मानिन् = मानी (पुलँ०), मानिनी (स्त्री०), मानि (नपुं०)

'ज्ञानिन्' या 'ज्ञानी' की व्याख्या होगी **'ज्ञानम् अस्य अस्ति इति'** अर्थात् ज्ञानवान्। इसी प्रकार सभी इन् प्रत्ययान्त शब्दों की व्याख्या समझनी चाहिए।

(ग) ठक् *(इक)* प्रत्ययः

ठक् प्रत्यय का प्रयोग विभिन्न शब्दों के साथ निम्नलिखित पृथक्-पृथक् अर्थों में होता है–

(ठक्, ठन्, ठञ् आदि प्रत्ययों के स्थान पर इक हो जाता है)—ठक् प्रत्यय परे होने पर शब्द के प्रथम स्वर की वृद्धि (अ को आ, इ को ऐ, उ को औ) हो जाती है। जैसे—दिन + ठक् (इक) = दैनिकः, दैनिकम्। वर्ष + ठक् = वार्षिकः, वार्षिकम्। मूल + ठक् = मौलिकम्, देव + ठक् = दैविकः, भूत + ठक् = भौतिकः, देह + ठक् = दैहिकः, अध्यात्म + ठक् = आध्यात्मिकः, अधिभूत + ठक् = आधिभौतिकः, अधिदेव + ठक् =आधिदैविकः, लाक्षा + ठक् = लाक्षिकः इत्यादि।

(1) **अपत्य** (सन्तान) अर्थ में–

रेवती + ठक् (इक) = रैवतिकः (पुलँ०)	(रेवती की सन्तान)
अश्वपाली + ठक् (इक) = आश्वपालिकः	(अश्वपाली का पुत्र)
द्वारपाली + ठक् (इक) = द्वारपालिकः	(द्वारपाली का पुत्र)

(2) **संस्कृत** अर्थ में–

दधि + ठक् (इक) = दाधिकः	(दही से संस्कृत)
मरिच + ठक् (इक) = मारिचकम्	(मिर्च से संस्कृत)

(3) **चरति** (जाता है) अर्थ में–

हस्ती + ठक् (इक) = हास्तिकः	(हाथी से जाता है)
शकट + ठक् (इक) = शाकटिकः	(छकड़े से जाता है)

(4) **रक्षति** (रक्षा करता है) के अर्थ में–

समाज + ठक् (इक) = सामाजिकः	(समाज की रक्षा करने वाला)

(5) **करोति** (करता है) के अर्थ में–

धर्म + ठक् (इक) = धार्मिकः	(धर्म करने वाला)
शब्द + ठक् (इक) = शाब्दिकः	(शब्द करने वाला)

(6) **हन्ति** (मारता है) के अर्थ में–

पक्षि + ठक् (इक) = पाक्षिकः	(पक्षियों को मारने वाला)
शकुनि + ठक् (इक) = शाकुनिकः	(पक्षियों को मारने वाला)

** कृपया अपना पाठ्यक्रम जाँच लें।*

(7) **'अधीते'** या **'वेद'** (पढ़ता है या जानता है) के अर्थ में–

न्याय + ठक् (इक) = नैयायिकः (न्याय पढ़ने या जानने वाला)

पुराण + ठक् (इक) = पौराणिकः (पुराण पढ़ने या जानने वाला)

ठक् प्रत्ययान्त शब्दों का वाक्यों में प्रयोग–

रेखांकित पदों में मूल शब्द तथा प्रत्यय पृथक् करके लिखो–

उदाहरण–अधुना **सामाजिकाः** जनाः **कति** सन्ति? (समाज + ठक्)

(*i*) अयं श्रेष्ठी **धार्मिकः** अस्ति। (.............. + ...)

(*ii*) **नास्तिकः** जनः सदाचारी न भवति। (.............. + ...)

(*iii*) चार्वाकः **आस्तिकः** न आसीत्। (.............. + ...)

(*iv*) **पौराणिकाः** धर्मस्य स्वरूपं विविधं वदन्ति। (.............. + ...)

(घ) त्व-प्रत्ययः

भाववाचक संज्ञा (नपुं०) बनाने के लिए **त्व** प्रत्यय लगाया जाता है। जैसे–

पृथु + त्व = पृथुत्वम् **(पृथोः भावः)**	गुरु + त्व = गुरुत्वम् **(गुरोः भावः)**
मृदु + त्व = मृदुत्वम् **(मृदोः भावः)**	गो + त्व = गोत्वम्
ब्राह्मण + त्व = ब्राह्मणत्वम्	क्षत्रिय + त्व = क्षत्रियत्वम्
लघु + त्व = लघुत्वम्	दीर्घ + त्व = दीर्घत्वम्
प्रसाद + त्व = प्रसादत्वम्	विषाद + त्व = विषादत्वम्
खेद + त्व = खेदत्वम्	शूद्र + त्व = शूद्रत्वम्
बन्धु + त्व = बन्धुत्वम्	पण्डित + त्व = पण्डितत्वम्
रस + त्व = रसत्वम्	प्रिय + त्व = प्रियत्वम्
अम्ल + त्व =अम्लत्वम्	मधुर + त्व = मधुरत्वम्
कटु + त्व = कटुत्वम्	कषाय + त्व = कषायत्वम्
देव + त्व = देवत्वम्	मानव + त्व = मानवत्वम्
राक्षस + त्व = राक्षसत्वम्	असुर + त्व = असुरत्वम्
पिशाच + त्व = पिशाचत्वम्	ईश्वर + त्व = ईश्वरत्वम्

त्व प्रत्ययान्त शब्दों का वाक्यों में प्रयोग–

अधोलिखितेषु वाक्येषु स्थूलपदानां 'प्रकृतिः प्रत्ययः च' पृथक्-पृथक् कृत्वा समक्षं प्रदत्तस्थानेषु लिख्येताम्–

यथा–(क) सागरस्य **गहनत्वं** मापनीयं न अस्ति। (गहन + त्व)

(ख) अस्य पिण्डस्य **घनत्वं** मापय। (.............. + ...)

(ग) शङ्करस्य **विद्वत्त्वम्** आश्चर्यजनकम् आसीत्। (.............. + ...)

(घ) सर्वे परिश्रमस्य **महत्त्वं** स्वीकुर्वन्ति। (.............. + ...)

(ङ) श्रीरामस्य **देवत्वम्** प्रसिद्धम् अस्ति। (.............. + ...)

(च) निम्बः **कटुत्वम्** न त्यजति। (.............. + ...)

(छ) वानराणां **चपलत्वम्** अस्ति। (.............. + ...)

(ज) सूर्यस्य **उष्णता** सन्तापयति। (.............. + ...)

(झ) परिश्रमस्य **महत्त्वम्** सर्वे जानन्ति। (.............. + ...)

(ञ) गुरोः **गुरुत्वम्** अकथनीयम् अस्ति। (.............. + ...)

(ङ) तल् *(ता)*-प्रत्यय:

भाववाचक संज्ञा (स्त्रीलिंग) बनाने के लिए **तल्** प्रत्यय लगाया जाता है। तल् के स्थान पर 'ता' हो जाता है। जैसे–

शूद्र + तल् = शूद्रता
बन्धु + तल् = बन्धुता
मित्र + तल् = मित्रता
मधुर + तल् = मधुरता
स्निग्ध + तल् = स्निग्धता
हास्य + तल् = हास्यता
प्रसन्न + तल् = प्रसन्नता
रुष्ट + तल् = रुष्टता
शत्रु + तल् = शत्रुता
कटु + तल् = कटुता
अम्ल + तल् = अम्लता
प्रिय + तल् = प्रियता
विषण्ण + तल् = विषण्णता
खिन्न + तल् = खिन्नता
मुग्ध + तल् = मुग्धता
कठोर + तल् = कठोरता

तल् प्रत्यय **ग्राम, जन, बन्धु, गज** तथा **सहाय** शब्दों के साथ समूह के अर्थ में भी किया जाता है। जैसे–

ग्रामाणां समूह: = ग्रामता
जनानां समूह: = जनता
बन्धूनां समूह: = बन्धुता
गजानां समूह: = गजता
सहायानां समूह: = सहायता।

स्थूलाक्षरपदानां प्रकृति-प्रत्यय विभागं कुरुत–

1. **स्वच्छता** सर्वोपरि अस्ति।
2. श्यामस्य **दक्षता** गणितविषये अस्ति।
3. **शीतलता** चन्दनस्य गुण: अस्ति।
4. स्वभावे **सरलता** भवितव्या।
5. **मृदुता** कस्य गुण: अस्ति।
6. संसारे **विश्वबन्धुता** भवेत्।
7. **स्निग्धता** तैलस्य गुण: अस्ति।
8. उद्योगी जन: **सफलतां** लभते।
9. ईदृशी तव **मूर्खता।**
10. सज्जनानां **मित्रता** कल्याणं करोति।

3. स्त्री-प्रत्यया: (Feminine Derivatives)

(टाप् तथा ङीप्)

पुँल्लिग शब्दों से स्त्रीलिंग बनाने हेतु पुँल्लिग शब्दों के साथ जो प्रत्यय जोड़े जाते हैं, उन्हें स्त्री प्रत्यय कहते हैं।

(क) टाप्-प्रत्यय:

टाप् प्रत्यय का **'आ'** रूप शेष रह जाता है (ट् तथा प् का लोप हो जाता है)। अजादिगण में परिगणित शब्दों के साथ तथा अकारान्त शब्दों के साथ टाप् प्रत्यय का प्रयोग किया जाता है। अजादिगण में अज आदि शब्द आते हैं।

अज + टाप् (आ) = अजा (बकरी)
अश्व + टाप् (आ) = अश्वा (घोड़ी)

एडक + टाप् (आ) = एडका	(भेड़)
चटक + टाप् (आ) = चटका	(चिड़िया)
मूषक + टाप् (आ) = मूषिका	(चुहिया)
बाल + टाप् (आ) = बाला	(बालिका)
वत्स + टाप् (आ) = वत्सा	(बछड़ी)
मन्द + टाप् (आ) = मन्दा	(मन्द स्त्री)
कृपण + टाप् (आ) = कृपणा	(कृपण स्त्री)
क्षत्रिय + टाप् (आ) = क्षत्रिया	(क्षत्रिय जाति की)
वैश्य + टाप् (आ) = वैश्या	(वैश्य जाति की स्त्री)
ज्येष्ठ + टाप् (आ) = ज्येष्ठा	(बड़ी)
कनिष्ठ + टाप् (आ) = कनिष्ठा	(छोटी)
कोकिल + टाप् (आ) = कोकिला	(कोयल)
शूद्र + टाप् (आ) = शूद्रा	(शूद्र जाति की स्त्री)
* आचार्य + टाप् (आ) = आचार्या	(स्वयं पढ़ाने वाली स्त्री)
* उपाध्याय + टाप् (आ) = उपाध्याया	(स्वयं पढ़ाने वाली स्त्री)

* आचार्य की पत्नी आचार्यानी तथा उपाध्याय की पत्नी उपाध्यायानी कहलाती है।

जिन अकारान्त शब्दों के साथ टाप् (आ) प्रत्यय लगता है उनमें दीन, तरल, चपल, चञ्चल, चतुर, दक्ष, अनुकूल, प्रतिकूल, कृश, क्रूर, वक्र, सरल, प्रथम, मध्यम, उत्तम आदि शब्द आते हैं। जैसे–

दीन + टाप् (आ) = दीना	तरल + टाप् (आ) = तरला
चपल + टाप् (आ) = चपला	चञ्चल + टाप् (आ) = चञ्चला
चतुर + टाप् (आ) = चतुरा	दक्ष + टाप् (आ) = दक्षा
निपुण + टाप् (आ) = निपुणा	आर्य + टाप् (आ) = आर्या
अनुकूल + टाप् (आ) = अनुकूला	प्रतिकूल + टाप् (आ) = प्रतिकूला
कृश + टाप् (आ) = कृशा	क्रूर + टाप् (आ) = क्रूरा
वक्र + टाप् (आ) = वक्रा	सरल + टाप् (आ) = सरला
प्रथम + टाप् (आ) = प्रथमा	मध्यम + टाप् (आ) = मध्यमा
उत्तम + टाप् (आ) = उत्तमा	उज्ज्वल + टाप् (आ) = उज्ज्वला
पृष्ट + टाप् (आ) = पृष्टा	

'अक' अन्त वाले शब्दों को स्त्रीलिंग बनाते समय भी 'आ' प्रत्यय लगता है किन्तु शब्द के अन्तिम 'क' से पूर्व 'इ' लगाई जाती है। जैसे–

पुलँलिङ्ग	**स्त्रीलिङ्ग**	**पुलँलिङ्ग**	**स्त्रीलिङ्ग**
मूषकः + टाप्	= मूषिका	नायकः + टाप्	= नायिका
बालकः + टाप्	= बालिका	शायकः + टाप्	= शायिका
चालकः + टाप्	= चालिका	अभिभावकः + टाप्	= अभिभाविका
पालकः + टाप्	= पालिका	मादकः + टाप्	= मादिका
मालकः + टाप्	= मालिका	श्रावकः + टाप्	= श्राविका
सूचकः + टाप्	= सूचिका	दायकः + टाप्	= दायिका
घातकः + टाप्	= घातिका	खादकः + टाप्	= खादिका

टाप् प्रत्ययान्त पदों का वाक्यों में प्रयोग–

अधोलिखितेषु वाक्येषु स्थूलपदानां 'प्रकृतिः प्रत्ययः च' पृथक् पृथक् कृत्वा समक्षं प्रदत्तस्थाने लिख्येताम्–

उदाहरणम्–इयं **शिक्षिका** मधुरं गायति। (शिक्षक + टाप्)

(*i*) रमा अधुना कारयानस्य **चालिका** अस्ति। (.............. + ...)

(*ii*) कुलटा कुलस्य **नाशिका** भवति। (.............. + ...)

(*iii*) इयं छात्रा अतीव **चञ्चला** अस्ति। (.............. + ...)

(*iv*) भवती आत्मनः **प्रतिकूला** न भवतु (.............. + ...)

(*v*) युष्मासु **ज्येष्ठा** का अस्ति? (.............. + ...)

(*vi*) छात्रासु **प्रथमा** का आसीत्? (.............. + ...)

(*vii*) मम **मध्यमा** पुत्री तीव्रं धावति। (.............. + ...)

(ख) ङीप्-प्रत्ययः

ङीप् प्रत्यय का 'ई' शेष रह जाता है (ङ् एवं प् का लोप हो जाता है)। जैसे–

(क) ऋकारान्त–

कर्तृ + ङीप् (ई) = कर्त्री

नेतृ + ङीप् (ई) = नेत्री

अभिनेतृ + ङीप् (ई) = अभिनेत्री

दातृ + ङीप् (ई) = दात्री

(ख) नकारान्त–

दण्डिन् + ङीप् (ई) = दण्डिनी

तपस्विन् + ङीप् (ई) = तपस्विनी

तेजस्विन् + ङीप् (ई) = तेजस्विनी

मायाविन् + ङीप् (ई) = मायाविनी

(ग) प्रथम वय के वाचक अकारान्त शब्दों से स्त्रीलिंग शब्दों में ङीप् (ई) प्रत्यय होता है। जैसे–

कुमार + ङीप् (ई) = कुमारी

वधूट + ङीप् (ई) = वधूटी

किशोर + ङीप् (ई) = किशोरी

तरुण + ङीप् (ई) = तरुणी

(घ) टित् (जहाँ ट् की इत् संज्ञा हो) शब्दों से तथा ढ (एय), अण्, अञ्, द्वयसच्, दध्नच्, मात्रच्, तयप्, ठक् (इक), ठञ् (इक), कञ् (क), क्वरप् प्रत्ययों से बने शब्दों से स्त्रीलिंग में ङीप् (ई) प्रत्यय होता है। जैसे–

कुरुचर + ङीप् (ई) = कुरुचरी

पर्वत + ङीप् (ई) = पार्वती

नदट् (नद) + ङीप् (ई) = नदी

उरुद्वय + ङीप् (ई) = उरुद्वयी

उरुमात्र + ङीप् (ई) = उरुमात्री

आक्षिक + ङीप् (ई) = आक्षिकी

यादृश + ङीप् (ई) = यादृशी

रजक + ङीप् (ई) = रजकी

गौर + ङीप् (ई) = गौरी

सुन्दर + ङीप् (ई) = सुन्दरी

(ङ) जिन प्रत्ययों में उकार तथा ऋकार का लोप होता है (जैसे–मतुप्, वतुप् तथा इयसुन्, क्वसु, क्तवतु प्रत्ययान्त शब्दों में भी ङीप् (ई) प्रत्यय प्रयुक्त होता है।) जैसे–

श्रीमत् + ङीप् (ई) = श्रीमती

बलवत् + ङीप् (ई) = बलवती

रूपवत् + ङीप् (ई) = रूपवती

भाग्यवत् + ङीप् (ई) = भाग्यवती

ज्ञानवत् + ङीप् (ई) = ज्ञानवती

गन्धवत् + ङीप् (ई) = गन्धवती

(च) उकारान्त विशेषण शब्दों के साथ स्त्रीलिंग में विकल्प से ङीप् प्रत्यय लगता है। जैसे–

पटु + ङीप् = पट्वी/पटु

साधु + ङीप् = साध्वी/साधु

लघु + ङीप् = लघ्वी/लघु।

(छ) ङीप् प्रत्ययान्त शब्दों का वाक्यों में प्रयोग–स्थूलपदानां 'प्रकृतिः प्रत्ययः च' पृथक् पृथक् कृत्वा समक्षं प्रदत्तस्थाने लिख्येताम्–

उदाहरणम्–देवि, **यशस्विनी** भव। (यशस्वी + ङीप्)

(*i*) गगने **दामिनी** विलसति। (.............. + ...)

(*ii*) इयं सामान्या नास्ति, इयं **तपस्विनी**। (.............. + ...)

(*iii*) समस्तकार्याणां **कर्त्री** भगवती एव। (.............. + ...)

(ज) स्थूलाक्षरपदानां प्रकृति-प्रत्यय विभागं कुरुत–

1. एषा स्त्री **कृपणा** अस्ति।
2. **तरुणी** भोजनं पचति।
3. सा बाला **निपुणा** अस्ति।
4. **गजा** मन्दम् चलति।
5. **समाजसेवा** कर्त्तव्या।
6. लक्ष्मीः धनस्य **देवी** अस्ति।
7. **अजा** घासं खादति।
8. **चटका** कलरवं करोति।
9. **पितामही** कथां कथयति।
10. **कोकिला** मधुरस्वरेण गायति।

(झ) कोष्ठकेषु प्रदत्तान् प्रकृति-प्रत्ययान् योजयित्वा रिक्त स्थान पूर्तिः करणीया।

1. (पवित्र + टाप्) .... गङ्गा प्रदूषिता न कर्त्तव्या।
2. (शिष्य + टाप्) .... पाठं पठति।
3. प्रभा स्वभावेन .... (सरल + टाप्) अस्ति।
4. (लौकिक + ङीप्) .... उन्नतिः यशः वर्धयति।
5. सीता कुशला .... (नेतृ + ङीप्) अस्ति।
6. मञ्चे .... (गायत् + ङीप्) रमा अस्ति।
7. (मूषक + टाप्) .... इतस्ततः धावति।
8. इयम् मम सखी .... (कुमार + ङीप्) राधा अस्ति।
9. आगता पर्वसु .... (प्रिय + टाप्) दीपावलि।
10. आकाशे .... (दामिन् + ङीप्) दीव्यति।

अभ्यासप्रश्नाः

प्रश्नः 1. अधोलिखितेषु वाक्येषु स्थूलपदानां प्रकृतिः प्रत्ययः च पृथक्-पृथक् कृत्वा समक्षं प्रदत्तस्थाने लिखत—

उदाहरणम्– ***प्रकृतिः + प्रत्ययः***

*धनवान् **सुखेन** वसति।* *धन + मतुप्*

1. दीनान् **सेवमानः** छात्रः मोदते। (.................. + ...)
2. मनसः **चञ्चलत्वं** प्रसिद्धम्। (.................. + ...)
3. **गुणी** कस्यचिद् निन्दां न करोति। (.................. + ...)
4. अयं पर्वतः **वह्निमान्** अस्ति। (.................. + ...)
5. सा **शूद्री** न अस्ति। (.................. + ...)

6. **जनता** एव जनार्दनः भवति। (……………… + ………………)
7. सः **बुद्धिमान्** न अस्ति, परं **भाग्यवान्** अस्ति। (……………… + ………………)
8. कलावन्तः अपि **पूजनीयाः** अस्माभिः। (……………… + ………………)
9. लज्जायाः भावः एव **नारीत्वम्।** (……………… + ………………)
10. तस्मिन् नगरे **श्रीमन्तः** जनाः न सन्ति। (……………… + ………………)
11. सरोजिनी नायडू **कवि-कोकिला** इति कथ्यते। (……………… + ………………)
12. अस्माभिः **शत्रुता** न करणीया। (……………… + ………………)

प्रश्न 2. स्थूलपदानां प्रकृतिं प्रत्ययं पृथक् कृत्वा लिखत।

(स्थूलपदों के प्रकृति व प्रत्यय को पृथक् करके लिखें।)

(Split suffixes and roots in the bold words and rewrite them.)

(क) **कोकिला** मधुरं कूजति।
(ख) **सुन्दरता** किं भवति?
(ग) **अजा** धावति।
(घ) **अश्वा** शीघ्रं चलति।
(ङ) जलस्य **शीतलता** अद्यापि वर्त्तते।
(च) इयम् **अध्यापिका** अस्ति।
(छ) **मूषिका** इतस्ततः धावति।

प्रश्न 3. स्थूलपदानां प्रकृतिप्रत्ययस्य योगं कृत्वा लिखत।

(स्थूलपदों के प्रकृति-प्रत्यय का योग करके लिखो।)

(Join the suffixes with their roots in bold words and rewrite them.)

(क) **उदार तल्** न सुलभा।
(ख) एषः **बुद्धि मतुप्** छात्रः अस्ति।
(ग) **पितामह ङीप्** कथां कथयति।
(घ) ईदृशी तव **मूर्ख तल्।**
(ङ) एषा **प्रथम टाप्** विभक्तिः।
(च) **कृश तल्** मां तुदति।

प्रश्न 4. कोष्ठकेषु प्रदत्तान् प्रकृति-प्रत्ययान् योजयित्वा रिक्तस्थानपूर्तिः करणीया।

(कोष्ठक में दिए गए प्रकृति-प्रत्ययों का योग करके रिक्तस्थानपूर्ति करें।)

(Join the suffixes with roots given in the brackets and then fill in the blanks.)

(क) ……………… (बुद्धि मतुप्) सर्वत्र पूज्यते।
(ख) मनुष्यः ……………… (समाज ठक्) प्राणी अस्ति।
(ग) कृष्णसुदाम्नोः ……………… (मित्र तल्) प्रसिद्धा।
(घ) ……………… (गोप ङीप्) गोशालां गच्छति।
(ङ) कंसस्य ……………… (क्रूर तल्) निन्दनीया।
(च) सत्सङ्गति सर्वत्र ……………… (दुर्लभ टाप्)।
(छ) ……………… (शिक्षक टाप्) पाठं पाठयति।
(ज) ……………… (नर्तक ङीप्) शोभनं नृत्यति।

प्रश्न 5. अधोलिखितेषु सन्धिः कार्यः।

(निम्नलिखित में सन्धि करें)

(Join the following.)

(क) देव + ङीप् = ...

(ख) वीर + तल् = ...

(ग) वर्ष + ठक् = ...

(घ) प्रिय + टाप् = ...

(ङ) निष्ठा + मतुप् = ...

(च) महत् + त्व = ...

प्रश्न 6. निम्नलिखितेषु सन्धिविच्छेदः कार्यः।

(निम्नलिखित में सन्धिविच्छेद करें)

(Split the following.)

(क) पौराणिक = ... + ...

(ख) लघुता = ... + ...

(ग) नागरिकः = ... + ...

(घ) देवी = ... + ...

(ङ) गुरुत्वम् = ... + ...

(च) पुरुषार्थी = ... + ...

(छ) प्रथमा = ... + ...

7. विशेष्यविशेषणयोः मेलनं कुरुत।

(क)	(ख)
पूजनीयः	रामायणम्
श्रवणीया	वेदः
पठनीयम्	गीता
चयनीयानि	श्लोकाः
हरणीयम्	पुष्पाणि
स्मरणीयाः	धनम्
द्रष्टव्या	वस्त्रम्
पठितव्यः	नगरी
क्रेतव्यम्	पाठः
गातव्यम्	देवः
अर्चनीयः	गीतम्
पालनीयः	मातृभूमिः
रक्षणीया	पशुः

8. विशेषणविशेष्ययोः मेलनं करणीयम्।

(क)	(ख)
बुद्धिमान्	कन्या
विनयवान्	श्वेता
शक्तिमान्	शिवः
शीलवती	महिला
अभिमानी	मल्लः
सुखिनः	बालः
पिनाकी	छात्रः
स्वच्छता	रावणः
अश्वा	जनाः
चपला	गृहस्य

9. अधोलिखितेषु सन्धिः कार्यः।

अज + टाप् = ...
शुक्ल + त्व = ...
महत् + तल् = ...
बल + मतुप् = ...
अनुज + टाप् = ...
गुरु + तल् = ...
धन + इनि = ...
वीर + तल् = ...
गायक + टाप् = ...
मास + ठक् = ...

10. प्रदत्तविकल्पेषु शुद्धम् उत्तरं चिनुत।

(क) *प्रवीण + टाप्* = ...

(*i*) प्रवीणटा (*ii*) प्रवीणा (*iii*) प्रवीणाप् (*iv*) प्रवीणी।

(ख) *याचक + टाप्* = ...

(*i*) याचिका (*ii*) याचकटा (*iii*) याचका (*iv*) याचकाप्।

(ग) *दर्शन + ठक्* = ...

(*i*) दर्शनिक (*ii*) दार्शनिक (*iii*) दर्शनक (*iv*) दर्शनठ।

(घ) *अम्ल + तल्* = ...

(*i*) अम्लता (*ii*) अम्लतल् (*iii*) अम्लत (*iv*) अम्लती।

(ङ) *महत् + त्व* = ...

(*i*) महत्त्व (*ii*) महात्व (*iii*) महत्व (*iv*) महात्वम्।

(च) *फल + इनि =* ....

(*i*) फलनी (*ii*) फली (*iii*) फलनि (*iv*) फलीन्।

(छ) *गुण + इनि =* ....

(*i*) गुणनी (*ii*) गुणीन् (*iii*) गुणनि (*iv*) गुणी।

(ज) *ज्ञान + मतुप् =* ....

(*i*) ज्ञानमान् (*ii*) ज्ञानवत् (*iii*) ज्ञानवान् (*iv*) ज्ञानमत्।

(झ) *दया + मतुप् =* ....

(*i*) दयावान् (*ii*) दयामत् (*iii*) दयावातप् (*iv*) दयामान्।

(ञ) *श्री + मतुप् =* ....

(*i*) श्रीवान् (*ii*) श्रीमती (*iii*) श्रीमान् (*iv*) श्रीवती।

11. संशोध्य लिखत।

(क) *सप्ताह + ठक् =* .... *साप्ताहिक/सप्ताहिक।*

(ख) *वेद + ठक् =* .... *वेदिक/वैदिक।*

(ग) *दिन + ठक् =* .... *दैनिक/दिनिक।*

(घ) *प्रकृति + ठक् =* .... *प्राकृतिक/प्रकृतिक।*

(ङ) *धर्म + ठक् =* .... *धर्मिक/धार्मिक।*

(च) *बलवत् + तल् =* .... *बलवत्ता/बलवता।*

(छ) *महत् + तल् =* .... *महता/महत्ता।*

(ज) *अश्व + टाप् =* .... *अश्वा/अश्वटा।*

(झ) *कनिष्ठ + टाप् =* .... *कनिष्ठटा/कनिष्ठा।*

(ञ) *सूचक + टाप् =* .... *सूचका/सूचिका।*

12. अधोलिखितेषु प्रकृतिप्रत्ययविभागः कर्त्तव्यः।

(क) *छायावान् वृक्षः।*

(*i*) छाया + वान् (*ii*) छाया + मतुप् (*iii*) छाया + वतुप् (*iv*) छाया + वत्।

(ख) *मौलिकः अधिकारः।*

(*i*) मौल + इक (*ii*) मूल + क (*iii*) मूल + ठक् (*iv*) मूल + कन्।

(ग) *लौकिकः व्यवहारः।*

(*i*) लोक + ठक् (*ii*) लोक + कन् (*iii*) लोक + क (*iv*) लौक + इक।

(घ) *मनुष्यः सामाजिकः प्राणी।*

(*i*) समाज + ठक् (*ii*) समाज + इकन् (*iii*) सामाज + इकः (*iv*) समाज + ठकन्।

(ङ) *एषा मम अनुजा अस्ति।*

(*i*) अनु + जा (*ii*) अनुज + पा (*iii*) अनुज + टाप् (*iv*) अनुज् + आ।

(च) *सः बुद्धिमान् छात्रः।*

(*i*) बुद्धि + मतुप् (*ii*) बुद्धि + वान् (*iii*) बुद्धि + वत् (*iv*) बुद्धि + मान्।

(छ) *तैलस्य स्निग्धता।*

(i) स्निग्ध + ताप् (ii) स्निग्ध + तल् (iii) स्निग्ध + ताल् (iv) स्निग्ध + तान्।

(ज) *मित्रता करणीया।*

(i) मित्र + आता (ii) मित्र + ताल् (iii) मित्र + ताप् (iv) मित्र + तल्।

(झ) *भारतस्य नागरिक:।*

(i) नगर + ठक् (ii) नागर + ठक् (iii) नगर + इकन् (iv) नागर + इक।

(ञ) *विद्याया: महत्त्वम्।*

(i) महा + त्व (ii) महत् + त्व (iii) मह + त्व (iv) महत् + त्वल्।

(ट) *क्षमावान् क्षत्रिय:।*

(i) क्षमा + मतुप् (ii) क्षमा + मान् (iii) क्षमा + वान् (iv) क्षमा + मतुल्।

(ठ) *हसन्ती तरुणी।*

(i) तरु + नी (ii) तरुन + ई (iii) तरु + नी (iv) तरुण + ङीप्।

(ड) *यशस्वी वीर:।*

(i) यश + स्वी (ii) यशस् + इन् (iii) यशस् + स्विन् (iv) यशस् + विन्।

(ढ) *बटो: दक्षता।*

(i) दक्ष + ताप् (ii) दक्ष + अता (iii) दक्ष + तल् (iv) दक्ष + ता।

(ण) *शिशो: मुग्धता।*

(i) मुग्ध + तल् (ii) मुग्ध + तल् (iii) मुग्धत + आ (iv) मुग्ध + ता।

पूर्वपरीक्षाणां प्रश्ना:

Set-I

I. अधोलिखितवाक्येषु रेखाङ्कितपदानां प्रकृतिप्रत्ययौ संयोज्य विभज्य वा समुचितम् उत्तरं लिखत–

1. (i) धन + मतुप् धनं दानेन शोभते।
   (ii) तव मासिकी परीक्षा कदा भविष्यति? *(CBSE 2014)*

2. (i) अद्य मम गृहे मङ्गल + ठक् कार्यक्रम: अस्ति।
   (ii) श्रद्धा + मतुप् जन: ज्ञानं लभते। *(CBSE 2015)*

3. (i) वाल्मीके: कालात् लोक + ठक् संस्कृतं प्रारब्धम्।
   (ii) सैनिका: बल + मतुप् सन्ति। *(CBSE 2015)*

4. (i) विद्या + मतुप् सर्वत्र आदरं लभते।
   (ii) मूल + ठक् ज्ञानम् प्रशंसनीयं भवति। *(CBSE 2015)*

Set-II

II. अधोलिखितवाक्येषु रेखाङ्कितपदानां प्रकृतिप्रत्ययौ संयोज्य विभज्य वा समुचितम् उत्तरं प्रदत्तविकल्पेभ्यः चित्वा लिखत– *(CBSE 2015)*

1. (*i*) राजा महान् सदाचारी आसीत्।

 (क) सदाचार + ई (ख) सदाचार + इनि (ग) सदाचार + ङीप् (घ) सदा + चारी

2. (*i*) मनसः चञ्चल + तल् कः निरोद्धुं क्षमः? *(CBSE 2015)*

 (क) चञ्चलन्तम् (ख) चञ्चलताम् (ग) चञ्चलतायाः *(CBSE 2016)*

3. (*i*) उपवनस्य रमणीयता मनोहरा अस्ति।

 (क) रमणीय + त्व (ख) रमणीय + तल् (ग) रमणीय + टाप् *(CBSE 2016)*

4. (*i*) सत्यभाषणस्य महत् + त्व सर्वे जानन्ति।

 (क) महताम् (ख) महत्त्वम् (ग) महत्त्व *(CBSE 2016, 2017)*

5. (*i*) 'प्रकृतेः सुन्दरतायाः वर्णनं रुचिकरम्।'

 (क) सुन्दर + टाप् (ख) सुन्दरत + तल् (ग) सुन्दर + तल्

6. (*i*) भवान् जानाति द्रौणेः चपलाम् प्रकृतिम्।

 (क) चपल + टाप् (ख) चपल + ला (ग) चपल + आम् *(CBSE 2018)*

7. (*i*) गणेशः गुणवान् आसीत्।

 (क) गुण + मतुप् (ख) गुणं + मतुप् (ग) गुण + क्तवतु

 (*ii*) 'स्वतंत्रता' अस्माकं मूल + ठक् .... अधिकारः अस्ति।

 (क) मूलकः (ख) मौलिकः (ग) मूलिकः

 (*iii*) बालिका विद्यालयं गच्छति।

 (क) बालिकाः + ङीप् (ख) बालक + टाप् (ग) बालक + डाप् *(CBSE 2019)*

8. अधोलिखितवाक्येषु रेखाङ्कितपदानां प्रकृति-प्रत्ययौ संयोज्य विभज्य वा उचितं उत्तरं विकल्पेभ्यः चित्वा लिखत। (केवलं प्रश्नचतुष्टयम्) *(CBSE 2020)*

 (*i*) शतादीनां सहिष्णुता।

 (क) सहिष्णु + त्व (ख) सहिष्णु + तल् (ग) सहिष्णु + मतुप्

 (*ii*) स्थिरत्वं लाघवं मृजा।

 (क) स्थिर + मतुप् (ख) स्थिर + टाप् (ग) स्थिर + त्व

 (*iii*) व्याघ्रजाद् भयात् बुद्धिमती।

 (क) बुद्धिमत् + ङीप् (ख) बुद्धिमान् + टाप् (ग) बुद्धिमती + ङीप्

 (*iv*) सुश्रुतः एकः श्रेष्ठः धार्मिकः आसीत्।

 (क) धर्म + ठक् (ख) धर्म + घञ् (ग) धार्मिक + ठक्

 (*v*) शिक्षिका कक्षामध्ये पाठयति।

 (क) शिक्षिका + तल् (ख) शिक्षिका + त्व (ग) शिक्षक + टाप्

बहुविकल्पीयप्रश्नाः

Set-1

तद्धिताः

1. रेखाङ्कितस्य प्रकृतिप्रत्ययौ संयोज्य प्रदत्तविकल्पेभ्यो चित्वा लिखत।

(*i*) *शक्ति मतुप्* = ...

(क) शक्तिमान् (ख) शक्तिवान् (ग) शक्तिमन् (घ) शक्तिमतु।

(*ii*) *गुण मतुप्* = ...

(क) गुणवतु (ख) गुणवान् (ग) गुणमत् (घ) गुणमान्।

(*iii*) *श्रद्धा मतुप्* = ...

(क) श्रद्धावतु (ख) श्रद्धामत् (ग) श्रद्धावान् (घ) श्रद्धामतु।

(*iv*) *बुद्धि मतुप्* = ...

(क) बुद्धिवत् (ख) बुद्धिमतु (ग) बुद्धिवान् (घ) बुद्धिमान्।

2. रेखाङ्कितस्य प्रकृतिप्रत्ययौ विभज्य प्रदत्तविकल्पेभ्यः चित्वा लिखत।

(*i*) *माङ्गलिकः* = ...

(क) मङ्गल ठक् (ख) मङ्गलि क (ग) मङ्गल इक (घ) मङ्गल ठ।

(*ii*) *प्राकृतिकः* = ...

(क) प्रकृत इक (ख) प्रकृति ठक्। (ग) प्राकृत इक (घ) प्राकृति ठक्।

(*iii*) *धार्मिकः* = ...

(क) धर्म इक (ख) धार्म इक (ग) धर्म ठक् (घ) धार्म ठक्।

(*iv*) *दैनिकः* = ...

(क) दिन इक (ख) दैनि क (ग) दैन इक (घ) दिन ठक्।

3. रेखाङ्कितस्य प्रकृतिप्रत्ययौ संयोज्य प्रदत्तविकल्पेभ्यः चित्वा लिखत।

(*i*) *लघु त्व* = ...

(क) लघुत्वम् (ख) लघुता (ग) लघुत्वः (घ) लघुतम्।

(*ii*) *गुरु त्व* = ...

(क) गुरुता (ख) गुरुत्वम् (ग) गुरुत्वः (घ) गुरुतम्।

(*iii*) *महत् त्व* = ...

(क) महत्वः (ख) महत्वम् (ग) महत्त्वम् (घ) महता।

(*iv*) *बन्धु त्व* = ...

(क) बन्धुत्वः (ख) बन्धुता (ग) बन्धुतम् (घ) बन्धुत्वम्।

Set-2

I. प्रदत्तेषु विकल्पेषु उचितं चित्वा लिखत।

(क) *बल + मतुप्* = ...

(i) बलमत् (ii) बलवत् (iii) बलमान् (iv) बलवान्।

(ख) *मास + ठक्* = ...

(i) मासठः (ii) मासकः (iii) मासिकः (iv) मासाठः।

(ग) *शक्ति + मतुप्* = ...

(i) शक्तिमत् (ii) शक्तिवत् (iii) शक्तिवान् (iv) शक्तिमान्।

(घ) *जन् + शानच्* = ...

(i) जनशानः (ii) जनमानः (iii) जनानः (iv) जायमानः।

(ङ) *धन + मतुप्* = ...

(i) धनवान् (ii) धनमान् (iii) धनमत् (iv) धन्वन्तः।

(च) *श्री + मतुप्* = ...

(i) श्रीवत् (ii) श्रीमान् (iii) श्रीवन्त (iv) श्रीमन्त।

(छ) *धर्म + ठक्* = ...

(i) धर्मठक् (ii) धर्मिकः (iii) धार्मिकः (iv) धर्मइकः।

(ज) *नीति + ठक्* = ...

(i) नीतिठक् (ii) नीतिकः

(iii) नितिइकः (iv) नैतिकः।

(झ) *धी + मतुप्* = ...

(i) धीवान् (ii) धीमान् (iii) धीवत् (iv) धीमन्।

(ञ) *अज + टाप्* = ...

(i) अजटा (ii) अजा (iii) अजय् (iv) अजाय्।

II. प्रदत्तेषु विकल्पेषु उचितं चित्वा लिखत।

(क) *मूषिका* = ...

(i) मूषिक + आ (ii) मूषक + टाप् (iii) मूषिक + टाप् (iv) मूष + इका।

(ख) *बलवत्ता* = ...

(i) बलवता + आ (ii) बलवत् + टाप् (iii) बलवत् + तल् (iv) बलवत् + ताप्।

(ग) *मृदुत्वम्* = ...

(i) मृदु + त्वत् (ii) मृदु + त्वन् (iii) मृदु + त्वम् (iv) मृदु + त्व।

(घ) *नागरिकः* = ...

(i) नागर + ठक् (ii) नागर + ठन् (iii) नगर + ठक् (iv) नगर + ठन्।

(ङ) *यशस्वान्* = ...

(i) यश + स्वान् (ii) यशस् + मतुप् (iii) यशस् + वान् (iv) यशस् + वत्।

(च) *वार्षिकः* = ...

(*i*) वर्षा + इक (*ii*) वर्ष + ठक् (*iii*) वर्षा + अक (*iv*) वार्ष + इक।

(छ) *मासिकः* = ...

(*i*) मास + इक (*ii*) मासि + इक (*iii*) मास + ठक् (*iv*) मास् + इक।

(ज) *नम्रता* = ...

(*i*) नम्र + तल् (*ii*) नम् + ता (*iii*) नम्र + ताल् (*iv*) नम्र + आल्।

(झ) *तनुत्वम्* = ...

(*i*) तनु + त्वत् (*ii*) तनु + त्व (*iii*) तनु + त्वम् (*iv*) तनु + अत्व।

(ञ) *दृढता* = ...

(*i*) दृढ + ता (*ii*) दृढ + तल् (*iii*) दृढ + अता (*iv*) दृढ + अताल्।

4

वाच्य-परिवर्तनम्

(CHANGE OF VOICE)

(केवलं लट्लकारे)

> *कराग्रे वसते लक्ष्मीः करमध्ये सरस्वती।*
> *करमूले तु गोविन्दः प्रभाते करदर्शनम्।।*

प्रथमः पादः

वाच्यस्य परिभाषा भेदाः च

संस्कृत वाक्य में क्रिया द्वारा प्रधान रूप से जो कहा जाता है, वही क्रिया का **वाच्य** होता है। संस्कृत-भाषा में तीन वाच्य होते हैं–(1) कर्तृवाच्यम् (2) कर्मवाच्यम् (3) भाववाच्यम्।

1. कर्तृवाच्यम्–

कर्तृवाच्य में क्रिया द्वारा प्रधान रूप से वाच्य कर्त्ता होता है तथा कर्त्ता और क्रिया के पुरुष और वचन समान होते हैं। अकर्मक तथा सकर्मक सभी धातुओं के दसों गणों में, दसों लकारों के रूप कर्तृवाच्य में होते हैं। अकर्मक अथवा सकर्मक क्रिया के होने पर कर्त्ता में प्रथमा विभक्ति होती है। जैसे–**रामः हसति** (अकर्मक), **रामः पुस्तकं पठति** (सकर्मक), छात्राः हसन्ति (बहुवचन), **यूयं ग्रामं गच्छथ** (मध्यम पुरुष, बहुवचन), **आवाम् याचावः** (उत्तम पुरुष, द्विवचन), **बालिका लज्जते** (प्रथम पुरुष, एकवचन), इत्यादि वाक्यों में प्रयुक्त क्रियाओं के पुरुष और वचन कर्त्ता के अनुसार हैं। कर्त्ता में सब जगह प्रथमा विभक्ति तथा कर्म में द्वितीया विभक्ति का प्रयोग हुआ है। अतः इन क्रियाओं को कर्तृवाच्य की क्रिया कहते हैं।

अन्य-उदाहरणानि–

(क) त्वम् अमुं पापिनं न दण्डयसि।

(ख) अहम् अस्त्रं तुभ्यं ददामि।

(ग) त्वं तस्य मनोवृत्तिं न जानासि।

(घ) वयं भवतः शक्तिं जानीमः।

(ङ) अहम् इदम् अस्त्रम् उत्सृजामि।

(च) सहस्रांशुः न भासति।

(छ) अहं द्रोणपुत्रगतेन मार्गेण गच्छामि।

2. कर्मवाच्यम्–

कर्मवाच्य में क्रिया द्वारा प्रधान रूप से कर्म ही वाच्य होता है। यहाँ वाक्य में कर्म में प्रथमा विभक्ति का प्रयोग होता है, कर्त्ता में तृतीया विभक्ति होती है तथा क्रिया का पुरुष और वचन कर्म के अनुसार होता है। यह वाच्य केवल सकर्मक धातुओं का ही होता है। जैसे–बालकेन पुस्तकं पठ्यते, छात्रेण वृक्षाः दृश्यन्ते, युष्माभिः वयं ताड्यामहे, पशुना पक्षिणौ दृश्येते–इत्यादि वाक्यों में बालकेन, छात्रेण, युष्माभिः तथा पशुना आदि कर्त्ताओं में तृतीया विभक्ति है। पुस्तकं, वृक्षाः, वयं, पक्षिणौ आदि कर्म में प्रथमा विभक्ति है तथा इन्हीं के अनुसार पठ्यते, दृश्यन्ते, ताड्यामहे तथा दृश्येते आदि क्रियाओं में पुरुष और वचन का प्रयोग हुआ है। कर्मवाच्य की क्रियाओं में क्रिया का रूप आत्मनेपद में चलता है।

अन्य-उदाहरणानि–

(क) त्वया असौ पापी न दण्ड्यते।
(ख) मया अस्त्रं तुभ्यं दीयते।
(ग) त्वया तस्य मनोवृत्तिः न ज्ञायते।
(घ) अस्माभिः भवतः शक्तिः ज्ञायते।
(ङ) मया इदम् अस्त्रम् उत्सृज्यते।
(च) सहस्रांशुना न भास्यते।
(छ) मया द्रोणपुत्रगतेन मार्गेण गम्यते।

3. भाववाच्यम्–

जब अकर्मक क्रियाओं वाले वाक्य में कर्त्ता की प्रधानता न होकर भाव (क्रिया) की प्रधानता होती है, तो वह भाववाच्य कहलाता है। यहाँ कर्त्ता में तृतीया विभक्ति होती है। भाववाच्य में, क्रिया में सदा प्रथम पुरुष एकवचन का रूप रहता है। क्रिया में शेष परिवर्तन वैसे ही होते हैं, जैसे कर्मवाच्य की क्रिया में होते हैं, अर्थात् लट्, में 'य' लगता है तथा लकार आत्मनेपद में रूप चलते हैं। जैसे–**छात्रेण हस्यते, तेन भूयते, मया भूयते, त्वया भूयते** इत्यादि इन उदाहरणों में कर्त्ता में तृतीया विभक्ति है तथा क्रिया में आत्मनेपद का प्रथम पुरुष, एकवचन का 'य' के साथ बना हुआ रूप है।

अन्य उदाहरण–

(1) पुरुषैः गृहे स्थीयते।
(2) तैः गृहे उष्यते।
(3) जनैः अन्नेन जीव्यते।
(4) विद्याहीनेन न शुभ्यते।
(5) आकाशे मेघैः गर्ज्यते।
(6) मोहनस्य भ्रात्रा संगरे भूयते।
(7) रविणा तीव्रं तप्यते।

द्वितीयः पादः

कर्मवाच्य या भाववाच्य में क्रिया-रूप बनाने के नियम

1. जिन धातुओं के अन्त में दीर्घ 'आ' होता है (जैसे–दा, धा, पा, स्था, मा आदि) तथा गै, आदि धातुओं के अंतिम स्वर के स्थान पर दीर्घ ई हो जाता है। जैसे–
   दीयते, धीयते, पीयते, स्थीयते, मीयते, गीयते इत्यादि।
2. ऋकारान्त धातुओं (मृ, हृ, कृ, भृ, धृ, वृ, दृ आदि) के अंतिम ऋकार को 'य' परे होने पर 'रि' आदेश हो जाता है। जैसे–
   म्रियते, ह्रियते, क्रियते, भ्रियते, ध्रियते, व्रियते, द्रियते आदि।
3. जिन धातुओं के अन्त में ह्रस्व इ तथा उ होते हैं, 'य' परे होने पर उनके ह्रस्व इकार तथा उकार को दीर्घ स्वर (ई तथा ऊ) हो जाता है। जैसे–
   जि से जीयते, चि से चीयते, स्तु से स्तूयते, श्रु से श्रूयते, हु से हूयते, सु से सूयते इत्यादि।
4. √ वद्, √ वच्, √ वस्, √ वह्, √ वप् तथा √ स्वप् आदि धातुओं के व को उ सम्प्रसारण हो जाता है। यथा–
   उद्यते, उच्यते, उष्यते, उह्यते, उप्यते, सुप्यते आदि।
5. √ यज्, √ व्यध् आदि धातुओं के 'य्' का सम्प्रसारण (इ) होकर इज्यते, विध्यते आदि रूप बनते हैं।
6. √ प्रच्छ्, √ग्रह् आदि धातुओं के 'र्' को सम्प्रसारण (ऋ) होने पर पृच्छ्यते, गृह्यते आदि रूप बनते हैं।
7. धातु के उपधा के अनुनासिक का लोप हो जाता है। जैसे–
   √ भञ्ज् से भज्यते, √ रञ्ज् से रज्यते, √ ग्रन्थ् से ग्रथ्यते, √ स्तम्भ् से स्तभ्यते।
8. √ खन्, √ जन् और √ तन् धातुओं के 'न्' को विकल्प से आ हो जाता है। जैसे–
   जन् से जायते, जन्यते; तन् से तायते, तन्यते; खन् से खायते, खन्यते।
9. लृट् लकार में कर्तृवाच्य के समान रूप बनते हैं, केवल प्रत्यय आत्मनेपद के लगाये जाते हैं, जैसे–
   भविष्यते, पठिष्यते आदि।

विशेष–कर्मवाच्य तथा भाववाच्य के क्रिया-रूपों में गणों के विकरण का प्रयोग नहीं होता।

वाच्य-तालिका

वाच्यम्	कर्त्ता	कर्म	क्रिया
कर्तृवाच्यम् (क) **सकर्मक** (ख) **अकर्मक**	प्रथमा विभक्ति। लिङ्ग, पुरुष, वचन कर्त्ता के अनुसार। (क) **ईश्वरः** (ख) **ईश्वरः**	द्वितीया विभक्ति। लिङ्ग, पुरुष, वचन कर्म के अनुसार। **संसारं**	कर्त्ता के पुरुष तथा वचन के अनुसार क्रिया के पुरुष तथा वचन। धातु के स्वरूप के अनुसार परस्मैपद/आत्मनेपद। **रचयति।** **भवति।**
कर्मवाच्यम् **सकर्मक**	तृतीया विभक्तिः। लिङ्ग, पुरुष तथा वचन कर्त्ता के अनुसार। (क) **ईश्वरेण**	प्रथमा विभक्तिः। लिङ्ग, पुरुष तथा वचन कर्म के अनुसार। **संसारः**	कर्म के पुरुष तथा वचन के अनुसार क्रिया के पुरुष तथा वचन धातु के साथ 'य' तथा आत्मनेपद के प्रत्यय। **रच्यते।**
भाववाच्यम् **अकर्मक**	तृतीया विभक्ति। लिङ्ग, पुरुष, वचन कर्त्ता के अनुसार। (ख) **ईश्वरेण**	–	धातु के साथ 'य' तथा आत्मेनपद के प्रथम पुरुष, एकवचन के प्रत्यय। **भूयते।**

तृतीयः पादः

कर्मवाच्य व भाववाच्य के अनुसार प्रमुख धातु-रूप

1. भू धातुः *(होना)*, अकर्मकः

लट् लकार

	एकवचन	*द्विवचन*	*बहुवचन*
प्रथम पुरुष	भूयते	भूयेते	भूयन्ते
मध्यम पुरुष	भूयसे	भूयेथे	भूयध्वे
उत्तम पुरुष	भूये	भूयावहे	भूयामहे

2. पठ् धातुः *(पढ़ना)*, सकर्मकः

लट् लकार

	एकवचन	*द्विवचन*	*बहुवचन*
प्रथम पुरुष	पठ्यते	पठ्येते	पठ्यन्ते
मध्यम पुरुष	पठ्यसे	पठ्येथे	पठ्यध्वे
उत्तम पुरुष	पठ्ये	पठ्यावहे	पठ्यामहे

कुछ प्रसिद्ध धातुओं के कर्तृवाच्य, कर्मवाच्य व भाववाच्य के रूप–

√ धातुः/अर्थः	कर्तृवाच्यम् लट् लकारः	कर्मवाच्यम्/भाववाच्यम् लट् लकारः	कर्म/भाव-वाच्ये प्रयोगाः
√ भू = होना	भवति	भूयते	ईश्वरेण भूयते।
√ पठ् = पढ़ना	पठति	पठ्यते	तेन पुस्तकानि पठ्यन्ते।
√ गै = गाना	गायति	गीयते	गायकेन गीतानि गीयन्ते।
√ प्रच्छ = पूछना	पृच्छति	पृच्छ्यते	गुरुणा प्रश्नः पृच्छ्यते।
√ रुच् = पसंद होना	रोचते	रुच्यते	मोदकैः मह्यं रुच्यते।
√ भक्ष् = खाना	भक्षयति	भक्ष्यते	मया स्वादुफलानि भक्ष्यन्ते।
√ गम् = जाना	गच्छति	गम्यते	तेन ग्रामः गम्यते।
√ क्रीड् = खेलना	क्रीडति	क्रीड्यते	शिशुना क्रीड्यते।
√ हृ = हरना	हरति	ह्रियते	त्वया अजा ग्रामं ह्रियते।
√ हन् = मारना	हन्ति	हन्यते	राजपुत्रेण सिंहः हन्यते।
√ लिख् = लिखना	लिखति	लिख्यते	पुत्रेण पित्रे पत्रं लिख्यते।
√ दृश् = देखना	पश्यति	दृश्यते	बालकैः वृक्षाः दृश्यन्ते।
√ स्था = ठहरना	तिष्ठति	स्थीयते	साधुना कुटीरे स्थीयते।
√ खाद् = खाना	खादति	खाद्यते	दन्तैः विना किमपि न खाद्यते।
√ वस् = रहना	वसति	उष्यते	महात्मभिः नगरे उष्यते।
√ कृ = करना	करोति	क्रियते	अस्माभिः शुभकर्माणि क्रियन्ते।
√ पूज् = पूजा करना	पूजयति	पूज्यते	यत्र नार्यः पूज्यन्ते रमन्ते तत्र देवताः।
√ गण् = गिनना	गणयति	गण्यते	छात्रेण शतं यावत् गण्यते।
√ पा = पीना	पिबति	पीयते	शिशुना दुग्धं पीयते।
√ कथ् = कहना	कथयति	कथ्यते	स्वामिना कथा कथ्यते।
√ स्मृ = याद करना	स्मरति	स्मर्यते	मया सा घटना अधुनापि स्मर्यते।
√ अस् = होना	अस्ति	भूयते	तेन कुत्रापि न भूयते।
√ श्रु = सुनना	शृणोति	श्रूयते	मया कथा श्रूयते।
√ धृ = धारण करना	धारयति	धार्यते	रोगिणा प्राणाः धार्यन्ते।
√ दुह् = दोहना	दोग्धि	दुह्यते	मया गौः पयः दुह्यते।
√ भी = डरना	बिभेति	भीयते	शिशुभिः मूषकेभ्यः भीयते।
√ नी = ले जाना	नयति	नीयते	शिशुना मूषकः हस्ते नीयते।
√ याच् = माँगना	याचति	याच्यते	याचकैः भैक्ष्यं याच्यते।
√ तृ = तरना	तरति	तीर्यते	मया तरणतालः तीर्यते।
√ सेव् = सेवा करना	सेवते	सेव्यते	प्रजाभिः राजा सेव्यते।
√ पच् = पकाना	पचति	पच्यते	सूदेन ओदनः पच्यते।
√ जि = जीतना	जयति	जीयते	सेनया युद्धं जीयते।
√ चि = चुनना	चिनोति	चीयते	मालाकारेण पुष्पाणि चीयन्ते।
√ स्तु = स्तुति करना	स्तौति	स्तूयते	तेन अहं स्तूये।
√ हु = हवन करना	जुहोति	हूयते	यतिभिः अग्नौ हूयते।
√ शी = सोना	शेते	शय्यते	पथिकैः शय्यते।
√ मृ = मरना	म्रियते	म्रियते	क्षुद्रजन्तुभिः शीघ्रं म्रियते।

√ धातुः/अर्थः	कर्तृवाच्यम् लट् लकारः	कर्मवाच्यम्/भाववाच्यम् लट् लकारः	कर्म/भाव-वाच्ये प्रयोगाः
√ ज्ञा = जानना	जानाति	ज्ञायते	तेन वार्ता न ज्ञायते।
√ वद् = बोलना	वदति	उद्यते	तेन सत्यम् उद्यते।
√ वच् = बोलना	वक्ति	उच्यते	तेन सत्यम् उच्यते।
√ मन्थ् = मथना	मथ्नाति	मथ्यते	मात्रा दधि मथ्यते।
√ तन् = विस्तार करना	तनोति	तन्यते, तायते	मया वितानः तन्यते।
√ जन् = पैदा होना	जायते	जन्यते, जायते	तया त्रयः पुत्राः जन्यन्ते।
√ खन् = खोदना	खनति	खन्यते, खायते	मया भूमिः खन्यते।
√ वप् = बोना	वपति	उप्यते	कृषकेण बीजानि उप्यन्ते।
√ स्वप् = सोना	स्वपिति	सुप्यते	कुक्कुरेण गृहद्वारे सुप्यते।
√ रुध् = रोकना	रुणद्धि	रुध्यते	तेन मम मार्गः रुध्यते।
√ अद् = खाना	अत्ति	अद्यते	मया किमपि न अद्यते।
√ ग्रह् = पकड़ना	गृह्णाति	गृह्यते	दासेन चौरः गृह्यते।

कुछ अकर्मक धातुओं के लट् लकार में एक-एक रूप—

धातु	प्र०पु० ए०व०	द्वि०व०	बहु०व०	म०पु० ए०व०	द्वि०व०	बहु०व०	उ०पु० ए०व०	द्वि०व०	बहु०व०
हस्	हस्यते	हस्येते	हस्यन्ते	हस्यसे	हस्येथे	हस्यध्वे	हस्ये	हस्यावहे	हस्यामहे
जीव्	जीव्यते	जीव्येते	जीव्यन्ते	जीव्यसे	जीव्येथे	जीव्यध्वे	जीव्ये	जीव्यावहे	जीव्यामहे
क्रीड्	क्रीड्यते	क्रीड्येते	क्रीड्यन्ते	क्रीड्यसे	क्रीड्येथे	क्रीड्यध्वे	क्रीड्ये	क्रीड्यावहे	क्रीड्यामहे
स्था	स्थीयते	स्थीयेते	स्थीयन्ते	स्थीयसे	स्थीयेथे	स्थीयध्वे	स्थीये	स्थीयावहे	स्थीयामहे
आस्	आस्यते	आस्येते	आस्यन्ते	आस्यसे	आस्येथे	आस्यध्वे	आस्ये	आस्यावहे	आस्यमहे

कुछ सकर्मक धातुओं के लट् लकार में रूप (रिक्त स्थानों को भरें)—

	एकवचन	द्विवचन	बहुवचन
√ नम्	नम्यते	....	नम्यन्ते।
प्र √ नम्	प्रणम्यते	....	प्रणम्यन्ते।
√ दृश्	....	दृश्येते	दृश्यन्ते।
√ लिख्	लिख्यते	लिख्येते	............।
√ पा	पीयसे	....	पीयध्वे।
√ गम्	गम्यसे	गम्येथे	............।
√ सेव्	....	सेव्येथे	सेव्यध्वे।
√ पच्	पच्ये	पच्यावहे	............।
√ नी	नीये	....	नीयामहे।
√ श्रु	....	श्रूयावहे	श्रूयामहे।
√ दा	दीयते	दीयेते	............।
√ स्मृ	स्मर्यसे	....	स्मर्यध्वे।
√ कृ	....	क्रियावहे	क्रियामहे।

(क) कर्तृवाच्यात् कर्मवाच्यम्

नियमाः–

1. कर्तृवाच्य के कर्त्ता की प्रथमा विभक्ति के स्थान पर कर्मवाच्य में तृतीया विभक्ति हो जाती है।
2. कर्तृवाच्य के कर्म की द्वितीया विभक्ति के स्थान पर कर्मवाच्य में प्रथमा विभक्ति हो जाती है।
3. कर्मवाच्य में क्रिया का पुरुष और वचन कर्म के पुरुष और वचन के अनुसार हो जाता है।

कर्तृवाच्यम्	कर्मवाच्यम्
सः/तत् तं पश्यति।	तेन सः दृश्यते।
सः/तत् तां पश्यति।	तेन सा दृश्यते।
सः/तत् तत् पश्यति।	तेन तत् दृश्यते।
सः/तत् तौ पश्यति।	तेन तौ दृश्येते।
सः/तत् ते पश्यति।	तेन ते दृश्यन्ते।
सः/तत् तान् पश्यति।	तेन ते दृश्यन्ते।
सः/तत् ताः पश्यति।	तेन तानि दृश्यन्ते।
सः/तत् त्वां पश्यति।	तेन त्वं दृश्यसे।
सः/तत् युवां पश्यति।	तेन युवां दृश्येथे।
सः/तत् युष्मान् पश्यति।	तेन यूयं दृश्यध्वे।
सः/तत् मां पश्यति।	तेन अहं दृश्ये।
सः/तत् आवां पश्यति।	तेन आवां दृश्यावहे।
सः/तत् अस्मान् पश्यति।	तेन वयं दृश्यामहे।
ते/तानि मां पश्यन्ति।	तैः अहं दृश्ये।
ते मां पश्यतः।	ताभ्याम् अहं दृश्ये।
ताः मां पश्यन्ति।	ताभिः अहं दृश्ये।
युवां तं पश्यथः।	युवाभ्यां सः दृश्यते।
यूयं तं पश्यथ।	युष्माभिः सः दृश्यते।
अहं त्वां पश्यामि।	मया त्वं दृश्यसे।
वयं त्वां पश्यामः।	अस्माभिः त्वं दृश्यसे।
रामः मोहनं पश्यति।	रामेण मोहनः दृश्यते।
त्वं पुष्पाणि चिनोषि।	त्वया पुष्पाणि चीयन्ते।
सः पुस्तकं पठति।	तेन पुस्तकं पठ्यते।
वयं गीतं गायामः।	अस्माभिः गीतं गीयते।
रमेशः पुस्तकं लिखति।	रमेशेन पुस्तकं लिख्यते।

(ख) कर्तृवाच्यात् कर्मवाच्यम्

(द्विकर्मक धातुओं का प्रयोग)

*बारह **द्विकर्मक धातुओं** (दुह्, याच्, पच्, दण्ड्, रुध्, प्रच्छ्, चि, ब्रू, शास्, जि, मन्थ्, मुष्) के कर्मवाच्य बनाने पर गौण कर्म में प्रथमा विभक्ति होती है। जैसे–*

कर्तृवाच्यम्	कर्मवाच्यम्
सः गां पयः दोग्धि।	तेन गौः पयः दुह्यते।
वामनः बलिं वसुधां याचते।	वामनेन बलिः वसुधां याच्यते।
गुरुः छात्रं धर्मं ब्रूते।	गुरुणा छात्रः धर्मम् उच्यते।
सः सुधां क्षीरनिधिं मथ्नाति।	तेन सुधां क्षीरनिधिः मथ्यते।

पुरोहितः राजानं धर्मं शास्ति। — पुरोहितेन राजा धर्मं शिष्यते।
चौरः यज्ञदत्तं शतं मुष्णाति। — चौरेण यज्ञदत्तः शतं मुष्यते।

इसके विपरीत नी, हृ, कृष्, तथा वह् धातुओं के मुख्य कर्म में कर्मवाच्य करते समय प्रथमा विभक्ति आती है तथा गौण कर्म में द्वितीया विभक्ति ही रहती है। जैसे–

त्वम् अजां ग्रामं नयसि। — त्वया अजा ग्रामं नीयते।
त्वम् अजां ग्रामं कर्षसि। — त्वया अजा ग्रामं कृष्यते।
त्वम् अजां ग्रामं वहसि। — त्वया अजा ग्रामम् उह्यते।
चौरः कृपणं धनं हरति। — चौरेण कृपणः धनं ह्रियते।

विशेष–ज्ञानार्थक तथा भक्षणार्थक धातुओं से कर्मवाच्य बनाते समय अपनी इच्छानुसार दोनों कर्मों में प्रथमा या द्वितीया विभक्ति करनी चाहिए।

गुरुः माणवकं धर्मं बोधयति। — गुरुणा माणवकः धर्मं बोध्यते।
सः बालकम् ओदनं भक्षयति। — तेन बालकः ओदनम् भक्ष्यते।

अन्य गति, अकर्मक धातु (हृ, कृ), णिजन्त, द्विकर्मक धातुओं से कर्मवाच्य बनाने से प्रयोज्य कर्म में प्रथमा विभक्ति होती है। जैसे–

देवदत्तं ग्रामं गमयति। — (तेन) देवदत्तः ग्रामं गम्यते।
शिष्यं शास्त्रं ज्ञापयति। — (तेन) शिष्यः शास्त्रं ज्ञाप्यते।
भृत्यं कटं कारयति। — (तेन) भृत्यः कटं कार्यते।
भृत्यं कटं हारयति। — (तेन) भृत्यः कटं हार्यते।

(ग) कर्मवाच्यात् कर्तृवाच्यम्

कर्मवाच्य से कर्तृवाच्य करते समय उपर्युक्त नियम बदल जाते हैं। जैसे–

1. कर्मवाच्य में कर्त्ता के स्थान पर आई हुई तृतीया विभक्ति कर्तृवाच्य में प्रथमा विभक्ति हो जाती है।
2. कर्मवाच्य में कर्म के स्थान पर प्रयुक्त प्रथमा विभक्ति कर्तृवाच्य में द्वितीया विभक्ति हो जाती है।
3. क्रिया के पुरुष और वचन कर्त्ता के अनुसार हो जाते हैं।
4. कर्मवाच्य में प्रयुक्त क्त (त) के स्थान पर कर्तृवाच्य में क्तवतु (तवत्) प्रत्यय हो जाता है।
5. कर्मवाच्य में प्रयुक्त 'तव्य' प्रत्यय के स्थान पर कर्तृवाच्य में विधिलिङ् का प्रयोग कर दिया जाता है।

कर्मवाच्यम्	कर्तृवाच्यम्
रमेशेन ग्रामः गम्यते।	रमेशः ग्रामं गच्छति।
युष्माभिः पर्वताः दृश्यन्ते।	यूयं पर्वतान् पश्यथ।
मया त्वम् आहूयसे।	अहं त्वाम् आह्वयामि।
अस्माभिः रामायणस्य कथा श्रूयते।	वयं रामायणस्य कथां शृणुमः।
मया त्वम् उत्थाप्यसे।	अहं त्वां उत्थापयामि।
विहगैः जालं ह्रियते।	विहगाः जालं हरन्ति।
दुर्नयेन श्रीः हन्यते।	दुर्नयः श्रियं हन्ति।
धनैरापद् मानवैः निस्तीर्यते।	धनैरापदं मानवाः निस्तरन्ति।
त्वया फलं प्राप्स्यते।	त्वं फलं प्राप्स्यसि।
तेन कथा श्रूयते।	सः कथां शृणोति।
व्याघ्रेण अजा नीयते।	व्याघ्रः अजां नयति।
त्वयां किं क्रियते।	त्वं किं करोषि।
मया चन्द्रः दृश्यते।	अहं चन्द्रं पश्यामि।

कर्मवाच्यम्	कर्तृवाच्यम्
मया वार्ता श्रूयते।	अहं वार्तां शृणोमि।
बालिकया गानं गीयते।	बालिका गानं गायति।
नृपेण शत्रुः हन्यते।	नृपः शत्रुं हन्ति।
त्वया ग्रामः गम्यते।	त्वं ग्रामं गच्छसि।
तेन पुस्तकं पठ्यते।	सः पुस्तकं पठति।
बालाभिः कोलाहलः क्रियते।	बालाः कोलाहलं कुर्वन्ति।
श्यामेन जलं पीयते।	श्यामः जलं पिबति।
त्वया कार्यं क्रियते।	त्वं कार्यं करोषि।
तेन पाठः स्मर्यते।	सः पाठं स्मरति।
मया जलं पीयते।	अहं जलं पिबामि।
तेन गौः दुह्यते।	सः गां दोग्धि।
मुनिना सिंहात् भीयते।	मुनिः सिंहात् बिभेति।
आवाभ्यां पुस्तके पठ्यते।	आवां पुस्तके पठावः।
त्वया पर्वतः दृश्यते।	त्वं पर्वतं पश्यसि।
कन्यया गीतं गीयते।	कन्या गीतं गायति।
शिष्येण गुरुः पृच्छ्यते।	शिष्यः गुरुं पृच्छति।
तेन भोजनं भक्ष्यते।	सः भोजनं भक्षयति।
आवाभ्यां ग्रामः गम्यते।	आवां ग्रामं गच्छावः।
नृत्येन चित्तं ह्रियते।	नृत्यं चित्तं हरति।
तेन सः हन्यते।	सः तं हन्ति।
त्वया पत्रं लिख्यते।	त्वं पत्रं लिखसि।
त्वया कुत्र गम्यते?	त्वं कुत्र गच्छसि?
छात्रैः ग्रन्थाः पठ्यन्ते।	छात्राः ग्रन्थान् पठन्ति।
मया राजा दृश्यते।	अहं राजानं पश्यामि।
किं त्वया अहं न दृश्ये?	किं त्वं मां न पश्यसि?
मया फलानि क्रीड्यन्ते।	अहं फलानि क्रीडामि।
महिलाभिः जलम् आनीयते।	महिलाः जलम् आनयन्ति।
मया पत्रं लिख्यते।	अहं पत्रं लिखामि।
मया लोभः त्यज्यते।	अहं लोभं त्यजामि।
आचार्यैः छात्राः उपदिश्यन्ते।	आचार्याः छात्रान् उपदिशन्ति।
राष्ट्रपतिना राष्ट्रं सम्बुध्यते।	राष्ट्रपतिः राष्ट्रं सम्बोधयति।
मालाकारेण वृक्षाः सिच्यन्ते।	मालाकारः वृक्षान् सिञ्चति।
एकेन चन्द्रेण तमो हन्यते।	एकः चन्द्रः तमो हन्ति।
क्रोधेन ज्ञानं नाश्यते।	क्रोधः ज्ञानं नाशयति।
छात्रेण पाठः अभ्यस्यते।	छात्रः पाठम् अभ्यस्यति।
मित्रेण सहयोगः दीयते।	मित्रं सहयोगं ददाति।
नरैः धनम् इष्यते।	नराः धनम् इच्छन्ति।
तेन ग्रामः गम्यते।	सः ग्रामं गच्छति।
मया सत्यम् उद्यते।	अहं सत्यं वदामि।
गुरुभिः किं न ज्ञायते?	गुरवः किं न जानन्ति?

कर्मवाच्यम्	कर्तृवाच्यम्
अस्माभिः रामः स्मर्यते।	वयं रामं स्मरामः।
वृक्षैः फलानि दीयन्ते।	वृक्षाः फलानि ददति।
त्वया माता उद्यताम्।	त्वं मातरं वद।
न मया ज्ञायेते कुण्डले।	नाहं जानामि कुण्डले।

(घ) कर्तृवाच्यात् भाववाच्यम्

भाववाच्य के कर्त्ता में तृतीया विभक्ति होती है और क्रिया सदा प्रथम पुरुष एकवचन में होती है। जैसे–

कर्तृवाच्यम्	भाववाच्यम्
बालकः क्रीडति।	बालकेन क्रीड्यते।
शिशुः स्वपिति।	शिशुना सुप्यते।
छात्राः तिष्ठन्ति।	छात्रैः स्थीयते।
कन्याः हसन्ति।	कन्याभिः हस्यते।
अश्वाः धावन्ति।	अश्वैः धाव्यते।
भक्ताः गङ्गायां स्नान्ति।	भक्तैः गङ्गायां स्नायते।
पुष्पाणि विकसन्ति।	पुष्पैः विकस्यते।
मयूराः नृत्यन्ति।	मयूरैः नृत्यते।
सिंहः गर्जति।	सिंहेन गर्ज्यते।
लता वर्धते।	लतया वर्ध्यते।
अहं क्रीडामि।	मया क्रीड्यते।
ईश्वरः अस्ति।	ईश्वरेण भूयते।
सः हसति।	तेन हस्यते।
तौ हसतः।	ताभ्यां हस्यते।
त्वम् हससि।	त्वया हस्यते।
युवां हसथः।	युवाभ्यां हस्यते।
अहं हसामि।	मया हस्यते।
वयं हसामः।	अस्माभिः हस्यते।

(ङ) भाववाच्यात् कर्तृवाच्यम्

भाववाच्यम्	कर्तृवाच्यम्
तेन खट्वायां शय्यते।	सः खट्वायां शेते।
तेन गृहे सुप्यते।	सः गृहे स्वपिति।
त्वया कथं रुद्यते?	त्वं कथं रोदिषि?
मया नैव रुद्यते।	अहं नैव रोदिमि।
अस्माभिः विद्यालये स्थीयते।	वयं विद्यालये तिष्ठामः।
हरिणा वैकुण्ठे उष्यते।	हरिः वैकुण्ठे वसति।

अभ्यासप्रश्नाः

प्रश्नः 1. निम्नवाक्येषु कर्तृवाच्ये रिक्तस्थानानि पूरयत–

(वाच्य परिवर्तन के द्वारा खाली स्थान पूर्ण कीजिए)

(Fill in the blanks by changing voice)

कर्मवाच्यम्	कर्तृवाच्यम्
(i) हरिणा प्रश्नः पृच्छ्यते।	हरिः प्रश्नं ....।
(ii) बालकेन कथा श्रूयते।	बालकः .... शृणोति।
(iii) तेन पुस्तकं पठ्यते।	.... पुस्तकं पठति।
(iv) गोपेन गौः दुह्यते दुग्धम्।	गोपः .... दोग्धि दुग्धम्।
(v) तेन बालकः धर्मम् उच्यते।	सः .... धर्मं ब्रवीति।
(vi) तेन तण्डुलाः ओदनम् पच्यन्ते।	सः तण्डुलान् ओदनं ....।

प्रश्नः 2. कोष्ठकगतेषु पदेषु उचितपदानि विचित्य रिक्तस्थानानि पूरयत–

(i) रमया फलानि ....। (खाद्यते/खाद्येते/खाद्यन्ते)

(ii) तेन कथा ....। (श्रूयन्ते/श्रूयते/शृणोति)

(iii) मया चन्द्रः ....। (पश्यति/पश्यते/दृश्यते)

(iv) तैः ....। (हस्यन्ते/हसन्ति/हस्यते)

(v) अस्माभिः रामः ....। (स्मरामः/स्मर्यते/स्मर्यामहे)

प्रश्नः 3. निम्नलिखितानि वाक्यानि कर्तृवाच्ये सन्ति। तेषां कर्मवाच्ये, परिवर्तनं कृत्वा रिक्तस्थानानि पूरयत–

(i) रामः वेदं पठति। ← *(i)* ....।

(ii) सीता लेखं लिखति। ← *(ii)* ....।

(iii) अहं पत्रं पठामि। ← *(iii)* ....।

(iv) सः तत्र न अस्ति। ← *(iv)* ....।

(v) त्वं रामं कथं विस्मरसि? ← *(v)* ....।

(vi) देवः किं करोति? ← *(vi)* ....।

(vii) छात्राः कुत्र गच्छन्ति? ← *(vii)* ....?

(viii) बालिकाः मुहुर्मुहुः हसन्ति। ← *(viii)* ....।

(ix) सूर्यः पूर्वस्याम् उदेति। ← *(ix)* ....।

(x) सः पत्रं वाचयति। ← *(x)* ....।

(xi) वयं साधयामः। ← *(xi)* ....।

प्रश्नः 4. अधोलिखितानि कर्मवाच्यस्य वाक्यानि कर्तृवाच्ये परिवर्तयत–

कर्मवाच्यम्	कर्तृवाच्यम्
(i) त्वया पत्राणि लिख्यन्ते।	*(i)* ....।
(ii) मया बालाः ताड्यन्ते।	*(ii)* ....।
(iii) तेन पुष्पाणि नीयन्ते।	*(iii)* ....।
(iv) अस्माभिः भोजनं क्रियते।	*(iv)* ....।
(v) युष्माभिः दर्पणे दृश्यते।	*(v)* ....।
(vi) तैः हाराः विलोक्यन्ते।	*(vi)* ....।

(*vii*) तेन पुस्तकं न समाप्यते। (*vii*) ....।

(*viii*) तया प्रेम प्रदर्श्यते। (*viii*) ....।

प्रश्नः 5. कोष्ठकात् उचितपदानि विचित्य रिक्तस्थानानि पूरयत–

(*i*) विद्याहीनैः न ....। (शोभ्यते/शुभ्यते)

(*ii*) विमानेन ....। (उड्डीयते/उड्डयते)

(*iii*) सभासदैः ....। (उपविश्यते/उपविश्यन्ते)

(*iv*) वृक्षैः ....। (कम्प्यन्ते/कम्प्यते)

(*v*) विद्यार्थिभिः ....। (धाव्यते/धाव्यन्ते)

(*vi*) तेन आचार्येण ....। (भूयते/भाव्यते)

(*vii*) मया चतुर्वादने ....। (उत्थायते/उत्थीयते)

(*viii*) पितामहेन वाटिका ....। (सिच्यते/सिञ्च्यते)

प्रश्नः 6. राकेशः कर्तृवाच्ये, रमेशः च कर्मवाच्ये वार्तालापं कुरुतः। तयोः संवादं उचितपदैः पूरयत–

राकेशः–भवान् कुत्र ....?

रमेशः– .... कुरुक्षेत्रं गम्यते।

राकेशः–अधुना बहवः यात्रिणः तत्र ....।

रमेशः–सत्यम्, सूर्यग्रहणे बहुभिः .... तत्र गम्यते।

राकेशः–तत्र सरोवरेषु स्नात्वा जनाः किं ....?

रमेशः–.. तत्र स्नात्वा पुण्यं लभ्यते।

पूर्वपरीक्षाणां प्रश्नाः

1. अधोलिखितं संवादं मञ्जूषायां प्रदत्तैः पदैः वाच्यपरिवर्तनं कृत्वा पुनः लिखत।

शिक्षकः – किं त्वं संस्कृतम् जानासि?

छात्रः – आम् मया ....(*i*)....... ज्ञायते।

शिक्षकः – किं भवान् महाभारतम् पठति?

छात्रः – आम्, ...(*ii*)....... महाभारतं पठ्यते।

शिक्षकः – किं तव भगिनी आयुर्वेदं पठति।

छात्रः – आम्, तया आयुर्वेद ....(*iii*)....... । (*CBSE 2019*)

मञ्जूषा– पठ्यते, संस्कृतम्, मया।

अथवा

अधोलिखितानां वाक्यानां वाच्यपरिवर्तनं कुरुत।

(क) त्वम् विद्यालयं गच्छसि।

(ख) छात्राः चित्राणि पश्यन्ति।

(ग) पाचकेन भोजनं पच्यते।

2. अधोलिखितं संवादं मञ्जूषायां प्रदत्तैः पदैः वाच्यपरिवर्तनं कृत्वा पूरयित्वा च पुनः लिखत–

1. **रमेशः** – किम् अशोकः पाठं पठति?

सुधा – आम्, अशोकेन ....(*i*)....... पठ्यते।

सुधाकरः – किं दिनेशः अध्यापकं नमस्करोति?
अशोकः – आम्, ...(*ii*)....... अध्यापकः नमस्क्रियते।
शिक्षकः – किं तव माता आपणात् फलानि आनयति?
छात्रः – आम्, मम मात्रा आपणात् फलानि ....(*iii*)....... । (*CBSE 2018*)

मञ्जूषा– आनीयन्ते, दिनेशेन, पाठः।

2. **मयूरः** – पिकः ......(*i*)...... मधुरं गायसि।
पिकः – त्वया अपि सुन्दरं नृत्यं ......(*ii*)...... ।
मयूरः – वसन्ततौं तव मधुरः स्वरः ......(*iii*)......।
पिकः – तव सुन्दरं ......(*iv*)...... अपि जनैः दृश्यते। सर्वे एव तव नृत्यं प्रशंसन्ति।
मयूरः – आम्, जनैः मम नृत्यं ......(*v*)......। (*CBSE 2016, 2017*)

मञ्जूषा– क्रियते, नृत्यम्, त्वम्, श्रूयते, दृश्यते।

3. **अमिता** – मातः! भवति अद्य किं पचति?
माता – मया तु तण्डुलाः ......(*i*)...... । (पच्)
अमिता – किम् अद्य ......(*ii*)...... केवलं तण्डुलाः पच्यन्ते?(युष्मद्)
माता – आम्।
अमिता – मया तु अति स्वादिष्टं मिष्टान्नम् अपि ......(*iii*)...... (इष्)
श्रेया – अमिते! किं 'बर्गर' इति खादसि?
अमिता – नहि, ...(*iv*)...... 'चाऊमीन' इति खाद्यते। (अस्मद्)
श्रेया – त्वं सर्वदा ईदृशं भोजनम् एव खादसि।
अमिता – नहि, मया (फल) ......(*v*)...... अपि खाद्यन्ते।
श्रेया – शोभनम्। (*CBSE 2016, 2017*)

मञ्जूषा– त्वया, मया, फलानि, पच्यन्ते, इष्यते।

3. अधोलिखिते संवादे वाच्यानुसारं रिक्तस्थानपूर्तिं कुरुत।

1. **पुत्री** – अम्बे! भवती किं पचति?
अम्बा – मया भोजनं ....(*i*).......।
पुत्री – ....(*ii*).........तण्डुलान् खादितुम् इच्छामि।
अम्बा – मया ....(*iii*)........पच्यन्ते।
पुत्री – मम सख्या अपि अत्र.......(*iv*).......।
अम्बा – शोभनम्............(*v*).........कुतः आगम्यते?
पुत्री – हरिद्वारात्। (*CBSE 2014*)

मञ्जूषा– अहम्, पच्यते, त्वया, तण्डुला, आगम्यते।

2. **नयना** – सुमेश! त्वम् किं पठसि?
सुमेशः – अधुना तु ....(*i*)........ मणिकापुस्तकम् पठ्यते।
नयना – शोभनम्! किं त्वम् श्लोकान् अपि ....(*ii*)........ ?
सुमेशः – आम् मया ....(*iii*)........ अपि पठ्यन्ते।
नयना – ....(*iv*)........ तु अद्य नाटकम् दृश्यते।
सुमेशः – शोभनम्!
नयना – नाटकं दृष्ट्वा मया एकः लेखः ....(*v*)........। (*CBSE 2014*)

मञ्जूषा– पठसि, मया, लिख्यते, श्लोकाः, मया।

3. **अध्यापकः** – त्वम् कुत्र गच्छसि?
छात्रः – अहम् तु क्रीडाक्षेत्रम् ....(*i*)........। (गम्)
अध्यापकः – त्वया तत्र किमर्थं ....(*ii*)........। (गम्)
छात्रः – ....(*iii*)........ तत्र क्रीडितुं गम्यते। (अस्मद्)
अध्यापकः – त्वम् कां क्रीडां ....(*iv*)........। (क्रीड्)
छात्रः – मया तत्र प्रथमं हॉकी ....(*v*)........ क्रीड्यते। (क्रीडा) (*CBSE 2015*)

मञ्जूषा– गम्यते, क्रीडा, गच्छामि, मया, क्रीडसि।

4. **करणः** – भवत्या किं क्रियते?
मानसी – ....(*i*)....... तु गणितविषयः पठ्यते।
करणः – भवती गणितविषयं कथम् अनुभवति ?
मानसी – मया ....(*ii*)....... कठिनम् अनुभूयते।
करणः – ....(*iii*)....... तु संस्कृतं पठामि।
मानसी – शोभनम्! त्वया ....(*iv*)....... पठ्यते।
करणः – सर्वैः विषयचयनं यथारुचि ....(*v*).......। (*CBSE 2015*)

मञ्जूषा– अहम्, क्रियते, मया, तत्, किम्।

5. **रमा** – विभे! अधुना त्वम् किं ......(*i*)...... ।
विभा – ......(*ii*)...... संगणके कार्यं क्रियते।
रमा – किं त्वम् निबन्धं न लिखसि?
विभा – अद्य मया ......(*iii*)...... न लिख्यते।
रमा – अहं तु विद्यालयं गच्छामि किं त्वया विद्यालयः, ...(*iv*)......?
विभा – आम्। ......(*v*)...... अपि विद्यालयः गम्यते। (*CBSE 2015*)

मञ्जूषा– मया, गम्यते, मया, करोषि, निबन्धः।

4. अधोलिखितेषु वाक्येषु मेधायाः उत्तराणि वाच्यानुसारम् विकल्पेभ्यः चित्वा पूरयत– *(CBSE 2015)*

लता – किम् विद्यालयं गत्वा छात्राः गुरुन् नमन्ति।

मेधा – आम्, *(i)* .... गुरवः नम्यन्ते।

(क) छात्रेण (ख) छात्रस्य (ग) छात्रैः (घ) छात्राः

लता – किम् पुत्रेण जनकः सेव्यते?

मेधा – आम्, पुत्रः *(ii)* .... सेवते।

(क) जनकः (ख) जनकैः (ग) जनकम् (घ) जनकाः

लता – किं त्वं पत्रं लिखसि?

मेधा – आम्, *(iii)* .... पत्रं लिख्यते।

(क) मया (ख) अस्माभिः (ग) अहम् (घ) तव

लता – किम् त्वं फलानि खादसि?

मेधा – आम्, मया फलानि *(iv)* ....।

(क) खाद्यते (ख) खाद्यन्ते (ग) खादन्ति (घ) खादति

लता – किम् छायाकारैः चित्राणि रच्यन्ते?

मेधा – आम्, छायाकाराः छायाचित्राणि *(v)* ....।

(क) रचयति (ख) रचयन्ति (ग) रच्यन्ते (घ) रच्यते

5. मञ्जूषायां प्रदत्तैः पदैः वाच्यपरिवर्तनं कृत्वा अधोलिखितं संवादं पुनः लिखत। *(CBSE 2020)*

रमा – त्वं कुत्र गच्छसि?

सीता – अहं तु आपणं ....*(i)*........... ।

रमा – तत्र ....*(ii)*........... किमर्थं गम्यते।

सीता – अहं फलानि क्रेतुं गच्छामि।

रमा – ....*(iii)*........... अपि ततः फलानि आनेतव्यानि।

मञ्जूषा– | मया, गच्छामि, त्वया। |

अथवा

अधोलिखितानां वाक्यानां वाच्यपरिवर्तनं कुरुत। (केवलं प्रश्नत्रयम्)

(i) रामः पाठं पठति।

(ii) लतया पुष्पाणि चीयन्ते।

(iii) अहं पत्रं लिखामि।

(iv) गवा तृणानि भक्ष्यन्ते।

(v) विद्या विनयं ददाति।

बहुविकल्पीयप्रश्नाः

Set-1

1. रेखाङ्कितस्य पदस्य स्थाने उचितम् उत्तरम् लिखत।

(i) *पथिकः नगरं गम्यते।*

(क) पथिकेन (ख) पथिकाय (ग) पथिकम् (घ) पथिकैः।

(ii) *देवः आम्रफलानि खाद्यन्ते।*

(क) देवम् (ख) देवेन (ग) देवैः (घ) देवान्।

2. प्रदत्तविकल्पेभ्यः चित्वा रिक्तस्थानानि पूरयत।

(i) देवेन .... *भक्ष्यते।*

(क) फलम् (ख) फलेन (ग) फलः (घ) फले।

(ii) देवेन .... *पृच्छ्यते।*

(क) प्रश्नम् (ख) प्रश्नः (ग) प्रश्नैः (घ) प्रश्नेन।

3. रेखाङ्कितस्य पदस्य स्थाने उचितम् उत्तरं लिखत।

(i) *त्वया पत्राः लिख्यन्ते।*

(क) पत्राणि (ख) पत्रान् (ग) पत्रैः (घ) पत्रम्

(ii) *गुरुणा शिष्यं ताड्यते।*

(क) शिष्येण (ख) शिष्यः (ग) शिष्यैः (घ) शिष्यम्।

4. प्रदत्तविकल्पेभ्यः चित्वा रिक्तस्थानानि पूरयत।

(i) .... *आपणं गम्यते।*

(क) मया (ख) माम् (ग) अहम् (घ) मत्।

(ii) *त्वया जयपुरं* ....।

(क) गच्छसि (ख) गम्यते (ग) गच्छामि (घ) गम्यमे।

5. रेखाङ्कितस्य पदस्य स्थाने उचितम् उत्तरम् लिखत।

(i) *तैः उपवने पुष्पान् त्रोट्यन्ते।*

(क) पुष्पाणि (ख) पुष्पान् (ग) पुष्पाः (घ) पुष्पाभिः

(ii) *किं संस्कृतं त्वं पठ्यते।*

(क) त्वाम् (ख) त्वया (ग) त्वम् (घ) त्वत्।

6. रेखाङ्कितस्य पदस्य स्थाने उचितम् उत्तरम् लिखत।

(i) *शिशुः सुप्यते।*

(क) शिशुना (ख) शिशून् (ग) शिशुः (घ) शिशुम्।

(ii) *अश्वाः धाव्यते।*

(क) अश्वम् (ख) अश्वैः (ग) अश्वाः (घ) अश्वान्।

7. रेखाङ्कितस्य पदस्य स्थाने उचितम् उत्तरम् लिखत।

(*i*) *शिष्यः गुरुः पृच्छ्यते।*

(क) शिष्येण (ख) शिष्याय (ग) शिष्यम् (घ) शिष्यः।

(*ii*) *वयं पुस्तकं पठ्यते।*

(क) अहम् (ख) अस्माभिः (ग) वयम् (घ) अस्मान्।

8. रेखाङ्कितस्य पदस्य स्थाने उचितम् उत्तरम् लिखत।

(*i*) *सः त्वं दृश्यसे।*

(क) तेन (ख) तम् (ग) ताः (घ) सः।

(*ii*) *तौ त्वं दृश्यसे।*

(क) तस्मिन् (ख) ताभ्याम् (ग) तयोः (घ) ताभिः।

9. रेखाङ्कितस्य पदस्य स्थाने उचितम् उत्तरम् लिखत।

(*i*) *अहं लेखः लिख्यते।*

(क) मया (ख) माम् (ग) अहम् (घ) मम।

(*ii*) *सीता लेखः लिख्यते*

(क) सीतायाः (ख) सीतया (ग) सीता (घ) सीताम्।

10. प्रदत्तविकल्पेभ्यः चित्वा रिक्तस्थानानि पूरयत।

(*i*) *कन्या हस्यते।*

(क) कन्यया (ख) कन्याम् (ग) कन्यायाः (घ) कन्याः।

(*ii*) *पुष्पाः विकस्यन्ते।*

(क) पुष्पाम् (ख) पुष्पाणि (ग) पुष्पाः (घ) पुष्पान्।

11. प्रदत्तविकल्पेभ्यः चित्वा रिक्तस्थानानि पूरयत।

(*i*) *छात्राः कुत्र गम्यते।*

(क) छात्रैः (ख) छात्राणाम् (ग) छात्रान् (घ) छात्रम्।

(*ii*) *सः पत्रं वाच्यते।*

(क) तत् (ख) तेन (ग) सः (घ) तम्।

12. प्रदत्तविकल्पेभ्यः चित्वा उचितम् उत्तरं लिखत।

(*i*) *रविः तीव्रं तप्यते।*

(क) रविणा (ख) रविम् (ग) रवेः (घ) रविः।

(*ii*) *दासः चौरः गृह्यते।*

(क) दासाय (ख) दासेन (ग) दासः (घ) दासम्।

13. प्रदत्तविकल्पेभ्यः चित्वा उचितम् उत्तरं लिखत।

(*i*) *अहं पत्रं लिख्यते।*

(क) मया (ख) माम् (ग) अहम् (घ) मत्

(*ii*) *त्वम् चन्द्रः दृश्यते।*

(क) त्वत् (ख) त्वया (ग) त्वम् (घ) त्वाम्।

14. प्रदत्तविकल्पेभ्यः चित्वा उचितम् उत्तरं लिखत।

(*i*) *अहं भूमिः खन्यते।*

(क) मया (ख) माम् (ग) अहम् (घ) मम।

(*ii*) *लतया आवां पश्यति।*

(क) पश्याव: (ख) दृश्यावहे (ग) पश्यति (घ) दृश्यते।

15. प्रदत्तविकल्पेभ्यः चित्वा उचितम् उत्तरं लिखत।

(*i*) *श्रमिकाः वेतनं लभ्यते।*

(क) श्रमिकैः (ख) श्रमिकाः (ग) श्रमिकान् (घ) श्रमिकाभिः

(*ii*) *सिंहः वने गर्ज्यते।*

(क) सिंहम् (ख) सिंहेन (ग) सिंहाः (घ) सिंहैः।

Set-2

I. प्रदत्तेषु विकल्पेषु उचितं चित्वा लिखत।

(क) *त्वया ग्रामः* ....

(*i*) गच्छति (*ii*) गम्यते (*iii*) गम्यसि (*iv*) गम्यति।

(ख) *मया* .... *श्रूयते*

(*i*) कथाम् (*ii*) कथा (*iii*) कथायाम् (*iv*) कथायाः।

(ग) *सः* .... *दृश्यते*

(*i*) रमया (*ii*) रमायाः

(*iii*) रमा (*iv*) रमाम्।

(घ) .... *देशः रक्ष्यते*

(*i*) सैनिकैः (*ii*) सैनिकाभिः (*iii*) सैनिकाः (*iv*) सैनिकायाः।

(ङ) *जनाः प्रदर्शनीं* ....

(*i*) पश्यन्ति (*ii*) दृश्यन्ति (*iii*) पश्यति (*iv*) दृश्यन्ते।

(च) *बालैः* .... *क्रियते*

(*i*) व्यायामेन (*ii*) व्यायामम् (*iii*) व्यायामः (*iv*) व्यायामस्य।

(छ) *सीतया लेखः* ....

(*i*) लिखति (*ii*) लिख्यते (*iii*) लिख्यति (*iv*) लिखयते।

(ज) .... *पाठः पठ्यते*

(*i*) छात्रम् (*ii*) छात्रेन

(*iii*) छात्रः (*iv*) छात्रेण।

(झ) .... *प्रजाः पाल्यन्ते*

(*i*) नृपः (*ii*) नृपम् (*iii*) नृपेण (*iv*) नृपाय।

(ञ) *बालकेन फलानि* ....

(*i*) खादति (*ii*) खादन्ति (*iii*) खाद्यते (*iv*) खाद्यन्ते।

(ट) *शिशुना* ....

(*i*) स्वपिति (*ii*) सुपयति (*iii*) सुप्यते (*iv*) सुपयते।

(ठ) तया सर्पः ....

(*i*) दृश्यते (*ii*) दृश्यति

(*iii*) पश्यति (*iv*) दर्शति।

(ड) अहं .... लिखामि

(*i*) लेखाय (*ii*) लेखेन (*iii*) लेखम् (*iv*) लेखः।

(ढ) *बालिकया* ....

(*i*) हस्यते (*ii*) हसति (*iii*) हसन्ति (*iv*) हसयति।

(ण) *छात्रेण* .... *पठ्यते*

(*i*) पाठेन (*ii*) पाठः (*iii*) पाठेण (*iv*) पाठम्।

(त) *मालाकारेण पुष्पाणि* ....

(*i*) सिञ्चन्ति (*ii*) सिञ्चति (*iii*) सिच्यन्ते (*iv*) सिच्यते।

(थ) देव्या पुष्पाणि ....

(*i*) दृश्यन्ते (*ii*) दर्शन्ते

(*iii*) पश्यति (*iv*) पश्यन्ति।

(द) रामेण सर्पः ....

(*i*) हनयते (*ii*) हनयति (*iii*) हन्यते (*iv*) हन्ति।

(ध) .... *नृपः सेव्यते*

(*i*) सेवकेन (*ii*) सेवकम् (*iii*) सेवकः (*iv*) सेवकाय।

(न) *शिशुना दुग्धं* ....

(*i*) पिबति (*ii*) पीयते (*iii*) पिबन्ति (*iv*) पीयति।

5

समय-लेखनम्

(WRITING THE TIME)

ऊँ सह नाववतु। सह नौ भुनक्तु।
सह वीर्यं करवावहै। तेजस्विनावधीतमस्तु मा विद्विषावहै।
ऊँ शान्तिः शान्तिः शान्तिः।।

घटिकाचित्रसाहाय्येन समय-लेखनम्

(सामान्य-सपाद-सार्ध-पादोन)

एक व्यक्ति जिसके पास घड़ी नहीं होती है दूसरे से मिलता है जिसके पास घड़ी होती है तो सामान्य रूप से यह प्रश्न पूछता है कि क्या बजा है अथवा क्या समय है–कः समयः? इदानीं कः समयः? (अब क्या समय है?) भवतः घटिकायां कः समयः? (आपकी घड़ी में क्या समय है?) भवतः घटिकायां किं वादनम्? (आपकी घड़ी में क्या बजा है?) इस प्रकार के प्रश्न रहते हैं।

अब मान लीजिए घड़ी में एक, दो, तीन, चार, पाँच, छः, सात, आठ, नौ, दस, ग्यारह अथवा बारह बजे हैं तो उत्तर देने वाला कहता है–इदानीम् एकवादनम्, द्विवादनम्, त्रिवादनम्, चतुर्वादनम्, पञ्चवादनम्, षड्वादनम्, सप्तवादनम्, अष्टवादनम्, नववादनम्, दशवादनम्, एकादशवादनम्, द्वादशवादनम् वा।

आगे चित्र में स्पष्ट किया गया है–

एकवादनम्

द्विवादनम्

त्रिवादनम्

चतुर्वादनम्

पञ्चवादनम्

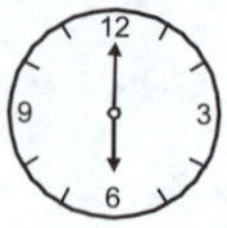

षड्वादनम्

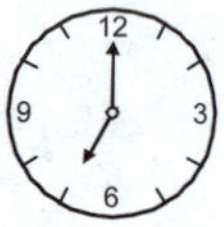

सप्तवादनम्

अष्टवादनम्

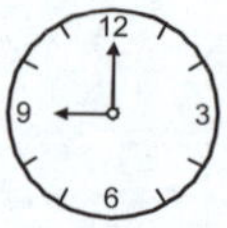

नववादनम्

दशवादनम्

एकादशवादनम्

द्वादशवादनम्

घटिका-चित्रम् **घटिका-चित्रम्**

सामान्य (पूर्ण)

सुचित्रा प्रातः **पञ्चवादने** उत्तिष्ठति।
(सुचित्रा प्रातः पाँच बजे उठती है।)

सा **नववादने** विद्यालयं गच्छति।
(वह नौ बजे विद्यालय जाती है।)

सपाद (सवा)

रमा **सपाद-एकादशवादने** लग्नम् अलिखत्।
(रमा ने सवा ग्यारह बजे लग्न लिखा।)

सा **सपादसप्तवादने** गृहकार्यं करोति।
(वह सवा सात बजे घर का काम करती है।)

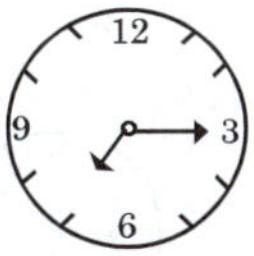

त्वं **सपादद्विवादने** भ्रमणाय गच्छति।
(तुम सवा दो बजे भ्रमण के लिए जाते हो।)

सा **सपादाऽष्टवादने** भोजनं करोति।
(वह सवा आठ बजे भोजन करती है।)

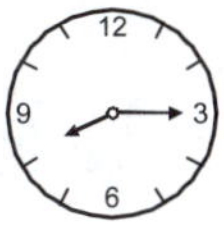

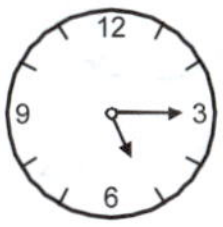

लता **सपादपञ्चवादने** क्रीडति।
(लता सवा पाँच बजे खेलती है।)

देवः **सपादषड्वादने** धावति।
(देव सवा छह बजे दौड़ता है।)

सार्ध (साढ़े)

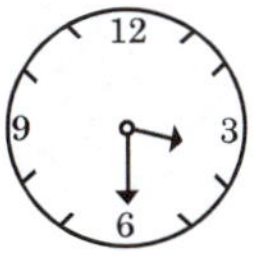

कृष्णा **सार्धत्रिवादने** विद्यालयात् आगच्छति।
(कृष्णा साढ़े तीन बजे विद्यालय से आती है।)

सा **सार्धषड्वादने** मन्दिरं गच्छति।
(वह साढ़े छः बजे मन्दिर जाती है।)

त्वं **सार्धपञ्चवादने** विद्यालयं गच्छति।
(तुम साढ़े पाँच बजे स्कूल जाते हो।)

त्वं **सार्धनववादने** भोजनं करोषि।
(तुम साढ़े नौ बजे भोजन करते हो।)

त्वं सार्ध**दशवादने** पठसि।
(तुम साढ़े दश बजे पढती हो।)

त्वं **सार्धैकादशवादने** लिखसि।
(तुम साढ़े ग्यारह बजे लिखती हो।)

पादोन (पौने)

विमला **पादोनदशवादने** शयनं करोति।
(विमला पौने दस बजे सोती है।)

सा प्रातः **पादोनद्विवादने** स्वप्नं पश्यति।
(वह प्रातः पौने दो बजे स्वप्न देखती है।)

पादोनत्रिवादने अहं क्रीडामि।
(पौने तीन बजे मैं खेलता हूँ।)

पादोन**सप्तवादने** अहं पठामि।
(पौने सात बजे मैं पढ़ता हूँ।)

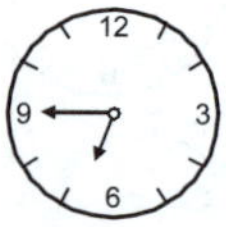

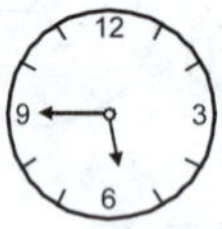

पादोन**षड्वादने** अहं चायं पिबामि।
(पौने छह बजे मैं चाय पीता हूँ।)

पादोनपञ्चवादने अहं फलानि खादामि।
(पौने पाँच बजे मैं फल खाता हूँ।)

एक चौथाई भाग (¼) को **पाद** तथा आधे (½) को **अर्ध** कहते हैं।

- *दिनचर्या के विषय में सामान्य प्रश्न होते हैं। यथा–*

त्वं कदा उत्तिष्ठसि? (तुम कब उठते हो?)
त्वं कदा भ्रमणाय गच्छसि? (तुम कब सैर के लिए जाते हो?)
त्वं कदा स्नानं करोषि? (तुम कब स्नान करते हो?)
त्वं कदा व्यायामं करोषि? (तुम कब व्यायाम करते हो?)
त्वं कदा अल्पाहारं करोषि? (तुम कब अल्पाहार करते हो?)
त्वं कदा विद्यालयं गच्छसि? (तुम कब विद्यालय में जाते हो?)
त्वं कदा विद्यालयात् आगच्छसि? (तुम कब विद्यालय से आते हो?)
त्वं कदा भोजनं करोषि? (तुम कब भोजन करते हो?)
त्वं कदा शयनं, विश्रामं वा करोषि? (तुम कब शयन या विश्राम करते हो?)
त्वं कति वादनतः कदापर्यन्तं क्रीडसि? (तुम कब से कब तक खेलते हो?)
त्वं कति वादनतः कदापर्यन्तं गृहकार्यं करोषि? (तुम कब से कब तक गृहकार्य करते हो?)
त्वं रात्रौ कदा भोजनं करोषि? (तुम रात में कब भोजन करते हो?)
त्वं कति वादनतः कदापर्यन्तम् अध्ययनं करोषि? (तुम कब से कब तक अध्ययन करते हो?)
त्वं कति वादने शयनाय गच्छसि? (तुम कितने बजे सोने के लिए जाते हो?)

इन प्रश्नों के उत्तर देते समय सवा, साढ़े तथा पौने का उल्लेख भी करना पड़ता है? संस्कृत में सवा को **सपाद** (स + पाद), साढ़े को **सार्ध** (स + अर्ध) तथा पौने को **पादोन** (पाद + ऊन) शब्द से कहा जाता है। जैसे–

अब सवा चार बजे हैं। *अधुना **सपादचतुर्वादनम्** अस्ति।*
अब साढ़े चार बजे हैं। *अधुना **सार्धचतुर्वादनम्** अस्ति।*
अब पौने चार बजे हैं। *अधुना **पादोनचतुर्वादनम्** अस्ति।*

- घड़ी को देखकर लिखो, अनिल, रमा और सुधा कब-कब उठते हैं–

अनिलः

अनिलः कदा उत्तिष्ठति?
(अनिल कब उठता है?)
अनिलः सार्धचतुर्वादने उत्तिष्ठति।
(अनिल साढ़े चार बजे उठता है।)

रमा

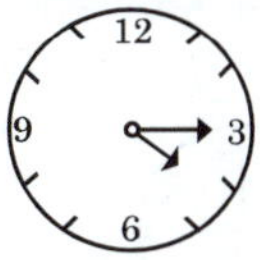

रमा कदा उत्तिष्ठति?
(रमा कब उठती है?)
रमा सपादचतुर्वादने उत्तिष्ठति।
(रमा सवा चार बजे उठती है।)

सुधा

सुधा कदा उत्तिष्ठति?
(सुधा कब उठती है?)
सुधा पादोनपञ्चवादने उत्तिष्ठति।
(सुधा पौने पाँच बजे उठती है।)

- घड़ी को देखकर लिखो, राकेश, मदन और पंकज कब-कब भ्रमण के लिए जाते हैं–

राकेशः

राकेशः कदा भ्रमणाय गच्छति?
राकेशः पञ्चवादने भ्रमणाय गच्छति।
(राकेश पाँच बजे सैर को जाता है।)

मदनः

मदनः कदा भ्रमणाय गच्छति?
मदनः सार्धपञ्चवादने भ्रमणाय गच्छति।
(मदन साढ़े पाँच बजे सैर को जाता है।)

पङ्कजः

पङ्कजः कदा भ्रमणाय गच्छति?
पङ्कजः सपादपञ्चवादने भ्रमणाय गच्छति।
(पंकज सवा पाँच बजे सैर को जाता है।)

- घड़ी को देखकर बताओ तुम्हारा मित्र आनन्द कब व्यायाम करता है, राजेश कब स्नानादि करता है तथा देवदत्त कब नाश्ता करता है?

आनन्दः

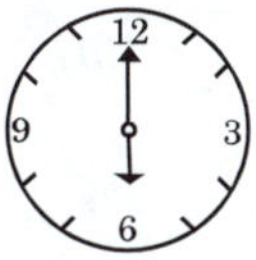

आनन्दः कदा व्यायामं करोति?
आनन्दः षड्वादने व्यायामं करोति।

राजेशः

राजेशः कदा स्नानादिकं करोति?
राजेशः सार्धषड्वादने स्नानादिकं करोति।

देवदत्तः

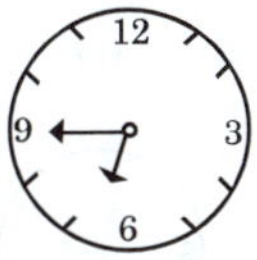

देवदत्तः कदा प्रातराशं करोति?
देवदत्तः पादोनसप्तवादने प्रातराशं करोति।

- अब बताइए, लता कब विद्यालय जाती है? मोहिनी कब विद्यालय से आती है? शीला कब भोजन करती है?

लता

लता सार्धसप्तवादने विद्यालयं गच्छति।
(लता साढ़े सात बजे विद्यालय जाती है।)

मोहिनी

मोहिनी सार्धैकवादने विद्यालयात् आगच्छति।
(मोहिनी डेढ़ बजे विद्यालय से आती है।)

शीला

शीला सार्धद्विवादने भोजनं करोति?
(शीला ढाई बजे भोजन करती है।)

- किशोर चार से छः बजे तक खेलता है। वह रात को साढ़े नौ बजे तक गृहकार्य करता है तथा दस बजे सो जाता है।

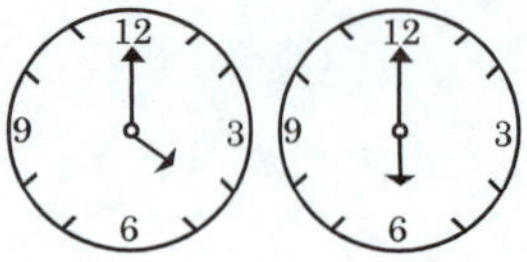

किशोरः चतुर्वादनतः षड्वादन-पर्यन्तं क्रीडति। सः सार्धनववादनं यावत् गृहकार्यं करोति। सः दशवादने शयनाय गच्छति।

अन्य-वाक्यानि

(*i*)

(*ii*)

(*iii*)

(*iv*)

(*v*)

आपको दो बजे अवश्य जाना है। — भवता द्विवादने अवश्यं गन्तव्यम् अस्ति। (*i*)
ठीक तीन बजे बस छूटती है। — त्रिवादने एकं बसयानं गच्छति। (*ii*)
क्या तुम पौने छः बजे मिलोगे। — किं त्वं पादोन-षड्वादने मेलिष्यसि? (*iii*)
मैं साढ़े पाँच बजे घर पर ही रहता हूँ। — अहं सार्धपञ्चवादने गृहे एव तिष्ठामि। (*iv*)
संस्कृत-वार्ता-प्रसार कब होता है? — संस्कृतवार्ताप्रसारः कदा भवति?
संस्कृतवार्ताप्रसार सायं छः बजे होता है। — संस्कृतवार्ताप्रसारः सायं षड्वादने भवति। (*v*)

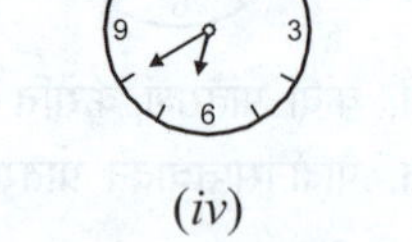
(*i*)

(*ii*)

(*iii*)

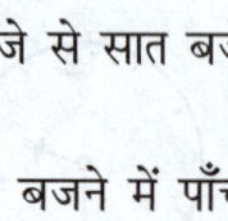
(*iv*)

ढाई घण्टे का कार्यक्रम है। — सार्धद्विघण्टात्मकः कार्यक्रमः।
क्या दस बज गए? — किम् दशवादनम् जातम्?
मैं छः बजे से सात बजे तक योगासन करता हूँ। — अहं षड्वादनतः सप्तवादनपर्यन्तं योगासनं करोमि।
(*i*)
अब तीन बजने में पाँच मिनट हैं। — अधुना पञ्चन्यूनत्रिवादनम् अस्ति। (*ii*)
अब चार बजकर दस मिनट हैं। — अधुना दशाधिकचतुर्वादनम् अस्ति। (*iii*)
अब छः बजकर चालीस मिनट हैं। — अधुना चत्वारिंशदधिकषड्वादनम् अस्ति। (*iv*)

अभ्यासप्रश्नाः

प्रश्नः– रिक्तस्थानानां पूर्तिः मञ्जूषायाः अवचित्य उचितपदैः कुरुत–

प्रातः अहं *(i)*...................... उत्तिष्ठामि। उत्थाय अहं *(ii)*...................... भ्रमणाय गच्छामि। अहं *(iii)*...................... तः *(iv)*...................... पर्यन्तं विद्यालये तिष्ठामि। अहं मध्याह्ने *(v)*...................... वादने भोजनं करोमि। तदनन्तरं *(vi)*...................... तः *(vii)*...................... पर्यन्तं विश्रामं करोमि। *(viii)*...................... तः *(ix)*...................... पर्यन्तं गृहकार्यं करोमि। *(x)*...................... तः *(xi)*...................... पर्यन्तं क्रीडामि। *(xii)*...................... .... रात्रिभोजनं करोमि। रात्रौ *(xiii)*...................... तः *(xiv)*...................... पर्यन्तम् अध्ययनं कृत्वा *(xv)*...................... शयनाय गच्छामि।

मञ्जूषा

पञ्चवादने, दशवादने, सपादपञ्चवादने, अष्टवादन, सार्धनववादन, सप्तवादन, एकवादन, सार्धैकवादने, द्विवादन, चतुर्वादन, सार्धचतुर्वादन, षड्वादन, अष्टवादने, सार्धषड्वादन, सार्धसप्तवादन।

I. घटिकायन्त्रं दृष्ट्वा समयं संस्कृतेन लिखतु।

(क) अहं .... वादने क्रीडामि।

(ख) अहं .... वादने पठामि।

(ग) अहं .... चायं पिबामि।

(घ) त्वं .... वादने किं करोषि?

(ङ) त्वं .... वादने अल्पाहारं करोषि।

(च) त्वं .... वादने चायपानं करोषि।

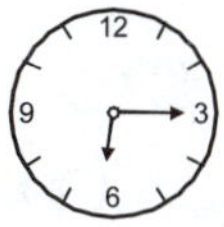

(छ) देवः .... वादने लेखं लिखति।

(ज) देवः ·············· वादने नृत्यं करोति। 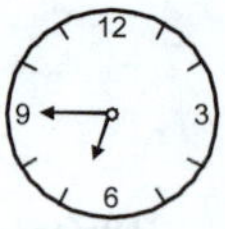

(झ) देवः ·············· वादने भोजनं करोति। 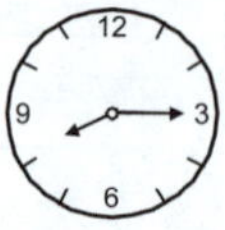

(ञ) देवः ·············· वादने शयनं करोति। 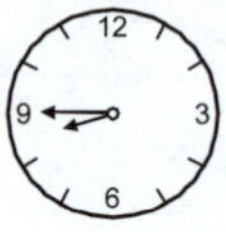

II. घटिकां दृष्ट्वा मञ्जूषातः शुद्धम् उत्तरं चित्वा लिखतु।

(क) ·············· वादने माता स्नानं करोति। 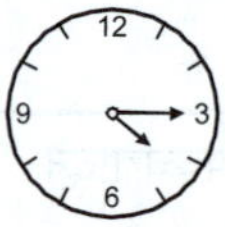

(ख) ·············· वादने लता तण्डुलान् पचति। 

(ग) ·············· वादने देवः तण्डुलान् खादति। 

(घ) ·············· वादने सः प्रार्थनां करोति। 

(ङ) ·············· वादने लता क्रीडति। 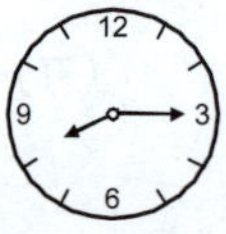

(च) ·············· वादने देवः विद्यालयं गच्छति। 

(छ) ·············· वादने देवः गणितं पठति। 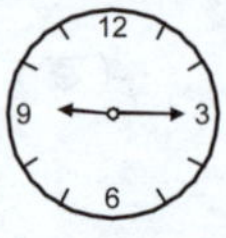

(ज) ·············· वादने देवः संस्कृतं पठति। 

(झ) ·············· वादने देवः लेखं लिखति। 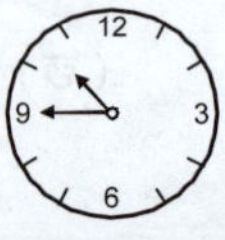

(ञ) .... वादने देवः विज्ञानं पठति। 

मञ्जूषा

सार्धाऽष्ट, सार्धैकादश, पादोनैकादश, दश, सपादनव, सपादषड्, सार्धपञ्च, सपादचतुर्, पादोनषड्, सपादाऽष्ट

III. घटिकां दृष्ट्वा मञ्जूषातः शुद्धम् उत्तरं चित्वा लिखत।

(क) .... वादने अहं उत्तिष्ठामि। 

(ख) .... वादने अहं शौचार्थं गच्छामि। 

(ग) .... वादने अहं दन्तधावनं करोमि। 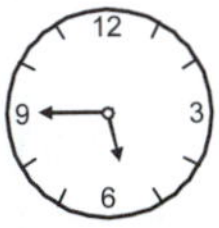

(घ) .... वादने अहं भ्रमणाय गच्छामि। 

(ङ) .... वादने अहं व्यायामं करोमि। 

(च) .... वादने अहं गृहम् आगच्छामि। 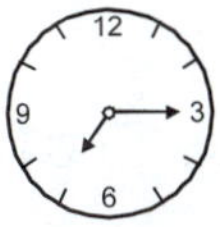

(छ) .... वादने अहं स्नानं करोमि। 

(ज) .... वादने अहं प्रार्थनां करोमि। 

(झ) .... वादने अहं भोजनं करोमि। 

(ञ) .... वादने अहं विद्यालयं गच्छामि। 

मञ्जूषा

सपादषड्, षड्, सपादपञ्च, सार्धपञ्च, पादोनषड्, नव, सार्धाष्ट, सपादसप्त, पादोनाष्ट, सपादाष्ट

IV. घटिकायन्त्रं दृष्ट्वा समयं लिखत।

(क) .... वादने अतिथिः आगतः।

(ख) .... वादने दीपप्रज्वलनम्।

(ग) .... वादने सरस्वतीवन्दना।

(घ) .... वादने प्रतियोगिता।

(ङ) .... वादने श्लोकोच्चारणम्।

(च) .... वादने पुरस्कारवितरणम्।

(छ) .... वादने धन्यवादप्रदर्शनम्।

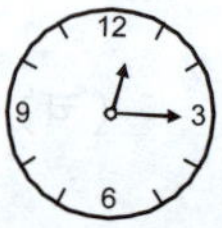

(ज) .... वादने चायपानम्।

पूर्वपरीक्षाणां प्रश्नाः

1. अधोलिखितेषु वाक्येषु अङ्कानां स्थाने संस्कृतसंख्यापदानि लिखत। (*CBSE 2014*)

(*i*) रविवारे अहं ....(8.00) वादने उत्तिष्ठामि।

(*ii*) ....(9.15) वादने क्रिकेटखेलनाय बहिः गच्छामि।

(*iii*) ....(10.30) वादने गृहम् आगच्छामि।

(*iv*) ....(10.45) वादने प्रातराशं करोमि।

2. अधोलिखितेषु वाक्येषु अङ्कानां स्थाने संस्कृतसंख्यापदानि लिखत। *(CBSE 2014)*

(*i*) 7.30 .... वादने समागतानाम् अतिथीनां स्वागतम् जलपानं च।

(*ii*) 8.00 .... वादने संगीतसमारोहस्य आरम्भः।

(*iii*) 9.15 .... वादने महात्मनाम् उपदेशः।

(*iv*) 11.45 .... वादने प्रीतिभोजः।

3. अधोलिखितेषु वाक्येषु अङ्कानां स्थाने संस्कृतसंख्यापदानि लिखत। *(CBSE 2014)*

(*i*) अहं प्रतिदिनं प्रातः (5.00) .... उत्तिष्ठामि।

(*ii*) (5.30) .... च भ्रमणाय गच्छामि।

(*iii*) तत्पश्चात् (7.45) .... विद्यालयं गच्छामि।

(*iv*) सायं (5.15) .... मित्रैः सह क्रीडामि।

4. अधोलिखितेषु वाक्येषु अङ्कानां स्थाने संस्कृतसंख्यापदानि लिखत। *(CBSE 2014)*

(*i*) प्रातः हिन्दी भवने .... (10.00) वादने दीप-प्रज्वालनम्।

(*ii*) प्रातः .... (10.30) वादने भाषणानि।

(*iii*) प्रातः .... (11.15) वादने संस्कृतश्लोकोच्चारण प्रतियोगिता।

(*iv*) मध्याह्ने .... (1.45) वादने पुरस्कार वितरण-समारोहः।

5. अधोलिखितेषु वाक्येषु अङ्कानां स्थाने संस्कृतसंख्यापदानि लिखत। *(CBSE 2014)*

(*i*) रजतः अपराह्ने 2.30 .... वादने विद्यालयात् आगच्छति।

(*ii*) ऋत्विक् 2.45 .... वादने विद्यालयात् आगच्छति।

(*iii*) रजतः 4.00 .... वादने क्रीडितुम् गच्छति।

(*iv*) ऋत्विक् सायं 5.15 .... वादने क्रीडितुम् गच्छति।

6. अधोलिखितेषु वाक्येषु अङ्कानां स्थाने संस्कृतसंख्यापदानि लिखत। *(CBSE 2014)*

(*i*) अहम् प्रातः 5.30 .... वादने उत्तिष्ठामि।

(*ii*) उत्थाय 5.45 .... वादने दन्तधावनम् करोमि।

(*iii*) 6.00 .... वादने व्यायामं करोमि।

(*iv*) 7.15 .... वादने स्नानम् करोमि। ततः विद्यालयम् गच्छामि।

7. भवान् शीतावकाशे दिल्लीतः प्रयागराजम् गन्तुम् इच्छति, तत्र किं किं रेलयानं कतिवादने गच्छति? इति संस्कृतपदैः लिखत। *(CBSE 2016, 2017)*

(*i*) पुरी एक्सप्रेस यात्रम् 6:45 .... वादने प्रातः।

(*ii*) कालकामेल 8:00 .... वादने प्रातः।

(*iii*) दिल्ली हाबड़ा जनता एक्सप्रेस 3:30 .... अपराह्ने।

(*iv*) प्रयागराज एक्सप्रेस 9:15 .... रात्रौ।

8. विद्यालयस्य समयसारिण्याम् अधोलिखिते कार्यक्रमे अङ्कानां स्थाने संस्कृतपदैः समयं लिखत। *(CBSE 2016, 2017)*

(*i*) प्रातः 7:30 .... वादने प्रार्थना-सभाभवति।

(*ii*) प्रातः 10:15 .... वादने अर्धावकाशः भवति।

(*iii*) मध्याह्ने 12:45 .... वादने क्रीडा भवति।

(*iv*) मध्याह्ने 2:00 .... वादने पूर्णावकाशः भवति।

9. अधोलिखितदिनचर्यायां रिक्तस्थानानि कालबोधकशब्दैः पूर्यन्ताम्। (*CBSE 2018*)

(*i*) मम भ्राता प्रातः <u>5.00</u> .... भ्रमणार्थं गच्छति।

(*ii*) अहं प्रातः <u>8.30</u> .... कार्यालयं गच्छामि।

(*iii*) तव माता मध्याह्ने <u>2.00</u> .... विद्यालयात् आगच्छति।

(*iv*) मम जनकः सायं <u>7.30</u> .... गृहं प्राप्नोति।

10. अधोलिखित-दिनचर्यायां रिक्तस्थानानि संस्कृतकालबोधकशब्दैः पूरयत। (केवलं प्रश्नचतुष्टयम्) (*CBSE 2019*)

(*i*) अहं सायंकाले 4.30 .... वादने क्रीडामि।

(*ii*) 5.00 .... वादने क्रीडाङ्गणात् गृहम् आगच्छामि।

(*iii*) 7.15 .... वादने भोजनम् करोमि।

(*iv*) 9.45 .... वादनं पर्यन्तम् अध्ययनं करोमि।

(*v*) 10.00 .... वादने शयनं करोमि।

11. अधोलिखितदिनचर्यायां रिक्तस्थानानि कालबोधकशब्दैः पूरयत। (केवलं प्रश्नचतुष्टयम्) (*CBSE 2020*)

(*i*) विकासः प्रातः 9.30 .... वादने विद्यालयं गच्छति।

(*ii*) सः नित्यं 7:15 .... वादने भ्रमणाय गच्छति।

(*iii*) गौरवः प्रातः 8:00 .... वादने पूजां करोति।

(*iv*) सुरभिः सायं 5:30 .... वादने भ्रमति।

(*v*) देवदत्त रात्रौ 9:45 .... वादने वार्तां शृणोति।

बहुविकल्पीयप्रश्नाः

Set-1

1. अङ्कानां स्थाने समयलेखनं कुरुत।

(*i*) *9.15 वादने भोजनं करोमि।*

(क) सार्धनव० (ख) सार्धदश० (ग) सपादनव० (घ) सपाददश०।

(*ii*) *7.30 वादने स्नानं करोमि।*

(क) सार्धाष्ट० (ख) सार्धसप्त० (ग) सार्धदश० (घ) सपादनव०।

2. अङ्कानां स्थाने समयलेखनं कुरुत।

(*i*) *5.00 वादनम्।*

(क) पञ्च० (ख) पादोनपञ्च० (ग) सपादपञ्च० (घ) सार्धपञ्च०।

(*ii*) *6.00 वादनम्।*

(क) पादोनषड्० (ख) षड्० (ग) सार्धषड्० (घ) सपादषड्०।

3. घटिकां दृष्ट्वा समयं लिखत।

(*i*) *4.15 .... वादने भ्रमणाय गच्छति।*

(क) सपादचतुर्० (ख) सार्धचतुर्०

(ग) सपादपञ्च० (घ) पादोनचतुर्०।

(*ii*) *6.15 .... वादने व्यायामं करोति।*

(क) सार्धषड्० (ख) सपादषड्०

(ग) सार्धसप्त० (घ) सपादसप्त०

4. विद्यालयस्य समयसारिणीं समयवाचकैः पदैः पूरयित्वा लिखत।

(*i*) *8.15 वादने ईशवन्दनम्।*

(क) सपादाऽष्ट० (ख) सार्धाऽष्ट० (ग) पादोनाऽष्ट० (घ) सार्धनव०।

(*ii*) *8.30 वादने पाठ स्मरणम्।*

(क) पादोनाऽष्ट० (ख) सार्धाऽष्ट० (ग) सार्धनव० (घ) सपादाऽष्ट०।

5. अङ्कानां स्थाने संस्कृतपदेषु समयं लिखत।

(*i*) *4.30 वादने प्रातः उत्थायनम्।*

(क) सार्धचतुर्० (ख) पादोनचतुर्० (ग) सपादपञ्च० (घ) सार्धपञ्च०।

(*ii*) *5.00 वादने शौच निवृत्तिः।*

(क) अष्ट० (ख) पञ्च० (ग) सप्त० (घ) षड्०।

6. घटिकां दृष्ट्वा समयं लिखत।

(*i*) *3.00 .... वादने विश्रामः।*

(क) त्रि० (ख) चतुर्०

(ग) पञ्च० (घ) षड्०।

(*ii*) *2.15 .... वादने चायपानम्।*

(क) सार्धद्वि० (ख) सपादद्वि०

(ग) सार्धत्रि० (घ) सपादत्रि०।

7. अङ्कानां स्थाने संस्कृतपदेषु समयं लिखत।

(*i*) *5.30 वादने देवः उत्तिष्ठति*

(क) सार्धपञ्च० (ख) सपादपञ्च० (ग) पादोनपञ्च० (घ) सार्धषड्०।

(*ii*) *5.45 वादने देवः शौचं करोति।*

(क) सार्धपञ्च० (ख) पादोनषड्० (ग) सार्धषड्० (घ) सपादषड्०।

8. अङ्कानां स्थाने संस्कृतपदेषु समयं लिखत।

(*i*) *5.00 वादने त्वं भोजन करोषि।*

(क) पञ्च० (ख) पादोनपञ्च० (ग) सपादपञ्च० (घ) सपादपञ्च०।

(*ii*) *इदानीं 4.30 वादनं जातम्।*

(क) सपादचतुर्० (ख) सार्धचतुर्० (ग) पादोनचतुर्० (घ) सार्धपञ्च०।

9. अङ्कानां स्थाने संस्कृतपदेषु समयं लिखत।

(*i*) *देवः 1.30 वादने अल्पाहारं करोति।*

(क) सार्द्धैक० (ख) सार्द्धद्वि० (ग) पादोनैक० (घ) सपादैक०।

(*ii*) *त्वं 9.15 वादने शयनाय गच्छसि।*

(क) सार्धनव० (ख) सपादनव० (ग) सपाददश० (घ) पादोननव०।

10. अङ्कानां स्थाने संस्कृतपदेषु समयं लिखत।

(*i*) *प्रातः 7.00 वादने प्रार्थना भवति।*

(क) सप्त० (ख) सपादसप्त० (ग) सार्धसप्त० (घ) पादोनसप्त०।

(*ii*) *प्रातः 12.00 वादने अर्धावकाशः भवति।*

(क) सार्धद्वादश० (ख) द्वादश० (ग) पादोनद्वादश० (घ) एकादश०।

11. अङ्कानां स्थाने संस्कृतपदेषु समयं लिखत।

(*i*) *7.00 वादने अतिथिः आगच्छत्।*

(क) सप्त० (ख) सपादाऽष्ट० (ग) सपादसप्त० (घ) पादोनसप्त०।

(*ii*) *7.30 वादने जलपानम् अभवत्।*

(क) पादोनसप्त० (ख) सार्धसप्त० (ग) पादोनाऽष्ट० (घ) सपादसप्त०।

Set-2

I. घटिकायन्त्रस्य साहाय्येन उचितं विकल्पं चित्वा लिखत।

(क) .... *वादने पठामि*

(*i*) पञ्च (*ii*) सप्त

(*iii*) दश (*iv*) अष्ट।

(ख) .... *वादने लिखामि*

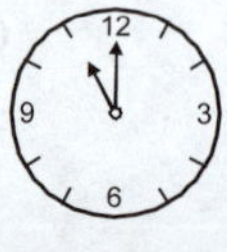

(*i*) अष्ट (*ii*) एकादश

(*iii*) नव (*iv*) दश।

(ग) .... वादने भ्रमणाय गच्छामि

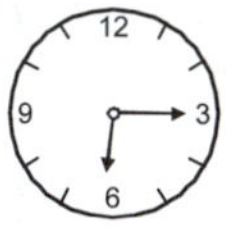

(i) पादाऽष्ट (ii) षड्

(iii) सपादषड् (iv) पादोनषड्।

(घ) .... वादने शयनाय गच्छामि

(i) सप्त (ii) नव

(iii) अष्ट (iv) दश।

(ङ) .... वादने प्रार्थनां करोमि

(i) पादोनसप्त (ii) सप्त

(iii) सपादसप्त (iv) पादोनषड्।

II. शुद्धम् उत्तरं चित्वा लिखत।

(क) *11.15 वादनम्* = ...

(i) सपाददश (ii) पादोनदश

(iii) पादोनद्वादश (iv) सपादैकादश।

(ख) *10.45 वादनम्* = ...

(i) पादोनैकादश (ii) दश

(iii) सपादैकादश (iv) एकादश।

(ग) *10.30 वादनम्* = ...

(i) सार्धनव (ii) सार्धैकादश

(iii) सार्धदश (iv) सार्धषड्।

(घ) *9.15 वादनम्* = ...

(i) सपादनव (ii) पादोनदश

(iii) सपाददश (iv) पादोननव।

(ङ) *06.30 वादनम्* = ...

(i) षड् (ii) सार्धषड्

(iii) सप्त (iv) सार्धसप्त।

(च) *07.45 वादनम्* = ...

(i) पादोनाऽष्ट (ii) सपादाऽष्ट (iii) पादोनसप्त (iv) सपादसप्त।

(छ) *02.30 वादनम्* = ...

(i) द्वि (ii) सार्धद्वि (iii) त्रि (iv) सार्धत्रि।

(ज) *03.15 वादनम्* = ...

(i) सपादचतुर् (ii) पादोनत्रि

(iii) सार्धत्रि (iv) सपादत्रि।

(झ) *04.45 वादनम्* = ...

(*i*) सपादपञ्च (*ii*) सपादचतुर् (*iii*) पादोनपञ्च (*iv*) सार्धचतुर्।

(ञ) *04.15 वादनम्* = ...

(*i*) पादोनचतुर् (*ii*) सपादचतुर् (*iii*) पादोनपञ्च (*iv*) सपादपञ्च।

III. घटिकां दृष्ट्वा उचितं विकल्पं चित्वा लिखत।

(क) *देवः .... वादने स्नानं करोति।*

(*i*) सपाद्षड् (*ii*) षड्

(*iii*) पादोनसप्त (*iv*) सपादसप्त।

(ख) *सः .... वादने भोजनं करोति।*

(*i*) सपादसप्त (*ii*) सपादषड्

(*iii*) सार्धसप्त (*iv*) सार्धषड्।

(ग) *श्यामः .... वादने पाठं पठति।*

(*i*) पादोननव (*ii*) पादोनाष्ट

(*iii*) सपादाऽष्ट (*iv*) सपादनव।

(घ) *लता .... वादने भोजनं पचति।*

(*i*) पादोननव (*ii*) सपादनव

(*iii*) पादोनदश (*iv*) सपाददश।

(ङ) *अहं .... वादने चायपानं करोमि।*

(*i*) पादोनदश (*ii*) सार्धनव

(*iii*) सपादाष्ट (*iv*) सार्धदश।

6

अव्यय-प्रयोगः

(USE OF INDECLINABLES)

> *समुद्रवसने देवि, पर्वतस्तनमण्डले।*
> *विष्णुपत्नि नमोस्तुभ्यं/पादस्पर्शं क्षमस्व मे।।*

जो शब्द तीनों लिंगों में, सब विभक्तियों में एवं सब वचनों में एक समान रहते हैं तथा जिनमें कोई परिवर्तन नहीं होता, वे शब्द अव्यय कहलाते हैं। जैसे–शनैः, उच्चैः, नीचैः इत्यादि।

अभ्यासार्थ कुछ अव्यय, उनके अर्थ और प्रयोग नीचे लिखे गए हैं। अव्ययों के अर्थों को ध्यान से पढ़ें। अर्थ जाने बिना इनका वाक्यों में प्रयोग करना सम्भव नहीं। रिक्त स्थानों में उचित अव्यय भरते समय अव्ययों के अर्थों का ज्ञान सहायक होता है। अर्थज्ञान की सहायता से रिक्त स्थानों में उचित वही अव्यय भरें–

Set-I

1. उच्चैः–*(ऊँचे, जोर से, Loudly)*

1. श्येनः **उच्चैः** उड्डयति। (बाज ऊँचा उड़ता है।)
2. जाले पतितेन सिंहेन ………… रुदितम्। (जाल में फँसा हुआ सिंह जोर से चिल्लाया।)
3. ………… पाठं पठ। (ऊँचे स्वर में पाठ पढ़।)
4. ………… स्वरेण गीतं गायत। (ऊँचे स्वर में गीत गाओ।)
5. ………… मा हस। (ऊँचे स्वर से मत हँसो।)
6. ये घनाः ………… गर्जन्ति ते न वर्षन्ति। (जो बादल उच्च स्वर से गरजते हैं वे बरसते नहीं।)
7. ………… शंखनादः कर्त्तव्यः। (ऊँचे स्वर से शंखनाद करना चाहिए।)

2. च–*(और, And)*

1. रामः **च** श्यामः विद्यालयं गच्छतः। (राम और श्याम विद्यालय जाते हैं।)
2. माता ………… पिता आपणं गच्छतः। (माता और पिता बाजार जाते हैं।)
3. रीता ………… लता वार्तालापं कुरुतः। (रीता और लता वार्तालाप करती हैं।)
4. मोहन ………… सोहनः मित्रे स्तः। (मोहन और सोहन मित्र हैं।)

3. श्वः–*(आने वाला कल, Tomorrow)*

1. **श्वः** अहम् इन्द्रप्रस्थं गमिष्यामि। (कल मैं इन्द्रप्रस्थ जाऊँगा।)
2. ………… अहं विद्यालयं न गमिष्यामि। (कल मैं विद्यालय में नहीं जाऊँगा।)
3. ………… अस्माकं परीक्षा भविष्यति। (कल हमारी परीक्षा होगी।)
4. अद्य शनिवारः अस्ति ………… रविवारः भविष्यति। (आज शनिवार है कल रविवार होगा।)

5. ………… अवकाशो नास्ति। (कल छुट्टी नहीं है।)
6. ………… अवकाशो भविष्यति। (कल छुट्टी होगी।)
7. ………… किम् भविष्यति इति कोऽपि न जानाति। (कल क्या होगा, यह कोई नहीं जानता।)

4. ह्यः– *(बीता हुआ कल, Yesterday) ह्यः म गेहे उत्सवः आसीत् (कल मेरे घर में उत्सव था।)*

1. **ह्यः** रात्रौ मया एकः स्वप्नः दृष्टः। (कल रात मैंने एक सपना देखा था।)
2. ………… सुरेशः ग्रामाद् आगतः। (सुरेश कल गाँव से आया था।)
3. ………… असौ गृहे न आसीत्। (कल वह घर पर नहीं था।)
4. ………… अहं विद्यालयं न अगच्छम्। *अथवा* अहं विद्यालयं ह्यः न अगच्छम्। (कल मैं विद्यालय नहीं गया।)
5. तव कार्यालये ………… अवकाशः आसीत्। (तुम्हारे कार्यालय में कल अवकाश था।)
6. ………… शनिवासरः आसीत्। (कल शनिवार था।)
7. **ह्यः** मम गेहे उत्सवः आसीत्। (कल मेरे घर में उत्सव था।)

5. अद्य– *(आज, Today)*

1. अहम् **अद्य** विद्यालयं गच्छामि। (मैं आज विद्यालय जाता हूँ।)
2. त्वम् ………… आपणं न गच्छसि। (तुम आज बाजार नहीं जाते हो।)
3. वयम् ………… चलचित्रं पश्यामः। (हमलोग आज चलचित्र देखते हैं।)
4. ………… वर्षा भविष्यति। (आज वर्षा होगी)।

6. अत्र-तत्र– *(यहाँ-वहाँ, here–there)*

1. **अत्र-तत्र** सः राक्षसः कुत्रापि नासीत्। (यहाँ वहाँ वह राक्षस कहीं भी नहीं था।)
2. **अत्र** अहं तां स्मरामि **तत्र** सा मां स्मरति। (यहाँ मैं उसे याद करता हूँ वहाँ वह मुझे याद करती है।)

7. यत्र-कुत्र– *(जहाँ-कहाँ, where)*

1. अहं **यत्र-कुत्र** ईश्वरम् अन्वेष्यामि। (मैं जहाँ-कहाँ ईश्वर की खोज करता हूँ)
2. ………… पाठकाः ………… पुस्तकालयः। (पाठक कहाँ होते हैं, जहाँ पुस्तकालय है।)

8. इदानीम्– *(इस समय, Now) इदानीम् अहं रामायणा पठामि (अब मैं रामायण पढ़ता हूँ)*

1. **इदानीम्** अहं भोजनं करोमि। (अब मैं भोजन करूँगा।)
2. ………… त्वं गृहं गच्छ। (अब तुम घर जाओ।)
3. ………… त्वं कार्यं कुरु। (अब तुम काम करो।)
4. ………… अहं व्यस्तोऽस्मि। (अब मैं व्यस्त हूँ।)
5. ………… भवान् पत्रं लिखतु। (अब आप पत्र लिखिए।)
6. **इदानीम्** अहं रामायणं पठामि। (अब मैं रामायण पढ़ता हूँ?)

9. अधुना– *(अब, now)*

1. **अधुना** वयं गृहं गच्छामः। (अब हम घर जाते हैं।)
2. ………… वयं पत्रं लिखामः। (अब हम पत्र लिखते हैं।)

10. सम्प्रति– *(अब, हाल ही, Now)*

1. **सम्प्रति** बालाः पाठं पठन्तु। (अब बालक पाठ पढ़ें।)
2. ………… मां शृणु। (अब मुझे सुनो।)
3. ………… देवः स्नानं करोति। (अब देव नहा रहा है।)
4. ………… वसन्तर्तुः आगतः। (अब वसन्त आ गया है।)
5. ………… शिशुः शेते। (अब बच्चा सो रहा है।)

11. साम्प्रतम्– *(अब, अभी, आजकल, Now)*

1. त्वम् **साम्प्रतम्** किं करोषि। (तुम अभी क्या करते हो?)
2. अहम् ………… अध्ययनं करोमि। (मैं आजकल अध्ययन करता हूँ।)
3. ………… बालाः पाठं पठन्तु। (अभी बालक पाठ पढ़ें।)

12. यदा– *(जब, When)*

1. **यदा**-त्वं पत्रम् न लिखसि तदा अहं लिखामि। (तुम जब पत्र नहीं लिखते हो तो मैं अवश्य लिखता हूँ।)
2. ………… सा घटना घटिता, किं **यदा** सः गृहे नासीत्। (कब वह घटना घटी, क्या जब वह घर में नहीं था।)
3. अहं **यदा** तरणतालं गच्छामि त्वमपि आयासि। (मैं जब तैरने के तालाब में जाता हूँ तब तुम भी आते हो।)

13. तदा– *(तब, Then)*

1. यदा मेघाः गर्जन्ति **तदा** मयूराः नृत्यन्ति। (जब मेघ गरजते हैं तब मोर नाचते हैं।)
2. यदा सा घटना घटिता, किं ………… सः गृहे नासीत्? (जब वह घटना घटी, क्या तब वह घर में नहीं था?)

14. कदा– *(कब, when)*

1. सूर्यग्रहणं **कदा** भविष्यति? (सूर्यग्रहण कब होगा?)
2. मम मोहः ………… नष्टः भविष्यति? (मेरा मोह कब नष्ट होगा?)

15. सहसा– *(बिना सोचे, without thinking) सहसा निर्णयः न करणीयः (अचानक निर्णय नहीं करना चाहिए।)*

1. **सहसा** विदधीत न क्रियाम्। (बिना सोचे—अचानक कोई काम नहीं करना चाहिए)
2. सः ………… तत्र आविर्भूतः। (वह अचानक वहाँ प्रगट हो गया।)
3. **सहसा** निर्णयः न करणीयः (अचानक निर्णय नहीं करना चाहिए।)

16. वृथा– *(व्यर्थ, In vain)*

1. छात्राणां **वृथा**टनं संस्कारान् हरति। (छात्रों का व्यर्थ घूमना आदतें बिगाड़ देता है।)
2. समुद्रे वृष्टिः …………। (समुद्र में वर्षा व्यर्थ है।)
3. दीने कृता दया ………… न भवति। (दीन पर की गई दया व्यर्थ नहीं होती।)
4. ………… कार्यं न कर्तव्यम्। (व्यर्थ कोई कार्य नहीं करना चाहिए।)
5. ………… विवादं न कुरु। (व्यर्थ झगड़ा न करो।)
6. विद्यां विना जीवनं ………… भवति। (विद्या के बिना जीवन व्यर्थ है।)

17. शनैः– *(धीरे-धीरे, Slowly) कच्छयः शनैः शनैः चलति (कछुआ धीरे-धीरे चलता है।)*

1. सः मत्तोऽपि **शनैः** लिखति। (वह मुझसे भी धीरे लिखता है।)
2. तस्मै निवेदय यत् ………… सर्वो विदितो भविष्यति। (उसको बता दो कि धीरे-धीरे सब विदित हो जाएगा।)
3. शशकः ………… चलति। (खरगोश धीरे चलता है।)
4. शिशुः ………… चलति। (शिशु धीरे चलता है।)
5. दुर्गमपर्वतलंघनं ………… सम्भवति। (दुर्गम पर्वत को पार करना धीरे-धीरे संभव हो जाता है।)
6. नीचैः दृष्ट्वा ………… गच्छ। (नीचे देखकर धीरे-धीरे चलो।)
7. इदं पुस्तकं ………… पठितव्यम्। (यह पुस्तक धीरे-धीरे पढ़नी चाहिए।)
8. गजः स्थूलः भवति अतएव ………… चलति। (हाथी स्थूल होता है इसलिए धीरे चलता है।)
9. वसन्ते पवनः ………… वहति। (वसन्त में वायु धीरे चलती है।)
10. कच्छपः **शनैः शनैः** चलति (कछुआ धीरे-धीरे चलता है।)

18. अपि– *(भी, also, too, in addition)*

1. सः मत्तः **अपि** शनैः लिखति। (वह मुझ से भी धीरे लिखता है।)
2. सः ग्रामं गतः, त्वम् ………… ग्रामम् गच्छ। (वह गाँव गया, तुम भी गाँव जाओ।)

3. सः न केवलं त्वाम् एव, अपितु, माम् .... अमारयत्। (उसने न केवल तुझे ही अपितु, मुझे भी मारा।)
4. .... स्वर्णमयी लंका न मे लक्ष्मण रोचते। (हे लक्ष्मण, सोने की बनी हुई भी लंका मुझे अच्छी नहीं लगती।)
5. जननी जन्मभूमिश्च स्वर्गाद् .... गरीयसी। (माता और जन्मभूमि स्वर्ग से भी बढ़कर है।)
6. .... कुशली भवान्? (क्या आप सकुशल हैं?)
7. **अपि** च, तेन .... निजः भागः गृहीतः। (इसके अतिरिक्त उसने भी अपना भाग लिया।)

19. कुतः—*(कहाँ से, किधर से, from where, whence)*

1. भवान् **कुतः** आगतः अस्ति? (आप कहाँ से आए हैं?)
2. .... पुष्पाणि आनीतानि। (फूल कहाँ से लाए हो?)
3. महिला .... जलम् आनीता (स्त्री जल कहाँ से लाई है?)
4. पुष्पैः विना उपवनस्य शोभा ....? (फूलों के बिना उपवन की शोभा कहाँ?)
5. .... आगतः भवान्? (आप कहाँ से आए हैं?)

20. इतस्ततः—*(इधर-उधर, here and there) इतस्ततः आतपे न भ्रमणीयम् (धूप में इधर-उधर नहीं घूमना चाहिए।)*

1. रात्रौ कुक्कुरा **इतस्ततः** भ्रमन्ति। (रात को कुत्ते इधर-उधर घूमते हैं।)
2. सः .... अपश्यत् परम् ऋषिः कुत्रापि नासीत्। (उसने इधर-उधर देखा, पर ऋषि कहीं भी नहीं थे।)
3. दूरदर्शने जनाः .... गच्छन्तः दृश्यन्ते। (टेलिविजन में लोग इधर-उधर जाते हुए दिखाई देते हैं।)
4. **इतस्ततः** आतपे न भ्रमणीयम्। (धूप में इधर-उधर नहीं घूमना चाहिए।)

21. यदि-तर्हि—*(यदि-तो, If-Then)*

1. **यदि** वर्षा भविष्यति **तर्हि** सुफसलं भविष्यति। (यदि वर्षा होगी तो अच्छी फसल होगी।)
2. .... त्वम् परिश्रमं करिष्यसि .... सफलं भविष्यसि। (यदि तुम परिश्रम करोगे तो सफल होओगे।)

22. यावत्-तावत्—*(जब तक-तब तक, when-then)*

1. **यावत्**स्थास्यन्ति गिरयः **तावद्**रामायणकथा लोकेषु प्रचरिष्यति।
(जब तक पर्वत रहेंगे, तब तक रामायण की कथा संसार में चलती रहेगी।)
2. **यावद्** धर्मः, ... सृष्टिः। (जब तक धर्म है तब तक संसार रहेगा।)

Set-II

(पाठ्यक्रम में नहीं हैं)*

23. इति—*(किसी के द्वारा बोले गए शब्दों का उसी प्रकार प्रयोग करने के लिए उपसंहार का द्योतक—to report the very words spoken by someone to mark conclusion)*

1. शिक्षकः अकथयत्–'तूष्णीं भव' **इति**। (शिक्षक ने कहा–चुप हो जाओ।)
2. .... मया निगदितम्। (इस प्रकार मेरे द्वारा कहा गया।)

24. इव—*(की तरह, उपमा दर्शाते हुए, like, as, showing comparison)*

1. अयं वृद्धः शिशुः **इव** व्यवहरति। (यह बूढ़ा शिशु के समान व्यवहार करता है।)
2. अयं पुरुषः कूर्मोऽङ्गानि .... सर्वशः संहरते। (यह पुरुष कछुए के समान अंगों को सब ओर से समेट लेता है।)

---

* *कृपया अपना पाठ्यक्रम जाँच लें।*

25. एव–(*ही, किसी द्वारा कहे गए विचार पर बल देने के लिए; same, used to strengthen the idea expressed by a word*)

1. हे ईश्वर! त्वम् **एव** मम बन्धुः। (हे ईश्वर! तुम ही मेरे बन्धु हो।)
2. यस्य हस्ते पुष्पाणि, सः मालाकारः ………… अस्ति। (जिसके हाथ में फूल हैं, वह माली ही है।)

26. खलु–(*निश्चय ही, अनुरोध, कभी-कभी पूरक, certainly, indeed, sometimes used as an expletive*)

1. सर्वं **खल्विदं** ब्रह्म। (यह सब निश्चय ही ब्रह्म है।)

27. चित्/चन–(*इसका प्रयोग कदा, कत् के साथ मिलकर होता है*)

कदाचित् – कभी-कभी at one time, possibility

कच्चित् – क्या—what, possibly

कदाचन – कभी-कभी at one time, once upon a time

किंचित् – कुछ थोड़ा सा, somewhat

1. **कदाचित्** सः श्वः आगच्छतु। (सम्भवतः वह कल आ जाए।)
2. सः ………… धनवान् आसीत्। (वह कभी धनी था।)

28. नूनम्–(*निश्चय ही, अवश्य, certainly, assuredly, indeed*)

1. अपराधिनः **नूनम्** असत्यं वदन्ति। (अपराधी निश्चय ही असत्य बोलते हैं।)

29. यत्-तत्–(*जो-सो, what, that*)

1. **यत्**करोषि **तत्** मदर्पणं कुरु। (जो करते हो, वह मेरे अर्पण कर दो।)

30. यत्र-तत्र–(*जहाँ-वहाँ, where–there*)

1. अहं **यत्र-तत्र** ईश्वरम् अन्वेषयामि। (मैं जहाँ-वहाँ ईश्वर की खोज करता हूँ।)
2. **यत्र** साधना, ………… सिद्धिः। (जहाँ साधना होगी, वहीं सिद्धि होगी।)
3. **यत्र** पुस्तकालयः ………… पाठकाः। (जहाँ पुस्तकालय होगा वहाँ पाठक होंगे।)

31. यथा-तथा–(*जैसा-वैसा, as–so*)

1. **यथा** राजा **तथा** प्रजाः। (जैसा राजा, वैसी प्रजा।)
2. **यथा** कर्म **तथा** फलम्। (जैसा कर्म वैसा फल।)

32. कदापि–(*कभी-कभी, कभी किसी समय, now and then, at times*)

1. सः **कदापि** मन्दिरं न गच्छति। (वह कभी मन्दिर नहीं जाता है।)
2. सः **कदापि** असत्यं न वदति। (वह कभी झूठ नहीं बोलता।)

33. किमर्थम्–(*किसलिए, क्यों, why, wherefrom, for what*)

1. त्वं ………… तपः करोषि? (तुम किसलिए तप करती हो?)
2. सः………… काशीं गतवान्? (वह किसलिए काशी गया।)

34. बहिः–(*बाहर, Outside*)

1. शब्दं श्रुत्वा चौरः **बहिः** निरगच्छत्। (आवाज सुनकर चोर बाहर निकल गया।)
2. नगराद् **बहिः** एकम् उद्यानम् अस्ति। (नगर से बाहर एक उद्यान है।)
3. नगराद् ………… वनमस्ति। (नगर से बाहर वन है।)

35. विना–(*बिना, रहित, Without*)

1. विद्यां **विना** जीवनं व्यर्थम्। (विद्या के बिना जीवन व्यर्थ है।)
2. परिश्रमेण ………… न सिध्यन्ति कार्याणि। (परिश्रम के बिना कार्य सिद्ध नहीं होते।)
3. पुत्रः मातरं ………… न स्वपिति। (बेटा माँ के बिना नहीं सो रहा है।)

36. पुरा–(*पहले, Ago*)

1. **पुरा** भारतम् अतिसमृद्धम् आसीत्। (पहले भारतवर्ष अतीव समृद्ध था।)
2. आसीत् ………… शुद्रको नाम राजा। (प्राचीन समय में शूद्रक नाम का राजा हुआ।)

37. मा–(*मत, नहीं, Don't*)

1. स्वकर्तव्यात् **मा** प्रमदः। (अपने कर्त्तव्य से प्रमाद न करो।)
2. दरिद्रान् भर कौन्तेय ………… प्रयच्छ ईश्वरे धनम्।
   (हे कुन्ती-पुत्र, गरीबों का भरण-पोषण करो, धनवान् को धन मत दो।)
3. ………… निषाद प्रतिष्ठां त्वमगमः शाश्वतीः समाः। (हे निषाद, तू अनन्त वर्षों तक प्रतिष्ठा को प्राप्त न हो।)
4. कलहं ………… कुरुत। (झगड़ा मत करो।)
5. ………… रोदनं कुरुत। (रोओ मत।)

38. यत्–(*कि, That*)

1. सः कथयति **यत्** सः सत्यं वदति। (वह कहता है कि वह सच बोल रहा है।)
2. माता ब्रूते **यत्** दशरथस्य चत्वारः पुत्राः आसन्। (माता बताती हैं कि दशरथ के चार पुत्र थे।)

39. कुत्र–(*कहाँ, Where*)

1. तव गृहं **कुत्र** अस्ति? (तुम्हारा घर कहाँ पर है?)
2. परमात्मा ………… अस्ति? (परमात्मा कहाँ है?)

अव्यय-तालिका

प्रकारः	अव्ययः	प्रयोगः
समयबोधक	ह्यः, श्वः	**ह्यः** सोमवासरः आसीत्। **श्वः** बुधवासरः भविष्यति।
प्रश्नबोधक	कदा, कुतः	कोकिलः **कदा** कूजति? वायुः **कुतः** आयाति?
मिश्रित	ऊच्चैः	सः **उच्चैः** स्वरेण गीतं गायति, इत्यादि।
	सहसा, वृथा।	
युग्म	यदा-तदा	**यदा** मेघाः गर्जन्ति **तदा** मयूराः नृत्यन्ति।

अभ्यासप्रश्नाः

प्रश्नः 1. उचितैः अव्ययपदैः रिक्तस्थानानि पूरयत–

(*i*) हारः ……… अपतत्, सा च ……… क्रन्दनं करोति स्म।

(*ii*) ……… विद्यालये अवकाशः आसीत् अतः अहं गृहे, एव अपठम्।

(*iii*) जलं ……… कमलानां सौन्दर्यं नष्टम्।

(*iv*) जलेन ·········· कमलानि न रोहन्ति।

(*v*) ·········· निषाद प्रतिष्ठां त्वमगमः शाश्वतीः समाः।

मञ्जूषा– | मा, ह्यः, यतः-ततः, न, एव |

प्रश्नः 2. मञ्जूषातः अव्ययपदं चित्वा रिक्तस्थानानि पूरयत–

(*i*) सः ························ धनी आसीत्।

(*ii*) अश्वः ························ धावति।

(*iii*) गजः ························ चलति।

(*iv*) ························ भारतं समृद्धम् आसीत्।

(*v*) ························ अवकाशः आसीत्।

मञ्जूषा– | पुरा, शनैः, शीघ्रम्, कदाचित्, ह्यः |

प्रश्नः 3. मञ्जूषातः अव्ययपदं चित्वा रिक्तस्थानानि पूरयत–

(*i*) ························ मयराष्ट्रम् गमिष्यामि।

(*ii*) भवान् ························ आगतः?

(*iii*) ························ शिशवः क्रीडन्ति।

(*iv*) त्वम् ························ गीतां पठ।

(*v*) पंगुः ························ चलति।

मञ्जूषा– | शनैः, अपि, श्वः, कुतः, इतस्ततः |

प्रश्नः 4. मञ्जूषातः अव्ययपदानि चित्वा रिक्तस्थानानि पूरयत–

(*i*) श्येनः ························ उड्डयति।

(*ii*) रामः सीता ························ वनम् अगच्छताम्।

(*iii*) ························ अहं लेखं लिखामि।

(*iv*) ························ सा भोजनं करोति।

(*v*) ························ शिशवः क्रीडन्ति।

मञ्जूषा– | च, उच्चैः, इदानीम्, अद्य, अधुना |

प्रश्नः 5. मञ्जूषायाः अव्ययपदानि विचित्य उचितेन पदेन रिक्तस्थानानि पूरयत–

मञ्जूषा– | अद्य, श्वः, इदानीम्, वृथा, उच्चैः शनैः |

(*i*) ·········· बुधवासरः भविष्यति।

(*ii*) ········· मंगलवासरः अस्ति।
(*iii*) ········· शब्दं न कुरुत।
(*iv*) अहं ········· शयनं करोमि।
(*v*) ········· अहं भोजनं करोमि।
(*vi*) ········· पाठं पठत, रे छात्राः ?

प्रश्नः 6. निम्न-श्लोकेषु अव्ययपदानि रेखाङ्कितानि क्रियन्ताम्–

(*i*) अलसस्य कुतः विद्या
अविद्यस्य कुतः धनम्।
अधनस्य कुतः मित्रम्।
अमित्रस्य कुतः सुखम्॥

यथा–अलसस्य <u>कुतः</u> विद्या ?

(*ii*) शनैः कन्था शनैः पन्थाः
शनैः पर्वतलङ्घनम्।
शनैः विद्या शनैः वित्तम्
पञ्चैतानि शनैः शनैः॥

यथा–<u>शनैः</u> कन्था <u>शनैः</u> पन्थाः

(*iii*) वृथा वृष्टिः समुद्रेषु
वृथा तृप्तस्य भोजनम्।
वृथा दानं समर्थस्य
वृथा दीपं दिवापि च॥

यथा–<u>वृथा</u> वृष्टिः समुद्रेषु

प्रश्नः 7. निम्नसूक्तिषु अव्ययपदानि विचित्य समक्षं प्रदत्तस्थानेषु लिखत–

उदा० (*i*) अलसस्य कुतः विद्या। **(कुतः)**
(*ii*) विनाशाय च दुष्कृताम्। (·······················)
(*iii*) माता पिता च आपणं गच्छतः। (·······················)
(*iv*) बालः उच्चैः हसति। (·······················)
(*v*) अद्य विद्यालये अवकाशः अस्ति। (·······················)
(*vi*) श्वः अहं जयपुरं गमिष्यामि। (·······················)
(*vii*) छात्राः कथम् इतस्ततः भ्रमन्ति? (·······················)
(*viii*) यथा राजा तथा प्रजाः। (·······················)
(*ix*) अत्र जलाशयः आसीत्। (·······················)
(*x*) त्वमपि लेखं लिख। (·······················)

प्रश्नः 8. 'ह्यः-श्वः' इति अनयोः प्रयोगद्वारा शृङ्खलां विरचत–

(*i*) ह्यः रविवासरः आसीत् **श्वः मंगलवासरः भविष्यति।**
(*ii*) ·· श्वः गुरुवासरः भविष्यति।
(*iii*) ह्यः शुक्रवासरः आसीत् ··।

(*iv*) .... श्वः शनिवासरः भविष्यति।

(*v*) ह्यः सोमवासरः आसीत् ....।

प्रश्नः 9. अव्ययपदानि चित्वा लिखत–

(*i*) श्वः रविवासरः भविष्यति। (..........................)

(*ii*) ह्यः शुक्रवासरः आसीत्। (..........................)

(*iii*) इदानीम् अहं स्नानं करोमि। (..........................)

(*iv*) अत्र आगच्छ। (..........................)

(*v*) उच्चैः शब्दं करोति बालः। (..........................)

(*vi*) अधुना, त्वं गृहं गच्छ। (..........................)

(*vii*) बालकाः बालिकाः च क्रीडन्ति। (..........................)

(*viii*) उपरि खगाः उड्डयन्ति। (..........................)

(*ix*) शिशुः सहसा क्रन्दनम् अकरोत्। (..........................)

(*x*) सिंहः कुत्र अस्ति? (..........................)

प्रश्नः 10. मञ्जूषातः अव्ययं चित्वा रिक्तस्थानानि पूरयत।

(*i*) .... गुरुः वदति, ... शिष्यः करोति।

(*ii*) परिश्रमं .... साफल्यं न।

(*iii*) .... त्वं गीतं गायतु।

(*iv*) सा .... जयपुरं गमिष्यति।

(*v*) त्वं .... पाठं पठिष्यति।

(*vi*) त्वं नूतनां लेखनीं .... आनीतवान्?

(*vii*) .... राजा दशरथः आसीत्?

(*viii*) .... अहं वने सर्पम् अपश्यत्।

(*ix*) .... कोलाहलं न कुरु।

(*x*) .... अहं भोजनं करोमि।

मञ्जूषा

वृथा, कुतः, श्वः, यथा-तथा, विना, अद्य, कदा, पुरा, एकदा, सम्प्रति

प्रश्नः 11. मञ्जूषातः अव्ययं चित्वा लिखत।

(*i*) घनाः .... गर्जन्ति।

(*ii*) माता पिता .... आगच्छतः।

(*iii*) अहं .... विद्यालयं न गमिष्यामि।

(*iv*) .... त्वं किं करोषि?

(*v*) .... गृहं गच्छ।

(*vi*) .... अहं पाठं पठामि।

(*vii*) शशकः ………. चलति।

(*viii*) त्वम् ………. ग्रामं गच्छ।

(*ix*) ………. एकः सर्पः आगतः।

(*x*) ………. कोलाहलं न कुरु।

मञ्जूषा– सहसा, अद्य, अधुना, अपि, वृथा, उच्चैः, च, श्वः, इदानीम, शनैः

12. प्रदत्तविकल्पेभ्यः पर्यायशब्दं चिनुत।

(क) *सम्प्रति* = ……….

(*i*) अपि (*ii*) च (*iii*) वृथा (*iv*) इदानीम्

(ख) *अधुना* = ……….

(*i*) शनैः (*ii*) सम्प्रति (*iii*) उच्चैः (*iv*) अपि

(ग) *अत्र* = ……….

(*i*) अद्य (*ii*) अस्मिन् स्थाने (*iii*) शनैः (*iv*) वृथा।

13. प्रदत्तविकल्पेभ्यः अव्ययं चित्वा लिखत।

(क) *विद्यां ………. जीवनं निष्फलम्।*

(*i*) अपि (*ii*) विना (*iii*) अधुना (*iv*) च।

(ख) *त्वं ………. किं करोषि?*

(*i*) अपि (*ii*) साम्प्रतम् (*iii*) वृथा (*iv*) शनैः।

(ग) *कच्छपः ………. चलति।*

(*i*) तत्र (*ii*) अत्र (*iii*) शनैः (*iv*) अधुना।

(घ) *आतपे ………. न भ्रमन्तु।*

(*i*) इतस्ततः (*ii*) अधुना (*iii*) सहसा (*iv*) अद्य।

(ङ) *त्वं ………. आगतः?*

(*i*) अपि (*ii*) कदा (*iii*) अत्र (*iv*) तत्र।

(च) *अहम् ………. गीतां पठिष्यामि।*

(*i*) अपि (*ii*) तत्र (*iii*) अत्र (*iv*) शनैः।

(छ) *………. युधिष्ठिरः राजा आसीत्।*

(*i*) शीघ्रम् (*ii*) पुरा (*iii*) सहसा (*iv*) साम्प्रतम्।

(ज) *छात्राः ………. न अटन्तु।*

(*i*) तत्र (*ii*) वृथा (*iii*) अत्र (*iv*) अपि।

(झ) *त्वम् ………. पाठं पठ।*

(*i*) अपि (*ii*) तत्र (*iii*) अत्र (*iv*) च।

(ञ) *सः ………. आगतः?*

(*i*) कुतः (*ii*) अपि (*iii*) च (*iv*) सहसा।

14. प्रदत्तविकल्पेभ्यः अव्ययं चित्वा लिखत–

(क) *अहम् ………. भोजनं खादामि।*

(*i*) अधुना (*ii*) श्वः (*iii*) ह्यः (*iv*) तत्र।

(ख) *………. तृप्तस्य भोजनम्।*

(*i*) अद्य (*ii*) वृथा (*iii*) शनैः (*iv*) च।

(ग) *अलसस्य ………. विद्या।*

(*i*) श्वः (*ii*) अपि (*iii*) च (*iv*) कुतः।

(घ) *सूर्यग्रहणं ………. भविष्यति।*

(*i*) शनैः (*ii*) इतस्ततः (*iii*) कदा (*iv*) तत्र।

(ङ) *………. अहं शयनाय गच्छामि।*

(*i*) वृथा (*ii*) साम्प्रतम् (*iii*) अत्र (*iv*) च।

(च) *………. अहम् अध्ययनं करोमि।*

(*i*) इतस्ततः (*ii*) श्वः (*iii*) अधुना (*iv*) तत्र।

(छ) *समुद्रे वृष्टिः ………. ।*

(*i*) अपि (*ii*) वृथा (*iii*) सर्वथा (*iv*) कदा।

(ज) *सिंहः ………. जाले पतितः।*

(*i*) सहसा (*ii*) च (*iii*) श्वः (*iv*) अपि।

(झ) *………. अस्माकं परीक्षा भविष्यति।*

(*i*) ह्यः (*ii*) श्वः (*iii*) च (*iv*) तत्र।

(ञ) *………. मम पिता आगतः।*

(*i*) श्वः (*ii*) तत्र (*iii*) अत्र (*iv*) ह्यः।

मञ्जूषा

सहसा, अद्य, अधुना, अपि, वृथा, उच्चैः, च, श्वः इदानीम्, शनैः

प्रश्नः 15. मञ्जूषायां प्रदत्तानि पदानि योजयित्वा वाक्यरचनां कुरुत–

अहम्	ह्यः श्वः अधुना यदा-कदा	देवालयम् उपवनम् तरणताले भोजनं	भ्रमामि अगच्छम् खादामि तरिष्यामि

उदा०– (*i*) अहं ह्यः देवालयम् अगच्छम्।

(*ii*) …………………………………………………………… ।

(*iii*) …………………………………………………………… ।

(*iv*) …………………………………………………………… ।

16. मञ्जूषायां प्रदत्तानि पदानि योजयित्वा वाक्यरचनां कुरुत।

त्वम्	अद्य ह्यः श्वः इतस्ततः	जयपुरम् पाठं विद्यालयं किमर्थं	भ्रमसि पठ। आगच्छः गमिष्यसि

उत्तराणि— (i) ………………………………………।
(ii) ………………………………………।
(iii) ………………………………………।
(iv) ………………………………………।

17. मञ्जूषायां प्रदत्तानि पदानि योजयित्वा वाक्यरचनां कुरुत। *(CBSE 2020)*

अहम्	शनैः सम्प्रति अद्य अपि	चलचित्रं पाठं भोजनं रामायणं	करोमि पठिष्यामि पश्यामि पठामि

उत्तराणि— (i) ………………………………………।
(ii) ………………………………………।
(iii) ………………………………………।
(iv) ………………………………………।

प्रश्नः 18. रिक्तस्थानानि पूरयत।

(i) ……… त्वं गृहं गच्छ।
(ii) जन्तुशालायां सिंहः ……… अस्ति।
(iii) सः ……… स्वरेण गायति।
(iv) ……… शिशुः क्रीडति।
(v) ……… विद्यालयस्य अवकाशः भविष्यति।
(vi) गीता सीता ……… गृहं गच्छतः।
(vii) ……… त्वं स्वकार्यं कुरु।
(viii) त्वम् ……… नगरं न गच्छसि।
(ix) ……… त्वं गृहे न आसीः।
(x) अलसस्य ……… विद्या।

मञ्जूषा

उच्चैः, च, अद्य, ह्यः, कुतः, इदानीम्, अपि, अत्र, श्वः, अधुना।

19. प्रदत्तविकल्पेभ्यः चित्वा उचितम् उत्तरं लिखत।

(क) *परमात्मा .... अस्ति?*

(*i*) तर्हि (*ii*) अपि (*iii*) कुत्र (*iv*) तत्र।

(ख) .... *शिशवः क्रीडन्ति।*

(*i*) श्वः (*ii*) अपि (*iii*) सहसा (*iv*) अत्र।

(ग) .... *मृगाः धावन्ति।*

(*i*) ह्यः (*ii*) तत्र (*iii*) इदानीम् (*iv*) च।

(घ) *रमा लता .... गीतं गायतः।*

(*i*) अपि (*ii*) च (*iii*) सहसा (*iv*) अद्य।

(ङ) *मम पिता .... गृहम्।*

(*i*) अपि (*ii*) च (*iii*) तत्र (*iv*) अद्य।

(च) *वृद्धः मार्गे .... गच्छति।*

(*i*) शनैः (*ii*) उच्चैः (*iii*) अपि (*iv*) अत्र

(छ) *अश्वाः .... धावन्ति।*

(*i*) साम्प्रतम् (*ii*) अद्य (*iii*) इतस्ततः (*iv*) अपि

प्रश्नः 20. निम्नकथायां रिक्तस्थानेषु उचितानि अव्ययपदानि पूरयत–

शनैः, तत्र, सहसा, इतस्ततः, यदा, तदा, उच्चैः, अद्य, कुतः

एकस्मिन् वने एकः सिंहः .... भ्रमति स्म। सः एकस्य वृक्षस्य अधः उपविष्टः। .... सः .... निद्रां गतः। .... सिंहः सुप्तः आसीत्, ... एकः मूषकः तस्य उपरि कूर्दति स्म। .... सिंहस्य निद्राभङ्गः जातः। सः .... अवदत्– .... अहं त्वां हनिष्यामि। त्वं .... आगतः? मूषकः क्षमायाचनाम् अकरोत्। सिंहः दयया तम् अमुञ्चत्।

पूर्वपरीक्षाणां प्रश्नाः

1. मञ्जूषायाः उचितम् अव्ययपदं चित्वा वाक्येषु रिक्तस्थानानि पूरयत। (*CBSE 2014*)

(क) (*i*) .... अहम् पठितुम् इच्छामि।

(*ii*) आकाशे विमानम् .... उड्डयते।

(*iii*) .... भ्रमणेन समयं मा नाशय।

(उच्चैः, अधुना, इतस्ततः)

(ख) (*i*) ह्यः अस्माकम् विद्यालये मम मात्रा सह अनुजा .... आगच्छत्।

(*ii*) वने पशवः .... भ्रमन्ति।

(*iii*) अस्माभिः समयः .... न यापनीयः।

(अपि, वृथा, इतस्ततः) (*CBSE 2015*)

(ग) (*i*) भवान् .... भ्रमित्वा समयं व्यर्थं मा कुरुत।

(*ii*) .... नैतिकमूल्यानां न्यूनता जाता।

(इदानीम्, इतस्ततः) (*CBSE 2015*)

(घ) (*i*) कक्षायाम् .... वार्तालापः न कर्तव्यः।

(*ii*) उद्याने केचन जनाः .... भ्रमन्ति।

(*iii*) समुद्रेषु वृष्टिः .... भवति।

(उच्चैः, वृथा, इतस्ततः) (*CBSE 2015*)

(ङ) (*i*) सः .... गन्तुम् इच्छति?

(*ii*) ताः .... क्रीडां द्रष्टुम् अगच्छन्।

(*iii*) सर्वे .... एकं लेखं लेखिष्यन्ति।

(श्वः, ह्यः, कदा) (*CBSE 2016*)

(च) (*i*) अहं .... तरणताले तरिष्यामि।

(*ii*) त्वम् .... समागतोऽसि?

(*iii*) मित्र रमेश! .... ग्रीष्मावकाशे त्वं किं करोषि?

(*iv*) कोकिलः .... कूजति?

(कुतः, सम्प्रति, कदा, श्वः) (*CBSE 2016, 2017*)

(छ) (*i*) रमेशः .... दिल्लीनगरं गमिष्यति।

(*ii*) बालाः ग्रामं .... अगच्छन्।

(श्वः, ह्यः।) (*CBSE 2016, A.I. CBSE 2017*)

(ज) (*i*) किं त्वम् .... वाराणसीं गमिष्यसि?

(*ii*) प्रातः कालः संजातः, ... निद्रा न युज्यते।

(*iii*) सः सर्वं वृत्तान्तं निवेद्य सकरुणम् .... अक्रन्दत्।

(*iv*) अश्वाः प्राणत्राणाय .... अधावन्।

(इतस्ततः, अपि, उच्चैः, सम्प्रति) (*CBSE 2018*)

(झ) (*i*) .... मेघाः वर्षन्ति।

(*ii*) वृद्धः मार्गे .... गच्छति।

(*iii*) .... राजा तथा प्रजा।

(*iv*) .... नार्यस्तु पूज्यन्ते रमन्ते तत्र देवताः।

(यथा, सम्प्रति, यत्र, शनैः) (*CBSE 2019*)

प्रश्नः 2. अधोलिखितवाक्येषु रिक्तस्थानानि मञ्जूषाप्रदत्तैः उचितैः अव्ययपदैः पूरयत। (केवलं प्रश्नषट्कम्) (*CBSE 2020*)

(*i*) रमा .... अशोकनगरम् गमिष्यति।

(*ii*) राजेन्द्रः .... गृहं गतवान्।

(*iii*) .... वृष्टिः भवति।

(*iv*) .... विदधीत न क्रियाम्।

(*v*) .... मा वद।

(*vi*) भवान् .... किं करोति?

(*vii*) सुरेशः तु .... भ्रमति।

(*viii*) रमेशः पुस्तकं लेखनीं .... क्रीणाति।

मञ्जूषा– | उच्चैः, च, श्वः, ह्यः, शनैः-शनैः, सहसा, इतस्ततः, इदानीम्। |

बहुविकल्पीयप्रश्नाः

Set-1

1. प्रदत्तविकल्पेभ्यः चित्वा उचितम् उत्तरं लिखत।

(i) *वने .... पशुमहोत्सवः अस्ति।*

(क) अद्य (ख) अपि (ग) तत्र (घ) अत्र।

(ii) *...................... दीपावली आसीत्।*

(क) श्वः (ख) ह्यः (ग) अद्य (घ) कदा।

2. प्रदत्तविकल्पेभ्यः अव्ययं चित्वा लिखत।

(i) *...................... मालाकारः भूमिं खनति।*

(क) अत्र (ख) यदा (ग) तदा (घ) यत्र।

(ii) *अनिल! .... आगच्छ।*

(क) यदा (ख) अत्र (ग) कदा (घ) सहसा।

3. प्रदत्तविकल्पेभ्यः चित्वा उत्तरं लिखत।

(i) *...................... मम पिता आगतः।*

(क) ह्यः (ख) कदा (ग) श्वः (घ) तदा।

(ii) *...................... वर्षा भविष्यति।*

(क) श्वः (ख) अद्य (ग) ह्यः (घ) तदा।

4. प्रदत्तविकल्पेभ्यः अव्ययं चित्वा लिखत।

(i) *परमात्मा .... अस्ति?*

(क) अपि (ख) कुत्र (ग) कदा (घ) तदा।

5. प्रदत्तविकल्पेभ्यः चित्वा उत्तरं लिखत।

(i) *अहम् .... जानामि।*

(क) अपि (ख) कुतः (ग) अद्य (घ) इतस्ततः।

(ii) *मया .... सर्वं ज्ञातम्।*

(क) च (ख) अपि (ग) श्वः (घ) अत्र।

6. प्रदत्तविकल्पेभ्यः अव्ययं चित्वा लिखत।

(i) *तम् .... शरणं गच्छ।*

(क) वृथा (ख) अपि (ग) च (घ) कुतः

7. प्रदत्तविकल्पेभ्यः चित्वा उत्तरं लिखत।

(i) *...................... बालकाः क्रीडन्ति।*

(क) अत्र (ख) यदि (ग) अपि (घ) तर्हि

(ii) *बालाः पुष्पाणि .... शोभन्ते।*

(क) अपि (ख) अद्य (ग) इदानीम् (घ) च।

8. प्रदत्तविकल्पेभ्यः अव्ययं चित्वा लिखत।

(*i*) *बालः ………. हसति।*

(क) उच्चैः (ख) अपि (ग) यदि (घ) अत्र।

9. प्रदत्तविकल्पेभ्यः चित्वा उत्तरं लिखत।

(*i*) *………. रविवारः आसीत्।*

(क) ह्यः (ख) श्वः (ग) अपि (घ) अद्य।

(*ii*) *………. सोमवारः भविष्यति।*

(क) ह्यः (ख) श्वः (ग) अद्य (घ) अपि।

10. प्रदत्तविकल्पेभ्यः अव्ययं चित्वा लिखत।

(*i*) *श्येनः ………. उड्डयति।*

(क) उच्चैः (ख) यदि (ग) अत्र (घ) अपि।

11. प्रदत्तविकल्पेभ्यः पर्यायशब्दं लिखत।

(*i*) *सम्प्रति* = ……………………

(क) इदानीम् (ख) अधुना (ग) यदा (घ) श्वः।

(*ii*) *अत्र* = ……………………

(क) अधुना (ख) अस्मिन् स्थाने (ग) वृथा (घ) अपि।

Set-2

I. प्रदत्तेषु विकल्पेषु उचितं चित्वा लिखत।

(क) *रामः कृष्णः …………………… गच्छतः।*

(*i*) च (*ii*) अपि (*iii*) नूनम् (*iv*) अधुना।

(ख) *अहं गीताम् …………………… पठामि।*

(*i*) श्वः (*ii*) तत्र (*iii*) अपि (*iv*) अत्र।

(ग) *त्वं …………………… गच्छ।*

(*i*) अत्र (*ii*) तत्र (*iii*) ह्यः (*iv*) श्वः।

(घ) *सः चापलं …………………… करोतु।*

(*i*) अत्र (*ii*) तत्र (*iii*) मा (*iv*) सायम्।

(ङ) *…………………… दशरथः राजा आसीत्।*

(*i*) तत्र (*ii*) पुरा (*iii*) सायम् (*iv*) शनैः।

(च) *ईश्वरः …………………… अस्ति।*

(*i*) शनैः (*ii*) अद्य (*iii*) कुत्र (*iv*) पुरा।

(छ) *एषः श्यामः …………………… अस्ति।*

(*i*) एव (*ii*) नूनम् (*iii*) अत्र (*iv*) अद्य।

(ज) *वृद्धः …………………… चलति।*

(*i*) एव (*ii*) शनैः (*iii*) अद्य (*iv*) पुरा।

(झ) *मृगः .... धावति।*

(*i*) पुरा (*ii*) नीचैः (*iii*) उच्चैः (*iv*) शीघ्रम्।

(ञ) *शिशुः .... क्रन्दति।*

(*i*) उच्चैः (*ii*) अपि (*iii*) शीघ्रम् (*iv*) सायम्।

(ट) *........................ मम पिता आगतः।*

(*i*) सायम् (*ii*) श्वः (*iii*) ह्यः (*iv*) पुरा।

(ठ) *सः .... आगमिष्यति।*

(*i*) ह्यः (*ii*) पुरा (*iii*) श्वः (*iv*) शनैः।

(ड) *रामः .... अहसत्।*

(*i*) शनैः (*ii*) अद्य (*iii*) सहसा (*iv*) पुरा।

(ढ) *जलं .... गच्छति।*

(*i*) नीचैः (*ii*) उच्चैः (*iii*) पुरा (*iv*) अद्य।

(ण) *यथा देशः .... वेशः।*

(*i*) उच्चैः (*ii*) तथा (*iii*) नीचैः (*iv*) पुरा।

(त) *........................ मयूरः नृत्यति।*

(*i*) पुरा (*ii*) सायम् (*iii*) अत्र (*iv*) अद्य।

(थ) *बालाः .... धावन्ति।*

(*i*) सायम् (*ii*) इतस्ततः (*iii*) पुरा (*iv*) श्वः।

(द) *........................ असत्यं न वदतु।*

(*i*) ह्यः (*ii*) कदापि (*iii*) अधुना (*iv*) पुरा।

(ध) *........................ धर्मं चर।*

(*i*) अपि (*ii*) पुरा (*iii*) इदानीम् (*iv*) श्वः।

(न) *ज्ञानं .... नास्ति।*

(*i*) पुरा (*ii*) वृथा (*iii*) शनैः (*iv*) पुरा।

'सीबीएसई' इति परीक्षाप्रश्नपत्रात्

1. अधोलिखितवाक्येषु रिक्तस्थानानि मञ्जूषायां प्रदत्त-अव्ययपदैः पूरयित्वा वाक्यानि पुनर्लिखत।

मञ्जूषा

कदा, कुतः, यत्र

(*i*) ते चेन्नईनगरं .... गमिष्यन्ति?

(*ii*) अयं कुक्कुरः .... आगतः?

(*iii*) .... अवकरम् भवति, तत्र अनेके रोगाः अपि भवन्ति।

2. अधोलिखितवाक्येषु रिक्तस्थानानि मञ्जूषायां प्रदत्तैः समुचितपदैः पूरयित्वा वाक्यानि पुनर्लिखत–

मञ्जूषा

यत्र, ह्यः, श्वः, कदा

(*i*) हे किंशुक! त्वं परीक्षायै ………………… पठिष्यसि?

(*ii*) ………………… सत्यम् तत्र जयः।

(*iii*) त्वं ………………… प्रार्थनासभायाम् संस्कृतेन वदिष्यसि।

(*iv*) अहम् ………………… अशान्तमनाः आसम्।

3. अधोलिखितेषु वाक्येषु रिक्तस्थानानि पूरयित्वा वाक्यानि उत्तरपुस्तिकायां लिखत। सहायतायै मञ्जूषा प्रदत्ता।

मञ्जूषा

यत्र, कुतः

(*i*) परिश्रमं विना साफल्यं ………………… ?

(*ii*) ………………… मेघाः गर्जन्ति, तत्र मयूराः अवश्यमेव नृत्यन्ति।

4. अधोलिखितेषु वाक्येषु रिक्तस्थानानि पूरयित्वा वाक्यानि उत्तरपुस्तिकायां लिखत। सहायतायै मञ्जूषा प्रदत्ता।

मञ्जूषा

अद्यः, कुतः

(*i*) वायुः ………………… आयाति?

(*ii*) वने ………………… वृक्षमहोत्सवः अस्ति।

5. रिक्तस्थानानि मञ्जूषायां प्रदत्तैः समुचितैः, अव्ययपदैः पूरयित्वा संवादम् उत्तरपुस्तिकायां लिखत।

मञ्जूषा

सम्प्रति, श्वः, ह्यः, कुतः

सुशीलः – किं भोः, नूतना लेखनी …(*i*)…………… आनीतवान्?

विनीतः – मम मातुलः 'न्यूयार्कतः' आनीतवान्।

सुशीलः – भवान् किमर्थम् मातुलं मम गृहं न आनीतवान्?

विनीतः – तस्य पार्श्वे समयः एव नास्ति। सः …(*ii*)…………… प्रातः गमिष्यति।

सुशीलः – …(*iii*)…………… मम गृहे लखनऊतः बान्धवाः अपि आगच्छन्।

विनीतः – तर्हि श्वः भवान् विद्यालयं नागमिष्यति।

सुशीलः – अहं गृहे एव भविष्यामि। लेखनकार्यं बहु अस्ति। अतः नूतनया लेखन्या लेखिष्यामि। …(*iv*)…………गृहं गच्छामि।

7

अशुद्धि-संशोधनम्

(CORRECTIONS OF NUMBER, GENDER, PERSON, TENSES AND VIBHAKTI)

(वचन, लिङ्ग, पुरुष, लकार व विभक्ति की दृष्टि से)

वयं पञ्चाधिकं शतम्

1. वचन-विषयकम् अशुद्धि-संशोधनम्

Set I

अशुद्ध-वाक्यानि	शुद्ध-वाक्यानि
1. वेदाः **प्रमाणानि।** (वेद प्रमाण हैं।)	वेदाः **प्रमाणम्।** (प्रमाणम् नित्य एकवचन में)
2. विद्यालये **शताः** छात्राः सन्ति। (विद्यालय में सौ छात्र हैं।)	विद्यालये **शतं** छात्राः सन्ति। (शतं नित्य एकवचन में।)
3. कक्षायां **विंशत्यः** छात्राः सन्ति। (कक्षा में बीस छात्र हैं।)	कक्षायां **विंशतिः** छात्राः सन्ति। (विंशति से नवति तक नित्य एकवचन में होते हैं।)
4. कति **लोकः गच्छति?** (कितने लोग जा रहे हैं?)	कति **लोकाः गच्छन्ति?** (कति बहुवचन में होता है।)
5. **सहस्राः** जनाः धावन्ति। (हजार लोग दौड़ रहे हैं।)	**सहस्रं** जनाः धावन्ति। (सहस्रं एकवचन नपुंसकलिंग होता है।)
6. त्रयः **बालकः पठति।** (तीन बालक पढ़ रहे हैं।)	त्रयः **बालकाः पठन्ति।** (त्रयः बहुवचन का रूप है।)
7. बालकत्रयं **हसन्ति।** (तीन बालक हँस रहे हैं।)	बालकत्रयं **हसति।** (त्रयम् एकवचन का रूप है।)
8. **कियान्** जनाः उपस्थिताः आसन्? (कितने लोग उपस्थित थे?)	**कियन्तः** जनाः उपस्थिताः आसन्? (कियान् एकवचन का रूप है कियन्तः बहुवचन का।)
9. मम गृहे **शतानि** पुस्तकानि सन्ति। (मेरे घर में सौ पुस्तकें हैं।)	मम गृहे **शतं** पुस्तकानि सन्ति। (शतम् एकवचन में होता है।)
10. सिंहः वने **वसन्ति।** (सिंह वन में रहता है)	सिंहः वने **वसति।** (कर्ता के अनुसार क्रिया का वचन)

अशुद्ध-वाक्यानि	शुद्ध-वाक्यानि
11. युवां ध्यानेन **पठथ।** (तुम दोनों ध्यान से पढ़ते हो)	युवां ध्यानेन **पठथः।** (कर्ता के अनुसार क्रिया का वचन)
12. पाण्डवाः पञ्च **आसीत्।** (पाण्डव पाँच थे।)	पाण्डवाः पञ्च **आसन्।** (कर्ता के अनुसार क्रिया का वचन)
13. ते संस्कृतं **पठति लिखति** च। (वे संस्कृत पढ़ते हैं और लिखते हैं।)	ते संस्कृतं **पठन्ति लिखन्ति** च। (कर्ता के अनुसार क्रिया का वचन)
14. चत्वारः वेदाः **अस्ति।** (वेद चार हैं।)	चत्वारः वेदाः **सन्ति।** (कर्ता के अनुसार क्रिया का वचन)
15. वृक्षात् फलानि **पतति।** (वृक्ष से फल गिरते हैं।)	वृक्षात् फलानि **पतन्ति।** (कर्ता के अनुसार क्रिया का वचन)
16. धनानि सुखाय **अस्ति।** (धन सुख के लिए हैं।)	धनानि सुखाय **सन्ति।** (कर्ता के अनुसार क्रिया का वचन)
17. द्वे बालिके विद्यालयं **गच्छति।** (दो बालिकायें विद्यालय जाती हैं।)	द्वे बालिके विद्यालयं **गच्छतः।** (कर्ता के अनुसार क्रिया का वचन)
18. इदानीं त्वं किं न **कुरुथ?** (अब तू क्या नहीं करता?)	इदानीं त्वं किं न **करोषि?** (कर्ता के अनुसार क्रिया का वचन)

Set II

1. यूयं कदा व्यायामं **करोषि?** (तुम सब कब व्यायाम करते हो।)	यूयं कदा व्यायामं **कुरुथ?** (कर्ता के अनुसार क्रिया का वचन)
2. भवान् किं **पठन्ति?** (आप क्या पढ़ते हैं?)	भवान् किं **पठति?** (कर्ता के अनुसार क्रिया का वचन)
3. ते कन्ये **पठति।** (वे दो कन्यायें पढ़ती हैं।)	ते कन्ये **पठतः।** (कर्ता के अनुसार क्रिया का वचन)
4. ते परधनं न **चोरयति।** (वे दूसरों का धन नहीं चुराते।)	ते परधनं न **चोरयन्ति।** (कर्ता के अनुसार क्रिया का वचन)
5. त्वं तस्य सेवां **कुरुत।** (तुम उसकी सेवा करो।)	त्वं तस्य सेवां **कुरु।** ('त्वं' मध्यम पुरुष एकवचन है अतः क्रिया भी इसी पुरुष एवं वचन में होगी)
6. ते सर्वे ह्यः न **अपठत्।** (उन सब ने कल नहीं पढ़ा।)	ते सर्वे ह्यः न **अपठन्।** (कर्तृपद के अनुसार ही क्रियापद होता है।)
7. अत्र सरोवरे आपः **अस्ति।** (यहाँ तालाब में पानी है।)	अत्र सरोवरे आपः **सन्ति।** (आपः नित्य बहुवचन का रूप है)
8. छात्रद्वयं **पठतः।** (दो छात्र पढ़ते हैं।)	छात्रद्वयं **पठति।** (छात्रद्वयं एकवचन का रूप है)

अशुद्ध-वाक्यानि	शुद्ध-वाक्यानि
9. विद्वान् सर्वत्र **पूज्यन्ते।** (विद्वान् सर्वत्र पूजा जाता है।)	विद्वान् सर्वत्र **पूज्यते।** (विद्वान् एकवचन का रूप है)
10. सर्वः स्वार्थं **समीहन्ते।** (सब स्वार्थ चाहते हैं।)	सर्वः स्वार्थं **समीहते।** (सर्वः एकवचन का रूप है।)
11. पितरौ पुत्रं **पालयन्ति।** (माता-पिता पुत्र का पालन करते हैं।)	पितरौ पुत्रं **पालयतः।** (पितरौ द्विवचन का रूप है)
12. वृक्षेषु **कपिः** वसन्ति। (वृक्षों पर बन्दर रहते हैं।)	वृक्षेषु **कपयः** वसन्ति। (वसन्ति बहुवचन की क्रिया है, यहाँ क्रिया के अनुसार कर्ता अपेक्षित है।)
13. पुरा वीरवरो नाम राजा **आसन्।** (पहले समय में वीरवर नाम का राजा हुआ।)	पुरा वीरवरो नाम राजा **आसीत्।** (कर्ता के अनुसार एकवचन की क्रिया)
14. ते बालिके गृहे एव **अपठत्।** (वे दो बालिकाएँ घर में ही पढ़ती थी।)	ते बालिके गृहे एव **अपठताम्।** (कर्ता के अनुसार क्रिया का वचन)
15. एकदा चत्वारि मित्राणि वनम् **अगच्छत्।** (एक बार चार मित्र वन में गए।)	एकदा चत्वारि मित्राणि वनम् **अगच्छन्।** (कर्ता के अनुसार क्रिया का वचन)
16. वयं भारतीयाः **अस्मि।** (हम भारतीय हैं।)	वयं भारतीयाः **स्मः।** (कर्ता के अनुसार बहुवचन की क्रिया)
17. ते सर्वे ह्यः न **अपठत्।** (वे सब कल नहीं पढ़े।)	ते सर्वे ह्यः न **अपठन्।** (कर्ता के अनुसार बहुवचन की क्रिया)
18. नद्यः लोकमातरः **अस्ति।** (नदियाँ लोकमाताएँ हैं।)	नद्यः लोकमातरः **सन्ति।** (कर्ता के अनुसार बहुवचन की क्रिया)

Set III

अशुद्ध-वाक्यानि	शुद्ध-वाक्यानि
1. दम्पती पुत्रम् **अभाषत।** (पति-पत्नी ने पुत्र से कहा)	दम्पती पुत्रम् **अभाषेताम्।** (दम्पती नित्य द्विवचन में होता है।)
2. इमे छात्रौ **पठतः।** (ये दो छात्र पढ़ते हैं।)	इमौ छात्रौ **पठतः।** (विशेष्य के अनुसार विशेषण का वचन होता है।)
3. त्रयः **बालकः** पठन्ति। (तीन बालक पढ़ते हैं।)	त्रयः **बालकाः** पठन्ति। (विशेषण बहुवचन में हैं तो विशेष्य में बहुवचन में अपेक्षित है।)
4. मह्यं द्वे **फलानि** यच्छ। (मुझे दो फल दो।)	मह्यं द्वे **फले** यच्छ। (विशेषण के अनुसार विशेष्य का वचन अपेक्षित है।)
5. वयं स्वतन्त्रभारतस्य **नागरिकः** स्मः। (हम स्वतन्त्र भारत के नागरिक हैं।)	वयं स्वतन्त्रभारतस्य **नागरिकाः** स्मः। (उद्देश्य के अनुसार विधेय में बहुवचन अपेक्षित है।)
6. सः **सुन्दरं** फलानि खादति। (वह सुन्दर फल खाता है।)	सः **सुन्दराणि** फलानि खादति। (विशेष्य के अनुसार विशेषण में बहुवचन अपेक्षित है।)
7. द्वौ **छात्राः** तत्र पठतः। (दो छात्र वहाँ पढ़ते हैं।)	द्वौ **छात्रौ** तत्र पठतः। (विशेषण के अनुसार विशेष्य में द्विवचन अपेक्षित है।)

अशुद्ध-वाक्यानि	शुद्ध-वाक्यानि
8. राज्ञा तस्मै पञ्चशतानि **सुवर्णं** दत्तानि। (राजा के द्वारा उसे पाँच सौ सुवर्ण दिए गए।)	राज्ञा तस्मै पञ्चशतं **सुवर्णानि** दत्तानि। (पञ्चशतं एकवचन में रहता है भले ही विशेष्य बहुवचन में हो)
9. राज्ञा **प्रजा पाल्यते।** (राजा के द्वारा प्रजा का पालन किया जाता है।)	राज्ञा **प्रजाः पाल्यन्ते।** (प्रजाः नित्य बहुवचन में रहता है।)
10. नद्यः परोपकाराय **वहति।** (नदियाँ परोपकार के लिए बहती हैं।)	नद्यः परोपकाराय **वहन्ति।** (कर्ता के अनुसार क्रिया में बहुवचन अपेक्षित है।)
11. तस्य चत्वारि **वर्धते।** (उसके चार बढ़ते हैं।)	तस्य चत्वारि **वर्धन्ते।** (चत्वारि बहुवचन का रूप है)
12. ते मम मित्राणि **अस्ति।** (वे मेरे मित्र हैं।)	ते मम मित्राणि **सन्ति।** (कर्ता के अनुसार क्रिया का वचन)
13. अत्रभवान् काश्यपः **आयान्ति।** (पूज्य काश्यप मुनि आ रहे हैं।)	अत्रभवान् काश्यपः **आयाति।** (अत्रभवान् एकवचन में है अतः क्रिया भी एकवचन में अपेक्षित है।)
14. इदमासनम् **अलंकुर्वन्तु** अत्रभवती। (आप इस आसन को अलंकृत करें।)	इदमासनम् **अलंकरोतु** अत्रभवती। (कर्ता अत्रभवती एकवचन में है)
15. हरिणा तवासुराः **शरव्यं कृतम्।** (विष्णु ने तुम्हारे राक्षसों को बाण का विषय बनाया है।)	हरिणा तवासुराः **शरव्याः कृताः।** (कर्म असुराः बहुवचन में है, कर्मवाच्य में क्रिया कर्म के अनुसार)
16. स **विदेहम्** उपाययौ। (वह विदेह के समीप गया।)	स **विदेहान्** उपाययौ। (विदेहान् देशवाचक होने से बहुवचन में।)

2. लिङ्ग-विषयकम् अशुद्धि-संशोधनम्

Set I

1. सः पशुः **त्रिगुणेन रज्ज्वा** बद्धः। (वह पशु तिगुनी रस्सी से बंधा है।)	सः पशुः **त्रिगुणया रज्ज्वा** बद्धः। (रज्जु के कारण त्रिगुणा भी स्त्रीलिंग का है।)
2. गुणवान् जनः **प्रीतिपात्रः** भवति। (गुणवान् व्यक्ति प्रीति का पात्र होता है।)	गुणवान् जनः **प्रीतिपात्रं** भवति। (पात्र, भाजन, आस्पद् शब्द नित्य नपुंसकलिंग में होते हैं।)
3. **त्रीणि** बालिकाः पुस्तकं पठन्ति। (तीन बालिकाएँ पुस्तक पढ़ती हैं।)	**तिस्रः** बालिकाः पुस्तकं पठन्ति। (स्त्रीलिंग में तिस्रः पाठ शुद्ध है।)
4. तस्य कलत्रं **गुणवान्** अस्ति। (उसकी पत्नी गुणी है।)	तस्य कलत्रं **गुणवद्** अस्ति। (कलत्र नित्य नपुंसकलिंग में होता है विशेषण भी नपुंसकलिंग में होगा।)
5. **कृष्णवर्णं** मृगः धावति। (काले रंग का हिरण दौड़ता है।)	**कृष्णवर्णः** मृगः धावति। (विशेषण भी पुल्लिंग में होगा।)
6. पयः **मधुरः** अस्ति। (दूध मीठा है।)	पयः **मधुरम्** अस्ति। (पयः नपुंसकलिंग का है।)
7. अग्निः **तीव्रा** अस्ति। (आग तेज है।)	अग्निः **तीव्रः** अस्ति। (अग्नि पुल्लिंग है।)

अशुद्ध-वाक्यानि	शुद्ध-वाक्यानि
8. **रमणीयः** वनं मह्यं रोचते। (मुझे रमणीय वन पसन्द है।)	**रमणीयं** वनं मह्यं रोचते। (वनम् नपुंसकलिंग है।)
9. सम्राजः आज्ञा **माननीयम्।** (सम्राट् की आज्ञा माननी चाहिए।)	सम्राजः आज्ञा **माननीया।** (अनीयर् में कर्म के अनुसार क्रिया का लिङ्वचन रहता है।)
10. लवपुरे **नाम** नगरे बहवः पुरुषाः वसन्ति। (लवपुर नामक नगर में अनेक लोग रहते हैं।)	लवपुर **नाम्नि** नगरे बहवः पुरुषाः वसन्ति। (यहाँ नाम नगर के विशेषण के रूप में प्रयुक्त है।)
11. पिता **चतुरः** कन्याः अपाठयत्। (पिता ने चार कन्याओं को पढ़ाया।)	पिता **चतस्रः** कन्याः अपाठयत्। (चतुर् शब्द से स्त्रीलिंग में चतस्रः बनता है।)
12. अहम् **उभं** स्त्रियौ तत्र अपश्यम्। (मैंने दोनों स्त्रियों को वहाँ देखा।)	अहम् **उभे** स्त्रियौ तत्र अपश्यम्। (द्विवचन स्त्रीलिङ्ग में उभे होता है।)
13. अहम् **उभं** पुरुषौ तत्र दृष्टवान्। (मैंने दोनों पुरुषों को वहाँ देखा।)	अहम् **उभौ** पुरुषौ तत्र दृष्टवान्। (पुल्लिंग में उभौ बनता है।)
14. परमात्मनः **इमां महिमां** पश्य। (भगवान् की इस महिमा को देख।)	परमात्मनः **इमं महिमानम्** पश्य। (इमनिच् प्रत्ययान्त शब्द पुल्लिंग में होते हैं।)
15. सुशीला पुस्तकं **पठितवान्।** (सुशीला ने पुस्तक पढ़ी।)	सुशीला पुस्तकं **पठितवती।** (क्तवतु में क्रिया का लिंग कर्ता के अनुसार होता है।)
16. सः **महति** विपदि वर्तते। (वह महान् विपत्ति में है।)	सः **महत्यां** विपदि वर्तते। (विपद् शब्द स्त्रीलिंग है। अतः महत् से महती विशेषण बनाकर विभक्ति लगेगी।)

Set II

1. मृगाणां गात्राणि **मृदु** भवन्ति। (हिरणों के शरीर कोमल होते हैं।)	मृगाणां गात्राणि **मृदूनि** भवन्ति। (नपुं० बहुवचन होने से मृदूनि शुद्ध हैं।)
2. **इमं** कथां शृणु। (यह कथा सुनो।)	**इमां** कथां शृणु। (कथा; स्त्रीलिंग, कर्मकारक के अनुसार विशेषण इमाम् शुद्ध है।)
3. **एषा** कस्य दारा अस्ति? (यह किसकी पत्नी है?)	एते कस्य **दाराः सन्ति?** (दाराः शब्द नित्य बहुवचन पुल्लिंग में होता है।)
4. सा विश्वविद्यालये **द्वितीयम्** आसीत्। (वह विश्वविद्यालय में द्वितीय रही।)	सा विश्वविद्यालये **द्वितीया** आसीत्। (द्वितीया सा का विशेषण है।)
5. त्वं श्रेण्यां **कीदृशम्** अतिष्ठः? (तुम श्रेणी में कैसे रहे?)	त्वं श्रेण्यां **कीदृशः** (कीदृशी वा) अतिष्ठः? (कीदृशः, कीदृशी 'त्वम्' के विशेषण हैं।)
6. सा कक्षायां **कीदृशम्** आसीत्? (वह कक्षा में कैसी थी?)	सा कक्षायां कीदृशी आसीत्? (कीदृशी सा का विशेषण है।)
7. **अयं** कार्यं **दुष्करः** अस्ति। (यह काम कठिन है।)	**इदं** कार्यं दुष्करम् अस्ति। (इदं, दुष्करं—नपुं० कार्यम् के विशेषण हैं।)
8. ते कक्षायां **प्रथमम्** अतिष्ठन्। (वे कक्षा में प्रथम रहे।)	ते कक्षायां **प्रथमाः** अतिष्ठन्। (प्रथमाः शब्द ते पुल्लिंग का विशेषण है।)

अशुद्ध-वाक्यानि	शुद्ध-वाक्यानि
9. अल्पविद्या **भयङ्करा।** (थोड़ी विद्या भयंकर होती है।)	अल्पविद्या **भयङ्करी।** (भयङ्कर का स्त्रीलिंग भयङ्करी होता है।)
10. **तत्** सुहृद् व्यसने यः स्यात्। (मित्र वह है जो मुसीबत में काम आए।)	**स** सुहृद् व्यसने यः स्यात्। (सुहृद् पुल्लिँग होने से विशेषण सः शुद्ध है।)
11. त्वया वचांसि **श्रोतव्यम्।** (तुम्हें वचन सुनने चाहिएँ।)	त्वया वचांसि **श्रोतव्यानि।** (वचांसि बहुवचन में है अतः क्रिया भी बहुवचन की होगी।)
12. **त्रयः** सुन्दराः बालिकाः गच्छन्ति। (तीन सुन्दर बालिकाएँ जाती हैं।)	**तिस्रः सुन्दर्यः** बालिकाः गच्छन्ति। (बालिकाः के विशेषण स्त्रीलिंग में होंगे।)
13. इयं कन्या **गुणवान्** अस्ति। (यह लड़की गुणी है।)	इयं कन्या **गुणवती** अस्ति। (गुणवान् का स्त्रीलिंग गुणवती बनता है।)
14. **अस्य** बालिकायाः गृहं कुत्रास्ति? (इस बालिका का घर कहाँ है?)	**अस्याः** बालिकायाः गृहं कुत्रास्ति? (विशेषण का स्त्रीलिङ्ग में अस्याः रूप बनेगा।)
15. **त्रीणि** बालकाः पुस्तकं पठन्ति। (तीन बालक पुस्तक पढ़ते हैं।)	**त्रयः** बालकाः पुस्तकं पठन्ति। (विशेषण विशेष्य के अनुसार पुल्लिँग में होगा।)
16. मया **रुदन्ती** स्त्री दृष्टा। (मैंने रोती स्त्री को देखा।)	मया **रुदती** स्त्री दृष्टा। (रुदत् का स्त्रीलिंग रुदती बनता है।)
17. सीता रामस्य **प्रियम्** आसीत्। (सीता राम की प्रिया थी।)	सीता रामस्य **प्रिया** आसीत्। (प्रिया (स्त्री०) सीता का विशेषण है।)
18. अहं **शतान्** जनान् अपश्यम्। (मैंने सौ लोगों को देखा।)	अहं **शतं** जनान् अपश्यम्। (शतम् एकवचन नपुंसकलिङ्ग में होता है।)

Set III

अशुद्ध-वाक्यानि	शुद्ध-वाक्यानि
1. त्वं धनार्जने **रतम्** असि। (तुम धन कमाने में लगे हो।)	त्वं धनार्जने **रतः** (रता वा) असि। (त्वं पुल्लिँग या स्त्रीलिंग हो सकता है नपुंसकलिंग नहीं।)
2. तस्य मातुः नाम कः अस्ति? (उसकी माता का नाम क्या है?)	तस्य मातुः नाम **किम्** अस्ति? (नाम नपुंसक० में है, अतः किम् विशेष्य होना चाहिए।)
3. मम मनः **दुष्टः** नास्ति। (मेरा मन दूषित नहीं है।)	मम मनः **दुष्टं** नास्ति। (मनः (नपुं०) होने से दुष्टं शुद्ध है।)
4. तस्य कलत्रं **सुन्दरी** आसीत्। (उसकी पत्नी सुन्दर थी।)	तस्य कलत्रं **सुन्दरमासीत्।** (कलत्रं नपुं० होने से सुन्दरम् शुद्ध है।)
5. अहं **तं** पुस्तकं पठितवान्। (मैंने वह पुस्तक पढ़ी।)	अहं **तत्पुस्तकं** पठितवान्। (पुस्तक नपुं० होने से तत् शुद्ध है।)
6. दूरतः **पर्वतानि** रम्याः। (पर्वत दूर से सुन्दर है।)	दूरतः **पर्वताः** रम्याः। (पर्वत शुद्ध पुल्लिँग है।)
7. गंगायाः जलं **पवित्रः** अस्ति। (गंगा का जल पवित्र है।)	गंगायाः जलं **पवित्रम्** अस्ति। (जलम् नपुं० होने से पवित्रम् शुद्ध है।)

अशुद्ध-वाक्यानि	शुद्ध-वाक्यानि
8. **गन्तव्यं** ते वसतिरलका। (तुझे अलका नगरी जाना है।)	**गन्तव्या** ते वसतिरलका। (अलका स्त्रीलिंग होने से गन्तव्या शुद्ध है।)
9. अत्रभवान् किं **कर्तुमनः ?** (आप यहाँ क्या करना चाहते हैं?)	अत्रभवान् किं **कर्तुमनाः ?** (पुँ० एकवचन में कर्तुमनाः बनता है।)
10. यद्यदुच्यते भवता **तं** करिष्यामि। (जो कुछ आप कहेंगे, वही करूँगा।)	यद्यदुच्यते भवता **तत्**करिष्यामि। (यत् के साथ तत् का सम्बन्ध है।)
11. अस्ति **काचिद्** वाग्विशेषः ? (क्या कोई विशेष बात है?)	अस्ति **कश्चिद्** वाग्विशेषः ? (वाग्विशेषः पुँ० होने से कश्चित् शुद्ध है।)
12. सा स्वयमेव **तत्रागतः।** (वह स्वयं ही वहाँ आ गई।)	सा स्वयमेव **तत्रागता।** (सा स्त्रीलिंग होने से तत्रागता शुद्ध है।)
13. एतत् मम **मतः** अस्ति। (यह मेरा मत है।)	एतत् मम **मतम्** अस्ति। (मतम् नपुंसकलिङ्ग है।)
14. मम कार्यं तव कार्यात् **लघुतरः।** (मेरा कार्य तुम्हारे काम से छोटा है।)	मम कार्यं तव कार्यात् **लघुतरम्।** (लघुतरम् कार्यम् का विशेषण है।)
15. सा मत् **बद्धिमत्तरः** अस्ति। (वह मुझसे अधिक बुद्धिमान् है।)	सा मत् **बुद्धिमत्तरा** अस्ति। (बुद्धिमत्तरा सा का विशेषण है।)
16. राज्ञः **चत्वारि** पुत्राः आसन्। (राजा के चार पुत्र थे।)	राज्ञः **चत्वारः** पुत्राः आसन्। (चार का पुँ० में चत्वारः बनता है।)
17. राज्ञः **त्रयः** पत्न्यः आसन्। (राजा की तीन पत्नियाँ थीं।)	राज्ञः **तिस्रः** पत्न्यः आसन्। (तीन का स्त्रीलिंग रूप अपेक्षित है।)

Set IV

अशुद्ध-वाक्यानि	शुद्ध-वाक्यानि
1. तत् पत्रं **पीतः** वर्तते। (वह पत्ता पीला है।)	तत् पत्रं **पीतं** वर्तते। (पीतं पत्रं का विशेषण है।)
2. **सा** मम भ्राता अस्ति। (वह मेरा भाई है।)	**सः** मम भ्राता अस्ति। (विशेषण-विशेष्य में समान लिङ्ग)
3. **सः** मम स्वसा अस्ति। (वह मेरी बहन है।)	**सा** मम स्वसा अस्ति। (विशेषण-विशेष्य में समान लिङ्ग)
4. अनेन **कर्मेण** सर्वे प्रसीदन्ति। (इस काम से सब प्रसन्न होते हैं।)	अनेन **कर्मणा** सर्वे प्रसीदन्ति। (कर्मन् नपुंसकलिङ्ग का कर्मणा रूप शुद्ध है।)
5. शैत्यं हि यत् **तत्** प्रकृतिर्जलस्य। (पानी का स्वभाव ही शीतलता है।)	शैत्यं हि यत् **सा** प्रकृतिर्जलस्य। (प्रकृतिः स्त्रीलिङ्ग में, अतः सा ठीक है।)
6. त्वं तेषां जनानां **नामान्** वद। (तुम उन लोगों के नाम बताओ।)	त्वं तेषां जनानां **नामानि** वद। (नामन् नपुंसकलिंग में नामानि बनता है।)
7. इमे वस्त्राणि **मलिनाः** सन्ति। (ये वस्त्र मैले हैं।)	इमानि वस्त्राणि **मलिनानि** सन्ति। (विशेष्य विशेषण नपुंसकलिङ्ग में अपेक्षित हैं।)

अशुद्ध-वाक्यानि	शुद्ध-वाक्यानि
8. एतेषु के **पुस्तकाः** तस्मै रोचन्ते? (इनमें से कौन पुस्तकें उन्हें पसन्द हैं?)	एतेषु **कानि पुस्तकानि** तस्मै रोचन्ते? (पुस्तक नपुंसकलिङ्ग में है।)
9. अहं **तस्मिन्** नद्यां स्नानं करोमि। (मैं उस नदी में स्नान करता हूँ।)	अहं **तस्यां** नद्यां स्नानं करोमि। (विशेषण भी स्त्रीलिङ्ग में अपेक्षित है।)
10. तेन पुत्रेण **किं** लाभः? (उस पुत्र से क्या लाभ?)	तेन पुत्रेण **कः** लाभः? (लाभः के कारण कः भी पुल्लिँग में अपेक्षित है।)
11. **इदं** मे निश्चयः अस्ति। (यह मेरा निश्चय है।)	**अयं** मे निश्चयः अस्ति। (निश्चयः पुल्लिँग में, अतः अयम्)
12. सुपुत्रः पितुः **गर्वास्पदः।** (अच्छा पुत्र पिता का गर्व का स्थान है।)	सुपुत्रः पितुः **गर्वास्पदम्।** (आस्पदं नित्य नपुंसकलिंग एकवचन में होता है।)
13. सम्पदः आपदां **पदाः।** (सम्पत्तियाँ आपत्तियों का स्थान हैं।)	सम्पदः आपदां **पदम्।** (पदम् नित्य नपुंसकलिंग एकवचन में होता है।)
14. तेन बन्धनानि **छिन्नाः।** (उसके द्वारा बन्धन काट दिये गये।)	तेन बन्धनानि **छिन्नानि।** (छिन्नानि कर्म के अनुसार नपुंसकलिंग में)
15. **प्रजान्** पालयति नृपः। (राजा प्रजा का पालन करता है।)	**प्रजाः** पालयति नृपः। (प्रजाः स्त्रीलिङ्ग बहुवचन में प्रयुक्त होता है।)
16. अयं **तदेव** प्रदेशः अस्ति। (यह वही प्रदेश है।)	अयं **स** एव प्रदेशः अस्ति। (प्रदेशः पुँ० में अतः उसका विशेषण सः भी पुँ० में)
17. एकदा **एकः** वृद्धा अपतत्। (एक बार एक बूढ़ी गिर पड़ी।)	एकदा **एका** वृद्धा अपतत्। (वृद्धा का विशेषण होने के कारण एका उचित है।)
18. धनात् ज्ञानं **गुरुतरः।** (धन से ज्ञान महान् है।)	धनात् ज्ञानं **गुरुतरम्।** (ज्ञानम् नपुंसकलिंग है, अतः गुरुतरम् उचित है।)

3. पुरुष-विषयकम् अशुद्धि-संशोधनम्

Set I

1. भवान् कुत्र **गच्छसि?** (आप कहाँ जाते हो?)	भवान् कुत्र **गच्छति?** (भवान् कर्ता प्रथम पुरुष का रूप है।)
2. भवती कुत्र **गच्छसि?** (आप कहाँ जाती हो?)	भवती कुत्र **गच्छति?** (भवती प्रथम पुरुष का रूप है।)
3. भवन्तौ कुत्र **पठथः?** (आप दोनों कहाँ पढ़ते हो?)	भवन्तौ कुत्र **पठतः?** (भवन्तौ प्रथम पुरुष का रूप है।)
4. भवत्यौ किं **कुरुथः?** (आप दोनों क्या करती हो?)	भवत्यौ किं **कुरुतः?** (भवत्यौ प्रथम पुरुष का रूप है।)
5. भवन्तः किं **गायथ?** (आप क्या गाते हैं?)	भवन्तः किं **गायन्ति?** (भवन्तः प्रथम पुरुष का रूप है।)

अशुद्ध-वाक्यानि	शुद्ध-वाक्यानि
6. भवत्यः किमर्थं **हसथ?** (आप किसलिए हँसती हैं?)	भवत्यः किमर्थं **हसन्ति?** (भवत्यः प्रथम पुरुष का रूप है।)
7. अहं पत्रं **लिखति।** (मैं पत्र लिखती/लिखता हूँ।)	अहं पत्रं **लिखामि।** (क्रिया का पुरुष कर्ता के अनुसार)
8. वयं वृक्षान् **पश्यन्ति।** (हम वृक्षों को देखते हैं।)	वयं वृक्षान् **पश्यामः।** (क्रिया का पुरुष कर्ता के अनुसार)
9. सः, त्वं, अहं च **पश्यन्ति।** (वह, तू, और मैं देखते हैं।)	सः, त्वं, अहं च **पश्यामः।** (एक भी कर्ता उत्तम पुरुष में होने पर क्रिया उत्तम पुरुष)
10. सः त्वं च किं **कुरुतः?** (वह और तुम क्या करते हो?)	सः त्वं च किं **कुरुथः?** (कर्ता में मध्यम पुरुष होने पर क्रिया में मध्यम पुरुष)
11. त्वया किं **क्रियसे?** (तुम्हारे द्वारा क्या किया जाता है?)	त्वया किं **क्रियते?** (भाववाच्य में क्रियापद हमेशा प्रथम पुरुष एकवचन में ही होगा।)
12. यूयं गुरुजनं **नमन्ति।** (तुम सब गुरुजन को नमस्कार करते हो।)	यूयं गुरुजनं **नमथ।** (क्रियापद कर्तृपद के अनुसार)
13. भवान् किं **वदसि?** (आप क्या कहते हैं?)	भवान् किं **वदति?** (भवान् प्रथम पुरुष है अतः क्रियापद भी प्रथम पुरुष का ही होगा।)

Set II

अशुद्ध-वाक्यानि	शुद्ध-वाक्यानि
1. भवते स्वागतम् **भव।** (तुम्हारा स्वागत हो।)	भवते स्वागतम् **भवतु।** (क्रिया का कर्ता स्वागतम् प्रथम पुरुष में है।)
2. अहं पत्रं **लिखति।** (मैं पत्र लिखता हूँ।)	अहं पत्रं **लिखामि।** (क्रिया का कर्ता उत्तम पुरुष में है)
3. त्वं पत्रं **लिखति।** (तुम पत्र लिखते हो।)	त्वं पत्रं **लिखसि।** (क्रिया का पुरुष कर्ता के पुरुष के अनुसार)
4. ते गृहं **गच्छामः।** (वे घर जाते हैं।)	ते गृहं **गच्छन्ति।** (क्रिया का पुरुष कर्ता के अनुसार)
5. अहं च ते च **हसन्ति।** (मैं और वे हँसते हैं।)	अहं च ते च **हसामः।** (एक भी कर्ता उत्तम पुरुष का होने पर क्रिया में उत्तम पुरुष ही होगा)
6. ते च अहं च **हसन्ति।** (वे और हम हँसते हैं।)	ते च अहं च **हसामः।** (एक भी कर्ता उत्तम पुरुष का होने पर क्रिया में उत्तम पुरुष)
7. त्वं च वयं च **नृत्यथ।** (तुम और हम नाचते हैं।)	त्वं च वयं च **नृत्यामः।** (एक भी कर्ता उत्तम पुरुष का होने पर क्रिया में उत्तम पुरुष)
8. त्वं च ते च विद्यालयात् **आगच्छन्ति।** (तू और वे विद्यालय से आते हैं।)	त्वं च ते च विद्यालयात् **आगच्छथ।** (च से युक्त कर्ता पदों में मध्यम पुरुष तथा प्रथम पुरुष होने पर क्रिया मध्यम पुरुष में।)

अशुद्ध-वाक्यानि	शुद्ध-वाक्यानि
9. त्वं वा ते वा **हसथ।** (तू या वे हँसते हैं।)	त्वं वा ते वा **हसन्ति।** (वा से युक्त कर्ता पदों में अन्तिम कर्ता के वचन के अनुसार क्रिया का वचन।)
10. सोऽहं रघूणामन्वयं **वक्ष्यते।** (वह मैं रघुकुल के विषय में कहूँगा।)	सोऽहं रघूणामन्वयं **वक्ष्ये।** (अहं होने से क्रिया उत्तम पुरुष में)
11. ते वयं दमयन्त्यर्थं **चरन्ति** पृथिवीमिमाम्। (वे हम दमयन्ती के लिए इस पृथिवी पर विचरण करते हैं।)	ते वयं दमयन्त्यर्थं **चरामः** पृथिवीमिमाम्। (वयं कर्ता होने से क्रिया उत्तम पुरुष में)
12. मह्यं दुग्धं न **रोचे।** (मुझे दूध पसन्द नहीं है।)	मह्यं दुग्धं न **रोचते।** (क्रियापद दुग्धं के अनुसार)

4. लकार-विषयकम् अशुद्धि-संशोधनम्

1. अहं ह्यः विद्यालयं **गमिष्यामि।** (मैं कल विद्यालय गया था।)	अहं ह्यः विद्यालयम् **अगच्छम्।** (भूतकाल में लङ्लकार)
2. अहं श्वः विद्यालयं **अगच्छम्।** (मैं कल विद्यालय जाऊँगा।)	अहं श्वः विद्यालयं **गमिष्यामि।** (भविष्यत्काल में लृट्)
3. मम पिता अद्य **आगमिष्यति**, सः श्वः गमिष्यति। (मेरे पिताजी आज आये हैं कल जायेंगे।)	मम पिता अद्य **आगतः**। सः श्वः गमिष्यति। (पूर्व क्रिया हो चुकी अतः 'क्त' प्रत्यय)
4. श्वः अहं पुरस्कारं **लभे।** (कल मैं पुरस्कार प्राप्त करूँगा।)	श्वः अहं पुरस्कारं **लप्स्ये।** (भविष्यत्काल में लृट् लकार)
5. वृष्टिः **भवतु** चेत्, बीजानि वपतु। (यदि वर्षा हो तो आप बीज़ बो दें।)	वृष्टिः **भवति** चेत्, बीजानि वपतु। (यदि के साथ उपवाक्य में लट्)
6. यावत् सिंहः त्वां **पश्यतु** तावत् दूरमपसर। (जब तक सिंह तुम्हें देखे तुम दूर हट जाओ।)	यावत् सिंहः त्वां **पश्यति** तावत् दूरमपसर। (यावत् अव्यय से प्रारम्भ हुए उपवाक्य में लट् लकार)
7. मृगः प्रतिदिनं शस्यम् **अखादत्।** (मृग प्रतिदिन फसल खाता था।)	मृगः प्रतिदिनं शस्यं **खादति।** (प्रतिदिन या पुनः पुनः करने पर लट्)
8. नद्यः **अवहन्।** (नदियाँ बहती हैं।)	नद्यः **वहन्ति।** (सत्य स्वभाव में लट्)
9. दीर्घसूत्री **अनश्यत्।** (आलसी नष्ट हो जाता है।)	दीर्घसूत्री **नश्यति।** (सत्य स्वभाव में लट्)
10. मेघाः **अगर्जन्।** (बादल गर्जते हैं।)	मेघाः **गर्जन्ति।** (सत्य स्वभाव बताने में लट्)
11. कदा गमिष्यसि? एष **गमिष्यामि।** (कब जाओगे, अभी जा रहा हूँ।)	कदा गमिष्यसि? एष **गच्छामि।** (वर्तमान के समीपस्थ भविष्यत्काल में लट्)
12. कदा आगतोऽसि? एष **आगतः।** (कब आये थे? अभी आया हूँ।)	कदा आगतोऽसि? एष **आगच्छामि।** (वर्तमान के समीपस्थ भूतकाल में लट्)

13. अन्नेन सदृशं दानं न **भवति** न भविष्यति। (अन्न के समान दान न हुआ है, न होगा।)	अन्नेन सदृशं दानं न **भूतं** न भविष्यति। (उपवाक्य में भूतकाल अपेक्षित है।)
14. अद्य भवान् मम गृहे भोजनं **करोति।** (आज आप मेरे घर में भोजन करें।)	अद्य भवान् मम गृहे भोजनं **करोतु।** (निमन्त्रण के अर्थ में लोट्)
15. **शृणोति** रे छात्र! (हे छात्र, सुन!)	**शृणोतु** रे छात्र! (आज्ञा के अर्थ में लोट्)
16. **त्रासि** माम्। (मेरी रक्षा करो।)	**त्राहि** माम्। (आमन्त्रण के अर्थ में लोट्)
17. किं ते प्रियं **करोमि?** (मैं तेरा क्या प्रिय करूँ।)	किं ते प्रियं **करवाणि?** (प्रश्न में लोट्)
18. सिन्धुम् अपि **शोषयामि।** (समुद्र को भी सुखा दूँ।)	सिन्धुम् अपि **शोषयाणि।** (सामर्थ्य में लोट्)
19. सत्यं **ब्रूहि,** प्रियं **ब्रूहि।** (सच बोलना चाहिए, प्रिय बोलना चाहिए।)	सत्यं **ब्रूयात्,** प्रियं **ब्रूयात्।** (उपदेश में विधिलिङ्)
20. संभवतः अहं विदेशं **गच्छानि!** (सम्भव है मैं विदेश चला जाऊँ।)	संभवतः अहं विदेशं **गच्छेयम्!** (सम्भावना में विधिलिङ्)

5. विभक्ति-विषयकम् अशुद्धि-संशोधनम्

विभक्ति-सम्बन्धि-अशुद्धिः क	शुद्धरूपाणि ख
1. सः **नृपं** पुत्रः अस्ति।	सः **नृपस्य** पुत्रः अस्ति।
2. सः **अश्वेन** पतति।	सः **अश्वात्** पतति।
3. ते **तस्मै** कथयति।	ते **तं** कथयन्ति।
4. वयं **भोजनस्य** खादामः।	वयं **भोजनं** खादामः।
5. वयं **हस्तात्** लिखामः।	वयं **हस्तेन** लिखामः।
6. लता **कर्णयोः** आकर्णयति।	लता **कर्णाभ्याम्** आकर्णयति।
7. बालाः **कन्दुकात्** खेलन्ति।	बालाः **कन्दुकेन** खेलन्ति।
8. नराः **कार्याणां** कुर्वन्ति।	नराः **कार्याणि** कुर्वन्ति।
9. तौ **पाठैः** पठतः।	तौ **पाठौ** पठतः।
10. ते **पुष्पाणां** चिन्वन्ति।	ते **पुष्पाणि** चिन्वन्ति।

अत्र 'क' खण्डे यानि स्थूलानि पदानि सन्ति तानि पदानि विभक्तेः दृष्ट्या अशुद्धानि सन्ति। परं 'ख' खण्डे यानि स्थूलानि पदानि सन्ति तानि विभक्तेः दृष्ट्या शुद्धानि सन्ति।

प्रश्नः—अधोलिखितं कथांशं/गद्यांशं शुद्धं कृत्वा पुनः लिखत—

(क) एकदा वने अटन् **एकं** सिंहः श्रान्तं भूत्वा निद्रां गतम्। **अस्याम्** अवसरे **काचित्** क्षुद्रः मूषकः **तस्याः** उपरि कूर्दित्वा निद्रायाः भङ्गम् अकरोत्। ततः सिंहः **कुपिता** अभवत्, स च मूषकं मारयितुम् **इच्छति**। **भयाकुला** मूषकः **प्राणस्य** रक्षायै **तत्** बहुधा अयाचत्। सिंहेन अपि दयया स मुक्तः कृतः।

उत्तर–पुनर्लेखनम्–

एकदा वने अटन् **एकः** सिंहः **श्रान्तो** भूत्वा निद्रां **गतः। अस्मिन्** अवसरे **कश्चित्** क्षुद्रः मूषकः **तस्य** उपरि कूर्दित्वा निद्रायाः भङ्गम् अकरोत्। ततः सिंहः **कुपितः** अभवत्, सः च मूषकं मारयितुम् **इच्छति स्म। भयाकुलः** मूषकः **प्राणानां** रक्षायै **तं** बहुधा अयाचत। सिंहेन अपि दयया स मुक्तः कृतः।

(ख) भारतस्य **उत्तरस्मिन्** दिशायां **महोन्नतं पर्वतराजं** वर्तते **यत्** प्रहरी इव भारतं रक्षति। हिमालयः भारतदेशस्य **समृद्धं** भूभागः अस्ति, यतः **अनेन पर्वतेन** बहूनि नद्यः निस्सरन्ति, देशस्य **विशालां** भूभागं सिञ्चन्ति च।

उत्तर–पुनर्लेखनम्–

भारतस्य **उत्तरस्यां** दिशायां **महोन्नतः पर्वतराजः** वर्तते **यः** प्रहरी इव भारतं रक्षति। हिमालयः भारतदेशस्य **समृद्धः** भूभागः अस्ति, यतः **अस्मात् पर्वतात् बहवः** नद्यः निस्सरन्ति, देशस्य **विशालं** भूभागं सिञ्चन्ति च।

(ग) **संस्कृतदिवसं** रक्षाबन्धनदिने समाजतः सर्वकारतः च सर्वत्र देशे **मानितं** भवति। संस्कृतभाषायाः **गुणानि** वैशिष्ट्यानि च बोधयित्वा संस्कृतस्य **हितैषिणाः** संस्कृत-रक्षणाय संस्कृत-प्रचाराय च संकल्पन्ते। संस्कृतस्य **हितायै** च कार्यं कर्तुं **कटिबद्धः** भवन्ति।

उत्तर–पुनर्लेखनम्–

संस्कृतदिवसः रक्षाबन्धनदिने समाजतः सर्वकारतः च सर्वत्र देशे **मानितः** भवति। संस्कृतभाषायाः **गुणान्** वैशिष्ट्यानि च बोधयित्वा संस्कृतस्य **हितैषिणः** संस्कृतरक्षणाय संस्कृतप्रचाराय च संकल्पन्ते। संस्कृतस्य **हिताय** च कार्यं कर्तुं **कटिबद्धाः** भवन्ति।

(घ) कदाचित् **भोजराजस्य** उपगम्य भृत्यः प्राह—**देवाः**! कोशे **यः** वित्तम् अस्ति, सः तु **देवैः** कविभ्यः **दत्तः**। **किम्** अपि कविः **प्रतिदिने** द्वारे तिष्ठति। राजा सर्वं जनान् अपि अकथयत्—अद्य **द्वारस्थः** कविं प्रवेशय। धिग् जीवितं यः विद्वांसः कवयः च द्वारम् **आगत्वा** सीदन्ति। सः कवये **निजाभरणान्** उत्तार्य अयच्छत्।

उत्तर–पुनर्लेखनम्–

कदाचित् **भोजराजम्** उपगम्य भृत्यः प्राह—**देव!** कोशे **यद्** वित्तम् अस्ति, **तत्** तु **देवेन** कविभ्यः **दत्तम्। कोऽपि** कविः **प्रतिदिनं** द्वारे तिष्ठति। राजा सर्वं जनान् अपि अकथयत्—अद्य **द्वारस्थं** कविं प्रवेशय। धिग् जीवितं **यद्** विद्वांसः कवयः च द्वारम् **आगत्य** सीदन्ति। सः कवये **निजाभरणानि** उत्तार्य अयच्छत्।

(ङ) एकदा सायंकाले जम्बुकः ग्रामं **प्रविष्टम्**। ग्रामस्य कुक्कुराः **तत्** हन्तुं **तत्** प्रत्यधावन्। सः अपि प्राणरक्षणाय रजकस्य गृहं **प्रविष्टम्**। तत्र स्थापिते नीलीभाण्डे च **पतितम्**। तत्पश्चात् नीलवर्णं स्वशरीरं विलोक्य शनैः बहिर् **निष्क्रान्तम्**। कुक्कुराः अपि **तत्** विचित्रं जीवं **पश्यन्** दूरं **पलायितः**।

उत्तर–पुनर्लेखनम्–

एकदा सायंकाले जम्बुकः ग्रामं **प्रविष्टः।** ग्रामस्य कुक्कुराः **तं** हन्तुं **तं** प्रत्यधावन्। सः अपि प्राणरक्षणाय रजकस्य गृहं प्रविष्टः। तत्र स्थापिते नीलीभाण्डे च **पतितः**। तत्पश्चात् नीलवर्णं स्वशरीरं विलोक्य शनैः बहिर् **निष्क्रान्तः**। कुक्कुराः अपि **तं** विचित्रं जीवं **पश्यन्तः** दूरं **पलायिताः।**

अभ्यासप्रश्नाः

प्रश्नः–एतेषु वाक्येषु कानिचित् रेखाङ्कितानि पदानि सन्ति। एतानि शुद्धीकृत्य लिखत–

(1) सः गृहं न गच्छतः।

(2) तौ पाठं न पठन्ति।

(3) ते पत्रं न लिखति।

(4) एषः मम मित्राणि न अस्ति।

(5) सः मम बान्धवाः न सन्ति।

(6) देवदत्तादयः ब्राह्मणाः तत्र न अस्ति।

(7) अद्य सूर्यस्य किरणाः न विलसति।

(8) उद्याने पुष्पम् न सन्ति।

(9) देवालये देवता: न अस्ति।
(10) वृक्षे कोकिला: न आसीत्।
(11) यक्ष: मेघम् अपृच्छन्।
(12) मोहन: रामाय पत्रम् ददति।
(13) स: सर्वेषाम् प्रीतिपात्राणि अस्ति।
(14) आभूषणानि कुत्र विद्यते?
(15) सोमलता कुत्र आसन्?
(16) गगने चन्द्रिका न विलसन्ति।
(17) गगने विद्युत: विलसति।
(18) वयं तत्र गमिष्यामि।
(19) यूयं कुत्र गमिस्यसि?
(20) आवाम् अत्रैव निवासं कुर्म:।
(21) अयं रमणीय: वन: अस्ति।
(22) एतत् वृक्षं सुन्दरम् अस्ति।
(23) स: सुन्दरी बालिका अस्ति।
(24) भूषणा: कुत्र सन्ति?
(25) एतत् वस्त्र: शुद्ध: नास्ति।
(26) एष: लेखनी कस्य अस्ति?
(27) एतम् आसनम् तत्र स्थापय।
(28) एष: पुष्पं मम अस्ति।
(29) एषा पुस्तकम् तव अस्ति।
(30) अयं गृहं मम नास्ति।
(31) स: तस्य कलत्रम् अस्ति।
(32) अयं कथा समाप्ता।
(33) जलं सरस: आसीत्।
(34) दुग्धम् मधुर: आसीत्।
(35) एतत् भयङ्करं कालम् अस्ति।
(36) मम समयम् एव नास्ति।
(37) वार्ता रमणीय: नास्ति।
(38) त्वं कीदृश: छात्रा असि?
(39) इदम् आश्रम: सुरम्य: अस्ति।
(40) ईश्वर: सर्वेषां रक्षकम् अस्ति।
(41) तव रूपम् आकर्षकम् असि।
(42) मम नाम आकर्षकम् नास्मि।
(43) वयम् अद्य एव गच्छन्ति।
(44) यूयम् अधुना कुत्र गमिष्यति?
(45) अहम् किमपि न जानाति।
(46) त्वम् पत्रं न लिखति।
(47) स: अपि मित्रम् न अस्मि।
(48) ते अपि मित्राणि न भविष्याम:।
(49) देवा: स्वर्गे न अरमत्।
(50) त्वं मन्दिरे किं करोति?
(51) किं त्वया पठ्यसे?
(52) तस्य मनसि विचार: आगच्छसि।
(53) आकाशात् पुष्पाणि न पतिष्यथ।
(54) गगने चन्द्र: न समुज्ज्वलसि।
(55) छात्रा: पाठं न पठिष्याम:।
(56) त्वम् बलवान् न अस्ति।
(57) भवान् विद्वान् न असि।
(58) भवती गृहिणी न असि।
(59) वयं लेखका: न अस्मि।
(60) आवां गृहं न गच्छत:।
(61) स: ह्य: आगमिष्यति।
(62) स: श्व: आगतवान्।
(63) गतसप्ताहे स: वनं गमिष्यति।
(64) आगामिसोमवासरे स: नगरं गतवान्।
(65) परश्व: क: आगत:?
(66) गगनं नीलम् भविष्यति।
(67) नद्य: स्वयं जलं न अपिबन्।
(68) पुरा राजा नल: अस्ति।
(69) स: नृपं पुत्र: अस्ति।
(70) ते पुष्पाणां चिन्वन्ति।

पूर्वपरीक्षाणां प्रश्नाः

I. अधोलिखितवाक्येषु रेखाङ्कितपदम् अशुद्धम् अस्ति। प्रदत्तविकल्पेभ्यः उचितम् उत्तरं चित्वा अशुद्धपदं संशोध्य लिखत– (*CBSE 2016*)

(क) जनाः ह्यः आपणं गमिष्यन्ति।
(*i*) गमिष्यावः (*ii*) अगच्छन् (*iii*) गच्छानि (*iv*) अगच्छताम्

(ख) सः बालिका क्रीडति।
(*i*) बाला (*ii*) बालकः (*iii*) बालकौ (*iv*) बालिके

(ग) त्वं कदा नाटकं द्रक्ष्यन्ति?
(*i*) पश्यन्ति (*ii*) पश्यावः (*iii*) द्रक्ष्यसि (*iv*) पश्यथ

(घ) त्वम् मम मित्रः असि।
(*i*) मित्रम् (*ii*) मित्रौ (*iii*) मित्रा (*iv*) मित्राः

(ङ) अहं नेत्रयोः पश्यामि।
(*i*) नेत्रेभ्यः (*ii*) नेत्रैः (*iii*) नेत्रेषु (*iv*) नेत्राभ्याम्

(च) पाठ्यपुस्तके द्वादश पाठानि सन्ति।
(*i*) पाठे (*ii*) पाठेषु (*iii*) पाठाः (*iv*) पाठान्

II. अधोलिखितवाक्येषु रेखाङ्कितपदम् अशुद्धम् अस्ति। प्रदत्तविकल्पेभ्यः उचितम् उत्तरं चित्वा अशुद्धपदं संशोध्य लिखत– (*CBSE 2016, 2017*)

(क) 'सा बालकः खेलति'।
(*i*) बालकौ (*ii*) बालके (*iii*) बालिका (*iv*) बालिके।

(ख) 'श्वः भवन्तः कुत्र गच्छथ?'
(*i*) अगच्छन् (*ii*) गमिष्यन्ति (*iii*) गच्छन्ति (*iv*) गमिष्यथ।

(ग) 'त्वं कदा राष्ट्रपतिभवनं द्रक्ष्यामः?'
(*i*) पश्यथ (*ii*) पश्यावः (*iii*) द्रक्ष्यसि (*iv*) द्रक्ष्यन्ति।

(घ) 'अस्मिन् पुस्तके सप्तदश पाठं सन्ति।'
(*i*) पाठाः (*ii*) पाठानि (*iii*) पाठे (*iv*) पाठौ

(ङ) 'द्वे छात्रे पुस्तकालये पठन्ति।'
(*i*) पठति (*ii*) पठतः (*iii*) पठथः (*iv*) पठथ

(च) 'त्वं मम मित्रम् अस्ति।'
(*i*) आसीत् (*ii*) असि (*iii*) अभवत (*iv*) भविष्यति।

III. अधोलिखितवाक्येषु रेखाङ्कितपदम् अशुद्धम् अस्ति। अशुद्धं पदं संशोध्य पुनः लिखत– (*CBSE 2018*)

(*i*) द्वे बालिके विद्यालयं गच्छति।

(*ii*) किम् अहं सर्वे पुस्तकानि आदाय गच्छानि?

(*iii*) विजयः भ्रमणार्थं श्वः न गच्छति।

(*iv*) किं शकुन्तला अध्ययने रतः अस्ति?

IV. अधोलिखितवाक्येषु रेखाङ्कितपदम् अशुद्धम् अस्ति। अशुद्धं पदं संशोध्य पुनः लिखत। (केवलं प्रश्नचतुष्टयम्)

(CBSE 2019)

(*i*) आवां संस्कृतम् पठामि।

(*ii*) जलम् निर्मलः अस्ति।

(*iii*) शिक्षकः छात्रान् पाठं पाठयन्ति।

(*iv*) वयम् पुष्पोत्सवं पश्यन्ति।

(*v*) ऊषा श्वः पत्रम् अलिखत्।

V. अधोलिखितवाक्येषु रेखाङ्कितपदम् अशुद्धम् अस्ति। शुद्धं पदं विकल्पेभ्यः चित्वा लिखत। (केवलं प्रश्नत्रयम्)

(CBSE 2020)

(*i*) सुरेशः नेत्रयोः पश्यति। (नेत्राभ्याम्/नेत्रेषु/नेत्रेभ्यः)

(*ii*) पाठ्यपुस्तके अष्ट पाठानि सन्ति। (पाठे/पाठाः/पाठान्)

(*iii*) ते बालिकाः विद्यालयं गच्छन्ति। (बालिके/बालकाः/बालकौ)

(*iv*) सुधा ह्यः आपणं गच्छामि। (गमिष्यामि/गच्छेयम्/अगच्छत्)

बहुविकल्पीयप्रश्नाः

Set-1

1. रेखाङ्कितपदानि शुद्धीकृत्य लिखत।

(*i*) *शिशुत्रयाः हसति।*

(क) शिशुत्रयम् (ख) शिशुत्रीणि (ग) शिशुत्रयः (घ) त्रिशिशवः।

(*ii*) *वेदाः प्रमाणानि।*

(क) प्रमाणाः (ख) प्रमाणम् (ग) प्रमाणान् (घ) प्रमाणौ।

2. रेखाङ्कितपदानि शुद्धीकृत्य लिखत।

(*i*) *मया फलानि खाद्यते।*

(क) खाद्यन्ते (ख) खादयते (ग) खाद्यति (घ) खादयति।

(*ii*) *त्वया चित्राणि दृश्यते।*

(क) पश्यन्ते (ख) दृश्यन्ते (ग) पश्यन्ति (घ) दृश्यते।

3. रेखाङ्कितपदानि शुद्धीकृत्य लिखत।

(*i*) *त्रयः बालिकाः पठन्ति।*

(क) तिस्रः (ख) त्रयः (ग) त्रीणि (घ) त्रयाः।

(*ii*) *पुरा भारतस्य महिमा गौरवशालनी आसीत्।*

(क) गौरवशालीनः (ख) गौरवशाली (ग) गौरवशालीना (घ) गौरवशीला।

4. रेखाङ्कितपदानि शुद्धीकृत्य लिखत।

(*i*) *भवती मम भगिनी असि।*

(क) अस्ति (ख) अस्मि (ग) असि (घ) सन्ति।

(*ii*) *भवान् मम भ्राता असि।*

(क) अस्मि (ख) अस्ति (ग) असि (घ) स्तः।

5. रेखाङ्कितपदानि शुद्धीकृत्य लिखत।

(*i*) *त्वं भ्रमणाय गच्छति।*

(क) गच्छसि (ख) गच्छामि (ग) गच्छति (घ) गच्छन्ति।

(*ii*) *मह्यं फलं न रोचे।*

(क) रोचति (ख) रोचते (ग) रोचे (घ) रोचसे।

6. रेखाङ्कितपदानि शुद्धीकृत्य लिखत।

(*i*) *श्रुणोति रे छात्र!*

(क) शृणु (ख) श्रुणोमि (ग) श्रुणोषि (घ) श्रुणोति।

(*ii*) *रात्रौ सर्वे जनाः सुप्ताः सन्ति।*

(क) आसीत् (ख) आसन् (ग) आस्ताम् (घ) आसीः।

Set-2

I. प्रदत्तेषु विकल्पेषु उचितम् उत्तरं चित्वा लिखत।

(क) *वृक्षे **फला:** सन्ति* = ...

(i) फले (ii) फलानि

(iii) फलौ (iv) फलान्।

(ख) *व्याधि: **भयङ्करी*** = ...

(i) भयङ्कर: (ii) भयङ्करम्

(iii) भयङ्करी (iv) भयङ्करन्।

(ग) ***सहस्रा:** जना:* = ...

(i) सहस्राणि (ii) सहस्रम्

(iii) सहस्रान् (iv) सहस्र:।

(घ) ***शीतल:** जलम्* = ...

(i) शीतलम् (ii) शीतलप्

(iii) शीतला (iv) शीतलन्।

(ङ) ***गुणवान्** कन्या* = ...

(i) गुणमान् (ii) गुणवती

(iii) गुणमती (iv) गुणवत्।

(च) ***एकं** शिशु: अस्ति* = ...

(i) एका (ii) एकस्य

(iii) एक: (iv) एकाम्।

(छ) *दशरथस्य **चत्वारि** पुत्रा:* = ...

(i) चतुर: (ii) चत्वारि

(iii) चतस्र: (iv) चत्वार:।

(ज) ***त्रय:** बालिका: क्रीडन्ति* = ...

(i) तिस्र: (ii) त्रया:

(iii) त्रय: (iv) तिस्रा:।

(झ) *वृक्षात् **चत्वार:** फलानि पतन्ति* = ...

(i) चतुर: (ii) चत्वर:

(iii) चतस्र: (iv) चत्वारि।

(ञ) ***तस्या:** निशायाम्* = ...

(i) तस्याम् (ii) तेषाम्

(iii) तस्मिन् (iv) तासाम्।

(ट) *तत्र **द्वि** बालकौ* = ...

(*i*) द्वयः (*ii*) द्वौ

(*iii*) द्वयौ (*iv*) द्वे।

(ठ) ***एते** पत्राणि सन्ति* = ...

(*i*) एतानि (*ii*) एताः

(*iii*) एतद् (*iv*) एषाः।

(ड) ***हरितः** वस्त्रम्* = ...

(*i*) हरिता (*ii*) हरिती

(*iii*) हरितम् (*iv*) हरितन्।

(ढ) *रामः फलं **खादसि*** = ...

(*i*) खादामि (*ii*) खादयसि

(*iii*) खादयति (*iv*) खादति।

(ण) *सः मम **मित्रः** अस्ति* = ...

(*i*) मित्रम् (*ii*) मित्राः

(*iii*) मित्रौ (*iv*) मित्रन्।

(त) *त्वं ओदनं **पचति*** = ...

(*i*) पचयति (*ii*) पचामि

(*iii*) पचसि (*iv*) पच्यति।

(थ) *अहं पाठं **पठति*** = ...

(*i*) पठयति (*ii*) पठामि

(*iii*) पठाति (*iv*) पठसि।

(द) *भवान् कुत्र **गच्छसि*** = ...

(*i*) गमति (*ii*) गच्छामि

(*iii*) गच्छति (*iv*) गच्छयति।

(ध) ***एकः** फलं पतति* = ...

(*i*) एकम् (*ii*) एका

(*iii*) एकस् (*iv*) एकान्।

(न) ***त्रयः** महिलाः गच्छन्ति* = ...

(*i*) त्रयौ (*ii*) त्रया

(*iii*) तिस्रः (*iv*) त्रयाः।

आदर्श-प्रश्नपत्रम्

(*Issued by CBSE*)

आदर्श–प्रश्नपत्रम्–2022–23

कक्षा–दशमी

संस्कृतम् (कोड सङ्ख्या-122)

समयः – 3 होराः **पूर्णाङ्काः – 80**

सामान्यनिर्देशाः –

1. कृपया सम्यक्तया परीक्षणं कुर्वन्तु यत् अस्मिन् प्रश्नपत्रे 11 पृष्ठानि मुद्रितानि सन्ति।
2. कृपया सम्यक्तया परीक्षणं कुर्वन्तु यत् अस्मिन् प्रश्नपत्रे 18 प्रश्नाः सन्ति।
3. अस्मिन् प्रश्नपत्रे चत्वारः खण्डाः सन्ति।
4. प्रत्येकं खण्डम् अधिकृत्य उत्तराणि एकस्मिन् स्थाने क्रमेण लेखनीयानि।
5. उत्तरलेखनात् पूर्वं प्रश्नस्य क्रमाङ्कः अवश्यं लेखनीयः।
6. प्रश्नस्य क्रमाङ्कः प्रश्नपत्रानुसारम् एवं लेखनीयः।
7. सर्वेषां प्रश्नानाम् उत्तराणि संस्कृतेन लेखनीयानि।
8. प्रश्नानां निर्देशाः ध्यानेन अवश्यं पठनीयाः।

प्रश्नपत्रस्वरूपम् –

'क' खण्डः	–	अपठितावबोधनम्	10 अङ्काः
'ख' खण्डः	–	रचनात्मककार्यम्	15 अङ्काः
'ग' खण्डः	–	अनुप्रयुक्तव्याकरणम्	25 अङ्काः
'घ' खण्डः	–	पठितावबोधनम्	30 अङ्काः

'क' खण्डः

अपठितावबोधनम् (10 अङ्काः)

1. **अधोलिखितं गद्यांशं पठित्वा प्रदत्तप्रश्नानाम् उत्तराणि संस्कृतेन लिखत–** **10**

पुरा अस्माकं देशे बहवः प्रसिद्धाः राजानः अभवन्। तेषु दुष्यन्तः नाम एकः नृपः आसीत्। तस्य भार्या शकुन्तला आश्रमे पुत्रम् अजनयत्। तस्य नाम भरतः आसीत्। भरतः शैशवास्थायाम् अपि आश्रमे सिंहशावकैः सह क्रीडति स्म। एकदा सः एकस्य सिंहशावकस्य मुखम् उदघाटयत् अवदत् च– 'जृम्भस्व सिंह! दन्तान् ते गणयिष्यामि।' सिंहशावकः अपि जानाति स्म यत् भरतः अपि मया सदृशः शिशुः अस्ति, मया सह च क्रीडति अतः सः भरताय नाक्रुध्यत् न च आक्राम्यत्। तत्र तापसीभ्यां निषिद्धः अपि भरतः कथयति स्म– नाहं सिंहात् बिभेमि। इत्थम् आसीत् सः निर्भयः वीरः भरतः। भरतस्य अभिधानेन एव अस्माकं देशस्य आर्यावर्तस्य नाम 'भारतम्' अभवत्।

अ. एकपदेन उत्तर– *(केवलं प्रश्नद्वयम्)* $1 \times 2 = 2$

(*i*) निर्भयः वीरः च कः आसीत्?

(*ii*) भरतः कैः सह क्रीडति स्म?

(*iii*) भरतस्य मातुः नाम किम् आसीत्?

आ. पूर्णवाक्येन लिखत– *(केवलं प्रश्नद्वयम्)* $2 \times 2 = 4$

(*i*) भरतः सिंहशावकं किम् अवदत्?

(*ii*) सिंहशावकः भरताय किमर्थं नाक्रुध्यत् न च आक्राम्यत्?

(*iii*) भरतः तापस्यौ किं कथयति स्म?

इ. अस्य अनुच्छेदस्य कृते उपयुक्तं शीर्षकं संस्कृतेन लिखत। 1

ई. यथानिर्देशम् उत्तरत– *(केवलं प्रश्नत्रयम्)* $1 \times 3 = 3$

(*i*) 'इत्थम् आसीत् सः निर्भयः वीरः भरतः' अत्र किं क्रियापदम्?

(क) इत्थम् (ख) आसीत्

(ग) निर्भयः (घ) वीरः

(*ii*) 'सदृशः' इति विशेषणपदस्य विशेष्यपदं किम्?

(क) नृपः (ख) वीरः

(ग) निर्भयः (घ) शिशुः

(*iii*) 'नृपाः' इति पदस्य किं पर्यायपदं गद्यांशे प्रयुक्तम्?

(क) सिंहशावकः (ख) दन्तान्

(ग) राजानः (घ) प्रसिद्धाः

(*iv*) 'गणयिष्यामि' इति क्रियापदस्य कर्तृपदं किं भवेत्?

(क) अहम् (ख) ते

(ग) सः (घ) दन्तान्

'ख' खण्डः

रचनात्मकं कार्यम् (15 अङ्काः)

2. भवान् जयपुरवासी राजेन्द्रः अस्ति। स्वमित्रं मुकेशं स्वभागिन्याः विवाहे निमन्त्रयितुं लिखितं पत्रं मञ्जूषायाः पदैः पूरयित्वा पुनः लिखत– **½ × 10 = 5**

जयपुरतः

दिनाङ्कः ....

प्रियमित्र मुकेश!

सस्नेहं (*i*) .... ।

अत्र कुशलं तत्रास्तु। भवान् इदं (*ii*) ·············· अत्यधिकः प्रसन्नः भविष्यति यत् मम (*iii*) ·············· दिव्यायाः विवाहः विजयनगरनिवासि-श्रीवेदप्रकाशस्य पुत्रेण (*iv*) ·············· सह दिसम्बर-मासस्य एकादशतिथौ निश्चितः जातः। (*v*) ·············· सायं सप्तवादने आगमिष्यति। अस्मिन् मङ्गलावसरे भवान् सपरिवारः सादरं निमन्त्रितः। भवता स्वपरिवारेण सह विवाहतः (*vi*) ·············· पूर्वमेव अत्र आगत्य व्यवस्थायां (*vii*) ·············· अपि करणीयम्। भवतः उपस्थितिः (*viii*) ·············· उत्साहं विश्वासं च वर्धिष्यते। इतोऽपि भवतः जयपुरदर्शनस्य इच्छासिद्धिः अपि (*ix*) ·············· । गृहे पितृभ्यां मम प्रणामाः।

भवतः (*x*) ··············

राजेन्द्रः

मञ्जूषा

भविष्यति, मम, नमः, वरयात्रा, राकेशेन, सहाय्यम्, भगिन्याः, अभिन्नहृदयः, त्रिदिनानि, ज्ञात्वा

3. **प्रदत्तं चित्रं दृष्ट्वा मञ्जूषायां प्रदत्तशब्दानां सहायतया पञ्च वाक्यानि संस्कृतेन लिखत–** **1 × 5 = 5**

मञ्जूषा

क्रीडन्ति, उद्यानस्य, भ्रमन्ति, पुष्पाणि, वृक्षाः, बालाः, चित्रकार्यम्, हरीतिमा, दोलयतः

अथवा

मञ्जूषाप्रदत्तशब्दानां साहाय्येन निम्नलिखितं विषयम् अधिकृत्य न्यूनातिन्यूनं पञ्चभिः संस्कृतवाक्यैः एकम् अनुच्छेदं लिखत– **1 × 5 = 5**

"वायुप्रदूषणम्"

मञ्जूषा

स्वास्थ्यम्, पर्यावरणस्य, रक्षकाः, उद्योगानाम्, प्राणवायुम्, वृक्षारोपणम्, उपायाः, निर्माणकार्यम्, सहायकाः, वाहनानां धूम्रः, श्वासरोगाः।

4. अधोलिखितानि वाक्यानि संस्कृतभाषया अनूद्य लिखत– *(केवलं वाक्यपञ्चकम्)* **1 × 5 = 5**

1. उसने संस्कृतपुस्तक पढ़ी।
   He read Sanskrit Book.
2. मेरे घर के पास विद्यालय है।
   The school is near my house.
3. बसन्त सभी ऋतुओं में श्रेष्ठ है।
   Spring is the best among all seasons.
4. बच्चो! तुम सब उधर मत जाओ।
   Children! do not go that side.
5. छात्र कक्षा में भोजन नहीं करेंगे।
   Students will not eat in class.
6. शिवाजी शक्तिमान् राजा था।
   Shivaji was a mighty king.
7. भारतीय संस्कृति विश्व में प्रसिद्ध है।
   Indian culture is famous in the world.

'ग' खण्डः

अनुप्रयुक्तव्याकरणम् (25 अङ्काः)

5. अधोलिखितवाक्येषु रेखाङ्कितपदेषु सन्धिं सन्धिच्छेदं वा कुरुत– *(केवलं प्रश्नचतुष्टयम्)* **1 × 4 = 4**

(*i*) सङ्कोचमञ्चति **सरः + त्वयि** दीनदीनो।

(*ii*) ते **चक्षुर्नामनी** मते।

(*iii*) सः कृच्छ्रेण भारम् **उत् + वहति**।

(*iv*) पाषाणी सभ्यता निसर्गे **स्यान्न** समाविष्टा।

(*v*) किं **नामधेयः + भवतोः** गुरुः?

6. अधोलिखितवाक्येषु रेखाङ्कितपदानां समासं विग्रहं वा प्रदत्तविकल्पेभ्यः चित्वा लिखत– *(केवलं प्रश्नचतुष्टयम्)* **1 × 4 = 4**

(*i*) सर्वथा समरूपः **कुटुम्बवृतान्तः**।

(क) कुटुम्बः वृतान्तः (ख) कुटुम्बाय वृतान्तः

(ग) कुटुम्बस्य वृतान्तः (घ) कुटुम्बम् वृतान्तम्

(*ii*) **समानं शीलं व्यसनं येषां तेषु** सख्यम्।

(क) समानशीलव्यसनेषु (ख) समानशीलव्यसनम्

(ग) समानशीलव्यसनानि (घ) समानशीलव्यसनेभ्यः

(*iii*) न हि **निर्मलं** जलम्।

(क) मलस्य योग्यम् (ख) मलस्य अभावः

(ग) मलं प्रति (घ) मलम् अनतिक्रम्य

(*iv*) **व्याघ्रचित्रकौ** नदीजलं पातुम् आगतौ।

(क) व्याघ्रौ चित्रकौ च (ख) व्याघ्रः च चित्रकौ च

(ग) व्याघ्रौ च चित्रकः च (घ) व्याघ्रः च चित्रकः च

(*v*) सः **वृषभं च वृषभं** च नीत्वा गृहमगात्।

(क) वृषभाः (ख) वृषभान्

(ग) वृषभौ (घ) वृषभाभ्याम्

7. अधोलिखितवाक्येषु रेखाङ्कितपदानां प्रकृति-प्रत्ययौ संयोज्य विभज्य वा उचितम् उत्तरं विकल्पेभ्यः चित्वा लिखत– *(केवलं प्रश्नचतुष्टयम्)* **1 × 4 = 4**

(*i*) किं **कुपिता** एवं भणति?

(क) कुपिता + टाप् (ख) कुपित + टाप्

(ग) कुपितः + ङीप् (घ) कुपित + इक्

(*ii*) **बुद्धि + मतुप्** सा भयात् विमुक्ता।

(क) बुद्धिवान् (ख) बुद्धिमानः

(ग) बुद्धिमान् (घ) बुद्धिमती

(*iii*) तदेव **सम् + त्व** कथ्यते।

(क) समत्वम् (ख) समत्वः

(ग) समता (घ) समत्त्वम्

(*iv*) जनाः प्रातः **दिन + ठक्** समाचारपत्रं पठन्ति।

(क) दैनिकः (ख) दैनिकी

(ग) दैनिकम् (घ) दैनिकाः

(*v*) सम्पत्तौ विपत्तौ च महताम् **एकरूपता**।

(क) एकरूप + त्व (ख) एकरूप + तल्

(ग) एकरूपत + टाप् (घ) एकरूप + ता

8. वाच्यानुसारम् उचितपदैः रिक्तस्थानानि पूरयित्वा अधोलिखितं संवादं पुनः लिखत– *(केवलं प्रश्नत्रयम्)* **1 × 3 = 3**

(*i*) **मालिका –** प्रतिष्ठे! किं त्वं संस्कृतस्य विज्ञानप्रदर्शनीं द्रष्टुं ....?

(क) गम्यते (ख) गच्छति

(ग) गच्छसि (घ) गच्छामि

(*ii*) **प्रतिष्ठा** – न मालिके! .... तत्र न गम्यते।

(क) मया (ख) अहम्

(ग) त्वया (घ) आवाम्

(*iii*) **मालिका** – अधुना त्वया गृहे किं ....?

(क) क्रियन्ते (ख) करोषि

(ग) करोति (घ) क्रियते

(*iv*) **प्रतिष्ठा** – श्वः मम परीक्षा भविष्यति अतः मया अधुना .... पठ्यन्ते।

(क) पुस्तकम् (ख) पुस्तकानि

(ग) पुस्तकैः (घ) पुस्तके

9. कालबोधकशब्दैः अधोलिखित-दिनचर्यां पूरयत– *(केवलं प्रश्नचतुष्टयम्)* **1 × 4 = 4**

(*i*) मम माता प्रातः .... 4 : 15 वादने उत्तिष्ठति।

(*ii*) सा .... 5 : 00 वादने योगाभ्यासं करोति।

(*iii*) तदन्तरम् सा स्नात्वा .... 6 : 45 वादने भोजनं पचति।

(*iv*) भोजनं गृहीत्वा अहम् .... 7 : 30 वादने विद्यालयं गच्छामि।

(*v*) अहम् .... 2 : 00 वादने आगत्य पुनः भोजनं करोमि।

10. मञ्जूषायां प्रदत्तैः उचितैः अव्ययपदैः अधोलिखितवाक्येषु रिक्तस्थानानि पूरयत– *(केवलं प्रश्नत्रयम्)*

1 × 3 = 3

(*i*) केचिद् अम्भोदाः .... गर्जन्ति।

(*ii*) यदि अहं कृष्णवर्णः .... त्वं किं गौराङ्गः?

(*iii*) अयं प्रवासः अतिदीर्घः दारुणः .... ।

(*iv*) भवान् .... भयात् पलायितः?

मञ्जूषा

च, वृथा, कुतः, तर्हि

11. अधोलिखितवाक्येषु रेखाङ्कित-अशुद्धपदाय उचितपदं चित्वा वाक्यानि पुनः लिखत– *(केवलं प्रश्नत्रयम्)*
1 × 3 = 3

(*i*) <u>**त्वां**</u> पितुः नाम किम् अस्ति?

(क) त्वम् (ख) तव

(ग) त्वया (घ) त्वयि

(*ii*) ते श्वः विद्यालयं <u>**गच्छन्ति**</u>।

(क) अगच्छन् (ख) गमिष्यति

(ग) गमिष्यन्ति (घ) अगच्छताम्

(*iii*) यत्रास्ते सा <u>**धूर्ताः**</u> तत्र गम्यताम्।

(क) धूर्ता (ख) धूर्तः

(ग) धूर्तौ (घ) धूर्ते

(*iv*) <u>**सः**</u> बुद्धिमती कानने एकं व्याघ्रं ददर्श।

(क) तत् (ख) ताः

(ग) ते (घ) सा

'घ' खण्डः

पठितावबोधनम् (30 अङ्काः)

आदर्श-प्रश्नपत्रम्–2022-23

कक्षा–दशमी

संस्कृतम् (कोड संख्या-122)

[अङ्कयोजना उत्तरसङ्केताश्च]

समयः होरात्रयम् **सम्पूर्णाङ्काः 80**

अवधातव्यम्–

1. अङ्कयोजनायां प्रदत्तानि उत्तराणि निदर्शात्मकानि सन्ति। प्रदत्तानि उत्तराणि अतिरिच्यापि सन्दर्भानुसारम् अन्यानि उत्तराणि भवितुम् अर्हन्ति।
2. **आन्तरिकविकल्पात्मकेषु प्रश्नेषु यद्यपि स्पष्टतया निर्देशः दत्तः अस्ति यत् केवलं प्रश्नद्वयम् अथवा प्रश्नत्रयम् इत्यादिकम् उत्तरं दातव्यं तथापि यदि छात्रः अतिरिक्त-प्रश्नानाम् उत्तराणि लिखति तर्हि छात्रहिताय निर्णयः कर्त्तव्यः।** यथा चित्रवर्णने पञ्चवाक्यानां लेखनम् अभीष्टं परं छात्रः यदि सप्तवाक्यानि लिखति तर्हि तत्र केवलं प्रथम-पञ्चवाक्यानां न अपितु यानि वाक्यानि उत्तमानि सन्ति तेषां मूल्याङ्कनं करणीयम्।
3. अनुच्छेदे श्लोके नाट्यांशे वा पृष्टाः प्रश्नाः अवबोधात्मकाः सन्ति। अतः विद्यार्थिनः एतेषु प्रदत्तशब्दानां स्थाने समभाव-पर्यायवाचि-शब्दानां प्रयोगं कर्तुं शक्नुवन्ति। तदर्थम् अङ्काः देयाः। यदि विद्यार्थिनः उत्तरलेखन-समये समुचितानां विभक्तीनां वचनानां च प्रयोगं न कुर्वन्ति तर्हि अंशतः अङ्काः कर्तनीयाः न तु सम्पूर्णाङ्काः।
4. त्रुटिपूर्णवर्तन्यै व्याकरणात्मक-प्रयोगाय च अनुपाततः अङ्काः कर्तनीयाः न तु सम्पूर्णाङ्काः।
5. आंशिक-दृष्ट्या समुचितेभ्यः उत्तरेभ्यः अपि अङ्काः देयाः।
6. रचनात्मक-कार्ये वाक्यरचना प्रमुखा न तु वाक्यसौन्दर्य-तत्त्वम्। अतः आंशिकवाक्यशुद्धये अपि अङ्काः देयाः।

	खण्डः 'क' **अपठितावबोधनम्**	
1.	**गद्यांशः**	
	अ. एकपदेन उत्तरत– *(केवलं प्रश्नद्वयम्)* (*i*) भरतः (*ii*) सिंहशावकैः (*iii*) शकुन्तला	1 × 2 = 2
	आ. पूर्णवाक्येन लिखत– *(केवलं प्रश्नद्वयम्)* (*i*) भरतः सिंहशावकम् अवदत् – 'जृम्भस्व सिंह! दन्तान् ते गणयिष्यामि इति। (*ii*) सिंहशावकः अपि जानाति स्म यत् भरतः अपि मया सदृशः शिशुः अस्ति, मया सह च क्रीडति अतः सः भरताय नाक्रुध्यत् न च आक्राम्यत्। (*iii*) भरतः तापस्यौ कथयति स्म–नाहं सिंहात् बिभेमि इति।	2 × 2 = 4

	इ. अस्य अनुच्छेदस्य कृते उपयुक्तं शीर्षकं संस्कृतेन लिखत– **वीरः भरतः, भरतेन भारतम्, भरतस्य निर्भयता/वीरता।** छात्रस्य उत्तरं दृष्ट्वा छात्रहिताय समुचितः निर्णयः करणीयः।	1
	ई. यथानिर्देशम् उत्तरत– *(केवलं प्रश्नत्रयम्)* *(i)* (ख) आसीत् *(ii)* (घ) शिशुः *(iii)* (ग) राजानः *(iii)* (क) अहम्	1 × 3 = 3

खण्डः 'ख'
रचनात्मकं कार्यम्

2. **पत्रलेखनम्** — ½ × 10 = 5

जयपुरतः

दिनाङ्क 07/07/2022

प्रियमित्र मुकेश!

सस्नेहं *(i)* **नमः**।

अत्र कुशलं तत्रास्तु। भवान् इदं *(ii)* **ज्ञात्वा** अत्यधिकः प्रसन्नः भविष्यति यत् मम *(iii)* **भगिन्याः** दिव्यायाः विवाहः विजयनगरनिवासि-श्रीवेदप्रकाशस्य पुत्रेण *(iv)* **राकेशेन** सह दिसम्बर-मासस्य एकादशतिथौ निश्चितः जातः। *(v)* **वरयात्रा** सायं सप्तवादने आगमिष्यति। अस्मिन् मङ्गलावसरे भवान् सपरिवारः सादरं निमन्त्रितः। भवता स्वपरिवारेण सह विवाहतः *(vi)* **त्रिदिनानि** पूर्वमेव अत्र आगत्य व्यवस्थायां *(vii)* **सहाय्यम्** अपि करणीयम्। भवतः उपस्थितिः *(viii)* **मम** उत्साहं विश्वासं च वर्धिष्यति। इतोऽपि भवतः जयपुरदर्शनस्य इच्छासिद्धिः अपि *(ix)* **भविष्यति**। गृहे पितृभ्यां मम प्रणामाः।

भवतः *(x)* **अभिन्नहृदयः**

राजेन्द्रः

3. **चित्रवर्णनम्** — 1 × 5 = 5

अत्र छात्रेभ्यः संक्षिप्तवाक्यरचना अपेक्षिता वर्तते। केवलं वाक्यशुद्धिः द्रष्टव्या। **अस्य प्रश्नस्य प्रमुखम् उद्देश्यं वाक्यरचना अस्ति।** वाक्यं दीर्घम् अस्ति अथवा लघु इति महत्त्वपूर्णं नास्ति। प्रतिवाक्यम् अर्धः अङ्कः भावस्य कृते अर्धः अङ्कः च व्याकरणदृष्ट्या शुद्धतानिमित्तं निर्धारितः अस्ति। मञ्जूषायां प्रदत्ताः शब्दाः सहायतार्थं सन्ति। छात्रः तेषां वाक्येषु प्रयोग कुर्यादेव इति अनिवार्यं नास्ति। छात्रः स्वमेधया अपि वाक्यानि निर्मातुं शक्नोति। मञ्जूषायां प्रदत्तानां शब्दानां विभक्ति परिवर्तनं कृत्वा अपि वाक्यनिर्माणं कर्तुं शक्यते।

	अथवा **अनुच्छेदलेखनम्** अयं विकल्पः सर्वेभ्यः अस्ति। छात्राः मञ्जूषायां प्रदत्तानां शब्दानां विभक्तिं परिवर्तनं कृत्वा अपि वाक्यनिर्माणं कर्तुं शक्नुवन्ति। अतः अङ्काः देयाः। अस्य मूल्याङ्कनाय अन्ये नियमाः चित्रवर्णनस्य अनुगुणं पालनीयाः।	
4.	**अनुवादः** *(केवलं वाक्यपञ्चकम्)* *(i)* सः/सा संस्कृतपुस्तकम् अपठत्/पठितवान्/पठितवती। *(ii)* मम गृहस्य समीपे विद्यालयः अस्ति। *(iii)* वसन्तः सर्वेषु ऋतषुः श्रेष्ठः अस्ति। *(iv)* भो बालाः/बालकाः! यूयं तत्र मा गच्छत। *(v)* छात्राः कक्षायां भोजनं न करिष्यन्ति। *(vi)* शिवाजी शक्तिमान् राजा/नृपः आसीत्। *(vii)* भारतीया संस्कृतिः विश्वे प्रसिद्धा अस्ति।	**1 × 5 = 5**
	खण्डः 'ग' **अनुप्रयुक्तव्याकरणम्**	
5.	**सन्धिः सन्धिच्छेदश्च** *(केवलं प्रश्नचतुष्टयम्)* *(i)* सरस्त्वयि *(ii)* चक्षुः + नामनी *(iii)* उद्वहति *(iv)* स्यात् + न *(v)* नामधेयो भवतोः	**1 × 4 = 4**
6.	**समासः विग्रहः च** *(केवलं प्रश्नचतुष्टयम्)* *(i)* (ग) कुटुम्बस्य वृतान्तः *(ii)* (क) समानशीलव्यसनेषु *(iii)* (ख) मलस्य अभावः *(iv)* (घ) व्याघ्रः च चित्रकः च *(v)* (ग) वृषभौ	**1 × 4 = 4**
7.	**प्रत्ययाः** *(केवलं प्रश्नचतुष्टयम्)* *(i)* (ख) कुपित + टाप् *(ii)* (घ) बुद्धिमती *(iii)* (क) समत्वम्	**1 × 4 = 4**

	(*iv*) (ग) दैनिकम् (*v*) (ख) एकरूप + तल्	
8.	**वाच्यम्** *(केवलं प्रश्नत्रयम्)* (*i*) (ग) गच्छसि (*ii*) (क) मया (*iii*) (घ) क्रियते (*iv*) (ख) पुस्तकानि	**1 × 3 = 3**
9.	**समयः** *(केवलं प्रश्नचतुष्टयम्)* (*i*) सपाद–चतुर्वादने (*ii*) पञ्चवादने (*iii*) पादोन–सप्तवादने (*iv*) सार्ध–सप्तवादने (*v*) द्विवादने	**1 × 4 = 4**
10.	**अव्ययपदानि** *(केवलं प्रश्नत्रयम्)* (*i*) वृथा (*ii*) तर्हि (*iii*) च (*iv*) कुतः	**1 × 3 = 3**
11.	**अशुद्धसंशोधनम्** *(केवलं प्रश्नत्रयम्)* (*i*) (ख) तव (*ii*) (ग) गमिष्यन्ति (*iii*) (क) धूर्ता (*iv*) (घ) सा	**1 × 3 = 3**